西方近代心理学史

高觉敷　主编

人民教育出版社

图书在版编目（CIP）数据

西方近代心理学史/高觉敷主编. —北京：人民教育出版社，2001(2019.12 重印)
ISBN 978-7-107-07012-9

Ⅰ. 西… Ⅱ. 高… Ⅲ. 心理学史—西方国家—近代 Ⅳ. B84-09

中国版本图书馆 CIP 数据核字（2001）第 028822 号

西方近代心理学史

出版发行 人民教育出版社
（北京市海淀区中关村南大街 17 号院 1 号楼 邮编：100081）
网 址 http://www.pep.com.cn
经 销 全国新华书店
印 刷 人民教育出版社印刷厂
版 次 2001 年 3 月第 2 版
印 次 2019 年 12 月第 18 次印刷
开 本 890 毫米×1 240 毫米 1/32
印 张 15.125
字 数 376 千字
印 数 89 301~91 300 册
定 价 25.10 元

目　录

绪　论

第一节　近代心理学史的对象

一、心理学有一长期的过去

心理学是研究人的心理现象的科学，而人的心理现象早就引起人们的注意了。人怎样能有知觉、记忆、想象、思想、喜怒和欲望等活动呢？睡眠时又怎样有梦呢？他们以为在人体内一定有某一东西主宰人的活动，这个东西他们就称之为“灵气”或灵魂。灵魂附体时人便有思想意识；灵魂暂时离开身体时人就睡眠；灵魂在睡眠中的活动就构成了梦。所以恩格斯说：“在远古时代，人们还完全不知道自己身体的构造，并且受梦中景象的影响，于是就产生一种观念：他们的思维和感觉不是他们身体的活动，而是一种独特的、寓于这个身体之中而在人死亡时就离开身体的灵魂的活动。”①

关于这个灵魂，古代希腊、罗马以及欧洲中世纪的哲学家都有各种不同的见解。德谟克利特（约公元前460—370）以为人的灵魂是由不可分的原子构成的。这些原子是圆球形的，是可以四面滚动的，所以灵魂是能动的。德谟克利特强调了灵魂的物质性，用物质的东西解释灵魂的成分，用物质的原因说明灵魂的能动性。

与此相反，柏拉图（公元前427—347）认为精神是自足的，不依赖于物质而存在的。他说：“灵魂是最初的东西，是先于一切形体的，是形体的变化和移动的主要发动者。”②他以为人未出生以前，他的灵魂早就存在于某个地方了。他在出生以后，他的灵魂就“与物

---

① 《马克思恩格斯选集》第4卷，人民出版社1972年版（下同），第219页。
② 《古希腊罗马哲学》，三联书店1957年版（下同），第212页。

质相结合”，从而“玷污”了灵魂。所以根据柏拉图的灵魂论，为了恢复或保持灵魂的纯洁，生不如死。

柏拉图又认为灵魂是与理性不可分割的。当神创造世界时，神“便把理性放到灵魂里边去，把灵魂放到身体里边去”。① 所以，理念不是外在世界的反映，而是外在世界的根源。不是万物产生了理念，而是理念产生了万物。学习是把生而具有的理念从灵魂深处挖掘出来或回忆出来的一种过程。所以学习就是回忆。

亚里士多德（公元前 384—322）反对柏拉图的理念论，以为理念不是万物的根源。尽管没有万物的理念，万物还是会有的；没有苏格拉底这个理念的存在，苏格拉底其人还是会出现的。

他提出了四因论。他把事物的原因分为四种，即质料因、形式因、动力因和目的因。质料因是事物所由形成的原料，如铜像的铜，银盘的银。形式因是事物的形式，因为每一事物都是以一定的形式出现的。动力因是事物变化的最初源泉，“制造者是制造品的原因”。目的因是事物终极的原因，例如散步为了健康，健康是散步的目的因。亚里士多德以为质料是消极的、被动的，形式是积极的、主动的；形式被视为事物之能动的本质。譬如，建筑家建筑房屋需要一个蓝图，证明了形式先于质料。但自然界的形成与此不同。亚里士多德扩大了形式的作用，似乎在自然现象中，形式这个能动的本原先于质料这个消极的本原。这便导致了亚里士多德的所谓“形式的形式”成为宇宙变化的第一动力。因此，他否定了理念，却又引进来与理念相同的“形式的形式”。

亚里士多德在认识论方面，以为引起感觉的东西是外在的，“谁不感觉，谁就什么也不认识，什么也不理解”。② 但是他同时又认为

① 《古希腊罗马哲学》，第 209 页。

② 转引自列宁《哲学笔记》，人民出版社 1956 年版（下同），第 297 页。

思维是可以由自己作主的，因为无论何人，只要他高兴，就可以进行思维的活动了。

上述这三位古希腊时期的哲学家对灵魂或心理现象各提出不同的学说，说明西方国家的心理学思想是源远流长的。他们对于西方后代的心理学都有巨大的影响。从古代罗马至中世纪和文艺复兴时期，历代都有哲学心理学家。伊壁鸠鲁（约公元前 341—270）和卢克莱茨（约公元前 99—55）等继承了德谟克利特的传统。奥古斯丁（354—430）是最著名的基督教的教父，他以柏拉图主义注释基督教教义，宣扬禁欲思想，鄙视肉欲，鄙视物质，追求死后的“极乐世界”。而中世纪经院哲学的主要代表阿奎那（1224—1275）的心理学思想常被说是植根于亚里士多德的学说，他把灵魂区分为植物性的、感性的和理性的三个等级。感性级和理性级又被区分为认识和欲望的机能。认识包括五种外部感觉（触觉、味觉、嗅觉、听觉和视觉）和四种内部感觉：共同觉（即感知客体的实质而不仅知觉其声色等的能力）；想象（即在客体不存在时保留感觉影象的能力）；记忆（即过去的感觉影象的联想）；估计的能力（即直觉地鉴别一个客体是否为危险或福利的源泉的能力）。欲望的势力表现为情绪，是直接反应内部感觉和外部感觉的能力。阿奎那以为这些能力是人和动物所共有的，至于灵魂的理智能力则为人所独有。

我们叙述了原始人以及古希腊、罗马和西欧中世纪哲学家对于灵魂或心理现象的解释，目的在于说明心理学确有一长期的过去。

二、心理学仅有一短期的历史

但是，心理学作为一门科学的历史却为时较短。心理学这个学名在欧洲 16 世纪以前是没有出现过的。梅兰克森（1497—1560）曾用此词为学术演讲的题目，至沃尔夫（1679—1754）才使这个学名流行起来。弗兰西斯·培根（1561—1626）的科学分类将心理学列为灵魂的哲学。通过 17 至 19 世纪哲学心理学的研究和 19 世纪心理生理学的研究，心理学得到了它的体系、科学事实和研究方法，才有条件成为一门独立的科学。费希纳于1860年发表了《心理物理学纲要》，冯特于1862年刊行《感官知觉学说的贡献》，这两部书为实验的科学心理学奠定了基础。因此，科学心理学仅有120年左右的历史。有人以为心理学应以1879年冯特在莱比锡的心理学实验室的建立为始，那末，心理学的历史就更要缩短20年了。

三、近代心理学史的对象

我们这部《西方近代心理学史》，顾名思义，是以心理学的短期历史为对象的，是研究心理学在近代西欧和美国如何形成、演变和发展的历史。当然，冯特和费希纳的实验的科学心理学不是从古希腊、罗马和西欧中世纪的哲学家的心理学思想中直接形成而发展起来的。它需要一定的历史条件，如社会工业生产的发展，哲学及自然科学、特别是与心理学有密切关系的生理学的进步。

要对这个历史条件提出比较正确的解释，必须应用历史唯物主义。现在我们可以先确定所要研究的这个短期历史的几个时期。第一个时期，自笛卡儿和洛克到冯特前为止，包括17至19世纪的经验主义和理性主义哲学心理学以及18、19世纪的生理学。第二个时期，为实验的科学心理学的建立。第三个时期，自冯特到现代，包括心理学各个学派的形成和发展。

第二节　心理学史上唯物主义与唯心主义心理学思想的对立和斗争

心理学的全部历史是否贯穿着唯物主义与唯心主义的心理学思想的对立和斗争呢？在一定意义上，我们应当说是的。下面，让我们做一点具体的分析。

首先，我们要确立唯物主义与唯心主义的标准，才能辨别哪些心理学思想是唯物主义的，哪些心理学思想是唯心主义的。

有人以为心理学研究心理现象，注定是唯心主义的。其实这个推论是十分错误的。心理学本身不一定导向唯心主义，相反，列宁指出："心理学提供的一些原理已使人们不得不拒绝主观主义而接受唯物主义。"① 因此，判定心理学的唯心主义或唯物主义，不能单凭它的研究对象，而应根据恩格斯所确立的标准。列宁说："恩格斯在他的'费尔巴哈论'中宣布唯物主义和唯心主义是哲学上的基本派别。唯物主义认为自然界是第一性的，精神是第二性的，它把存在放在第一位，把思维放在第二位。唯心主义则相反。"②这个标准是以思维对存在、精神对自然界的关系问题的答案为依据的。凡是认为存在或自然界是第一性的、思维或意识是第二性的心理学家都是唯物主义的，反之，凡是承认存在或自然界是第二性的、思维或意识是第一性的心理学家都是唯心主义的。

原始人在生产劳动中早已不自觉地产生唯物主义和唯心主义的思想萌芽了。他们一方面知道山川草木、鸟兽虫鱼以及别人等等都是客观存在着的，具有唯物主义的思想倾向。另一方面，他们幻想着人的灵魂可以脱离肉体而存在，认为死者的灵魂，特别是"勇敢的战士和能干的魔法师"的灵魂能够支配自然的现象，呼风唤雨，因此，他们就把圣贤豪杰的灵魂"从灵魂群中选拔出来，用供物和牺牲来敬奉它们，当干旱威胁着他的庄稼的时候，就求它们降雨；当他出征时，就求它们保佑胜利；当他病时，就求它们医治。"他们并创造出上帝。"所谓上帝归根结底不是别的，只不过是比其他的灵魂更强大有力的灵魂而已。"③这些显然是唯心主义的思想倾向。所以，

---

① 列宁：《民粹主义的经济内容》，载《列宁全集》第 1 卷，人民出版社 1955 年版，第 396 页。

② 《列宁全集》第 14 卷，人民出版社 1957 年版（下同），第 94 页。

③ 拉法格：《思想起源论》，三联书店 1963 年版，第 194—195 页。

恩格斯说："思维对存在、精神对自然界的关系问题，全部哲学的最高问题，像一切宗教一样，其根源在于蒙昧时代的狭隘而愚昧的观念。"①

用思维对存在、精神对自然界的关系问题的答案为标准来衡量德谟克利特、柏拉图、亚里士多德的哲学或心理学的思想，便可知德谟克利特的是唯物主义的，柏拉图的是唯心主义的，亚里士多德则动摇于唯物主义和唯心主义之间。伊壁鸠鲁和卢克莱茨的心理学思想是唯物主义的，奥古斯丁和阿奎那的心理学思想则是唯心主义的。

用这个问题的答案为标准来衡量西方近代心理学，便可知唯物主义心理学家虽不缺乏，但毕竟是唯心主义心理学家较占优势。这个论断可能引起某些心理学家的异议。他们提出谢切诺夫的唯物主义心理学以与冯特相抗衡，并企图证明唯物主义心理学思想在各个历史时期都显示出相当的威力。但这是夸大了唯物主义心理学思想，是与过去的历史实际不大符合的。即使是谢切诺夫的《脑的反射》，对西方当时的心理学也没有产生巨大的影响。

至于西方近代心理学者中，持唯物主义世界观的代表，我们可以从笛卡儿和洛克说起。

笛卡儿是西方近代心理学二元论的首创者。他把身体和灵魂看成两种不同的本原或实体。他为形体提出了反射论的原则，而为心灵提出完全不同的主观意识的原则。前者为唯物主义的，虽然是机械唯物主义的；后者则为唯心主义的。他以为意识这个内部世界，只能通过自我观察才可接触到。可见，笛卡儿本身存在着唯心与唯物的两种相反的倾向。

洛克是英国唯物主义的经验论者，他以为新生儿的心灵乃是一

① 《马克思恩格斯选集》第4卷，第220页。

块白板，后天的经验才在这块白板上写下了黑字。因此，他批驳了柏拉图和笛卡儿的唯心主义的天赋观念说，为唯物主义心理学作出了贡献。但是，他的物体的第一性的质和第二性的质的学说不仅无力与唯心主义经验论进行斗争，而且就第二性的质来说，完全脱离了唯物主义的反映论。原来洛克以为物体第一性的质如广袤、形相等依存于物，第二性的质如颜色、声音等依存于心。贝克莱以为不管第一性的质或第二性的质都依存于心，作出了“存在就是被感知”的结论。因此，可以说，洛克的“第二性的质”为贝克莱的主观唯心主义开了方便之门。

恩格斯说：“了解了以往的德国唯心主义的完全荒谬，这就必然导致唯物主义，但是要注意，并不是导致18世纪的纯形而上学的、完全机械的唯物主义。”① 因为那种唯物主义的弊病在于缺乏辩证法，与唯心主义交锋时，就难免要败下阵来的。

恩格斯在讨论哲学的基本问题时，还提出了这个问题的第二方面，就是思维和存在的同一性问题或人们能否认识客观世界的问题。休谟和康德都否认这种认识的可能性。约翰内斯·缪勒是与康德的唯心主义有联系的。列宁批评缪勒的神经特殊能说时指出：“这个生理学家的唯心主义在于：他研究我们的感官结构对感觉的功用，例如，他指出光的感觉是由对眼睛的各种不同的刺激引起的，但他由此否定我们的感觉是客观实在的映象。”②

实用主义心理学家詹姆士也看到了这个神经特殊能说的唯心主义实质。他以赞许的语气说：“我们之所以看见太阳和火，只是因为这些客体发射出的以太波为敏感的外周末端器官所感受，从而刺激了那些传入视觉核心的特殊神经纤维。假使我们能够改变联系，我

---

① 恩格斯：《反杜林论》，人民出版社1970年版（下同），第22页。
② 《列宁全集》第14卷，第321页。

们就会对世界有完全崭新的感觉了。例如我们如果将外围的视神经接到耳朵里去，听神经接到眼睛里去，我们将会闻电光而见雷声，见交响乐而闻指挥者的运动了。”这就是说，感觉不决定于外界的刺激而决定于特殊的神经和中枢。所以詹姆士接着说：“这一类假设是唯心论哲学入门的良好的训练。”①

总之，就冯特以前的心理学阵势来说，显然是唯心主义占优势。冯特本人的哲学观点也是唯心主义的。他反对灵魂的实体，也反对物质的实体。前者有利于唯物主义，后者就向唯心主义靠拢了。

冯特以后所有关于意动和内容，构造主义和机能主义及格式塔心理学之间的争论都是唯心主义心理学的内部矛盾，不是唯心主义和唯物主义的对立和斗争。在事实上，现代西方心理学各个流派多数是唯心主义的。华生的行为主义给予冯特和旧心理学的精神概念及主观方法以驳斥，似乎可被视为唯物主义和唯心主义的分歧，但行为主义和操作主义并没有超出“纯形而上学和完全机械的唯物主义”的水平以及实用主义、实证主义的范围，以致遭受到格式塔心理学，甚至现代神经生理学家的批评。例如生理心理学家E·R·约翰指斥了行为主义和操作主义给现代生理心理学带来的流毒。他说：“实际上，行为主义和操作主义把意识和主观经验的问题排斥在‘科学的’，特别是生理心理学的合法研究的领域之外，一直到了今天。现代的实验的、生理的心理学清洗它的哲学遗产的任何感染，甚至在企图比“正牌子”的科学还更科学些的一股热流中，全力以赴地分析行为，仿佛行为是无意识或无灵气的自动机的产物一样。”② 我们以为行为主义和操作主义对约翰的这个批评是无法作出自圆其说的解答的。

---

① 詹姆士：《心理学简编》，英文版，第12页。

② E·R·约翰：《意识的模拟》，见斯瓦尔茨和夏皮罗：《意识与自我调解》，英文版，第1页。

总之，在近代心理学史的唯物主义和唯心主义的对立中，唯心主义心理学没有受到有力的批评，本世纪20年代前后所有各个学派的相互交锋多半是唯心主义心理学的内部争论。这个争论在1930年以后就开始缓和了。有些著名心理学家不愿意参与这些争论。例如，克拉帕雷德认为派别间的争论浪费了可以更好地用于建设的精力。但是学派斗争的表面缓和似乎同构造派领袖铁钦纳1927年的去世也有关系。

随着各个学派斗争的停止，他们开始互相学习，互相吸收。托尔曼从麦独孤的心理学系统里摄取行为目的的概念，造成目的的行为主义。他又受了格式塔心理学的影响而注意大件行为的研究。另一方面，考夫卡和勒温也都研究了行为，勒温还提出行为的公式。麦独孤和勒温都欣赏精神分析。勒温领导他的学生对代替的满足进行实验的研究。这都使人产生一种印象，好像心理学有趋于统一的倾向了。但这是一种无原则地想调和学派斗争以达到外形上的统一的折衷主义看法。1930年克拉帕雷德说："任意限制心理学的范围，预先规定心理学中所有有价值的概念，究竟有什么效用呢？我认为我们应做折衷者，暂时采取一切似有实际价值、即使是相互矛盾的观点。"①这个主张就是号召大家把分歧放在一边，取各个学派之所长，舍各个学派之所短。正如舒尔茨所指出的，"今天的心理学家已不再集结于格式塔心理学、行为主义或机能主义的旗帜之下。就理论和概念来说，已有走向折衷主义的一个较强大的趋势了。"②

吴伟士也是一个著名的折衷主义者，他要走"中间道路"。他说："每个学派都是好的，虽则没有一个学派是够好的，没有一个学派全面地展望心理学的未来。"他似乎要通过折衷主义，造成一种包罗一

---

① 吴伟士：《西方现代心理学派别》，人民教育出版社1962年版（下同），第27—28页。

② 舒尔茨：《现代心理学史》，1975年英文版，第313页。

切的心理学。①

其实，无论哪一种折衷主义都只是一种“和稀泥”的办法。没有一种正确的指导思想，只能做到“此亦一是非，彼亦一是非”，要消灭不同流派，统一起来，只不过是一种痴心妄想。所以舒尔茨说：“吴伟士和舍汉指出，学派虽已解体了，如果我们问一个心理学家，‘你对精神分析有什么意见呢？’或‘你是一个行为主义者吗？’，他的答复表明他对学派不是完全漠不关心的。学派的分歧是依旧存在的。”

同时，我们也必须注意，在论述唯物主义与唯心主义心理学的斗争时，却不是要将后者一棍子打死，这是会犯历史虚无主义的错误的。我们要区分心理学家的世界观和他们在专业方面取得的成就。这是两个既有联系，又有区别的问题，不能因为某些心理学家的世界观是唯心的，方法论是形而上学的，就抹煞他们在心理学研究中的有价值的东西。所以在批判西方近代心理学的唯心主义和机械唯物主义的缺陷时，要肯定其所应该肯定的东西。

试举例来说吧，尽管贝克莱的主观唯心主义受到了我们的驳斥，但是他的有关距离知觉的学说对知觉心理学还是有贡献的。费希纳为了证明他的万物有灵论，创立了心理物理法。他的唯灵论是荒谬的，但是他的心理物理法却是实验心理学的主要的方法，在现代心理学中得到了新的发展。冯特抱着“混乱的唯心主义观点”，但他是实验心理学的创始人和世界上第一所心理实验室的建立者，是使心理学脱离哲学而成为一门独立科学的第一位专业心理学家。华生的行为主义把人贬低为被动的机器，但他在推翻内省主义心理学的统治时，也有其不可磨灭的功绩。勒温虽是一个唯心主义者，但是他对紧张的心理系统说的研究解决了一个问题，又导向另一个问题的

---

① 吴伟士：《西方现代心理学派别》，第225页。

实验，步步深入，层层推敲，是值得我们学习的。其他事例就不必多举了。总之，我们对于西方近代心理学家，“必须详细地占有材料”，以辩证唯物主义与历史唯物主义为指导，“加以科学的分析和综合的研究”，“把它分解为精华和糟粕两部分，然后排泄其糟粕，吸收其精华”，以便做到“洋为中用”。

第三节　反对唯心史观，贯彻唯物史观

心理学虽然早已脱离哲学而独立，但与哲学的关系是很密切的。冯特本人是心理学家，也是哲学家，虽然他在哲学史中的地位不及他在心理学史中的重要。詹姆士也是这样。可能他的心理学和哲学有同等的重要性。其他心理学家的系统的主张归根结蒂都要受哲学思想的影响。华生公开否认哲学的指导，其实他这个否认本身反映着一定的哲学观点。所以，恩格斯说：“不管自然科学家采取什么样的态度，他们还是得受哲学的支配。”① 何况心理学的对象又和哲学的基本问题息息相关。因此，心理学史随时都与哲学打交道。如果我们没有一个正确的指导思想，就不免公说公有理，婆说婆有理，是非曲直无所适从了。

现在我们要进一步研究心理学的形成发展，就要“把辩证唯物主义原理应用于社会生活现象，应用于研究社会历史”，这就是与唯心史观势不两立的唯物史观或历史唯物主义。“唯物史观是以一定历史时期的物质经济生活条件来说明一切历史事变和观念、一切政治、哲学和宗教的。”② 这是一条根本的唯物主义原理。与此相反，唯心史观“考察了人们历史活动的思想动机，而没有考究产生这些动机

① 恩格斯：《自然辩证法》，人民出版社 1971 年版（下同），第 187 页。
② 恩格斯：《马克思恩格斯选集》第 2 卷，第 537 页。

的原因，没有摸到社会关系体系发展的客观规律性，没有看出物质生产发展程度是这种关系的根源”，[①]或者，对思想家本人来说，“他只和思维材料打交道，他直率地认为这种材料是由思维产生的，而不去研究任何其他的、比较疏远的、不从属于思维的根源。”[②]

为了坚持唯物史观，克服唯心史观，我们在叙述心理学家的思想观点时，必须兼顾当时物质生产发展的程度和社会关系。试以洛克的心理学说为例。欧洲17世纪英国的资产阶级由于经济地位的提高不愿再接受封建君主制度和等级特权的限制了，因而爆发了资产阶级革命。恩格斯指出：“资产阶级的发展，同封建制度的继续存在已经不相容了。”[③]同时，“资产阶级为了发展它的工业生产，需要有探察自然物体的物理特性和自然力的活动方式的科学。而在此以前，科学只是教会的恭顺的婢女，它不得超越宗教信仰所规定的界限，因此根本不是科学。现在科学起来反叛教会了；资产阶级没有科学是不行的，所以也不得不参加这一反叛。”[④]

然而，新兴的资产阶级还没有能力把贵族统治阶级一脚踢开，他们还要依靠封建贵族来统治国家。而那些贵族也早已与先代不同，“他们的习惯和倾向，与其说是封建的，倒不如说是资产阶级的。”他们“不但不反对工业生产的发展，反而力图间接地从中取得利益”。[⑤]所以，英国资产阶级在17世纪进行革命的结果只是作为他们与封建贵族实行妥协的出发点。洛克的哲学心理学说就是在这个历史条件下形成的，所以他的唯物主义心理学说，有其革命性的一面，也有其妥协性的一面。

---

① 列宁：《卡尔·马克思》，载《列宁选集》第2卷，人民出版社1972年版（下同），第586页。

② 《马克思恩格斯选集》第4卷，第501页。

③ 《马克思恩格斯选集》第3卷，第389页。

④ 同上，第390页。

⑤ 同上，第393页。

但是，历史唯物主义并不等于经济史观。恩格斯郑重指出："我们认为，经济条件归根结底制约着历史的发展。""政治、法律、哲学、宗教、文学、艺术等的发展是以经济发展为基础的。但是，它们又都互相影响并影响到经济基础。并不是只有经济状况才是积极的原因，而其余一切都不过是消极的结果。"① 因此，经济基础产生的上层建筑也可以互相影响，互相促进。恩格斯在讨论18世纪唯物主义时就说："因为那时在所有自然科学中达到了某种完善地步的只有力学，而且只有刚体（天空的和地上的）力学，简言之，即重量的力学。化学刚刚处于幼稚的燃素说的形态中。生物学尚在襁褓中；对植物和动物的机体只作过极粗浅的研究，并用纯粹机械的原因来加以解释；正如在笛卡儿看来动物是机器一样，在18世纪的唯物主义者看来，人是机器。"② 所以18世纪唯物主义的机械性是由于受了当时一般自然科学的影响所致。

心理学史有些问题也可释以不同时期的一般科学发展的趋势，例如心理学的独立和实验心理学之诞生于德国而不诞生于英国或法国之类的问题。

原来心理学虽然是在哲学中孕育起来的，但关于人的心理的生理机制却不是哲学所能解决的。笛卡儿早就想借助于生理学来研究心理学的问题了。他的反射概念就是一个明证。哈特莱为了解决观念的联合，也对脑的活动作了一些假定。所以欧洲17、18世纪已经对生理心理学提出要求了。但是生理心理学的研究则只是到了19世纪才正式开展起来。那时，天文学、地质学、物理学、化学、生物学等自然科学的发展是由于受了18世纪末的欧洲先进国家的产业革命的有力推动，同时，产业革命也促进了生理心理学的研究。一

---

①《恩格斯致海·施塔尔根堡》，载《马克思恩格斯书信选集》，人民出版社1962年版，第517页。

②《马克思恩格斯选集》第4卷，第224页。

些著名生理学家对神经系统、脑和感觉器官进行了实验的研究，取得了巨大的成就。这就为心理学提供了科学的事实和实验的技术，也为心理学脱离哲学而独立创造了必要的条件。

其次，这个独立为什么在德国实现呢？舒尔茨曾提出过这个问题。他说："19世纪的科学思想在西欧的多数国家特别是英国、法国和德国日益发展着。没有一个国家单独具有一种热情、专心或乐观的信念去检验而运用科学的研究技术。那么为什么实验心理学独创始于德国而不创始于法国或英国呢？"舒尔茨对于这个问题的解答，以为"归纳总结也许会引起疑问，也许常常可以发见例外，但是我们却可以设想时代有利于使德国成为心理学的策源地。德国的学术史一个世纪以来已经为一种实验心理学铺平道路。实验生理学已经在那里站稳了脚跟，其所获得的信任的程度是法英两国所不可及的"。同时"德国人对科学有广博的兴趣，涉及许多不同的科学领域，如语音学、语言学、历史学、考古学、美学、逻辑学、甚至文学的批评分析。""别人不相信利用科学可以研究人的心灵那样复杂的东西，可是德国人就不这样想了，他们冲向前去，消除成见，采用科学技术去探索和测量心灵。"总之，舒尔茨认为心理学在德国赢得独立是有德国的科学传统作为它的基础的。他还强调"时代有利于使德国成为新心理学的策源地"。①

第四节　学习西方近代心理学史的意义

我们不仅要明确心理学史研究的对象及其指导思想，而且还必须了解学习心理学史的重要意义。

一、学习和研究西方近代心理学史，对于我们掌握科学心理学

① 舒尔茨：《现代心理学史》，1975年英文版，第41页。

发展的历史规律，有着重要的作用。

西方近代心理学史是研究西方近代心理学形成和发展的历史。但是心理学不是从天上掉下来的。恩格斯说："在德国，可惜人们写科学史时已惯于把科学看做是从天上掉下来的。"其实，"政治、法律、哲学、宗教、文学、艺术等的发展是以经济发展为基础的。但是它们又都互相影响并对经济基础发生影响。"① 前一节讨论西方近代心理学的建立时，我们指出要贯彻这个历史唯物主义观点，阐明它的独立和发展依存于国家经济发展和其他科学，尤其与心理学有密切关系的生理学发展的水平，目的在于使我们认识心理学的形成和发展是受一定社会历史条件所决定的。

但是，心理学也有它的相对独立性，有它自身发展的内在逻辑。前一时期的心理学思想观点，对后一时期的心理学思想观点有不同程度的直接影响；二者之间存在着继承或更替的关系。黑格尔把哲学史比做圆圈，列宁欣赏它是"一个非常深刻而确切的比喻!!"他接着指出："每一种思想＝整个人类思想发展的大圆圈（螺旋）上的一个圆圈。"② 或者如恩格斯所说的，"……由矛盾所引起的发展，或否定之否定——发展的螺旋形式。"③ 心理学思想是整个人类思想的一部分，后一时期的心理学家对前一时期心理学家的理论或者是继承的，或者是否定的，继承的不是单纯照抄，否定的也不是全盘推翻，否定的否定更不是复旧，而是螺旋式的上升。因此，我们在学习心理学史时，要懂得某一学派的理论，就必须理解其前因后果，来龙去脉。所谓不知其源，焉知其流，就是这个意思。普通心理学所提供的是心理学的现代科学知识的横断面，心理学史所提供的是心理学自古至今或自近代至现代的科学知识发展的全面观。因此，通

---

① 《马克思恩格斯选集》第4卷，第505—506页。

② 列宁：《哲学笔记》，第249页。

③ 恩格斯：《自然辩证法》，第3页。

过学习和研究心理学史，有助于我们提高心理学的基本理论水平，克服浮解虚知的现象。

二、学习和研究西方近代心理学史，对于我们树立辩证唯物主义的世界观，有着重要的意义。

我们讲述西方近代心理学史，决不是仅仅罗列史实而采取所谓客观主义的态度，而是以马列主义、毛泽东思想为指导，努力把观点和材料、社会历史分析和思想逻辑分析有机地统一起来，注意阐明不同心理学家世界观的性质及其在科学上的贡献与局限。

有些西方心理学史家往往以所谓的“公正人物”的面目出现，对古往今来的心理学家或哲学心理学家的思想体系或科学研究试图作出不偏不倚、大公无私的评价。但这是很难做到的。美国近代心理学史的作者墨菲说过：“在我开始写这本书（即指《近代心理学史导引》）时，曾经天真地想对近代心理学史作一种绝对没有个人成见的客观的记载，我希望公正地陈述他人的研究和主张。但是我现在相信至少就本人说来，在写作时，不能不对资料有所选择或强调，纯客观的记载就没有可能了。”① 所以，同是一种史实，在不同的心理学史家手里，得到了不同的处理，或者是细加论述，或者是语焉不详，置而不论。我们不隐瞒自己的立场观点，我们要坚持唯物主义而反对唯心主义，坚持辩证法而反对形而上学，所谓螺旋式的上升是要以辩证唯物主义为标准而论定的。同时，我们也要区别心理学家的世界观和他们的科学成就，不以前者而否定后者，也不以后者而忽视前者。因此，通过学习和研究心理学史，有助于我们树立唯物史观，克服唯心史观。

三、学习和研究西方近代心理学史，对于我们提高分析能力、鉴别能力和批判能力，也很有好处。

---

① 墨菲：《近代心理学史导引》，商务印书馆 1980 年版，《第一版序言》。

恩格斯说："一个民族想要站在科学的最高峰，就一刻也不能没有理论思维。"① 为了锻炼理论思维能力，心理学史也是一个很有利的学科。

心理学史作为研究心理学发展规律的科学，恰恰是从历史发展的角度记录了人们对心理学的对象、性质、任务和方法等一系列问题的认识，在实践中如何由浅入深、由低级到高级、由片面到全面这一曲折的前进过程。

应该看到，由于心理学对象的极端复杂性，特别是长期受到唯心主义和形而上学的束缚，以及自然科学发展水平的局限，在西方近代心理学史上，各种流派、学说和争论之多，是许多学科难以相比的。应当说，心理学史上有种种错误的学说，而它们之所以犯错误却有一个很重要的共同原因，就是片面强调某一特点到了极不适当的程度。列宁说："从辩证唯物主义的观点看来，哲学唯心主义是把认识的某一特征、方面、部分片面地、夸大地、过分地发展（膨胀、扩大）为脱离了物质、脱离了自然、神化了的绝对。"② 因此，通过学习和研究心理学史，有助于我们独立思考，提高分析批判的能力，克服主观片面性和简单化的倾向。

---

① 恩格斯：《自然辩证法》，第 29 页。

② 列宁：《哲学笔记》，第 365 页。

第一章　十七世纪至十九世纪英国和法国的哲学心理学思想

近代哲学心理学思想是传统科学心理学的一部分来源。本书前两章，将专门对近代哲学心理学思想作一概述。第一章主要介绍英、法两国经验主义心理学思想（也包括联想主义和感觉主义心理学在内），第二章则主要介绍德国理性主义心理学思想。

第一节　十七世纪至十九世纪英国和法国的哲学心理学思想的历史背景

17 世纪至 19 世纪的英国和法国，是推翻封建主义制度，逐步确立资本主义统治的时期。

在这一时期里，经济上，首先是英国，后来是法国，封建生产关系逐渐解体，资本主义生产方式逐步确立，资产阶级逐渐掌握了国内外贸易和国民经济的命脉。

政治上，英国通过 17 世纪的革命，法国通过 18 世纪的革命，新兴的资产阶级先后从封建主手中夺取了政权，建立了资产阶级共和国。随之，两国社会的基本矛盾由封建主同资产阶级和广大人民的矛盾，开始转变为新的资产阶级统治者同广大无产阶级和劳动人民的矛盾。

科学上，在资本主义生产发展的需要和反对宗教神学斗争的推动下，自然科学有了长足的进步。开始形成为独立的科学部门的一些分支，如生理学、解剖学和医学，并取得了可喜的成果。特别是力学、数学和天文学，获得了巨大的成就。这些科学成果促进了人的思想解放，为近代唯物主义批判封建神学和经院哲学提供了科学依据。

哲学上，由于两国政治经济发展的不平衡，资产阶级发展程度的不一致，资产阶级力量的强弱不等，所以资产阶级哲学产生了不同的派别。在资产阶级力量强大、进入革命高潮的时候，由于资产阶级是一个上升的进步阶级，加上自然科学中只有力学、数学比较发达，尚处于分门别类的研究、大量搜集材料的阶段，因而英国和法国资产阶级革命时期的哲学均采取机械唯物主义的形式，如英国的霍布斯、洛克和法国的孔狄亚克和拉·美特利等。在资产阶级夺取政权后，逐渐走向保守、反动的时候，资产阶级又抛弃了唯物论，拣起宗教神学的唯心论和不可知论，如英国的贝克莱和休谟。不仅如此，在反对宗教神学和经院哲学的斗争中，资产阶级采用的哲学武器，各国也有不同的传统。英国是经验论的故乡，这除了阶级力量对比的原因而外，还因为英国从 13 世纪出现唯名论以来，就比较注重经验的研究，近代自然科学的最初发展也偏重在经验科学方面，所以英国一直保持了经验论的传统。而欧洲大陆几个主要国家（包括法国）的资产阶级哲学，这时则常常是唯理论。其所以是唯理论的原因，主要是由于法国等国家中世纪以来一直是天主教会和正统经院哲学势力的老巢，受了文艺复兴时期古典理论的较大影响，而以后发展起来的又主要是理论的科学。

17 世纪至 19 世纪英国和法国的心理学思想有三个明显的特点。其一，心理学仍属于哲学心理学思想的范畴。因为此时，除了力学和数学而外，其他科学不是没有产生，就是处于襁褓之中。同时，心理学尚缺乏科学的实验根据，还没有形成为一门独立的科学，所以仍属于哲学的一个组成部分。其二，心理学的理论来源主要以笛卡儿和洛克两派的哲学思想为基础。例如，英国的贝克莱和休谟就是利用洛克给唯心论以可乘之机，在心理学中攻击唯物论，宣扬主观唯心论和不可知论的。相反，法国唯物主义心理学家则继承和发展了笛卡儿二元论中的唯物主义思想和英国资产阶级的唯物主义，特别是洛克的经验论。马克思指出："法国唯物主义有两个派别：一派起源于笛卡儿，一派起源于洛克。……这两个派别在发展过程中是相互交错的。"① 加上牛顿力学不仅支配了当时和后来的自然科学的发展，而且深刻地影响了这一时期的哲学心理学，许多人就企图把心理现象一律归结为机械运动，一概用力学规律加以解释，而把机械唯物主义心理学思想推向前进。其三，哲学心理学主要以经验论、联想论和感觉论为理论形式。此时，哲学心理学多半是探讨感觉、观念和联想的种类、形成和作用的问题。经验论的心理学思想发源于英国，主要发展于法国，并形成感觉主义心理学。而近代联想主义心理学则是在英国产生和发展起来的。诚然，经验论、联想论和感觉论的心理学的哲学基础各有不同，有的是唯物论，有的是二元论，有的甚至是唯心论，但是它们都成了近代不同心理学思想发展的起点和方法论基础。

第二节 笛卡儿的心理学思想

勒奈·笛卡儿（1596—1650）是近代二元论和唯心主义唯理论的著名代表，是卓越的数学家、物理学家和生理学家，是资产阶级哲学心理学思想的创始人之一。他出身于一个贵族家庭，专科学校毕业后，曾去欧洲各国游历多年，增长了丰富的科学知识。1629 年定居于荷兰，从事了整整 20 年的哲学和科学研究工作。晚年因受荷兰教会攻击，被迫迁居瑞典，不久就在那里去世。笛卡儿的主要著

① 《马克思恩格斯全集》第 2 卷，第 160 页。

作有：《指导理智的规则》（1628—1629）、《形而上学的沉思》（1641）、《哲学原理》（1644）、《论心灵的各种感情》（1649）以及后来发表的专著《论人》。

笛卡儿主要生活在17世纪上半叶的法国。当时封建王权十分强大，资产阶级力量比较薄弱，因而在政治上笛卡儿一方面对封建反动势力统治下的法国现状极为不满，企图为科学的发展向宗教争夺地盘，但另一方面又十分保守，不敢公开反对现存制度。

笛卡儿的二元论哲学正是资产阶级这一进步性和软弱性、妥协性的反映。他在物理学中认为"物质是唯一的实体，是存在和认识的唯一根据"，"把机械运动看做是物质生命的表现"，[①] 奠定了近代机械唯物论的基础。但在《形而上学》中他又承认思想独立于物质，所谓"我思故我在"，只有理性才是真理的唯一尺度，并把物质和精神都归结为上帝的产物。这样就使笛卡儿的二元论最终倒向了唯心主义。

笛卡儿在心理学史上是有贡献的，对后来的心理学是很有影响的。

首先，反射和反射弧是笛卡儿的一个重大发现。虽然笛卡儿并没有提出"反射"这个术语，但他却相当明确地勾画了反射和反射弧的轮廓。笛卡儿从机械唯物主义的观点出发，根据力学原理和解剖实验，以及受哈维关于血液循环的机械解释的启发，提出了"动物是机器"的著名论断，提出了刺激反应的假设，揭示了反射和反射弧的本质。由于当时笛卡儿还没有神经生理方面的正确见解和资料，他只好按照古代"动物精气"说和哈维血液循环的模式来设想神经过程运动的方式。他说，血液的最灵活最迅速的粒子沿着径直通向心脏的动脉流入脑子之后，便形成了一种好像非常稀薄的气或

---

① 《马克思恩格斯全集》第2卷，第160页。

者被称为“动物精气”的风。这些“动物精气”扩大了脑子，并给脑子创造了条件去接受来自外界对象以及来自心灵的印象。换句话说，“动物精气”使脑子成为一般感觉（Sens commun）的器官或容器，成为想象和记忆的器官或容器。他进一步又说，感官一端有细线，细线的另一端与脑内的某些孔道开门相连，外物刺激感官，拉动这些线，从而拉开孔道口的活塞，让灵活精气带动体内其他流质从脑内流入肌肉，达到相当程度时就使肌肉膨胀起来。这种机械动作，正像水和光的反射波动一样，也是一种“反射的波动”。

可见，反射概念的产生，是笛卡儿把在光学和力学影响下形成的模式运用于生理学的结果，也是他把唯物主义决定论原则应用于有机体与外部世界因果关系上的表现。在他看来，动物和人的身体这架特殊的钟表和自动机的运动是有规律的。依据笛卡儿的推测，动物和人的神经和肌肉的反应，都由感觉器官的刺激而引起，有着内导和外导的特殊机制。这就是历史上第一次发表的反射和反射弧的概念。所以巴甫洛夫认为笛卡儿是反射学说的奠基人之一。

但是，笛卡儿的反射概念是机械性的，而这一点给他带来无法克服的困难。既然人和动物的运动跟钟表之类的自动机的运动一样，那么人和动物运动的不同变化又如何解释呢？以人为例，相同刺激物在不同的情境之下可以引起不同的反应，而有时不同的刺激却可以产生相同的反应。为了解决这一困难，笛卡儿强调人和动物的区别。他认为，动物没有心灵，所以动物是自动机。人是有心灵的，所以称人为自动机只是就他的身体机制来说的。如果兼就他的心灵来讲，他就是超机械的了。显然，这又使笛卡儿回到了二元论的轨道。

其次，心身交感论是笛卡儿在心身关系上二元论的典型表现。在心物关系上，笛卡儿认为，世界上除了物质实体以外，还有所谓精神实体。精神实体的本性只是思维，不占任何空间。而物质的本性则只占空间，不能思维。动物不能思维，只有人才能思维，因此人兼有两种实体：人的肉体是由物质实体构成的，人的心灵是由精神实体构成的，这就是笛卡儿的二元论。

笛卡儿的二元论不是一般的心身平行论，而是一种心身交感论。他认为，心灵和身体既是两个根本不同的东西，又是可以互相影响、互为因果的东西。他说："自然又通过这些痛苦、饥饿、口渴等等的感觉告诉我，我不但住在我的形体里面，就像一个舵手坐在他的船上一样；而且此外我还和这个形体紧密地联结在一起，高度地搅混在一起，因而我与它组成了一个单一的整体。"① 譬如，身体受伤时我感觉到痛苦，形体需要喝水或吃东西时我便感觉到饥渴。所以心灵和身体是结合在一起的，是可以互相作用的。

心身究竟在有机体哪一部分实现其交感呢？根据当时解剖学的发展，发现人体器官都是成对的，唯独松果体是单一的，加上人们对松果体的机能还不太了解，于是笛卡儿便认为松果体是心灵的驻所。他还同意当时颇为流行的看法，认为神经是中空的管，其中有两种东西：一种是动物精气或灵活精气，像风和火那样精微的流质，它贮藏的中心是脑室；另一种则是上面说过的细线。人的感官受刺激时，这些线被拉动，因而影响松果体，发生印象，这样心灵就有了感觉。心灵也可以用松果体控制精气流动的方向，使它由神经管流到某些肌肉，发生某种动作。笛卡儿还认为松果体位于前后脑室的动物精气交流的管道上，心灵在这里可以方便地控制精气流动的方向。他说，除了意志、思维、记忆和"天赋观念"是心灵直接控制的活动而外，其他心理活动，如感觉、想象和本能等都是由于心灵和身体联合作用的结果。笛卡儿的心身交感论显然是错误的。这不仅表现在他把一个同脑的机能关系不大的内分泌腺当作了心理的

---

① 《十六——十八世纪西欧各国哲学》，商务印书馆 1975 年版（下同），第 180 页。

器官，而且还表现在他的看法前后矛盾，不合逻辑。既然说心灵是非物质的，但当他谈到心灵的作用时，却谈的是物质的作用。其实这就是人脑的机能，不过笛卡儿因受宗教偏见的影响，还认识不到这一点。

应当指出，笛卡儿认为，心物这两种实体都是有限的，它们都是由无限的实体——上帝创造出来的。基于这一点，他提出了一个唯心主义的意识概念。依他来看，意识是一个特殊的封闭的内部世界，只有借助自我观察才能洞察这个内部世界。他所说的内部世界是通向上帝的。因为上帝是绝对实体，它虽没有形体，但却是心灵和物质的创造者。这就是笛卡儿由二元论最终导致唯心主义的结果，也是资产阶级两面性在理论上的反映。

再次，对情绪的本质、种类和机制等问题，笛卡儿做了专门的论述。笛卡儿在《论心灵的各种感情》这部主要心理学著作中，研究了心灵的属性问题，并把它们划分为主动状态和被动状态这样两个活动范畴。他认为，情绪不是心的主动作用。正如感觉一样，它们都是由于外物（如声、光）和体内变化（如饥、渴）所引起的一种被动的心理状态。但人们总是认为情绪和心密切相联，似乎情绪是在心里头而不是直接由外物或体内变化所引起的。但笛卡儿指出，情绪又同感觉的被动状态不同，尽管情绪是靠身体内部灵活精气和血液的动荡来激发和维持，它比其他被动状态更容易扰乱人的心灵，然而情绪毕竟不具有意志那样的主动作用。这里，他把感觉和情绪等说成是被动的心理状态是不对的，但区分各种心理过程特别是指出情与知、意主动程度的不同还是有意义的。

笛卡儿认为，有些情绪主要是心的作用，如看小说或戏剧中可歌可泣的情节而内心感到一种理智的喜悦。有些情绪则是身体对心的影响，如对某些事物爱憎的情绪。这类情绪，心灵既不能直接激起，也不能直接抑制，但可以通过心灵的活动间接地激起这种情绪。

如设想可憎恶的东西而引起憎恶的情绪。诚然，人的主观需要、意识倾向、知识经验对情绪的产生具有重要意义，但是否认情绪的客观来源是错误的。

笛卡儿认为，人的原始情绪有六种：惊奇、爱悦、憎恶、欲望、欢乐和悲哀。这些原始情绪均和一定对象相联系，如惊奇是由新异的事物而引起的惊讶情绪，爱悦是由有益的对象联合引起的适意情绪，憎恶是由有害的对象引起的远离情绪，欲望是由所要追求的有益对象而引起的内驱情绪，欢乐是由对现实有益事物的享受而引起的愉快情绪，悲哀是由现实有害事物而引起的不安情绪。其他情绪都是这六种原始情绪的一些组合或分支。显然，他在原始情绪问题上坚持的是唯物主义决定论的原则，但在上述的高级情感的问题上却坚持心灵决定论的唯心主义原则，这样就又使笛卡儿陷入了二元论的窘地。

笛卡儿还认为，人的各种情绪总是伴随着表情动作的。如眼睛和面部的活动、脸色的改变、发抖、疲倦、叹息等等。他指出，人在快乐时脸色有光泽，忧伤时则脸色苍白。这里，他提出心脏、血液循环活动同情绪的关系是有积极意义的，但他未注意到神经系统在情绪活动中的作用。对情绪的克制和更替，他也作了如同条件反射那样的解释。如忽然碰到喜欢吃的食物里有臭东西，以后再见到这个食物就会产生厌恶的情绪。

总之，笛卡儿的心理学思想是二元论的。这个二元论虽然在理论上是错误的，但是在当时宗教和神学占统治地位的条件下，它还是具有进步作用的。笛卡儿利用了双重真理论，以二元论的形式摆脱了神学对科学的控制，把人们的思想从对灵魂的玄学争论转变到对人体机器功能的理性思维和具体研究上来，从而在生命活动的最复杂的领域中为决定论的新方法论开辟了新的前景。

第三节　霍布斯和洛克的心理学思想

一、霍布斯

托马斯·霍布斯（1588—1679）是培根唯物论的继承者。他出身于一个牧师家庭，在牛津大学毕业后，曾做过新贵族的家庭教师，后游历欧洲大陆许多国家，与伽利略、笛卡儿相识，还做过培根的秘书。革命初期，他逃亡法国，克伦威尔执政时回国。复辟时期，他因坚持唯物主义和无神论思想，曾遭到反动势力的迫害。霍布斯的主要著作有：《利维坦》（1651）和《论物体》。

霍布斯主要活动于17世纪的40至80年代，当时正是壮大起来的英国资产阶级向封建统治者进行夺权的政治革命时期。他根据资产阶级革命的需要和力学、数学的科研成果，克服了培根的双重真理论和"神学不彻底性"，把唯物主义和无神论思想结合起来，建立了近代第一个完整的机械唯物论体系。

霍布斯对心理学上是有贡献的。

首先，霍布斯对人的心理本质作了唯物主义的分析。他认为，世界是物质的，物质的根本性质是广延性，整个世界是由机械规律支配的巨大物体。他反对笛卡儿的"天赋观念说"，主张一切心理现象都是物质运动的结果。在他看来，作为一切知识开端的感觉，首先是由于外界物体的运动作用于人的感官，引起感官的相应运动，接着神经也运动起来，最后传到脑，脑也随之发生运动，于是就产生了感觉。外物对感官的作用停止时，它在感官及神经上引起的运动仍可持续，但远较微弱了，与这种微弱的运动相应的感觉就构成了记忆和想象的材料。霍布斯还认为，这种残余运动，会被当前感觉的更强烈的运动所淹没，而当睡眠时，便可能形成梦境。他说："梦境通常没有连贯性，假如有连贯性，乃是由于偶然，这必定是由于做梦的脑不是每部分同样地恢复它的运动。”① 他对梦境的解释，同巴甫洛夫有类似之处。这里霍布斯对心理本质解释的进步意义就在于：他摒弃对灵魂实体的神学思辨，把心理同身体和脑视为不可分割的东西，主张用自然法则来说明各种具体心理现象。

应当指出，霍布斯对心理现象的看法，虽然是唯物的，但却是形而上学的。主要表现有三点：一是他只承认广延性是物质的固有属性，否认物体的颜色、声音和滋味等性质的客观性。这样不但难于用唯物主义决定论来解释视觉、听觉和味觉等感觉的客观来源，相反和后来的洛克一样都为贝克莱的主观唯心主义开了方便之门。二是他只承认机械运动，否认运动形式的多样性。霍布斯认为，人完全是一架按照力学性质运动的机器。他把心脏比作发条，神经比作油丝，关节比作齿轮。并且，他又把物质和运动分割开来，认为运动不是物质的固有属性，没有运动，物体仍然是物体。这样就使他缺乏“反映”的概念，不能理解反映的过程和实质，不能把外部对象的运动和人的感觉等心理活动有机地统一起来。三是他把思维活动看成是对感觉经验材料的机械的加减计算，认为反映事物本质的概念是标志事物的符号、名称等等。这说明他不懂得感性认识向理性认识的飞跃过程，使他的唯物主义经验论的心理学思想掺杂了某些唯理论和唯名论的观点。

其次，霍布斯对联想的本质和种类也作了论述。霍布斯虽然没有使用过“联想”这个名词，但他却是联想主义心理学的先驱。他对人的联想有过很好的观察，并用联想来解释人的想象和思维。在他看来，思想或观念的前后相连，是受过去经验制约的。所谓联想，就是过去一些观念连续运动的结果。他说：“那些在感觉中相互密切

---

① 霍布斯：《论人性》第 3 章，载丹尼斯编《心理学史文选》，1948 年英文版，第 37 页。

连续的运动，在感觉之后也会继续保留在一起；以致当前者再次发生并占有优势的时候，后者就接着发生。”① 显然，这里说的是相继性联想。

霍布斯把人的思想的系列分为两种：一种是无计划的、无指导的和变化无常的思想系列，如在梦中那样。另一种是有某种欲望和计划所节制而较为恒定的思想系列。这里，他把欲望能否控制视为联想的方向和性质的决定因素，并把它作为划分联想种类的主要标准。实质上，霍布斯所说的两种思想系列，正是后来人们所谓的自由联想和控制联想。

二、洛克

约翰·洛克（1632—1704）是近代资产阶级著名的哲学家、政治家和教育学家，是英国唯物主义经验论心理学思想的主要代表。他出身于一个律师家庭，曾在牛津大学读书和任教。早年就读过培根、笛卡儿等人的著作，对自然科学很有兴趣，并与波义耳、牛顿等著名科学家有密切的交往。他曾做过英国工商业资产阶级政党“辉格党”领袖沙甫慈伯利的家庭教师、医生和顾问，后因受迫害逃往荷兰。1688 年“光荣革命”后回国，并在政府中任职。洛克的主要著作有：《人类理智论》（1690）。

洛克主要生活在英国资产阶级和封建贵族妥协的历史时期。在政治上，他反对“君权神授说”和君主专制制度，拥护“光荣革命”所建立的君主立宪政体，并且提出了一整套社会政治理论。在哲学上，他继承和发挥了培根、霍布斯的思想，建立了近代第一个唯物主义经验论的认识论的体系，但同时他又向唯心主义和宗教做了很大的让步，从而使他的唯物主义具有很大的不彻底性。

---

① 霍布斯：《利维坦》第 3 章，载兰德编《近代古典哲学家文选》，英文本第 2 版，第 64—65 页。

洛克的哲学心理学思想主要有以下三论。

首先，经验论是洛克哲学心理学思想的基础。洛克哲学心理学思想是紧紧围绕观念问题展开的。在《人类理智论》这本书一开头，他就提出了观念是与生俱来的还是后天获得的这样一个根本性的问题。洛克首先用大量的篇幅系统地批判了“天赋观念说”，明确指出“心灵中没有天赋的原则”和所谓“人类普遍同意的原则”。他说，儿童和白痴以及没有受过教育的人，对数学公理、形式逻辑的同一律和矛盾律，既不知道，也根本不会想到。世界上不同民族的社会习尚和道德原则是各不相同的，甚至是完全相反的，并没有什么普遍的共同的道德原则，这些都足以说明天赋原则是不存在的。

接着，洛克提出了“白板说”，并详尽地论述了唯物主义的经验论。在他看来，人的心灵好比一块白板，上面没有任何记号、任何观念，只是由于后天的经验，才在这白板上留下了印迹。那么，这块“白板”上是怎样写满文字的呢？或者说，我们的观念是怎样产生的呢？洛克强调说，人们的全部观念都是通过自然途径，凭借感官得来的，“归根到底都是导源于经验的”。这是洛克的经验论属于唯物主义路线的根本标志。它在当时，从思想上打击了封建反动势力，促进了唯物主义认识论的发展。但是，洛克对“天赋观念说”批判得并不彻底，他的“白板说”仍然是直观的机械的反映论。这一点，从后面他对经验来源的具体论述上就看得更清楚了。

洛克认为，构成知识的观念来源于两类经验：一类是外部经验，即感觉，它是由客观外部对象刺激我们的感官所引起的，如关于颜色、声音、大小、形状、运动等等观念。我们大部分的观念都是从感觉来的。另一类是内部经验，即反省，它是通过对人的“心灵”的内部活动的体验而得来的，如知觉、思维、怀疑、信仰、推论、认识、意欲以及人心的一切作用。洛克认为，反省虽然不同于感官，但很相似，也可以说是内部感官。由于洛克把观念的来源归结为物和心两个方面，因而使他陷入了二重经验论。这不仅是二元论在洛克认识论中的一个明显的痕迹，而且为那种认为经验只是内省体验的唯心主义经验论打开了方便之门。

其次，观念论是洛克哲学心理学思想的核心。洛克虽然承认一切感觉观念都是由外物刺激引起的，但是他并不认为一切感觉观念都是外物的“真正映象”。他把感觉观念分为两类：一类叫第一性的质的观念，即关于物体的体积、广延、形状、运动、静止等等的观念，它们同自己的原型是相似的，是这些性质“真正的映象或肖像”。例如，取一粒麦子，分为两部分，每一部分仍具有体积、形状、广延等性质，若继续分下去，一直分到各个部分都看不出来的程度，每一部分还是保持这一些性质。另一类叫第二性的质的观念，即关于事物的颜色、声音、滋味、气味等等的观念，它们完全根据主体的变化而变化，根本没有与之相符合的原型，至多在物体中只有引起这种感觉的诱因。例如，同样的火，离得较远我们就有温暖的感觉，离得较近我们就有灼痛的感觉；又如，一块斑岩在黑暗中是没有颜色的，但光线照在它上面，我们就有红色和白色的感觉。于是，洛克就认为，温暖和灼痛、红色和白色等性质的观念并不是客观事物的映象，而是主体接受第一性的质的作用后所产生的一种主观感受。如果我们的感官不去感觉的话，这些性质也就不再存在了。他又说，这些观念都是上帝给我们作为“认识和区分事物的记号”，它们同外物并不是一种反映的关系，仅仅是一种“对应”的关系。这样，尽管洛克对第一性的质的观念的解释是唯物主义的，但对第二性的质的观念的解释则因他夸大了认识的相对性而背离了唯物主义的反映论，滑向了唯心主义的符号论。这一点后来被主观唯心主义者贝克莱所利用和发挥。

在洛克看来，观念是人所意识到的一切心理现象。上边我们从经验来源的方面了解了观念和外物之间的关系，现在我们再从观念形成的过程来考察一下人是怎样由经验构成理性知识的问题。为此，洛克又把观念分成两种：一种是简单观念，即由对象的某一个单纯现象所引起的不能再分的观念。例如，我们说一朵百合花有香的气味和白的颜色，香味和白色就是两个简单观念。它不是靠心灵创造的，而是通过感觉或反省得到的。他还把视觉和触觉直接结合所产生的“运动”观念，以及对理性和意志进行自我观察而形成的“思维”和“愿望”的观念列为简单观念，显然这是不对的。另一种是复杂观念，即由简单观念经过结合、联系和分离所组成的观念。例如，“朋友”这个复杂观念，就是由“人”、“友爱”、“同情”、“幸福”等简单观念的结合而产生的。洛克认为，简单观念是消极被动的，外面强加的，可以作为知识的原始材料。而复杂观念则要求理智的能动作用，这种能动作用具体地体现在将简单观念组成复杂观念的过程。洛克把复杂观念仅仅看作是简单观念的机械总和，说明他不懂得认识从简单到复杂的过程也就是从感性到理性的能动飞跃的过程，因而他说一般的抽象的概念只不过是“名义的本质”，并不能揭示事物的本质和规律。这就使洛克的观念论陷入了狭隘的形而上学的经验论。

最后，联想论也是洛克哲学心理学思想的一个重要的内容。“联想”一词，在欧洲心理学史上是洛克最先提出的。他在《人类理智论》一书的第四版中，专门增加了“关于观念的联想”一章，此后联想便成为流行的术语了。洛克认为，观念的联想有“自然的联合”与“习得的联合”两种。他说：“我们一些观念相互之间有一种自然的联合；……除了这些联合以外，还有另一种联合，完全是由于机会和习惯来的。”① 他对于后者尤为重视。认为习惯是使观念联合的一种力量。这是后来联想律中多次律的开端。洛克除了用联想

① 洛克：《人类理智论》，商务印书馆 1959 年版，第 376 页。

的原则说明观念的结合而外，还用它解释情绪的形成及其对儿童教育工作的重要性。他认为妖魔鬼怪的观念，实际也可以与光明相联合，不一定非得与黑暗相联合的。通常小孩遇到黑暗就怕有鬼，那是由于人们常对小孩说黑暗处有鬼造成的。这一点，他说得很对。因此，洛克劝告父母们要注意防止孩子们形成不好的联想经验。同时，洛克还扩大了联想的概念，认为一切简单观念都可以通过联想活动而组成复杂观念。

综上所述，霍布斯是近代英国唯物主义经验论和联想主义心理学的先驱，而洛克则是近代唯物主义经验论心理学思想的典型代表和联想主义心理学的倡导者。其中，特别是洛克的心理学思想对后来英国和法国影响更大。正如列宁所指出的："贝克莱和狄德罗都渊源于洛克。"①

第四节　贝克莱和休谟的心理学思想

一、贝克莱

乔治·贝克莱（1685—1753）是近代主观唯心主义的鼻祖，是英国唯心主义经验论心理学思想的主要代表。他生于爱尔兰，曾在都柏林三一学院学习和教书，后任该院研究员。他还在北美洲等地进行过传教活动，回国后任爱尔兰克罗因地区主教。贝克莱的主要著作有：《视觉新论》（1709）、《人类知识原理》（1710）和《希勒斯和裴洛诺斯的三篇对话》（1713）。

贝克莱生活在18世纪上半叶英国资产阶级和贵族极力巩固资本主义统治的时期。在政治上，他主张不能单靠政治权力，还必须利用宗教，使民众敬畏上帝，"内心忠诚"，服从统治。在哲学上，他

① 《列宁选集》第2卷，第125页。

把自己的哲学与论证宗教信仰自觉地结合起来，提出了“存在就是被感知”的主观唯心主义的世界观和认识论。

但是我们要注意研究的则是贝克莱的心理学思想。

首先，贝克莱对心理本质的看法是以唯心主义经验论为其理论基础的。他的哲学心理学思想的核心，是把客观世界“化”为主观感觉。他抓住了洛克思想中的不彻底性，特别是关于“第一性的质”和“第二性的质”的区别。他说，不仅“第二性的质”如颜色、声音、滋味、气味等是主观的，就是“第一性的质”如体积、广延、形状、运动、静止等也是主观的。因为两者是统一的，不可分的，“只存在于心中，而不能存在于别的地方。”① 什么叫物？在他看来，就是一堆观念或感觉的集合。例如，一个苹果就是我看到的圆的形状、红的颜色，我闻到的香的气味，我摸到的不软不硬的触觉，我尝到的甜的滋味等等这些观念的集合体。如果抽掉所有这些感觉的性质，那么苹果也就没有了。由此他得出了主观唯心主义的公式：“存在就是被感知”，从而否定了客观世界的存在。

其次，联想说是贝克莱唯心主义经验论心理学思想的主要方法。贝克莱在否认了客观世界而把经验说成唯一存在的时候，常常用联想的原理来说明各种心理现象的形成过程。他认为，人的观念有三种：一是由感觉直接得到的观念；二是由内心的情感和作用（自我反省）而感知的观念；三是借助于记忆和想象而形成的观念。这三种观念的形成，都是和人的联想分不开的。他说：“由于这些观念中有一些是一道出现的，我们就用一个名称来标记它们，并且由此就把它们认为是一个东西。”② 同时，他还认为，联想也是人们辨别情感的一种手段。例如，我们从一个人脸色的赧红或苍白，就会常常

① 《十六——十八世纪西欧各国哲学》，第543页。

② 同上，第539页。

看出他所表现的羞愧或恐惧的情绪。在他看来，许多心理现象都不过是观念或感觉的各种不同的结合而已。

最后，贝克莱对空间知觉提出了一些有价值的见解。他从经验和联想的原则出发，主张空间知觉是视觉、触觉和动觉印象之间经验联合的结果。譬如他认为，距离本身不是人眼所能直接看到的，因为距离不问远近都只是以一端对着眼睛的一条直线，因此，它只有一点投射入眼。那么人怎样能有距离知觉呢？他以为距离知觉是以经验为基础的判断作用。

贝克莱以为距离知觉的构成可有三个因素。第一是由眼的运动而产生的感觉。两眼看一近物时，两眼相隔的距离较小，反之，看远物时，两眼相隔的距离便较大。两眼转动所产生的运动觉和物象的远近造成了习惯性的联系。第二，物象距眼太近时模糊不清，于是物象的模糊和物象的近距离造成联系。第三，物象距眼太近时，为了看清那个物象，两眼就有紧张的感觉，而这种感觉观念又可与物象的远近造成联系。人们根据这种经验就可以判断物象远近的距离了。贝克莱的这个距离知觉的学说对后世的距离知觉的心理学是有影响的。但是物象距眼过近和过远都可以产生模糊的影象，对此，贝克莱又怎样解释呢？

贝克莱说："距离本身是不能为人所知觉的。"只能"是凭借于别的直接可知觉的观念才能被人所知觉。"① 这样，他就根本否认距离、大小、位置等空间关系的客观存在，而把空间知觉归结为各种观念的主观组合的结果了。

二、休谟

大卫·休谟（1711—1776）是欧洲近代不可知论的主要代表，也是唯心主义经验论的心理学思想家。他出身于没落贵族地主家庭，曾

① 贝克莱：《视觉新论》，商务印书馆 1957 年版，第 5 页。

在爱丁堡大学学习，后从事哲学著述，做过外交工作和副国务大臣。休谟的主要著作有：《人性论》（1739—1740）、《人类理智研究》（1748）以及死后出版的《论灵魂不死》等。

休谟活动在18世纪中叶英国社会政治动荡的时期。当时英国资产阶级既需要依靠宗教麻痹人民，又需要利用新兴科学技术推动资本主义生产的发展，因而休谟继承了贝克莱主观唯心论，调和宗教信仰与科学的矛盾便成为休谟哲学的主要特点。但是休谟和贝克莱也有区别。他以为外部世界是否存在，那是我们无法解答的，我只知道我的感觉，除了在心理上的感受之外，有没有别的什么东西，只好存而不论了。这便使他走上了怀疑主义和不可知论。明白了休谟的怀疑主义，我们现在可进而论述他的心理学思想。他从唯心主义的经验论的观点出发，把世界的一切都归结为主观现象或经验，并且强调知觉是哲学心理学思想研究的唯一对象。他说："除了心灵的知觉或印象和观念以外，没有任何东西真正存在于心中。"①这一点，休谟比贝克莱更彻底，他既不用外部世界，也不用神或未知的精神来说明知觉。他采取了否认人认识外部世界的任何可能性的手法，排除了心理的任何来源。列宁指出，不可知论的本质"就是他不超出感觉，他停留在现象的此岸，不承认在感觉的界限之外有任何'确实可靠的'东西。"②

休谟根据强度和生动性的标准，认为知觉可区分为两类：即印象和观念。所谓印象，即指当前一切生动而有力的感觉和知觉，也包括激情和情绪。感觉是最初呈现于人心中的意识，是人的一切观念或思想的材料和来源。所谓观念，即指原始印象的暗淡的摹本或映象。但是这个有关印象和观念的区别有时也是难以继续的，例如

① 《十六——十八世纪西欧各国哲学》，第594页。
② 《列宁全集》第14卷，第104页。

最微弱的印象也可能较弱于最强烈的观念。雷声的观念不是更强于针表的微弱之声的印象吗？

休谟认为，从结构的繁简来分，知觉也有两类：简单知觉和复杂知觉。所谓简单知觉，即指不能再行区别和分析的知觉，包括简单印象和简单观念。前者是一个个孤立的感觉（如一个颜色的感觉）或感情（如一种憎恶的感情），后者则是对简单印象的直接摹写，不过略为模糊一些（如我们记忆中的一种红色总不如直接感觉时那样鲜明）。所谓复杂知觉，即指由简单知觉直接组合或加工制造而形成的知觉，包括复杂印象和复杂观念。前者是一些简单印象的复合（如我们直接感知的一个苹果是色、香、味等感觉的复合），后者可能是由简单印象直接结合起来的复杂印象，也可能是由我们的想象任意排列组合的结果。比如，我们的想象可以自由驰骋，幻想出金山、火龙、飞马以及各种玄妙离奇的观念，虽然它们都是虚构的、不真实的，但是这些复杂观念终究是用我们从感觉印象中得来的一些简单观念拼凑出来的。

应当指出，休谟从心理功能角度对知觉和观念进行分类并无不可，甚至也有正确的地方，如对印象与观念的区分、记忆与想象的区分、简单观念与复杂观念的区分等等。但是，休谟根本否认心理活动的客观来源和生理基础，把知觉、观念视为唯一存在的实体，所以只能是一种唯心主义经验论的心理学思想。

其次，休谟对联想的形成和原则也作了分析。前边讲到，洛克认为，联想就是观念的联合。休谟在此基础上进一步把联想的形成归结为两种情况：一种是由简单观念联结成的复杂观念，如桔子是由红色、桔香、甜酸、圆形等简单观念联合而成的。这是他继承洛克的看法。另一种是由各种观念之间的吸引动作联结成的复杂观念。在休谟看来，吸引力，或称“柔力”，乃是各种简单观念结合的纽带。他说：“我们只可以把这种联系看作经常占优势的一种温和的力量，这种力量也是——除了使其他事物联系之外——使各种语言极为密切地相应的原因。”① 如果说休谟的这种说法是“心理化合说”，倒不如说是“心理力学说”。

休谟还认为，联想虽然需要吸引力，但是吸引力并不能必然导致联想。这说明联想的形成不是无原则的，而是有规律的。在他看来，联想的形成有三条法则：即相似律、时空接近律和因果律。例如，看到一张照片便会自然地想到原物（相似性），说到一座建筑物的某一个房间便自然地问起或说到别的房间（接近性），想到一个伤口便难免想到由此而产生的痛苦（因果性）。

应当指出，休谟的因果律并不是存在于客观的必然性里，而是存在于我们的主观经验之中。“当我们说一个对象与另一个对象相联系时，意思只是说它们在我们的思想中得到了一种联系。”② 如“太阳晒”和“石头热”并不是客观事物所固有的因果性的必然联系，只是人们思想中一种“习惯性的联想”或“经验推论”。就是说，人们多次发觉太阳晒了石头就变热，因而心里就形成一种习惯，每逢见到太阳晒就想到石头热。这种否认联想和因果规律的客观性，不仅是休谟主观唯心主义经验论和不可知论的反映，而且也是他极力挖科学和唯物主义墙脚，为宗教信仰大开方便之门的表现。

综上所述，贝克莱和休谟的心理学思想纯属主观唯心主义经验论的范畴，它在很大程度上影响了马赫主义和西方一些心理学流派的发展。但另一方面他们又都是近代联想主义心理学的先驱，对心理学的问题如空间知觉的形成，印象与观念的区分，联想的本质、种类和规律的分析等都发表了一些有价值的看法，促进了联想主义心理学的进一步发展。

---

① 《十六——十八世纪西欧各国哲学》，第583页。

② 同上，第653页。

第五节 英格兰和苏格兰联想主义者的心理学思想

一、哈特莱

哈特莱（1705—1757）是联想主义心理学的缔造者。他出身于英国一个牧师家庭，最初学做牧师，后因对某些传统教规不满而终身行医。他深受霍布斯、洛克和牛顿的思想影响，喜欢自然科学，对哲学和心理学也很有兴趣。哈特莱的主要著作有：《观念的联想》（1746）、《对人的观察：其结构、其义务及其期望》（1749）等。

首先，在心物关系上，哈特莱反对洛克的反省说，承认感觉是认识的源泉。在他看来儿童开始生活时，只有接受感觉经验的能力。随着年龄的增长，他的感觉经验互相联系，构成复杂的联想和哲学、宗教、道德之类的思想体系。这样，哈特莱和 18 世纪的法国唯物论者一样，不仅清除了洛克为向唯心主义让步而提出的观念的第二个来源（反省），而且坚持了唯物主义反映论的原则。

其次，在身心关系上，哈特莱虽然是一个平行论的二元论者，但是具有鲜明的唯物主义倾向。

哈特莱把牛顿的振动说应用于神经系统方面，认为神经是固体，不是空心的管，所以神经的传导不是“动物精气”的流动，而是极其细微的分子的振动。这种振动是沿着神经向前传导的。外物作用于感官引起神经上的振动，神经的振动引起脑的振动时就发生感觉。任何由外物引起的脑内振动，并不是旋起旋灭，而是在物质刺激停止以后还会继续下去，不过振动越来越细微，他把脑的这种细微的振动叫做微振。这些微振则引起观念。他还用神经的振动解释了其他的心理现象，认为余振引起后象（如视觉正后象），过去感觉经验所引起的微振则呈现记忆，微振转化为强振就使梦中产生强烈观念。

应当指出，在哈特莱看来，生理不是心理的物质基础，而是心理的对应物。他还认为，观念和感觉的区别，并不在于观念的相应振动小于感觉的相应振动，而在于引起观念的振动最初是由神经内振动所引起、并永远存在于脑中。这种把心理过程和脑的生理过程看作是相互平行的对应关系，认为人的身体结构内有灵魂独立存在的位置，显然是二元论的一种观点。

但是，还必须看到，哈特莱用神经振动说代替传统的“动物精气”说，强调对心理现象进行生理分析，强调感觉对外在刺激的依赖性，不仅符合唯物主义的观点，而且是他在心理学史上的一大功绩。因为17世纪的思想家，不论是唯物主义的还是唯心主义的，他们只是力图说明心理现象在整个世界图景中的地位；而18世纪的思想家则要探索机体内部心理过程和神经过程联系的道理，也就是从17世纪的心理物理学问题的研究转向18世纪的心理生理学的研究。在这方面，尽管哈特莱心理的生理解释是不科学的，但他却是一个生理心理学的开创者。

最后，在联想主义心理学上，哈特莱也是一个正式的建立者。哈特莱十分重视联想的作用，并坚持用联想来解释各种心理现象。他认为，联想有两种：同时性联想和相继性联想。这两种联想对观念的融合非常重要。他说：“总之，感觉的单纯观念由于联合而互相集结；而这些观念复可各因若干混合部分的集结而造成一个复杂的观念。”① 就是说，通过联想的作用，不仅可以组合为复合观念，而且可以集结为具有新性质的复杂观念。这种心理混合说，乃是“心理化学”的先声。

哈特莱力图用神经振动说来解释联想的生理基础。他认为，联想是由于原来的神经振动痕迹作用的结果。如果外物刺激在相近的

---

① 波林：《实验心理学史》，1950年英文版，第199页。

时间内引起感觉A、B、C、D的脑内振动，并由此相互发生联系，那么这些振动变为微振后的a、b、c、d也自然是相互联系着的。以后感觉A的振动，就能引起和它联系的感觉B、C、D的观念b、c、d。从观念方面说，就是观念的a会顺序地引起观念的b、c、d。这就是说，观念的联系是由于观念的生理基础（振动）的联系。

哈特莱认为，传统的三大联想规律均可归结为一个规律，即接近律。在他看来，所有相似观念，必然都有共同的成分。如在两个相似观念的组成部分A、B、C、D和D、E、F、G内，D就是其中共同的组成部分。因为D和这两个相似观念的其他成分具有接近的关系，这样，第一个观念D成分的作用，就可引起第二个观念。同样，所有对比观念，也必然都有共同的成分。如“美”与“丑”这两个对比观念虽然是根本对立的，但却都是用以表示评价的名称。如果两个观念彼此毫无共同的成分，那么它们就根本不可能发生对比的关系。由此，哈特莱把对比观念也看作是接近联想的衍生物。正因为这样，他说接近律是联想的根本规律。

除此之外，哈特莱又提出了三条次要的联想律。

第一条是复杂观念的性质不是简单观念性质的算术和，而是具有新的性质，如多种药味合成的味就是例证。

第二条是由于多次重复的原因，本来有意识的活动，最后可能变成无意识的活动，如说话时的发音就是例证。

第三条是观念的强度和生动性有时可以感染到与其相联系的其他观念。他认为，人的同情心、怜悯心以及高尚品质的形成都和这种联想有关。

哈特莱认为，不仅感觉、观念会互相联结，感觉与运动，观念与运动，运动与运动，都会互相联结。他说，运动联合形成技能，运动和观念联合形成随意动作，感觉、快乐或痛苦和观念的联合形成情绪。总之，一切心理现象都是联想作用的结果。

综上所述，哈特莱虽然是一个身心平行论的二元论者，但从总的来看，他的思想中唯物主义还是占优势的。特别是他强调心理对生理的依存性，开创生理心理学，对联想的本质、机制、种类、作用和规律等一系列问题的论述已形成了一套比较完整的理论体系。因此，哈特莱不愧为近代联想主义心理学的创始人。他对 19 世纪的英国联想主义和德国冯特的心理学均有不少影响。

二、布朗

布朗（1778—1820）是苏格兰学派的代表。他成长于爱丁堡，从小学习就富于批判精神，曾获取医学博士学位，做过医学和法律工作。后来还做过斯图尔特的学生和助手，在爱丁堡大学讲授道德哲学，一直到死。布朗的主要心理学著作有：《人的心灵哲学》。

本来，苏格兰学派站在维护正统宗教信仰的立场，恪守灵魂是一个统一的精神实体的信条，既厌恶休谟的怀疑主义，又厌恶霍布斯的唯物主义和联想主义，竭力宣扬官能主义的心理学。但是，主观唯心主义经验论的联想主义和宗教教条并无根本矛盾，因此，为了具体说明人的心理活动，布朗也吸收了很多联想主义心理学的观点，有助于联想主义心理学的发展。

首先，布朗用“提示”（Suggestion）代替“联想”的概念。在他看来，观念的联合或联想意味着几个经验合为一体，而实际精神生活中并没有这种复合的现象。假使由四而想到五，四和五决不由此构成一体。事实上，它们都是经验的前后相继，因此他用“提示”标明这一事实。他认为，“提示”就是由此及彼，互相引起。这是心的主动作用，不是观念间有什么粘合力。这里，可以看出，布朗之所以不愿用“联想”而用“提示”一词，实质上是由于他在苏格兰学派的基础上接受英国学派遗产的缘故。

布朗把“提示”分为两种：一种是简单提示，即别人所谓的联想，如听到朋友在隔壁说话声而想到他的面容；另一种是关系提示，即知觉或设想两个对象时立即觉察到它们之间的相互关系，如看两个东西时觉得这个比那个大。他认为，这种关系感，虽然是直接觉察到的、没有任何中介的心理过程，但是它并不是感觉而是完全新的经验、判断、推理和抽象等的关系提示。

其次，布朗提出了九条联想副律。从霍布斯以来，联想主义心理学就面临着这样一个急待解决的问题：本来任何一个观念都和其他许多观念有联系，但是在人的实际联想过程中，为什么一个观念会引起另一个观念而排斥其他的观念呢？为什么同一个观念对不同的人或同一个人在不同时期会引起不同的联想呢？传统的三大联想规律虽能指出联想的一般条件，但对这一问题它却难以解决。譬如，这些规律就不好解释虎既类似于豹又类似于狮，为什么有时我们由虎想到豹，有时又由虎想到狮子呢？为了解决这个问题，布朗从人的心灵统一性的观点出发，第一次提出以下九条联想副律。

1. 原来感觉所经历的相对时间。我们观察客体历时越久，以后记住它们的把握就越大。

2. 原来感觉的相对活跃性。原来感觉越加生动，则联想也越加巩固。

3. 相对的频率。一系列的经验重复的次数越多，它们以后被引起的机会也越加容易。

4. 相对的新近性。越新近的经验就越容易回忆，例如，几小时以前的事情容易记得，几天以前的事情容易忘记。

5. 常相伴随，很少例外的事情，容易回忆。例如别人不唱，只有某一个人唱的歌曲，以后在我再听到这首歌曲时，就会很快想到这个人。

6. 个人之间的天性差异。如有人容易想起看见过的事物，而不容易想起听见过的事物，有的人却完全相反。

7. 个人情绪的暂时变异。随着人们一时情绪的变化，联想的情况也会有所不同。如生气时容易想起可气愤的事。

8. 暂时性的身体异常的状态。如酒醉、精神错乱、健康不良等状态，都会有不同的联想。

9. 已往的生活和思想习惯。如职业的影响等。

布朗所提出的这些副律，并不是主观臆造的，而是从一些观察中获得的。其中第2、3、4条副律，至今仍在西方心理学中占有重要的地位。

再次，布朗还提出了一个“心理化学”的见解。布朗认为，由“提示”而引起的复杂心理状态，不只是集合而是溶合。就是说，它具有与构成它的成分的性质不同的一种性质。他说：“正如在化学内所常发生的那种情况，我们不可能从一种复合体本身所表现的各种不同的性质来再认这种复合体的个别成分的性质，——同样，在心理的自发化学内，由以前的各种情感的联系所产生的复合情操，在很多的情况下与这些组成的成分……罕有相似之处。”① 布朗这一“心理化学”的见解，后来被约翰·穆勒加以发挥，被冯特改名为“创造性综合”。

最后，布朗还提出了关于空间知觉的学说。主要有两个内容：一是强调知觉不只在于联结感觉资料，主要在于人具有掌握关系的潜能。他说：“心灵具有一种原始的倾向，那就是在同时知觉到各种不同的对象时，我们立刻会觉察到……它们在某些方面的关系……并存和相继……类似……差异……比例……程度，关系的数目的确是几乎没有止境的。”② 二是指出肌肉感觉在空间知觉中的重要性。他认为，肌肉感觉是空间知觉的客观参照点。因为空间具有广延性，任何空间知觉都不能离开肌肉感觉。例如，观看物体大小时的眼球运

① 吴伟士：《现代心理学派别》，1948年英文版，第43—44页。

② 同上，第44页。

动，辨别物体大小时手的触摸活动等，都说明了肌肉感觉的作用。布朗的这一学说虽然也是在承认心灵的统一性的基础上提出的，但是它却加强了联想的经验主义，并成为后来陆宰和冯特关于空间经验说的直接来源。

综上所述，布朗虽然是把宗教信仰同联想主义调和起来的一个唯心主义者，但是从他以后，苏格兰学派却继承了英国经验主义的传统。布朗除了指出肌肉感觉在空间知觉中的特殊作用而外，还指出了实现联想的一些具体条件，补充了九条有价值的联想副律。因此，布朗在联想主义心理学中占有重要的地位。

三、詹姆斯·穆勒

詹姆斯·穆勒（1773—1836）是一个重要的联想主义心理学的传播者。他出生于苏格兰，求学于爱丁堡大学，最初研究神学，后又研究历史和政治学。1802 年起，他迁至伦敦，居住了 17 年之久，受英国联想主义思想影响较深。他的心理学名著是《人的心理现象的分析》(1829)。

首先，他对心理现象的来源和元素作了分析。他从经验论和联想主义的传统出发，认为一切心理现象都起源于感觉，并力图增多联想的元素。在他看来，心理状态是由感觉和观念两种元素构成的。其中，感觉是最简单的心理元素。他说，感觉除了视、听、嗅、味、触等五种感觉外，还有肌肉感觉、消化管内感觉和扰乱感觉（如痒、触痒等）。他比前人所列举的感觉种类多了一些，这说明人的心理现象是由更多的心理元素所构成。而观念则是感觉的摹本、影象。他认为，观念和感觉通常可以区别，感觉比观念原始些，观念比感觉发生较后些，但有时又难以分开。他还指出，感觉和观念通过联想的作用形成各种复杂的心理现象。他把感觉、观念视为意识元素，认为意识就是这些心理状态的总称。这就是近代欧洲心理学史上元素主义的先驱。

其次，他对联想的种类作了剖析。他认为，联想有两种。一种是同时性联想，如看到一块石头总是把它的硬度、颜色、形状、大小和重量联合为一体来知觉，这是屡见不鲜的。另一种是相继性联想，如说话时语词总是按照语言的习惯先后相继出现，这种联想在詹姆士·穆勒心理学体系中非常重要。他说："思想不断地追随着思想，观念也不断地追随着观念。假使我们的感官方在活动，便可连续地接受感觉，但也不仅以感觉为限。感觉以后便常有已往感觉的观念；而这些观念之后，复有其他观念。终我们的一生，这两种意识状态，即感觉和观念不断地衔接起伏。例如我见一马，那是一个感觉。我便想到马的主人，那便是一个观念，这个马主人的观念又使我想到马主人的职位，他是一个大臣，那便是另一个观念。忽然听到摇铃吃饭，这又是一个新感觉了。"① 可见，感觉——观念——观念——感觉——又一系列的观念，这就是穆勒由相继性联想所得出的一个关于人的意识起伏的公式。这里，有两个问题必须加以区别：一个是观念本身发生的过程问题，一个是观念对存在的关系问题。诚然，观念来源于感觉，但是，观念决不能归结为感觉。穆勒对观念形成过程的连续性的分析是有意义的，不过他把观念视为感觉的摹本，正是继承了休谟的衣钵，否定了观念对外间事物的依存性。他说："我们不应该预期观念间的秩序依照外物的秩序，因为观念不是从外物来的。可是，因为观念是从感觉来的，我们可以由类推预期观念底秩序是由感觉的秩序来的。……我们的观念是我们感觉的摹本。"② 这充分暴露了穆勒联想主义心理学的唯心主义本质。

再次，他坚持"接近律"为联想的主律，并补充解释了生动性和频率等两条联想副律。詹姆士和哈特莱一样，只承认"接近律"是

---

① 波林：《实验心理学史》，商务印书馆1981年版（下同），第251页。
② 同上，第3页。

联想的主律，并把“因果律”、“相似律”和“对比律”都纳入这一主律之中。他认为，因果关系指先起事件与后起事件之间有个秩序，即这件事一定在先，那件事一定在后，所以“因果律”完全可还原为“接近律”。他认为，“相似律”难以成立，因为相似的东西，我们常是一起看见的，主张把相似归于接近律之中，即作为这个定律的一个特例。至于“对比律”，也不过是相似和频率的特例而已。他说，矮子为什么能引起巨人的观念呢？因为我们把矮子叫矮子是由于他与某一标准差得远；我们把巨人叫巨人也是由于他与某一标准差得远。他除承认“接近律”这一主律外，还补充两条副律作为说明联想强弱不同的原因。这两条副律是：（甲）联想的意识状态的生动度；（乙）联合的次数多少，即频率。

最后，他还坚持“力学心理学”的观点。他认为，复杂观念不是化学的结合，而是机械的结合。例如，玻璃、木料等物的许多复杂观念合成一个多层观念，即所谓窗子。进而墙、地板、窗子等这些多层观念合起来，就又成了所谓房屋的观念。至于所谓万物，那是多得更多的复杂的与多层的观念结合的产物。可见，无论多么复杂的观念，都是由几个简单观念先合成多层观念，再由几种多层观念又机械拼凑起来的。显然，这种“力学心理学”把联想主义的机械观推到了极端，完全陷入了形而上学的境地。

综上所述，詹姆士·穆勒在贝克莱路线的指引下抛弃了哈特莱的生理说，建立了一种唯心主义和形而上学的联想心理学的体系。但是他对观念形成过程的分析，联想副律的补充等等还是有价值的。

四、约翰·穆勒

约翰·穆勒（1806—1873）是詹姆士·穆勒的儿子，是一个哲学家、经济学家和联想主义心理学家。小穆勒的心理学思想主要散见在他的《逻辑》（1836）、《汉密尔敦的哲学的考察》（1865）以及对其父的《人的心理现象的分析》的注释（1869）等著作。

小穆勒和他父亲在联想主义问题上，起码有两点区别。一是他反对忽视联想的主动性，把联想看作是主动的联结。他吸收了心的统一性、主动性这一思想，以为心有主动联合的要素，所以人才会觉得过去经验与现在经验连成一体。换句话说，他认为意识不单是一系列心理状态的先后相继，而且是有主动的成分在内。二是他反对心理力学说，主张心理化学说。小穆勒用“心理化学说”取代了老穆勒的“心理力学说”。他知道他父亲的联想主义困难的基本原因，就是他用 18 世纪的力学观点来处理观念的联合，以致产生“更有多少观念造成万物这个观念”的疑问。加上，在小穆勒的时代，化学已经很发达了。所以，他以为复杂观念不是简单观念的机械联结，而是简单观念的有机结合。这种结合成的新观念，具有与原先观念性质不同的新的性质，例如氢与氧合成水，但水具有氢和氧都没有的新的性质。他还认为新的性质不能由原先观念的性质来预知，而必须通过实际经验才可以认识到。对此，他曾说：“许多印象或观念若共同作用于心灵之内，则其所引起的历程也同于化学的化合。印象若同入经验，而其次数之多又可使其每一印象都可立即唤起全集团中的观念，则这些观念有时混而为一；……所以由我看来，几个简单观念所混合而成的复杂的观念，假使就表面看，似若简单（换句话说，其各成分在意识上倘若不可辨别），那便可说是产生于这些简单的观念，但不能说由这些观念混合而成。”① 约翰·穆勒从心理混合改为心理化合，用心理化学代替心理力学，这个意见似乎比较符合于心理事实。但是，由于他否认观念的客观来源，把“物质”视为我们“感觉的一种永久可能性”，因而他的“心理化学”不过是在主观意识中寻求各个观念原素的化合过程。显然，它也是属于主观唯心论的联想主义。

① 波林：《实验心理学史》，第 258—259 页。

其次，他对联想律也发表了他的看法。对这个问题的研究，他在前后是有变化的。他虽然提出几个法则，但仍着眼于整个联想历程的共同基础。就是说，各个联想律不是可以完全独立发生作用，而是在联想的总原则下发生作用的。到 1865 年他提出了四条联想律，即类似律、接近律、多次律和不可分律。其中删去了 1843 年他提出的强度律。对于多次律的重要性，洛克、贝克莱已有了解，经约翰·穆勒的明确规定，逐渐为后人所接受。所谓不可分律，只是次数的极限，即如果接近性没有例外，而次数又很多时，则其联合就成为不可分的了。

最后，他对心理学科独立性的问题也提出了自己的见解。他认为，心理学应该是一门独立的科学。为此要注意从心理现象本身出发研究各种心理状态间的规律，并注意分清心理学和生理学的界限。那时已发现了不少联想的规律和各种不同性质的感觉，他的意见和研究反映了心理学向独立科学发展的趋向。但是他反对研究心理的生理基础却是不对的。

综上所述，约翰·穆勒虽然和他父亲都属于唯心论的联想主义心理学家，但是他反对心理力学，倡导心理化学，强调联想的主动性和联想律的共同基础，强调心理学学科的独立性等思想，在当时历史条件下还是有进步意义的。

五、培因

培因（1818—1903）是联想主义心理学最重要的代表，也是从哲学心理学思想向实验心理学过渡的一位承前启后的心理学家。他出身于纺织工人的家庭，幼年做过工，自学过许多课程，大学毕业后，因不愿接受教会的约束，靠撰稿生活，并和约翰·穆勒结为密友。先后做过亚柏丁大学、伦敦大学等校教授。培因心理学的名著有：《感觉与理智》（1855）、《情绪与意志》（1859）和《心与体》（1872）等。他于 1876 年还创办过《心理》杂志，这是世界上最早的心理学杂志。

首先，培因是个身心平行论者，对建立生理心理学起了很大作用。他根据当时流行的能量守恒定律，以为身体是一个自我封闭的物质系统，身心互相平行而不互为因果，按照能量守恒的原则自行运动着。显然，这是身心平行论的二元论。但是，这只是他在哲学上的一种假设，其实他很重视用神经过程解释心理现象，他说，好像我们可以说，没有神经流，就没有心。他的这种解释并不是偶然的。本来，笛卡儿和哈特莱就想从生理学入手研究心理学问题，但是由于当时科学发展的限制，笛卡儿停留在所谓“动物精气”的水平上，哈特莱也只利用牛顿所玄想的振动说。到了19世纪上半叶，生理学已有相当的发展，心理学可以从中吸取大量材料了。在这个基础上，培因在建立生理心理学方面，比笛卡儿和哈特莱都前进了一大步。在他的心理学的著作中，首先讲了心理的生理基础，对神经系统、感觉器官、脑和肌肉都有详细的讨论，反射弧被视为行为的单元，对各种感觉及较高的机能也有所探讨。所以，培因的《心与体》一书自然就成了一本当时有名的生理心理学的教科书。

其次，培因对联想律和联想种类提出了新的见解。培因不同意詹姆士·穆勒把相似律和对比律并入接近律之中，主张联想律应包括接近律和类似律两项。他以为动作或感觉若以前同时发生，后来也可同时发生，就是可互相结合；结果，如果有一个在意识中出现，另一个也成为观念而出现，这是接近律的表现。至于类似律，他主张也是联想的一个规律，并认为类似联想比接近联想更为重要，因为创造发明都是由于类似联想所引起的。

培因还特别提出“复合联想”和“构造联想”的问题。他认为，几个单独不能引起旧经验的线索，如果合在一起，就会把那个经验引起来，这样的联想便是复合联想，而通过联想，人心还具有创作与任何在从前经验中所阅历的事物不同的新配合，则是构造联想。培因把人的想象、创造和发明等等均归入这种联想的作用。

最后，培因提出了自己关于意志的学说。他在《感觉与理智》和《情绪与意志》两本重要著作中，以詹姆士·穆勒的联想理论为基础，又加进了心的主动性的思想。他认为，人有两种动作：一是"自发的动作"，即没有从感觉来的刺激而发生的动作；一是"有意志的动作"，即由意识、情绪引发的动作。人由这种自发的动作逐步发展成为有意志的动作。究竟是什么动力推动人的活动呢？培因和穆勒父子一样，把唯乐主义和联想主义结合起来，作为解释意志动作形成的原则。他说，在学习时，起初是散乱的动作，以后得到满意结果的动作就被保留，得不到满意结果的动作就会消失，经多次重复，得到满意结果的动作就稳定保留下来，成为有意的动作。这就为后来美国心理学家桑代克的效果律提供了理论准备。

综上所述，培因用联想原则解释各种心理现象，对联想的规律、种类和动力等一系列问题都作了阐述，从而形成了一个完整的联想心理学的体系，把联想主义推到了最高峰。同时他还引出生理心理学和学习心理学的问题，为心理学开辟了新的研究领域。当然，他采取唯乐主义原则解释人们联想的动力，则是资产阶级利己主义思想的一种表现。

第六节　十八世纪法国唯物主义者的心理学思想

18 世纪法国唯物主义心理学思想，是适应法国资产阶级革命的需要，继承了 17 世纪法国和英国唯物主义的哲学心理学思想，吸收了当时自然科学，主要是生理学、解剖学和医学研究的成果，并在此基础上形成和发展起来的。

18 世纪法国唯物主义心理学思想的主要特点，就是坚持人是机器的论断，主张从生理学和脑的机能的观点来看心理的产生、发展和转化，并把感觉主义心理学提到了重要的位置。

18世纪法国唯物主义心理学思想有两个来源：一个是起源于笛卡儿，以拉·美特利为主要代表；另一个是起源于洛克，以爱尔维修、狄德罗、霍尔巴赫和孔狄亚克为代表。

一、孔狄亚克

埃蒂耶纳·博诺·德·孔狄亚克（1715—1780）是法国资产阶级启蒙运动者，是感觉主义心理学的代表。他虽然做过天主教神甫和修道院院长，但后来因为他不满传统的宗教教条而放弃神职。他与狄德罗、卢梭等人有交往，同伏尔泰一样，是一个自然神论者。他的主要著作有：《人类知识起源论》（1746）、《感觉论》（1754）和《论缺点和优点毕露的诸体系》（1794）等。

把洛克唯物主义经验论心理学思想发展成为感觉主义心理学思想，这是孔狄亚克心理学思想的特点。

首先，他坚持洛克唯物主义经验论的原则，承认感觉是一切知识的来源。他想象一个仅有触觉的塑像，但也可以由这个唯一的感觉产生判断、比较、记忆、想象等心理活动。他宣布，他的哲学心理学的主要任务是："说明我们的一切知识和一切能力如何都来自感官，或者说得更确切一点，都来自感觉。"① 他认为，有了各种各样的触觉，才会产生广延、远近、形状的知觉。基于这一唯物主义的立场，他批判了笛卡儿的"天赋观念"说。他说，观念有感性观念和理性观念两种。感性观念向我们表象那些正在作用于我们感官的对象，理性观念向我们表象那些造成印象以后业已不见的对象。这两种观念虽有区别，但都来源于我们的感觉。他指出，如果不了解理性观念如何来源于感觉，便把它说成是天赋观念，那必将"铸成大错"。接着，他还批判了莱布尼兹的"单子"论，认为他这种理论

① 《十八世纪法国哲学》，商务印书馆1979年版（下同），第128页。

是一种什么也不能说明的假设。因为他并没有告诉我们“单子”究竟是什么，我们也从来没有体验到不依赖于感官的灵魂活动。

其次，他排除了洛克关于“反省”是观念的第二个来源的错误意见。在他看来，观念只有一个来源，即感觉。“这一方面是因为反省在原则上只不过是感觉本身，另一方面是因为它与其说是观念的来源，不如说是观念借以从感觉中导出的途径。”① 这说明他坚持了唯物主义决定论的原则，克服了洛克的不彻底性。但是，他又走上了另外一个极端，把各种心理过程都归结为变相的感觉。他说，注意是一个新的感觉获得了比前一种感觉更大的强度，记忆是一种曾经产生的感觉再现于我们的感觉，比较是双重的感觉，判断是两个经验之间关系的感觉，抽象是从多数感觉中孤立出来的一个感觉，等等。可见，他不了解感觉以外还有高级的综合作用，不了解思维和感觉之间的本质差别，不了解思维在认识中的特殊重要性。至于他以为物体是所感觉的那些性质的集合，人不能认识物自体，这是他由感觉主义所必然得出来的荒谬结论，说明在他的认识论中还有主观主义、不可知论的因素。因此，他的感觉主义心理学思想不是彻底的唯物主义的心理学思想。但是，它对 18 世纪法国唯物主义心理学思想的发展、反封建教会统治的斗争以及革命后改革学校教育等方面都起了进步的作用。

二、拉·美特利

茹利安·奥弗雷·拉·美特利（1709—1751）是 18 世纪法国唯物主义哲学心理学思想的早期代表。他出身于一个富裕的商人家庭，最初学习神学，后因厌恶它而改学医学。他做过军医，由于发表无神论思想的著作，多次遭到教会迫害，先后逃亡荷兰和德国。他的主要著作有：《心灵的自然史》(1745)、《人是机器》(1747)、《人是

① 《十八世纪法国哲学》，第 132 页。

植物》(1748)等。

首先，他提出“人是机器”的著名论断。他赞扬笛卡儿“动物是机器”的机械唯物论的思想，但是认为笛卡儿没有把这一思想贯彻到底，因此他进而肯定“人也不过是一架机器”。他认为“把人和动物列入一类，对人还是一种荣誉。在未到一定年龄以前，人实在比动物更是一个动物，因为他生而具有的本能还不及动物。”① 他把人等同于动物当然是不对的。但是，必须指出，笛卡儿由于强调人有灵魂而把人与动物的关系割裂了。拉·美特利纠正了这个偏向，恢复了人与动物的联系，但是他又抹煞了两者的区别。说人同动物相比，只不过这架机器“多几个齿轮”、“多几条弹簧”而已。这样，他在贯彻笛卡儿唯物主义的同时，完全抹煞了人的社会性与能动性，陷入了机械唯物主义的错误境地。

其次，他肯定心理是一定物质的属性。拉·美特利指出：“心灵的一切机能，直到意识为止，都只不过是依身体为转移的东西。”②他根据自己的医学知识，从各方面论证了心理对身体的依赖性。例如，体质的好坏，年龄的不同，都影响着人的心理活动。同时，他还用解剖学证明思维不过是大脑的属性。“因为脑部受重伤时，动物就没有知觉，没有分辨力，没有认识了。”③显然，肯定思维是脑的属性的思想是正确的。但是，由于他不了解社会实践在人的心理发展中的作用，把思维仅仅看作是机体的机械运动的一种表现，这不仅反映了机械唯物论的观点，而且必然最终要陷入唯心主义的解释。所谓“肉体的需要是精神的尺度”④，有多少种体质，便有多少种不同的精神、不同的风格和不同的风俗的思想就是个明证。

---

① 拉·美特利：《人是机器》，三联书店 1957 年版（下同），第 40 页。
②③《十八世纪法国哲学》，第 227 页。
④《十八世纪法国哲学》，第 286 页。

最后，他坚持感觉是认识的唯一源泉。他反对笛卡儿的“天赋观念”说和洛克的“反省”说，彻底发挥了唯物主义的感觉论。他把客观事物对于感官的刺激所引起的认识过程，比作提琴的一根弦或钢琴的一个键因受到振动而发出的一个声响。在他看来，人的心理活动乃是脑髓的膜上的种种真实变化，映绘在眼睛里的事物反射在这个幕上，就像从幻灯里射出一样。虽然这种描绘是机械的，但却坚持了唯物主义决定论的原则。他还认为，感觉不仅是一切知识的来源，而且也是我们唯一的向导。他说：“思想原来只是感觉的一种机能，而理性的心灵也只是用来对观念进行思索和推理的感性心灵罢了。这一点由下面一件事就可以得到证明：当感觉熄灭的时候，思想也就熄灭了，例如在癫痫、中风、麻痹等病症中都是如此。”①拉·美特利把思想归结为感觉，把理性心灵等同于感性心灵，是他片面夸大感觉作用的结果，也是他的感觉主义心理学思想的反映。因此，他就不可能了解感性认识与理性认识的辩证关系，也不可能彻底克服唯心主义。但是，总的来说，他的心理学思想还是属于机械唯物主义的范畴，其中也包括一些辩证法的因素，如关于有机界来自于无机界、动物来自于植物、人来自于动物的猜测等。这些思想，当时有力地打击了宗教神学。

三、狄德罗

德尼·狄德罗（1713—1784）是法国唯物主义哲学心理学思想的杰出代表。他出身于富裕手工业者的家庭，曾在专科学校读过书。因著作触犯教会而被捕入狱。出狱后，主持编纂《科学、艺术和工艺百科全书》（简称《百科全书》），这是经过二十多年的艰苦努力而完成的巨著。他的主要著作有：《对自然的解释》（1754）、《达朗贝与狄德罗的谈话》（1769）、《达朗贝的梦》（1769）、《生理学基础》

① 拉·美特利：《人是机器》，第64页。

(1774—1780）等。

首先，他肯定感受性是物质普遍具有的特性。他认为，每个物体有一个形成和发展的过程，整个自然界就是处在生灭不已的运动变化之中。所以，他假设无机物有“迟钝的感受性”，而有机物有“活跃的感受性”。他说，雕像就只有一种迟钝的感受性；而人、动物、也许包括植物在内，具有一种活跃的感受性。迟钝的感受性可以过渡到活跃的感受性。这种说明虽然并不很科学，但是其中包含着一个合理的思想：即只要具备了一定的条件，物质在发展中一定会获得思维的能力。列宁对狄德罗的这一思想十分赞赏，认为他猜测到了“‘在物质大厦本身的基础中’只能假定有一种和感觉相似的能力。”① 这种不是把思维看作是上帝给人的特惠，而是看作物质长期发展的产物的思想，显然具有辩证法的因素。

其次，他提出意识是人脑的属性，人脑是思维的器官。他从自然界的物质统一性和运动进化性的思想出发，根据当时自然科学的成果，试图论证意识、思维仅仅是物质高度发展阶段的产物，是人脑的属性。他十分生动地把人脑和感觉神经的关系，比作蜘蛛和蛛网的关系。蛛网好比人的感觉神经，守住网中心的蜘蛛好比人脑，蛛网一旦被外界事物所触动，立即引起蜘蛛的反映，人脑是感觉神经的中枢，一切外界事物的刺激，都通过感觉神经传达到人脑，于是产生感觉、意识。如果人脑受了重伤，整个机体就会失去感觉，而处于麻木状态中。列宁指出，从狄德罗的论述中，我们“就已经看到唯物主义者的真正观点了。这种观点不是从物质的运动中引出感觉或者把感觉归结为物质的运动，而是承认感觉是运动着的物质的特性之一。”②

---

① 《列宁选集》第2卷，第40页。
② 《列宁全集》第14卷，第36页。

最后，他坚持唯物主义的感觉论。他不仅坚持感觉是一切知识的源泉，还强调自然界是感觉的普遍的原因。他把人们对外部世界的反映，比作弹钢琴。人的躯体好比一架钢琴，人的感官就是钢琴的键盘，只有当外部世界弹它的时候，它才能发出声音，如果没有外部世界去弹它，即使是再好的钢琴也发不出半丝半毫的旋律来。同时，狄德罗斥责了贝克莱的唯我主义的路线，说他以为自己是世界上唯一存在的一架发疯的钢琴。列宁对狄德罗的这一思想曾给予高度的评价，说他“非常接近现代唯物主义的看法”。① 同时，他还看到了感觉与思维的区别和联系，把人的认识过程看作是“从感觉回到思考，又从思考回到感觉”的过程。他说，“这就像蜜蜂的工作，如果不带着蜡重新进入蜂房里面去，你就是白白跑了许多有用地方。如果不知道把这些蜡做成蜂巢，你就是白白聚集了许多的蜡了。”② 诚然，这些思想比孔狄亚克、拉·美特利等人都深入了一步，但是，他把思维和感觉的差别还只是看到量的不同而不是质的区别，当然就不可能真正解决感觉和思维的辩证关系的问题。

四、爱尔维修

克劳德·阿德里安·爱尔维修（1715—1771）是18世纪法国唯物主义哲学心理学思想家。他出身于巴黎一个宫廷医生的家庭，早年读书时受洛克思想影响较深。后因对教会不满而弃包税官职务，同狄德罗、霍尔巴赫等人经常来往，专心从事著述。他的主要著作有：《论精神》（1758）、《论人的理智能力和教育》（1773）等。

首先，他坚持一切心理活动来源于感觉的思想。他从洛克的唯物主义经验论出发，既驳斥了“灵魂不依赖于肉体”的谬论，又克服了洛克把“反省”也说成是一个独立的认识来源的错误，主张心

① 《列宁全集》第14卷，第24页。

② 《狄德罗哲学选集》，三联书店1956年版（下同），第57—58页。

理活动的来源只能是外部客观世界，并认为感觉能力本身乃是高级组织的物质的反映。显然，这是正确的。但是，他又断言，人身上的“一切都可以归结到感觉”。① 他认为，人具有接受感受性和记忆两种能力，而记忆无非是一种持久的、被削弱的感觉，思维则是感觉互相作用的结果。他举例说，我判定，我称之为红的那个对象，不同于我称之为黄的那个对象，在这种情况下，判断也无非是感觉。这种片面地夸大感觉的作用，把一切心理现象都归结为感觉的堆积的思想，是典型的机械唯物论的感觉主义心理学思想的表现。

其次，他指出了情绪和需要的联系及其对行为的推动作用。他认为，需要产生欲望，人对欲望满足与否的体验，则产生各种情绪。他说：“友谊以需要为前提，需要愈急迫，则友谊愈强烈。因此，需要便是情绪的尺度。”② 离开了人的需要和欲望，就不可能了解情绪的起源。并且，他把情绪看成是产生精神的种子，看成是促使人们做出伟大行为的强大动力。爱尔维修把情绪和需要联系起来的思想，正如他把手的使用和语言的使用同人的心理特点联系起来一样，进一步丰富了欧洲唯物主义心理学思想的内容。当然，他把情绪也看作感觉是不对的。至于他说什么趋乐避苦的自爱感是“人人所共有的情感”，则正是把资产阶级自私自利、唯利是图的本性说成了全人类的本性。

最后，他强调环境和教育对人的性格形成的决定作用。爱尔维修反对先天素质的决定论，认为人生下来的时候，或者是根本没有任何倾向，或者是带有各种趋于一切对立的罪恶和美德的倾向。在他看来，机体构造与素质对人们的感情和性格影响不大。他指出：“如果说人们生下来并无感情，人们也就生下来并无性格。在我们身

① 《狄德罗哲学选集》，第 57—58 页。

② 爱尔维修：《精神论》，俄文版，第 2 篇第 24 章。

上造成对荣誉的爱的，乃是一种后天获得的东西，因而是一种教育的结果。”① 这种强调环境和教育对人的心理发展的影响是对的，但是他不懂得环境正是由人来改变的，至于把改革的希望完全寄托于教育，就必然要陷入“教育万能论”的历史唯心主义的境地。

五、霍尔巴赫

保尔·亨利·霍尔巴赫（1723—1789）是18世纪法国唯物主义哲学心理学思想的集大成者。他出生于德国一个商人家庭，幼年移居法国，大学毕业后，他一直同狄德罗等人编纂《百科全书》，是“百科全书”派的主要人物之一。他的主要著作有：《自然的体系》（1770）、《健全的思想》（1772）等。

首先，他提出了观念是“对象的映象”的见解。他从唯物主义反映论的原理出发，进一步探讨了人的心理活动的具体过程。他说，感觉虽然是我们认识的来源，但是，“如果我们感官并没有被触动，我们就不能有感觉、知觉和观念”。② 因此，一切心理现象只能是“对象的映象”。③他认为，引起映象的对象刺激或者来自外因，或者来自一些对感官发生持久或暂时的影响的内因。他指出：“我们的脑子凭着记忆使自己所得到过的一些感觉、知觉、观念重新出现，使一些实际上曾经刺激过它的感官的对象再度显示出来；它再凭着想象力把这些变化组合起来，造成一些对象或全体；这些对象并没有刺激过它的感官，然而它曾经认识那些组成这个对象的成分或观念。”④他以为马身人、鹰首马、天神、魔鬼等等观念就是这样形成的。如果有人硬说，不需要外物的作用也能产生心理活动，那就等于说天生的盲人也能看到了颜色。

---

① 《十八世纪法国哲学》，第501页。
②③ 霍尔巴赫：《自然的体系》上卷，商务印书馆1964年版，第100页。
④《十八世纪法国哲学》，第633—634页。

其次，他坚持了心理是脑的机能的观点。他认为，人的心理活动总是和我们的器官相适应的。如果没有相应的器官，那就不可能有知觉、观念、直观、思想、意志、计划和行动。在他看来，心理活动“是某些有机的生物所特有的一种机能，就是说，这些生物是以一定特定的方式组成的，从其中产生出一些特定的活动方式。”①换句话说，感觉、知觉、观念、记忆、想象、思维、情感和意志等心理现象，都是脑子所具有的一种机能。他说，脑子乃是散布在人的四体百骸中的神经结集汇合的共同中枢；人们归之于心理的一切作用，都是凭借这个内部器官发挥的；一些传达到了神经的印象、变化和运动对脑子发生影响，于是脑子就产生反作用，使身体器官动作起来，或者对自己起作用，因而能够在自己内部产生各种心理活动。诚然，这些具体说法还不够科学，但总的轮廓大体上还是正确的。

最后，他非常重视感觉在整个心理活动中的重要作用。他认为，感觉是在我们活人身上看到的第一种机能，也是派生出其他一切机能的那种机能。依他看来，一切心理活动都是在感觉的基础上产生和发展起来的。他说，我们所有的概念，都是作用于我们感官的对象的反映。可见，他没有把“理性抽象”看作是许多感觉的压缩和变形，这是他不同于感觉主义心理学思想之处。当然，他还不懂感性认识与理性认识之间质的飞跃，仍然停留在机械唯物主义的看法上。

综上所述，法国唯物主义心理学思想为机械唯物主义提供了重要的论证，并成了当时反封建教会统治、进行资产阶级革命的有力武器。这种机械唯物论的观点应用于心理学中，虽然是不科学的，但在当时历史条件下是具有进步性的。它坚决摒弃了灵魂的实体，坚

① 《十八世纪法国哲学》，第 607 页。

持了唯物主义决定论的原则，把心理活动看作是人体内部的生理活动和外部环境、教育的产物。其中，提出的一些理论问题：如人与机器的关系，心理与环境、教育的关系，映象与对象的关系，心理与生理、脑的关系，感觉与其他心理过程的关系，情绪与需要的关系，意志与动机的关系等等，对波纳和卡巴尼斯的生理心理学思想的发展有着直接的影响。

第二章　十七世纪至十九世纪德国的哲学心理学思想

第一节　十七世纪至十九世纪德国的哲学心理学思想的历史背景

德国在17、18世纪是欧洲一个比较落后的国家，是一个封建君主专制的农业国。经济上，手工业生产占绝对的优势，大工业还处于襁褓之中，资本主义生产关系发展很慢，封建主义生产关系仍居于统治地位。政治上，先是几百个后是几十个封建小王朝，各自为政，常年战争，关卡林立，交通闭塞，全国长期处于封建割据的状态。出世过迟的德国资产阶级虽有进步和革命的要求，但既怕封建贵族，更怕广大人民，具有软弱性和妥协性的特点。它对封建专制的统治深为不满，但对资本主义社会的向往只停留在思想上，不敢付诸于行动。所以马克思说，德国资产阶级"只是用抽象的思维活动伴随了现代各国的发展，而没有积极参加这种发展的实际斗争……"① 这就形成了德国古典哲学中唯心主义辩证法的思想传统。

第二节　莱布尼兹和沃尔夫的心理学思想

一、莱布尼兹

---

① 《马克思恩格斯全集》第1卷，人民出版社1956年版（下同），第462页。

哥特弗利德·威廉·莱布尼兹（1646—1716）是德国古典哲学的先驱，是近代德国哲学心理学思想的始祖。他出身于一个大学教授的家庭，担任过外交官、宫廷顾问、图书馆馆长和柏林科学院第一任院长。他曾和清代康熙通过信，建议在北京成立科学院。据说他发明的微积分，还从我国的古籍《易经》中得到启发。他和当时欧洲各国著名的科学家、哲学家，如牛顿、惠更斯、列文霍克、霍布斯和斯宾诺莎等均有过交往，对于数学、物理学、地质学、逻辑学、语言学和心理学都有过研究，是一位有着多方面成就的科学家。莱布尼兹的主要著作有：《关于实体的本性和交通的新系统》(1695)、《人类理智新论》（1710）、《神正论》（1710）和《单子论》（1714）等。

莱布尼兹生活在17、18世纪的德国，他宣传资本主义的生产方式，极力维护科学技术的进步，但又反对革命，主张改良，鼓吹实行“开明君主专制”，并为德国封建统治秩序进行辩护。这种妥协的、矛盾的政治立场，使莱布尼兹在他的世界观中企图把哲学与宗教、科学与信仰调和起来，建立一个符合市民资产阶级利益的客观唯心论体系。

首先，“单子论”是莱布尼兹关于心理本质的理论基础。他以为单子是能动的客观精神实体，是一切事物的基础。由于单子是一个封闭的自为世界，按其自身的内部规律活动着，它“没有供世界出入的窗户”，不能接受外界的作用和影响，因而单子只能像镜子一样具有照射周围事物的特性。必须指出，照射和反映不同，感官只是起了某种“机缘”的作用，外界对象也只是把沉睡的观念“唤醒”，像起床一样。①心理不是通过感官而发生，也不是外界对象作用的结果，而是心灵自身所固有的潜在观念的显现。因为他承认“心灵原

① 《十六——十八世纪西欧各国哲学》，第310页。

来就包含着一些概念和学说的原则"，[①]它们"是作为倾向、禀赋、习性或自然的潜在能力而天赋在我们心中，并不是作为现实作用而天赋在我们心中的。"[②]所以只有当感官和外界对象相遇的时候，它们就像火花一样显现出来，从潜在状态变成明晰观念，从而产生了心理。这正好比雕刻师在大理石上雕刻神像一样，神像早就"天赋"在大理石的纹路中了，雕刻师的加工琢磨，只是把多余的纹路去掉，使神像显露出来罢了。实质上，莱布尼兹关于心理本质的单子论是一种典型的客观唯心论，也是德国市民资产阶级两面性的思想在心理学上的反映。列宁曾一针见血地指出："单子＝特种的灵魂。莱布尼兹＝唯心主义者。而物质是灵魂的异在或是一种用世俗的、肉体的联系把单子粘在一起的浆糊。"[③]

莱布尼兹就用他的唯心主义辩证法的观点反对洛克的经验论。他认为灵魂不是腊块或白板，认为感觉对我们的认识"是必要的，但是感觉永远只能给我们提供一些例子亦即特殊的个别的真理"，"不足以建立这个真理的必然性。"[④]他宣称一切具有普遍必然性的知识，像数学、神学、法理学，只能是从理性中产生的，而这种理性则只能来自天赋的内在原则，因此，他就以单子论的形式恢复了笛卡儿的天赋观念说了。

其次，"预定和谐说"是莱布尼兹关于身心关系的理论。他反对笛卡儿的交感论，提出了"预定和谐说"的平行论的主张。他认为，单子是孤立的、封闭的、互不影响、互不作用的，但由于上帝事先的安排，整个世界的单子在发展过程中，是协调一致的。他说："灵魂遵守它自身的规律，形体也遵守它自身的规律，它们的会合一致，

①②《十六——十八世纪西欧各国哲学》，第310、314页。

③ 列宁：《哲学笔记》，第348页。

④《十六——十八世纪西欧各国哲学》，第502页。

是由于一切实体之间的预定的和谐，因为一切实体都是同一宇宙的表象。”① 比如，人在愤怒时，摩拳擦掌，在快乐时喜笑颜开，表面看来似乎身心的活动互相影响，其实这是上帝预先安排好的身心相应活动。莱布尼兹借用两座钟作比喻，假定它们都被拨在同一个时间上，而以同样的方式和速率行走着，一个钟代表思维，另一个钟代表形体，它们的运动就会吻合一致了。这种“预定和谐”的身心平行论，实质上，否认了精神产生于物质的唯物论的因果观。

第三，微觉（petites perceptions ）和统觉（apperception）的学说，对后来的无意识说和统觉说是有启发的意义的。

按照莱布尼兹的说法，认识是一个发展的过程。由于产生认识的单子具有知觉这一精神属性，因而根据知觉的明晰程度的高低，可把单子或认识的发展分为不同的连续等级或系列：最低级的单子，只有一种微觉，几乎同无知觉和无意识一样，处于模糊和昏睡的状态；无生命的东西就是这样，比如，海浪中的一滴水的运动只能引起微觉。较高一级的单子，“具有比较清晰的知觉而且有记忆伴随着”，如一般的动物。更高级的单子，如人，则有统觉（或摄觉）。莱布尼兹认为，统觉就是对感知自身内在状态的意识或反思，也就是指自我意识。他说：“感知是单子表现外在事物的内在状态。统觉则是对这种状态的反思或意识。”② 有了统觉，人就有了理性灵魂，能够运用概念进行推理等思维活动。最高级的单子，便是上帝，是全知全能全善的化身。由此，莱布尼兹说，心灵是由低级的知觉发展或结合而组成的，正像汹涌的巨浪是由许许多多水滴运动汇合而成的一样。由此可见，莱布尼兹用神学语言表述了有机界从无机界发展、人类

---

① 《十六——十八世纪西欧各国哲学》，第 497 页。

② 《莱布尼兹全集》，德国杜腾版，第 2 册，《自然的原理和神恩的原理》，第 4 节。

从动物界演化或意识从无意识转化的辩证法。

综上所述，莱布尼兹哲学心理学思想是近代唯理论心理学的开端，是后来身心平行论的起源。他的思想虽然带有内省学派的痕迹，属于客观唯心论和形而上学的范畴，但也具有某些辩证法的因素，如强调心理活动的主动性、自因性和统一性。他第一次提出统觉的概念，对康德、赫尔巴特和冯特等德国心理学有直接的影响，对格式塔心理学、弗洛伊德精神分析等现代西方心理学流派也有间接的影响。

二、沃尔夫

克里斯提安·沃尔夫（1679—1754）是莱布尼兹唯心论哲学的继承者，是官能心理学的系统化者。他生于一个手工业的家庭，学过数学、哲学和神学，在耶拿大学获得博士学位，后经莱布尼兹推荐，被任命为哈勒大学教授。他主张宗教教条必须符合理性，于1721年曾演讲“中国人的实践哲学”，赞扬孔子提倡的道德是没有启示的宗教，是由理性建立起来的道德体系，因而被虔诚主义者诬为无神论者，由当地政府驱逐出境。后来，他到马堡大学哲学学院任首席教授，并且在这个时期被伦敦、巴黎、斯德哥尔摩的科学院聘为院士，被沙皇彼得一世委派为彼得堡科学院副院长。1740年，腓特烈二世加冕后立即把沃尔夫优礼召回，先当了哈勒大学教授，后又做了柏林大学副校长，到去世时为止。

沃尔夫生活在17、18世纪，当时德国刚刚走上中央集权的封建君主制，正在形成中的资产阶级还处于依赖封建专制国家的时代，沃尔夫把莱布尼兹思想体系进一步化为一种神学目的论，成为当时辩护普鲁士国王统治的一种思想工具。

沃尔夫和莱布尼兹相比，在哲学上虽然没有什么独创，但在心理学上还是有些新的发挥。

首先，“心理学”一词虽早在16世纪出现，但是真正以心理学为名出书的人还以沃尔夫为第一人。他用拉丁文写了两本心理学专著:《经验心理学》(1732)和《理性心理学》(1734),他还最早用德文写了哲学心理学教本,如《关于人类各种理智能力及其在认识真理时的正确应用的一些理性思想》(1712)、《关于神、世界、人的灵魂以及一切事物的一些理性思想》(1719)等,当时对排除中世纪歪曲了的经院式的亚里士多德哲学心理学,建立德意志民族的理性主义心理学是起了一定作用的。

其次,沃尔夫进一步阐述了理性主义心理学。他从唯理论的认识论出发,不赞同洛克的经验论和联想派的观点,认为人的心理不是空白的、被动的,而坚信人有一种主动活动的、富于理性的固有观念。在他看来,一切心理作用都是不同程度的理性。感觉是混乱不明的理性,狭义的理性则是明白清晰的理性。根据这一思想,他很重视理性心理学,并把它作为理性哲学的一个组成部分。

最后,沃尔夫把官能心理学系统化,是他的心理学思想的主要内容。虽然古典的官能心理学早在古代出现,但近代官能心理学也许可以说是由沃尔夫建立的。他按照亚里士多德的分类,把人的心灵分为两大官能:一是认识官能,即"知"的官能,包括感觉、想象、记忆、注意、悟性(形成、区分和判断一般概念)和理性(由纯概念推出结论)等;二是欲求官能,即"情"的官能,包括愉快与不愉快的感情和意志作用(即强烈的欲求)。这里,他把意志纳入情的官能之中。并认为愉快与不愉快不是特定的情绪,而是一切情绪所包含的因素。他还认为注意是使人观念明白的官能。注意范围的大小与对象的明晰度成反比例,即范围大明晰度低,范围小则明晰度高。注意又可帮助记忆。注意着相似的观念或有回忆欲望的观念,就可提高记忆力。他沿用了莱布尼兹的"统觉"一词,不过他所指的意义与注意相近。他对于观念的再生做了观察。他指出任何观念都会引起它原来所属的个别观念的整体,这就是后来的所谓重整作用。观念再生时还可以有新的组织，即有创造性的新配合。这些都是沃尔夫的一些新的见解。但他的官能心理学只是给一种心理过程以一名称，回忆过程被称为回忆的能力，推理过程被称为推理的能力，余可类推，却从来没有对这些过程加以科学的分析，因此遭到了后人的批驳。而且各种官能各自独立，显然犯了形而上学的毛病。

第三节　康德和赫尔巴特的心理学思想

一、康德

伊曼努尔·康德（1724—1804）是德国古典唯心论和辩证法哲学的创始人。他出生于一个小手工业者的家庭，大学毕业后，做过9年家庭教师，31岁才取得编制外的讲师资格，在哥尼斯堡大学任教。虽然他的讲课受到学生欢迎，名气渐大，但因上层社会对出身低微的人的歧视，直到他46岁时才任教授。康德讲过许多课程，如数学、物理学、地质学、地理学、矿物学、哲学、逻辑学、伦理学、人类学和教育学等。73岁时辞去大学的教学职务。他一生没有离开过哥尼斯堡城。他的心理学思想散见于他的《论脑病》（1764年）、《对于美和崇高的感情的观察》（1764年）、《纯粹理性批判》（1781年）、《实践理性批判》（1788年）、《判断力批判》（1799年）和《实用人类学》（1798年）等著作。

康德主要活动在18世纪后半期，正是法国革命前夕风雷激荡，而德国市民资产阶级却没有勇气和封建统治秩序公开决裂的时代。康德以二元论回答哲学的基本问题，企图调和唯物主义和唯心主义的斗争。他认为统一的客观世界分为“现象”和“自在之物”两个不同的世界，两者有不可逾越的鸿沟，人们只能认识“现象”，不能认识“自在之物”。这就导致了他的世界观的矛盾，正如列宁所指出的，“当康德承认在我们之外有某种东西、某种自在之物同我们表象相应存在的时候，他是唯物主义者；当康德宣称这个自在之物是不可认识的、超验的、彼岸的时候，他是唯心主义者。”①

康德心理学思想主要来源于莱布尼兹、沃尔夫和休谟，它在心理学史上虽无重大贡献，但仍有相当影响。

首先，康德是提顿斯的三分法的继承者。提顿斯在沃尔夫的官能心理学的基础上增加了情的官能，从而创始了感情、认识和意志的三分法，而这个三分法也见于康德的心理学思想。康德认为认识、感情和欲望是三种基本的心理官能。这三种官能是各自独立存在的，其中任何一种都不是由其他一种派生的。这个三分法在他的哲学著作中得到了适当的反映，例如他的《纯粹理性批判》主要讲认识论，相当于认识活动；《判断力批判》主要讲美感，相当于感情；《实践理性批判》主要讲伦理学，相当于意志活动。这种以“知”、“情”、“意”为纲的三大《批判》，不仅构成了康德“批判哲学”的体系，而且也构成了他“心理学”的体系。

其次，认识心理学是康德心理学思想的主要内容之一。康德既反对莱布尼兹那种只承认普遍性、必然性的“独断”见解，也反对休谟那种只承认感觉经验的片面观点。他想把唯理论和经验论结合起来，建立一种所谓“批判的”认识心理学。它的全部内容，就是要在进行实际认识活动之前，对人的认识能力作一番“批判”的考察，借以确定人的认识能力的限度和方式。康德脱离实践和客观事物而孜孜不倦地研究认识，就等于学习游泳而不下水，显然是犯了唯心主义的错误。

第三，康德区分了经验和先验的判断。先验的判断包括数学规律和科学规律，是普遍的和必然的真理。凡具有普遍性和必然性的

① 《列宁全集》第14卷，第203页。

两种标准的命题就不能派生于感觉经验，因此，这些命题都必须是先验的。

据康德看来，空间、时间都不是经验的概念。以空间为例，他说："空间意识是在外部直观中所必须预先假定的。没有什么感性事物的外在关系之经验来产生空间的表象，因为没有空间的意识，就没有任何外部经验"。① 这个先验的空间说对心理学的空间知觉有很大的影响。"许多否认先验论的人仍然坚持康德的说法。认为空间感是纯粹内在固有的。"②

这样说来，感性事物又有什么作用呢？康德以为感觉给知觉供应"质料"，空间、时间给知觉供应"形式"。感觉表象不是由人们主观自生的，而是由独立于我们意识之外的"自在之物"作用于我们的感官而引起的。他说，我们的感觉，就是"通过我们被对象所刺激的方式来接受表象的能力。"③ 这些思想，是康德认识心理学中的唯物主义因素。

但是，康德又认为，感觉并不反映"自在之物"的任何方面，人们也不由于"自在之物"对感官的刺激而感知到它是个什么样子。打个比方，一个人用针刺了我一下，我会通过疼痛的感觉多少知道一点那刺激我的东西的表面现象，这是唯物论的反映论；反之，按照康德的不可知论，我虽然知道有什么东西刺了我，并引起了疼痛的感觉，但我一点也感知不到刺我的东西为何物。在他看来，单纯由"自在之物"对我们感觉的刺激作用所引起的感觉，只是一种主观的混沌的心理状态，是"一种只与主体有关的主体状态的改变"，④ 它并不能形成感性知识。因此，康德否定了感觉是认识的基础。

---

① 约翰·华特生：《康德哲学原著选读》，商务印书馆1963年版，第26页。
② 墨菲：《近代心理学历史导引》，商务印书馆1980年版，第161—162页。
③ 《十八世纪末——十九世纪初德国哲学》，商务印书馆1960年版，第15页。
④ 《康德全集》第3卷，柏林1923年卡西尔版，第260页。

最后，统觉原理是康德认识心理学中的一个极其重要的组成部分。为了克服经验论那种把心理视为被动式反映的缺点，康德突出地强调人的意识的能动性，他在《纯粹理性批判》一书的第一编《先验分析论》中用了很大篇幅论述了统觉问题，并把统觉原理看作是"整个人类认识范围内的最高原理"。① 康德认为，统觉是人的一种先验的综合统一的认识能力。我们所以能由知觉、想象和概念而认识一个对象，并将杂多的感觉印象通过知觉、想象、概念的综合而形成一个统一的对象，完全是由于主体意识中有一种所谓主动的统一性联结综合的结果。康德反复强调，没有这个"统觉的综合统一"，则一切概念的综合、想象的综合、知觉的综合都是一句空话。其结果必然是任何认识对象不能形成，任何经验对象不能存在，任何科学知识不能获得。

按照康德的看法，"经验统觉"或统觉的经验的统一，即主观感知间的联结，如"太阳晒在石头上，石头变热了"，它只是"知觉的判断"，没有必然性，仅具有主观效力；而"先验统觉"，或统觉的先天的统一，即对象因果范畴间的联结，如"太阳晒热了石头"，它就用知性的纯粹范畴将"日晒"与作为它的必然结果的"石热"联结了起来，具有普遍的客观效力。这种统觉的综合统一性"不只是我在认识一个对象时所一定要遵守的条件，而且也是任何直观对我来说的一个对象所必须服从的一种条件。"② 因此，康德认为，客观的统一依赖于主观的统一，意识的综合统一是一切知识的客观条件。显然，这是主观决定客观、形式决定内容、思维决定存在的一种先验论。但是，意识的整合作用毕竟是存在的，康德的统觉原理对冯特有直接影响，至今它仍然是心理学中值得研究的一个问题。

---

① 康德：《纯粹理性批判》，三联书店 1957 年版（下同），第 102 页。
② 约翰·华特生：《康德哲学原著选读》，第 62 页。

综上所述，康德心理学思想虽有唯物的因素和辩证法的成分，但基本上属于唯心主义先验论的范畴。他对经验心理学的批判，他的心理活动的三分法，强调心理的主动性和统觉，对后来心理物理学、意动心理学、二重心理学、认知心理学和现代一些心理学流派都有不同的影响。至于他反对“说明的”心理学，反对数量的运用则与后来科学心理学的发展趋势是背道而驰的。

二、赫尔巴特

约翰·弗里德里希·赫尔巴特（1776—1841）是近代德国唯心主义的哲学家，是近代著名的资产阶级教育家和心理学家。他出生于一个官僚家庭，中学时代就深受沃尔夫和康德的影响，1794 年 18 岁时在耶拿大学毕业后，曾在瑞士任家庭教师，并同裴斯塔洛齐相识，因而对教育发生了兴趣。1801—1802 年，他住在友人家中专攻哲学和教育。1802—1809 年又到哥丁根大学学了 7 年，取得博士学位，随后即在该校任讲师。1809 年他接受哥尼斯堡大学的任命，继任康德的哲学讲座，长达 24 年之久。此时，他还讲授心理学、教育学，并创办实验学校，试验他的教育学说。1833 年他回到哥丁根大学任哲学教授，直到去世时为止。

赫尔巴特的著作很多，他有关心理学的主要著作有：《心理学教科书》（1816）、《作为科学的心理学》（1824—1825）和《关于心理学应用于教育学的几封信》（1831）等。

赫尔巴特主要活动在 19 世纪中叶，他反对法国的资产阶级革命和德国的社会进步运动，他要求维持“稳定的秩序以及调和而有秩序的生活”。虽然他这种保守的政治态度和唯心主义的世界观是不足为训的，但是他在心理学史和教育史上都有重要的影响。

首先，赫尔巴特最早宣称心理学是一门科学。他主张心理学应该和哲学、生理学区别开，用特殊的方法研究自己特定的对象。但这不是说心理学可以脱离哲学的指导，相反它却要以一定的哲学为基础。这一点，正如他第二部心理学著作的标题写的那样：《作为根据经验、形而上学（指哲学）、数学的科学的心理学》。在他看来，心理学不是实验的科学，而是经验的科学。其原因有三点：一是他认为经验是科学的属性，所以科学心理学不能不建立在经验之上。二是他认为心理学虽然是一门科学，但仍然属于哲学性质的科学。他说，心理学区别于物理学，不属于实验科学之列。三是他认为心理学无须涉及生理学，因而不能采取实验法，只能运用观察法和计算法。因此，赫尔巴特的心理学不同于康德的先验心理学，它具有英国经验心理学的色彩。

其次，赫尔巴特把观念及其相互联合与斗争视为心理学的基本内容。他认为，灵魂的本质是不可知的，我们只能知道灵魂的现象，即观念。人的全部心理活动，都不过是各种观念的活动。

在他看来，心理学就是观念的静力学和动力学。根据他的所谓静力学，观念各有其个性，彼此不同。根据他的所谓动力学，观念在不同时间而有强弱的差异，彼此互相吸引或排斥。

他以为灵魂是统一的，因此反对官能心理学将灵魂分析为各种不同的官能。他说，旧心理学用“官能”来解释一切，新心理学必须以“观念的运动”来解释一切：感觉和表象倾向于确保自己的存在，而其他心理状态则同它们互相吸引或斗争，于是有作用（引力）和反作用（斥力）的发生。赫尔巴特不顾康德提出的心理学不能用数学处理的主张，而试图应用数学公式来计算观念之间的相互作用。这个数学计算法虽缺乏实验的根据，但是，他用数量表示心理活动的尝试，对后来心理物理学和数量心理学是有启发和影响的。

赫尔巴特吸取英国联想主义的思想和当时力学的原理，说明观念不仅互相吸引，而且还互相排斥。如快乐是观念的和谐状态，而痛苦则是观念的冲突状态。他认为，观念互相联结的方式可有两种：一种是融合（fusion），即属于同一感官观念的联结，如蓝与红合成蓝紫色；另一种是复合（complication），即属于不同感官观念的联结，如一个声音或一个颜色，只能同时感觉到它们杂凑在一起。这两个概念后来被冯特所采用。

在赫尔巴特看来，心理学的对象就是研究观念及它们之间相互关系的科学。在这里，虽然承认观念的联系、融合和对立的存在具有辩证法的成分，但是由于赫尔巴特否认观念是客观存在的反映，因而他的心理学思想是唯心主义的。

再次，赫尔巴特提出了一个“意识阈”的概念。他认为，由于观念具有引力和斥力的关系，人们只能意识一定的对象或注意有限的范围，不能同时注意两个观念，除非它们联成一个复杂的观念。他说：“一个观念若要由一个完全被抑制的状态进入一个现实观念的状态，便须跨过一道界线，这些界线便为意识阈。”① 就是说，任何时候占意识中心的观念只容许与它自己可以和谐的观念出现于意识上，而将与它不和谐的观念抑制下去，降入无意识的状态。

赫尔巴特还认为，意识阈并不是固定不变的，因为意识和无意识是可以互相转化的。随着时间的变迁，意识阈限上的观念可以转入阈限下而成为无意识的。相反，被抑制的观念，可以通过有关的意识观念的吸引从意识阈限下进入意识阈限之上。在赫尔巴特看来，观念虽被逐出意识，降落在阈限之下，但是它们并不就此消灭，只是减弱其强度，侍机而动，一有机会，即争取升入阈限之上，占据意识的领域。总之观念是能动的。观念活动的范围可以说是从全受抑制的状态到完全自由的状态。无论哪一个观念都要求达到完全自由的状态，也就是从无意识上升到意识。

必须指出，据赫尔巴特看来，只是与意识中的观念有关的事物、资料或知识才容易进入意识，为意识所融化。这便导致了他的统觉

---

① 波林著：《实验心理学史》，第288页。

的概念。统觉过程就是把一些分散的感觉刺激纳入意识，造成一个统一的整体。这个整体，赫尔巴特便称之为“统觉团”，而这个统觉团的概念则在教育学上曾经发挥过很大的作用。学生通过过去的经验具有一定的统觉团，才能吸收有关的新观念。所以教师在准备讲授新教材时，必须考虑学生的过去经验有没有相应的统觉团，否则只能造成“言者谆谆，听者藐藐”的教学效果。

综上所述，赫尔巴特的心理学思想主要来源于莱布尼兹、康德和英国的联想主义。他否认心理内容的客观来源，否认心理本质的可知性，否认心理生理基础的研究，所以，他的心理学思想是属于唯心主义、形而上学和不可知论的范畴。但是其中也有辩证法的因素，如观念的对立与融合的思想、意识阈限转化的思想等。此外，他的无意识说和意识阈概念，对心理活动研究的数量分析等，对费希纳心理物理学和弗洛伊德的精神分析都有直接的贡献。他的教育心理，特别是统觉团说对世界各国的教育学和教学方法都产生过巨大的影响。

第四节　黑格尔的心理学思想

乔治·威廉·弗里德里希·黑格尔（1770—1831）是德国古典哲学的最重要的代表，是唯心辩证法的哲学心理学家。他出生于斯图加特的一个官僚家庭，1793年从杜平根神学院毕业后，做过家庭教师、报纸编辑和中学校长，主要是在大学任教，1818年被普鲁士政府委任为柏林大学教授，主持哲学讲座，1831年又被提升为校长。他从1817年到1829年，先后在海德堡大学、柏林大学讲过心理学课程。1831年因患霍乱症，在柏林去世。黑格尔的主要著作有：《精神现象学》（1817）、《逻辑学》（1812—1816）、《哲学全书》（包括《逻辑学》、《自然哲学》、《精神哲学》（1817）、《法哲学原理》

(1821）等。其中，“黑格尔的圣经”——《精神现象学》和《精神哲学》(特别是“心理学”部分)，则是黑格尔哲学心理学思想的代表著作。

黑格尔反对康德的不可知论。他认为自在之物是可以认识的。他提出了思维和存在或物质和精神的同一性。但不是物质产生精神或存在决定思维，而是精神异化为物质，思维决定存在。他像柏拉图一样，认为未有宇宙之前，先有宇宙精神，自然界是宇宙精神的异化。所以宇宙精神是第一性的，自然和物质是第二性的，这便构成了黑格尔的客观唯心主义体系。同时黑格尔发展了康德的辩证法，使它更加完善，成为黑格尔哲学的“合理的内核”。

因此，在我们论述黑格尔的心理学思想时，必须记住他的客观唯心主义体系是他的心理学思想的哲学基础，而辩证法则为他的哲学的“合理的内核”。

首先，黑格尔反对面相学和颅相学。18世纪下半叶，在德、法、英各国流行两门伪科学，即“面相学”和“颅相学”。主要宣传者是拉法特（1741—1801）和高尔（1758—1828)。面相学所讲的是关于人的面相与他的心理特点的关系，颅相学所讲的是关于人的头盖骨与他的心理特点的关系。黑格尔认为，面相、头盖骨形状与个性没有必然的关系。面相学和颅相学只是一些“纯粹空谈”，“十分莫须有和十分武断的玩艺”。① 同时，他指出，一个人的真实性不是能从他的面相、颅相中看到的，它只能在它的行为里表现出来。他说：“真正地说，人的真正的存在是他的行动；在行为里，个体性是现实的。”② 通过行为，人的内心才表白出来，而不致成为只可“意谓”而

---

① 黑格尔著:《精神现象学》上册，商务印书馆1962年版(下同)，第223页。

② 同上，第212—213页。

“不可形容的东西”。他宣称：“有什么样的行为就有什么样的人。”①黑格尔虽为一唯心主义者，但是他反对面相学和颅相学而强调依据一个人的行为来判断其内在品质还是正确的。

其次，黑格尔反对经验心理学而支持理性心理学。他认为经验心理学是肤浅的，理性心理学是高深的。理性心理学有三个显著特点：第一，它是凭借抽象思想的范畴去研究灵魂的本质，而不愿使灵魂现象的研究停留在经验的水平上。他说，经验心理学的弊病在于，它是“以知觉为出发点，只限于列举并描写知觉所供给的事实。”② 第二，它研究的对象是揭示“灵魂的内在性质”，它的任务是研究“人的知识和活动的诸形式”，不是研究“它们的内容”。③ 例如，感性、知觉、思维、情感、冲动和意志等均属于心理学研究的对象。第三，它是“从心灵的具体实在性和能动性去考察心灵”，决不能认为“心灵是一个无有过程的存在”。④ 在他看来，把“心灵之无过程的内在性与其外在的表现分开”，是一切旧心理学的特征。显然，黑格尔反对经验心理学的思想，强调心理学要从过程或形式的角度研究心理本质是他的辩证法思想的具体表现，但是由于他否认客观世界的独立存在，把周围世界视为个体自身的“呈现”或“异在”，这就决定了他的理性心理学具有十足的唯心主义性质。

第三，黑格尔对人的意识的发展的研究也有很大的贡献。他对意识发展作了深刻的分析。他把心理学的和历史的考察与逻辑的发展联系起来。他的《精神现象学》就是一部“意识发展史”的巨著。恩格斯说：“精神现象学，也可称为与精神胚胎学和精神古生物学类

① 黑格尔著：《精神现象学》上册，商务印书馆 1962 年版（下同），第 213 页。

② 黑格尔：《小逻辑》，三联书店 1954 年版（下同），第 114 页。

③ 古留加：《黑格尔小传》，商务印书馆 1978 年版，第 97 页。

④ 黑格尔：《小逻辑》，第 114—115 页。

似的学问，是个人意识在其各个发展阶段上的描写，这些阶段可视作人的意识在历史上所经过的诸阶段的缩影。”①

黑格尔认为，人的意识不是一蹴而就的产物，而是长期历史发展的结果。他在《精神现象学》一书中，描述了人的意识如何由最低级的意识形式逐步提升到绝对知识高度的辩证发展的过程。

第四，黑格尔的心理学思想体系，是由“理论精神”、“实践精神”和“自由精神”等三个部分所构成的。

“理论精神”是黑格尔心理学思想体系的第一个部分。它分为三个阶段：“直观”（包括感觉、注意和直观等三个环节）、“表象”（包括回忆、想象力和记忆等三个环节）和“思维”（包括知性、判断和理性等三个环节）。在这一部分中，黑格尔专门分析了感觉、注意和思维的特点和机能；正确指出了认识的能动性及其在个人活动中的积极作用。

“实践精神”是黑格尔心理学思想体系的第二部分。它分为三个阶段：“实践感觉”、“意欲”和“任意”、“幸福”。在这一部分中，黑格尔对“实践精神”的具体内容作了分析，特别阐述了意志和思维活动的内在联系。

“自由精神”是黑格尔心理学思想体系的终结部分。在这一部分中，黑格尔企图消除“理论精神”和“实践精神”双重的片面性，使意志在两者的统一中达到真正的自由。实际上，这部分是黑格尔为了向客观精神过渡而硬造出来的一个附加物。

总之，我们认为，黑格尔心理学思想体系有其合理的因素，现概述如下。

1. 对感觉特点的分析是有意义的。黑格尔认为，感觉是人的知

---

① 恩格斯：《费尔巴哈与德国古典哲学的终结》，人民出版社 1973 年版，第 10 页。

识的开端。一切在意识和理性中出现的东西，均在感觉中有自己的根源和始源。同时，他指出了感觉的局限性。他说，感觉好像包含着无限丰富的内容，其实给人的却是“最贫乏的真理”。

2. 指出感性知觉同人的知识经验有密切的关系。黑格尔认为，有学识的人，对成为他感觉对象的东西，比无学识的人感受得更深刻。例如：同一句格言，年轻人总比不上饱经风霜的成年人感受的那样深刻。

3. 指出注意是对一定对象的区分和指向。他认为，必须借助于注意力把自己同客体分开，并确定下来自己活动的方向。他说：“没有注意，对客体就不可能有任何的理解。”① 人的注意力的发展，同精神活动的水平有直接的关系。原始人几乎对什么都不留心；他对自己身边经过的一切熟视无睹，什么也不去注意。而现代的植物学家在某一个植物身上比不懂植物学的人会发现更多的东西。按照黑格尔的观点来说，注意既是客观的，又是主观的。因为有注意，就必须有某种区分，又必须有一定的主客观的统一。

4. 指出回忆是对已经属于我们的某一内容的再现。黑格尔认为，在回忆中，对那些引人入胜的、不断变换的内容，总觉得是短促的；而对那些难以引起兴趣的、单调的生活往往觉得时间是冗长的。这说明回忆不仅同识记的客观内容有关，而且同人的主观状态也有关。

5. 指出想象有三种表现形式：一是再现想象，指映象仅限于现实存在的东西，再没有其他任何新的内容。二是联想想象，指已有映象上升为新的表象。它是以映象的联想活动出现的。黑格尔说：“想象是创造性的”。“想象还不能停留在对外在现实与内在现实的单纯的吸收，因为理想的艺术作品不仅要求内在心灵显现于外在形象

① 《黑格尔全集》，俄文版第3卷，第246页。

的世界，而且还要求达到外在显现的是现实事物的自在自为的真实性和理性。”① 在他看来，艺术家的这种创造想象的能力，不仅是一种认识性的想象力、幻想力和感觉力，而且还是一种实践性的感觉力，即实际完成作品的能力。而“灵感”就是这种活跃地进行构造形象的情况本身（这一方面是就主体的内在的创造活动来说，另一方面也是就客观的完成作品的活动来说，因为这两种活动都必须有灵感）。他强调说，最大的天才尽管朝朝暮暮躺在青草地上，让微风吹来，眼望着天空，温柔的灵感也始终不光顾他。三是象征想象，指具有标志和符号的想象，它会向记忆转化。这种想象也具有形象性、直观性和创造性的特点。比如，通过鹰来描写古罗马的主神的力量。

6. 指出记忆有三种形式：一是保存名称。当我们看到语言符号时，能够回忆起与其存在客观联系的表象。二是再现记忆。当不借助于观察和形象时，能够认出物体及其名称。三是机械记忆。当事物本身毫无任何意义联系，单纯靠背诵而记住其完善的外表或排列的次序。他认为，记忆虽然是表象（同一种内在的东西）和直观（如同一种外在的东西）统一的产物，但它又是向思维活动的一种过渡。

7. 指出“理性”是思维活动的最高环节。因为只有“理性”才能理解概念本身，才能把握主体与客体的统一。黑格尔强调指出，思维和语言是不可分的。他说：“没有词的思维（如从前麦斯麦企图做过的）是一种……荒唐事……词赋予思维……以它们最适当的最真实的定在。”② 这说明语言是思维的直接现实。

8. 指出意志和理智活动的不可分性。他说：“意志借以使自己转

---

① 黑格尔：《美学》第1卷，商务印书馆1979年版，第357—358页。

② 《黑格尔全集》，俄文版第3卷，第273页。

化为客观精神的途径就在于：把自己提高到思维的意志，赋予自己以它只有作为自己思维自己的意志才具有的那种内容”。[①] 他宣称，没有思维不可能有任何意志的存在，即使一个最没有文化的人，其思维能力与意志力也是相等的。一个动物正因为它不能思维，所以也就没有任何意志力。这里，虽然黑格尔夸大了思维对意志的作用，陷入了唯理主义的境地，但是他指出了思维与意志这一心理过程的特殊关系还是有意义的。

综上所述，黑格尔心理学思想体系是以“颠倒的哲学”为其理论基础的，即从精神、思想“外在化”为物质、存在出发，然后又抛弃了物质、存在，回复到纯粹精神、思想的境地，显然这是一条从精神到物质的唯心主义路线。正如马克思深刻指出的：黑格尔的唯心主义哲学是“儿子生出母亲，精神产生自然界，基督教产生非基督教，结果产生起源。”[②] 因此，黑格尔的心理学思想体系是一个庞大的思辨的客观唯心主义的理论体系。

但是，必须看到，辩证法的思想贯穿于黑格尔整个心理学思想体系之中。如把心理看作一个发展过程的观点，把意识的演化同人类历史联系起来的观点，强调意识内在矛盾决定发展、转化的观点，强调意识能动作用和整合作用的观点，以及其他一些心理学见解，等等。这些都是黑格尔心理学思想中的“珍珠”，并成为马克思列宁主义心理学思想的直接理论来源之一。当然，出于黑格尔的唯心主义体系的需要，迫使他不得不对辩证法进行任意歪曲，最终又陷入形而上学之中。因此，黑格尔思想中的糟粕对后来现象主义心理学也有不少影响。

---

① 《黑格尔全集》，俄文版第 3 卷，第 280 页。

② 《马克思恩格斯全集》第 2 卷，第 214 页。

第五节　费尔巴哈的心理学思想

路德维希·费尔巴哈（1804—1872）是德国资产阶级激进民主派的思想代表，是德国古典哲学中唯一的唯物论哲学心理学的思想家。他出生于一个律师的家庭，起初在海德堡大学学神学，后来转入柏林大学学哲学，听过黑格尔的讲课。毕业后，在爱尔朗根大学当哲学讲师。1830 年由于发表具有无神论思想的文章，被驱逐出大学讲坛。1836 年他为了和“信神的世界”隔绝，并“和自然界生活在一起”，于是离开城市，隐居乡村，撰写哲学著作。晚年读过马克思的《资本论》，参加了德国社会民主党 。1872 年他在穷困中离开了人世。费尔巴哈的主要著作：《关于哲学改造的临时纲要》（1842）、《未来哲学原理》（1843）、《反对身体和灵魂、肉体和精神的二元论》、《论唯灵主义和唯物主义，特别是从意志方面着眼》（1863—1866）等。

费尔巴哈活动在德国资产阶级革命成熟的时期，政治上他坚决反对封建君主专制制度，极力要求建立资产阶级共和国；哲学上他公开同宗教神学和唯心主义作了不调和的斗争，建立了“人本学”的唯物主义的理论体系。

所谓“人本学”，就是以人作为哲学研究的对象，并用对人的观点去解释一切。它包括三部分：（一）生理学，主要谈的是肉体和灵魂的统一问题；（二）心理学；（三）道德。

我们现在来研究他的心理学。

首先，费尔巴哈对心理、意识的本质作了唯物主义的解释。他从“人本学”的观点出发，反对神学、唯心主义、二元论和庸俗唯心主义对心理本质的各种曲解，认为“单子”、“物自体”、“绝对精神”、“脑的分泌物”之类的说法，都是把物质和意识割裂、对立或混同起来的结果，指出心理、意识是人的大脑的产物，是客观存在的反映，是主观和客观的统一。

费尔巴哈认为，心理是头脑的属性，头脑是心理的器官。他用事实说明，精神尽管很高贵，却根本离不开感性的头脑，理性也只能存在于头脑中；而头脑只与人的身体血肉联在一起时，才成为思维器官。因此，他强调人是心理和肉体的统一，人的心理和肉体都是自然界的产物。

费尔巴哈认为，人应当把自然界看作自己的母亲，自己存在的基础，自己意识的源泉。他指出："思维与存在的真正关系只是这样的：存在是主体，思维是宾词。思维是从存在而来，然而存在并不来自思维。"[1] 反过来说，是不可能的。因此，费尔巴哈断言："意识以存在为前提，意识本身只是被意识的存在。"[2] 显然，这种把物质视为第一性的，把意识视为第二性的观点，说明他坚持了唯物主义决定论的原则。

费尔巴哈还强调，心理活动是主观和客观的统一。他说：心理"对我说来，即主观上说来，是纯精神的，非物质的，非感性的活动，那么，就其本身说来，即客观上说来，是物质的、感性的活动。"[3] 这就是说，人的心理一方面是表现于主观的精神活动，另一方面又是依赖于客观世界和大脑的物质活动。其中，没有客体，主体就不能存在。这里，费尔巴哈没有把主体与客体截然对立起来，承认从物质到精神的转化，显然是符合唯物论的，但是由于他不懂得人们的社会实践是主客观统一的基础，从纯粹自然主义的观点来看待一切问题，因而，在主体和客体的统一中，主体始终是作为被动地从属于客体的消极因素而出现的，即人只能像镜子反映事物那样消极地

① 《费尔巴哈哲学著作选集》上卷，三联书店 1959 年版（下同），第 115 页。

② 《费尔巴哈全集》，俄文版第 10 卷，第 298 页。

③ 《费尔巴哈哲学著作选集》上卷，第 195 页。

直观地反映自然，而不能改变自然环境。他直截了当地说过："意识是一面镜子。"① 这是机械唯物论的明显表现。

其次，费尔巴哈对人的认识过程作了唯物主义的分析。他非常重视感觉在认识中的作用，认为感觉是认识的基础、源泉和出发点，是人和现实世界联系的必要手段。他说："谁抽掉了感觉，谁抽掉了关于想象世界对立物的唯一标志，谁也就失去了过渡到客观世界的唯一手段，他不能表明外部事物的存在，正如挖掉了眼睛的人不能证明光的存在一样。"②

费尔巴哈认为，感觉是客观事物作用于人的感官的结果，是客观世界的主观映象。他说："我的感觉是主观的，但它的基础或原因是客观的。"③ 他以盐和咸味为例生动地说明了这一观点。如咸味是舌头的感觉，它带有主观性，但它是来源于盐的客观特性。如果没有盐，也就没有咸味。

然而，生理学中的唯心主义者的看法则完全相反。约翰内斯·缪勒在他的《论视觉比较生理学》中说道："刺激用什么方式作用于感觉是完全没有关系的；它们的作用永远是感官本身的能。"④ 就是说，这些感觉，正如它们的对象——声、光一样，只是主观的，只是神经或脑的感应。

费尔巴哈对此还进一步问道："如果小猫所看到的老鼠只存在于小猫的眼睛中，如果老鼠是小猫的视神经的感觉，那么为什么小猫用它的爪子抓老鼠而不去抓自己的眼睛呢？"⑤ 这样，他便有力地驳斥了缪勒的神经特殊能说和他的生理的唯心主义。

---

① 《费尔巴哈哲学著作选集》上卷，第264页。
② 《费尔巴哈全集》，俄文版第10卷，第308页。
③ 《费尔巴哈哲学著作选集》上卷，第530页。
④ 同上，第531页。
⑤ 《费尔巴哈全集》，俄文版第1卷，第156、249页。

费尔巴哈肯定了人的认识必须以感觉为基础，但是在他看来，感觉是对事物个别质的反映，而思维则是感觉的综合与统一。这就是说，感觉所告诉我们的只是分散的、个别的东西，而思维却能把这些东西联系起来对我们加以说明，做到“从现象中分解、寻找、抽出统一的、同一的、一般的规律。”① 所以，感觉是对事物个别特性的反映，思维则是对事物的联系、本质和规律的理解。如果不借助于思维，而仅仅依靠感觉，人是不能获得关于客观世界的可靠知识的。遗憾的是，他不了解感性认识向理性认识的质的飞跃，不了解理性认识是更深刻的、更正确的认识，不了解感性认识和理性认识之间的辩证法。

最后，费尔巴哈对意志活动还作了唯物主义的解释。费尔巴哈从“人本学”的基本观点出发，既反对“自由意志论”，又反对“宿命论”，认为任何意志行动都是自然界的客观条件决定的，决不是某个人任意而为的。他说：“自杀者决定去死不是自由的，即实际上并不是由于淘气，也不是为了好玩，而是由于可悲的必然性；他是依照那些对他说来是最后的、不可克服的、同它的本质自身同一的、不能被任何相反的理由加以清除掉的理由，因而也不是根据自由选择的理由决定的。”② 但是，费尔巴哈认为，人对客观必然性既不是被动接受的，也不是无能为力的。实际上，有两种必然性：一种是适合人的本性的，如驱使我不去喝毒水的必然性就是因人的本质和意志相适应的；另一种是不适合于人的本性的，如驱使我去喝毒水的必然性是人的本质和意志相矛盾的。他说，人总是选择适合于本性的行动，如果只凭一时的意愿（或冲动）而不考虑自己的本性，这就是一种对人有害的必然性，由这样一种必然性产生的行动自然也

① 《费尔巴哈全集》，俄文版第1卷，第253页。

② 《费尔巴哈哲学著作选集》上卷，第414页。

是有害的。可见，费尔巴哈坚持了唯物主义决定论的原则。

费尔巴哈认为，意志活动是以大脑和机体为基础的。如果割断了意志与神经及肌肉系统的联系，它便不是意志，而只是空幻的愿望。在他看来，人的意志行动，主要是由采取决定和完成决定两部分构成的。所谓采取决定，即"思想中的意志"，包括明确愿望、希望和要求。他说："意志是由它希望的那个东西来规定的"，"没有愿望的地方也没有意志"①。所谓完成决定，即"实际的意志"，包括付诸行动。因为意志只有在行动中才显露出来和被判明是真实的。他认为，在决定和行动之间，可以出现无数中间环节。如愿望的对立和斗争，行动的选择和执行等等。人的意志必然要取决于和被吸引于那些他们认为有益的东西，而相反地，它要摒弃那些他认为有害的东西。他写道："我的意志——这仅仅是同我对立的，并且同那些压迫我的东西、想要使我成为不幸者、污辱我、消灭我的东西战斗着的我的本质。"②

费尔巴哈还指出，人的意志过程和认识过程既有明显的区别，又有密切的联系。他认为，理性是客观事物本质在头脑中的反映。意志则是主体观念诉之于行动的能力。在费尔巴哈看来，意志行动对人认识客观事物具有重要的作用。他说："如果我没有意志，我就没有关于不同于我的外间世界的意识。"③ 人在反映客观事物时，不是由于那种与意志分离和没有意志的理性来解决，而只能由同意志相联系的理性来解决。另一方面，认识活动，特别是感觉对意志行动具有极其重要的意义。他说："意志最首先的条件就是感觉。"④ 如果没有感觉，那就不会有苦恼、痛苦、疾病、不安乐，不会有不足和

① 《费尔巴哈哲学著作选集》上卷，第427—430页。
② 同上，第429—430页。
③ 同上，第428—429页。
④ 同上，第536页。

需要，不会有饥饿和口渴，简而言之，不会有不幸福，不会有祸害；而没有祸害的地方，也就不会有抵抗和对立，不会有追求，不会有排除祸害的努力和愿望，即不会有意志。显然，这是以直观的反映论来说明认识活动和意志行动之间的关系的。马克思指出："从前的一切唯物主义——包括费尔巴哈的唯物主义——的主要缺点是：对事物、现实、感性，只是从客体的或者直观的形式去理解，而不是把它们当作人的感性活动，当作实践去理解，不是从主观方面去理解。"①

综上所述，费尔巴哈在反对唯心主义、二元论和庸俗唯物主义心理学思想的斗争中，恢复和发展了18世纪法国唯物主义哲学心理学的传统，第一次提出了要把心理和个体的人结合起来研究具体心理活动的思想，提出了感觉产生于神经中枢说，肯定了感觉是客观存在在头脑中的主观映象，分析了意志行动的客观必然性和与大脑、神经、肌肉的联系及其形成的过程。这些思想后来成为马克思列宁主义心理学思想的直接理论来源之一。这是费尔巴哈在心理学史上的主要功绩。但是，由于费尔巴哈长期脱离社会实践和阶级斗争，他不是用社会实践的观点而是用自然主义的思想，去解释人的心理的实质、分析认识过程之间的相互关系、说明意志行动形成的原因，因而他的"人本学"的心理学思想总的说来是一种直观的、形而上学的唯物主义的心理学思想。

第六节　陆宰的心理学思想

陆宰（1817—1881）是实验心理学建立以前的一位哲学心理学家。他出生于一个军医的家庭，1834年在莱比锡大学学习医学，并

① 《马克思恩格斯选集》第1卷，第16页。

听过魏塞的哲学、福尔克曼的解剖学、韦伯的生理学和费希纳的物理学等课。1838年获得哲学博士和医学博士两个学位。他曾做过一年医生，但因他更喜欢学术生活，于1839年回到莱比锡大学，先任医学讲师，第二年又任哲学讲师。1844年他到哥丁根大学继任赫尔巴特的哲学讲座，达37年之久，除讲各派哲学外，每年还教心理学。1881年又到柏林大学任教，至去世时为止。陆宰的代表著作有两本：《医学心理学》(1852年)、《心理学大纲讲演笔录》(1881年)。

虽然陆宰从青年到老年主要兴趣是在哲学上，但是在心理学方面也是有所贡献的。

首先，陆宰提出了要注意研究心理的生理基础问题。他的《医学心理学》曾被称为第一部生理心理学的著作。该书的副标题即为"灵魂生理学"。全书共分三卷：第一卷是"生理学的一般的基本概念"，第二卷是"心理生活的要素和生理机制"，第三卷是"健康及疾病的心理生活的发展"。全书论述了灵魂的本质、动物心理的阶段和本能、同情绪相伴随的身体上的变化和病理心理学等问题。从中可以看到，陆宰在哲学上直接受了康德以后的费希特、谢林和黑格尔等人的影响，世界观基本上是唯心主义的。他认为，世界是有目的的、有善和美的价值的，而这一切又都是由具有人格的上帝所决定的。但是，在心理学上陆宰又和他们有区别。陆宰从二元论的观点出发，既承认物质是客观存在的，又承认心灵是真实存在的，两者的活动都是通过脑而互相作用的。在他看来，心灵的位置在大脑的下部，即进入大脑皮层的神经纤维的集合处。至于心灵和脑究竟怎样相互影响，心灵和外界物质刺激究竟关系如何，他认为还不是很清楚的。显然，他的二元论观点，不是沃尔夫的身心平行论，而是笛卡儿的身心交感论。尽管他多半凭借一般哲学原理的推论，缺乏实地的研究分析和大量的生理学材料，但是他提倡研究心理的生理基础，主张运用生理学来解释心理活动，对当时生理心理学的研究还是起了推动作用的。同时，他在该书中比较详细地谈到了情绪的身体表现，诸如循环的、呼吸的、腺体分泌的变化。他把情绪看作身体状态的原因，而没有把情绪看作身体状态的结果。因此，陆宰对情绪的身体表现的解释，比赫尔巴特在运用一般自然科学材料说明心理现象方面前进了一步，对于后来关于情绪的生理基础的研究不能说没有启发的意义。

其次，陆宰还指出了关于空间知觉的部位记号说。这是他有关空间知觉形成的一种理论，也是他在心理学史上有影响的一个方面。所谓部位记号说，即指空间知觉是由于接受刺激的部位所留下的特殊记号，同某种运动经验逐渐结合的产物。① 在陆宰看来，外间刺激虽然具有空间关系，但人直接得到的只是特殊感觉的经验模型而不是空间形式。我们的皮肤上或眼睛中，无论哪一个点上的感觉，都有它自己特殊的模型。先拿触觉来说，当皮肤与外界事物接触时，由于每个部位皮肤的厚薄、软硬、紧张度和皮下组织的经验模型不同，因而每点都留下特殊的部位记号。随着肢体的移动如触摸、观察等，被刺激的部位及其记号也相应发生变化。这样，肢体多次移动及其经验模型作用的结果，最后这些部位记号就结合成了一个空间系统(即空间知觉)。再拿视觉来说，它也是有其特殊的部位记号的。这决定于网膜上那个点的对于颜色的感受性、印象的明晰度和为使中央凹看到那个点所必须用到的运动及其经验模型。由于网膜上的不同点被刺激时会发生不同的眼肌动作，使视线转到正对着的刺激物，又因眼肌不只是一条，不同点引起不同强度的不同眼肌的协调动作，相邻点所引起的眼肌运动感觉的强度配合也引起逐渐的变化，即网膜上相邻点的部位记号在逐渐变化。这样，由各条眼肌多次运动及

① 参见蓝德：《西方心理学家文选》，科学出版社 1959 年版（下同），第 69—78 页。

其经验模型作用的结果，最后这些部位记号就结合成了一个空间系统。

陆宰指出，人的空间知觉不是先验的空间形式的显露，也不是现实空间关系的迳直的反映，而是一个依靠经验逐渐形成的过程。在他看来，人们之所以能够把部位记号系统转化为空间系统，正是由于人的经验所造成的。同样，当视觉空间系统形成以后，即使一个网膜部位被刺激，人也可以不动眼睛而知道刺激物的空间部位，这也是因为以往的经验使这一部位受刺激时会引起一定的动眼趋势的感觉所造成的。可见，部位记号说有它正确的一面，即反对康德的空间知觉的先验说，主张以生理学知识为依据、以人的经验为中介来解释空间知觉形成的规律。实质上，这是一种关于空间知觉的经验说。但是它也有错误的一面，即把空间知觉看作是一种记号的结合，不是客观实在的映象。这是他违反反映论的表现。它后来为赫尔姆霍茨所发挥。

陆宰除了上述两个方面的贡献外，其他创见并不太多。但因同费希纳、赫尔姆霍茨有过来往，和布伦塔诺关系密切，加上斯顿夫、G·E·缪勒又都是他的学生，所以陆宰关于重视心理的生理机制、强调心理的主动性，特别是有关空间知觉经验制约性的思想，对德国甚至美、英各国心理学的发展还是有一定影响的。

第三章　十九世纪的生理心理学

随着时代的前进和自然科学的发展，哲学心理学思想家对于人的心理现象的思考，已逐渐趋向于经验主义、元素主义和机械主义，就连具有思辨性传统的德国，也避免不了这个趋势。经验主义重视感觉过程的作用，将意识经验分析为元素，用联想法则再把它们综合成为更复杂的心理经验。但是，如果哲学心理学思想家仅仅依赖思辨，制定假说，去探求人的心理实质，而无自然科学的基础，也是无法使心理学脱离哲学成为一门独立科学的。要使心理学成为科学，必须探讨心理现象所赖以发生的生理机制，特别是开展对有关神经系统、脑的机能和感官生理方面的研究。17、18 世纪有些哲学心理学思想家已经开始注意到了这个方面的研究。例如，笛卡儿提出了反射的概念和神经导管说;哈特莱提出了神经传导的振动说等，只是限于当时生理科学发展的水平尚无法得到证实。

到了 19 世纪，由于资本主义的迅速发展，自然科学的不断进步，生理科学的研究才有了较快的进展。19 世纪一开始就有一些著名的生理学家，如贝尔、马戎第、约翰内斯·缪勒等人，对神经系统、脑和感官生理进行了实验的研究，取得了重大成就。到了 30 年代，生理学已成为一门实验的科学，继续取得丰硕的成果。同时生理学家们的研究兴趣也逐步扩展到心理学的领域。他们研究了心理过程的生理机制，创造了一些富有科学价值的实验方法，积累了大量的科学资料，形成了介乎生理学和心理学之间的生理心理学，为实验心理学打下了牢固的基础。到了 19 世纪下半叶，达尔文进化论的创立对心理学产生了深远的影响。这将在第七章专门加以论述。本章仅对 19 世纪，特别是上半叶，有关神经生理学、脑的机能和感官生理学的研究及其成果，分别加以介绍，并说明心理学是如何在生理学发展的基础上形成为一门独立科学的。

第一节　神经生理学的研究

一、感觉神经和运动神经的差异律

贝尔爵士（1774—1842），生于英国爱丁堡，成名于伦敦，是一位卓越的生理学家、解剖学家和外科医生。他在生理学研究上有许多创见。他曾预见到约翰内斯·缪勒的神经特殊能说的各个主要方面；他发现了第六种感觉即肌肉觉；他还观察到伸肌和屈肌之间的交互刺激的事实；但他最主要的贡献是发现了感觉神经和运动神经的差异律。早在 1807 年，贝尔已经得出有关脊髓神经根的结论。到了 1811 年，他私人印发了一本小册子名为《脑的一种新的解剖学观念》，传播了他的研究成果。法国生理学家马戎第（1795—1878），不久也独立发现了这一差异，并将结论发表于 1822 年的专业杂志上。这个发现后被称为贝尔-马戎第定律。这个定律认为脊髓后根（背部的）只有感觉神经纤维，前根（腹部的）只有运动神经纤维。这两种纤维混合于一条神经之内，只是在与脊髓的连接中才分离开来。后来贝尔把他的研究扩大到脑神经，指出某些神经是纯感觉的，某些神经是纯运动的，某些神经则是混合的。神经的这种差别，在脑内也可以找到相应的区域。从此以后，神经不再被视为混合地传导感觉和运动，这就是神经单向传导的原理。

总之，心理学关于感觉理论的研究，在贝尔-马戎第定律之后，已从概念之争深入到生理机制的研究，为反射动作和反射弧概念奠定了科学基础，给实验心理学的产生提供了极为有利的条件。

二、反射动作

早在盖伦（129—199）时代，已有现代所谓瞳孔反射的描述。反射一词是1736年阿斯特律克首次提出的，意思是指镜子似的“反映”。自笛卡儿提出反射概念以来，身心交感论影响很大。不随意运动有没有意识相伴随，是心理生理学上的一个难题。1751年苏格兰人惠特（1714—1766）发表一篇论文，论述动物的生命及其不随意运动，他的论述以蛙的实验为基础。他发现在切断蛙的脊髓和脑的联系之后，蛙仍能通过脊髓作出不随意运动的反应。但他认为，反射运动虽是不随意的，依靠脊髓而不依靠理性和意志，但仍有一种所谓“感性原理”在起作用，因此反射仍然不能说成是完全无意识的。

18世纪普洛查斯卡（1749—1820）根据大量切断蛙的脊髓的实验结果，于1784年提出，不随意动作即反射动作有赖于两种因素：神经力与共同感受器。凡是神经无不具有神经力，但神经力不能独立活动。在反射动作中，神经力必须通过脑、延髓以及脊髓内的共同感受器而活动，其所产生的动作乃是自动的、不随意的。

18世纪法国资产阶级革命时期的思想家卡巴尼斯（1757—1808）企图用客观物质因素，特别是用生理作用来解释心理机能。他认为，“灵魂”不是实体，而是物质的机体的能力。就是说，心理只是人的神经系统的机能。马克思和恩格斯曾指出，卡巴尼斯在其《人的肉体和精神的关系》（1802）一书中，完成了笛卡儿的唯物主义。卡巴尼斯提出这样一个问题，即一个人被斩首后是否仍有感觉存在？他的回答是没有。他把神经系统分为高低层次。脑是高级层次，管理思想和意志。脊髓是低级层次，只管理反射动作，是无意识的。在无意识和有意识的作用之间，还存在着半意识的层次。他还认为，反射作用的规律也可应用于脑的活动。他对于心理现象的看法，很重视脑神经的生理作用，强调要从发展来研究心理，这些对后来用客观实验方法去研究心理现象起了一定的促进作用。

19 世纪上半叶，荷尔的实验进一步促进了对反射动作的了解。

马沙尔·荷尔（1790—1857），苏格兰人，伦敦的名医。他用切断了头的蝾螈进行实验，发现无脑蝾螈能对皮肤上的刺激产生反应。后来他又用蛇作实验，将蛇的第二和第三脊椎骨之间的脊髓截断后加以观察。不受外界刺激，蛇便静卧不动；如施以适当的刺激，蛇仍能持续运动一段时间。于是，他得出结论说，行为的不同水平，有赖于脑和神经的不同部分的作用。他把有机体的身体运动区分为四种：（1）随意运动，有赖于意识和大脑的活动；（2）呼吸运动，有赖于延髓的生命中枢；（3）不随意运动，有赖于肌肉在直接刺激下对刺激的敏感性；（4）反射运动，有赖于脊髓而不有赖于脑和意识。这个研究报告在 1833 年发表以后，受到非难，以为荷尔并没有超出前人所说的事实。其实，荷尔的实验虽谈不上创见，但他在实验中所表现出来的反射的持续性质，给人以极其深刻的印象。他把反射动作从其它几种运动中区分出来，进一步澄清了有关反射动作的问题。他强调指出反射运动是感觉刺激的结果，并预见到后来关于反射弧的概念。

在荷尔之后，关于反射性质仍不断引起争论，但到了 19 世纪下半叶，实验心理开始建立时，初期的生理心理学家忙于研究随意动作，特别是研究反应时间，就把无意识的反射、运动专门交给生理学家研究去了。后来由于巴甫洛夫发现条件反射、无意识运动可以习得，弗洛伊德重视无意识动机，行为主义取消了意识和无意识的界限，只研究行为，这样一来，人们不大注意有意识和无意识之间的界限了。

三、神经冲动的电性质和传导速度

关于电的研究方面，物理学和心理学是互相促进的。由于有关电的知识和技术的增进，才促进了有关神经冲动的电的特性的研究。17 世纪，人们已经知道了产生静电的方法。18 世纪发明了莱顿瓶

(1745)，可用以储集电量。直到那时，神经冲动仍被看成是动物精气或者是原动力、活力和神经力。18世纪80年代，伽伐尼发现，只要用一根金属棒接触神经，同时用另一根金属棒接触蛙腿，两棒相接便可引起蛙的踢腿动作。这实际上是形成了一套供应电流的湿电池组，使蛙腿肌肉发生抽搐，所以说第一种湿电池组乃是一条蛙腿。1800年，伏特用二金属片重叠起来，在二片之间放置浸了盐水的纸板，制成了一种直接产生电流的电堆。1811年，电流计制成，可以更敏感地测量电流。1827年，欧姆提出了他的简单电路的定律。1831年，法拉第发现了电磁感应，从而发现了可以用感应电流来刺激神经。正是在这个基础上，杜布瓦·莱蒙完成了有关动物电的著名研究。他提出动物组织的极化说，假设肌肉和神经带有电荷微粒，构成一个大磁场，北极为一端，南极为一端。这个学说虽然是错误的，但是他提出了电流的极化概念，对赫尔姆霍茨有所启发，使他认识到神经冲动的速度并不是极其神速，而是有限的。

直到约翰内斯·缪勒时代的科学家，包括缪勒本人在内，都一直相信神经冲动的速度是极其神速而无法测量的，缪勒甚至以为它的速度相当于光速。1850年，赫尔姆霍茨却完成了这个测量。他的方法很简单，用蛙的肌肉进行实验。有几次实验是刺激离开肌肉很近的神经，有几次是刺激离开肌肉较远的神经。神经受到了刺激，肌肉就随之收缩。刺激和反应之间的时距，在这两种实验中彼此不同。这不同的时距就是从这个刺激点到那个刺激点的距离的神经冲动的传导时间。赫尔姆霍茨发现蛙的神经传导速率，竟比音速还要慢约八分之一，每秒钟不到50米。

赫尔姆霍茨为了测定人的感觉神经冲动的速率，建立了反应时间的实验。关于反应时间的实验，涉及个别差异的问题，早已引起天文学家的注意了。早在1796年，格林威治皇家天文台实验室主任马斯基林认为他的助手金内布鲁克在观察星体通过子午线的时间时粗心大意，与自己的观察相差十分之八秒，于是把他辞退了。1816年，有人将此事经过刊登在内部刊物《天文台报》上，引起了德国著名天文学家贝塞尔（1784—1846）的注意，他研究了这件事的历史资料，将他自己的观察与其它著名天文学家进行比较，终于发现这种观察中发生的误差，乃是由于观察中存在的个别差异所引起的，是不可避免的，这种个别差异被称为“人差方程式”(personal equation)。其后经过天文学家多年的努力，到了19世纪50年代，终于发明了精密的计时器（chronography），可以测量绝对的人差了。因此，反应时间的实验早就存在了，赫尔姆霍茨是熟知这方面文献的。他对人的感觉神经冲动的传导速率的测量方法也很简单，他刺激一个人的脚趾和膝，而记载其与手的反应时间的差异，测得了人的感觉神经传导的速率为每秒50—100米。这种测量由于出现很大的个别差异，不久就停止了。赫尔姆霍茨并未因此注意到个别差异的某种规律性。

赫尔姆霍茨对于神经冲动的传导速率的研究，并未考虑其对心理学的影响。后来被用之于心理活动和反应时间的测量的研究，获得了很大的成效。他的研究的重大意义在于，对一种心理过程是可以进行实验和测量的。过去无法形容的“灵魂”居然可以时间化了，从而增强了19世纪生物科学中的唯物主义倾向。

1866年，杜布瓦-莱蒙和赫尔姆霍茨的学生伯恩斯坦把神经冲动描绘为通过神经的阴电波。他在1871年就了解到冲动似乎是神经内部的阴电荷向外部阳电荷的传播。1902年，在他的支持下以及利用新发现的毛细管电流计，才正式建立了神经传导的薄膜说，也就是把阴电波解释为极化作用的电波学说。根据这个学说，不但能测量神经冲动的速率，而且能测量冲动通过的时间。这些较早的想法，不久又导致不应期的学说，即在神经冲动刚刚通过以后，神经紧接着有一个短暂时间不能兴奋，但又马上恢复了兴奋性。在此期间，

"全或无"的原理也被发现了。那就是说，传导活动的强度只依赖于可用能的数量，而绝不依赖于发动这种过程的力（刺激）的强度。神经传导的薄膜说随着传导性质的这些发现而不断发展，把不应期和全或无传导现象都包括在内了，到了 1920 年，这个学说终于获得了生理学家们的普遍承认。

四、神经特殊能学说

在 19 世纪最初几十年间，神经生理学对科学心理学影响最大的学说，就是缪勒的神经特殊能学说。

约翰内斯·缪勒（1801—1858）出生于德国的科布兰茨，他取得医学博士学位后，曾在波恩、柏林等大学任教。他后半生主要研究比较解剖学，是当时生理学界的最大权威。在他的学生当中有不少著名的生理学家和心理学家，如杜布瓦-莱蒙、赫尔姆霍茨和冯特等。

缪勒主要有两大贡献：一是他写了一本出色的系统生理学著作《人类生理学纲要》(1833—1840)，这本书约 75 万字，全书共分八卷，概括了当时生理学各方面的知识，并介绍了他自己的大量的创造性观察，表明了他的生理学知识的渊博和贡献之大；二是他提倡神经特殊能说。这个学说的见解，算不得什么创见，因为其中所有主要之点，贝尔在其 1811 年印发的论感觉神经和运动神经的类别的著作中都已全部提出，其见解的明确性，并不亚于缪勒。缪勒于 1926 年先以论文形式提出这个学说，1938 年又在《纲要》第五卷中加以论述。他胜过贝尔之处，在于作出系统的陈述，形成周密的学说，从而使它得到广泛的传播。

缪勒将神经特殊能说概括为八个法则。为了全面了解起见，现将各法则顺序介绍如下，然后再作简要的分析。

"1. 凡是外部原因所能引起的感觉，也都能由引起神经状态变化的内部原因而引起。

2. 同一内部原因，在不同的感官会引起不同的感觉——在每一感官内引起它所特有的感觉。

3. 同一外部原因，在每一感官之内，随神经性质的不同，而会引起不同的感觉。

4. 每种感官神经的特有感觉，可由一些不同的内部的和外部的原因所引起。

5. 一种外界原因经过神经的传导而影响感觉中枢，感觉中枢接受一些关于感觉神经的性质或状态的知识，就是感觉；这些性质随不同的感官而异。每种感官的神经都有其自身的特殊性质或能。

6. 每个感官的神经似乎只能感到确定的一种感觉，而不能感到其他感官的特有感觉。因此一个感官的神经不能代替另一个感官的神经，从而完成后者的功能。

7. 每一感官的特殊"能"的要因，究竟存在于神经本身之内还是位置于与神经相联系的脑或脊髓内，现在还不知道。可是脑内神经的中枢部分，可以接受其特殊的感觉，而不必借助于与外部感官相连接的那些末梢部分，那是毫无疑义的。

8. 那些直接为我们所觉知的对象，只是神经内，由神经本身或感觉中枢感受而成感觉的特殊状态。可是，因为感觉神经是物质的东西，也具备占有空间的物质的属性，既能感受振动，也能因化学以及热和电的作用而起变化，它们就借助于这种外部原因而产生的变化，不仅将它们本身的状态，而且将外部客体状态的性质和变化传达到感觉中枢，由此而获得的关于外界性质的信息随各感官及神经的性质或能而有所不同。"①

由上述可见，缪勒认为，一个人的感觉神经共分五种，每种各有其特殊的性质，而不能互相代替（法则五、六）。为了论证以上的

① 丹尼斯：《心理学史文选》，1948 年英文版，第 157—168 页。

说法，缪勒提出了第二、三、四法则加以论证，认为不同性质的刺激作用于同一感官可以引起同一种感觉，如光刺激视网膜或电流通过眼球而刺激视网膜都能引起光的感觉。反之，同一性质的刺激作用于眼、耳、皮肤等不同的感官，则会依次引起视觉、听觉和触觉等不同的感觉。缪勒举了很多的例子，只不过是为了证明感觉的性质依靠受刺激的神经的性质而定。在这几条法则中，除了上述的主要思想而外，还涉及到内部刺激和外部刺激的同等重要性问题（法则一），并将第二、第三法则分开叙述，着重说明外部和内部原因的作用。此外，关于主体如何认识外界对象（法则八），感觉神经特殊能的位置问题（法则七），都在各法则内提到了。

缪勒的神经特殊能说，是当时关于感觉研究的一大进步。在缪勒看来，能就是性质，他用能代替了“动物精气”、“活力”和“神经力”等神秘的概念，并从整个神经的探讨进入到个别纤维的研究，在生理学上第一次提出了主观映象依赖反映机构的问题，成了感觉研究史上的一个重要标志。这一学说虽然忽视了大脑中枢的研究，但却促进了对感觉的外周神经机制的研究，对后来实验心理学产生了很大的影响。

应当指出，缪勒的神经特殊能说，当时也受到了一些人的质疑。有人认为它缺乏可靠的根据，不易得到证实。陆宰和韦伯都认为各个感官的神经的性质应当一致，不应表现为各种不同性质的能。又认为质的差异性应位于中枢而不位于神经末端。其实，缪勒在他的学说中，已隐隐约约地觉察到特殊“能”可能位置于脑内神经的中枢部分（法则七）。

现代感官心理生理学研究的大量事实表明，即使在同一感觉器官内，许多不同的神经组织和细胞都表现出进一步的“专化”现象。例如，视觉心理生理研究中已发现了许多察觉图形特征的检测器(feature detector)，以新的事实和内容不断地丰富了感觉器官的神经特殊能学说。

诚然，缪勒神经特殊能说在科学上是有价值的，但是，他由此得出的哲学结论则是错误的。因为，在他看来，我们所直接感觉到的，不是客观的外界事物，只是我们自己感官的神经性质或状态（法则二和法则五）。列宁针对这一说法曾予以批判，并引证费尔巴哈的话称缪勒为主观唯心主义者，接着指出："这个生理学家的唯心主义在于：他研究我们感官机构对感觉的功用，例如，他指出光的感觉是由对眼睛的各种不同的刺激引起的，但他由此否定我们的感觉是客观实在的映象。"①显然，他在这里陷入了康德的不可知论了。

第二节　颅相学和大脑机能定位

一、颅相学

心理是脑的机能，脑是心理的器官，这一概念在19世纪中叶还没有为一般人所公认。笛卡儿的身心交感论，还没有把脑看成是心理的器官。18世纪后期，英、美、法等国，已分别有人提倡改善疯人的待遇，反对疯人是鬼神附体的说法，承认心理疾病与脑的受损有关。19世纪兴起的颅相学运动正是在这一基础上形成的。

加尔（1758—1828），是德国解剖学家，在维也纳演讲面相学，引起当时人们的很大注意。1900年，他在维也纳收施普茨海姆（1778—1832）为学生，以后师生二人共同努力推行颅相学运动。加尔不断从事研究、演讲、著述，施普茨海姆则周游英、法、美各国进行宣传。颅相学（phrenology）一词为施普茨海姆所提出，加尔则称之为面相学和头骨学（physiognomy and craniology）。加尔著有《神经系统的解剖和生理学》一书，泛论神经系统，后三卷专论脑生

① 《列宁全集》第14卷，第321页。

理学，兼述颅相学。

加尔（和施普茨海姆）的学说认为大脑是心灵定居的部位。他对疯人加以观察，认为各种心理官能在大脑占有不同的部位，而且特殊官能或机能的部分正位于头部的相应隆起的部位，如额突标志着贪婪，友谊区在脑后两边。加尔后来更进一步研究人的品质与颅骨突出部位的关系。他将人的官能分为 37 种，又将头骨相应地分为大小不同的 37 个区域。其分析工作乃是先将官能分为感情的和理智的两种，再将每种分为二组，进而又加以细分。感情的官能多位于头的后部、两侧和顶部，理智的官能多与前额有关。

显然，加尔和施普茨海姆的颅相学有三个基本的命题：第一，必须证明头盖的外部结构与内部及脑的结构相关；第二，必须假定心灵可完满地分为许多官能或机能；第三，头盖骨的形状必须与心灵的官能相关。三点都是主观的臆测，缺乏科学的根据，显然是错误的。颅相学兴盛达一世纪之久，从未被科学界所承认，但它在历史上曾起了一定的作用。首先，它承认了脑是心灵的器官，促使人们注意到心脑相关的问题。其次，它首先提出了脑的机能定位说，正因为这个学说既不科学而又趋极端，激起了生理学家对脑的研究，要从科学上辨别颅相学的真伪，弗卢龙的大脑统一机能说就是在这个背景上产生的。

二、弗卢龙的大脑统一机能说

在介绍弗卢龙之前，要先提一下罗兰图（1770—1831）。罗兰图是意大利的解剖学家，他与许多科学家一样，驳斥了加尔颅相学的荒谬。大脑两半球的中央沟是他发现的，所以又称它为罗兰图沟。罗兰图根据病理的观察和尸体的检验，认为大脑两半球是睡眠、癫痫、中风、忧郁和疯狂近因的主要位置。这已无异将一些较高级的心理机能置于大脑之内了。他用伏特在 1800 年发明的电堆去刺激脑部，认为小脑是神经能产生的源泉。他的研究结果发表于 1809 年，因此在弗卢龙之前已大致划定了脑的各部分机能。罗兰图的实验非常简陋，其学说又模糊不清，而弗卢龙的研究无论在方法上和事实上，都为现代有关大脑机能的学说开辟了正确的研究途径。

弗卢龙（1794—1867）是法国的生理学家，1828年任法国科学院院士，曾著《评颅相学》一书，驳斥了加尔，创建了科学的脑生理学。1824年，他在《脊椎动物神经系统的特性和机能的研究》一文中扩展了荷尔的研究，介绍了他自己用切除法毁坏动物的脑和脊髓的不同部分，以观察动物行为的变化。他的手术精确，很少伤及专门切除部位以外的其它组织。他的实验熟练而简单，目的在于测量脑的各部分机能。他的文章的结论如下。

1. 脑叶是感觉、知觉和意志的唯一来源。

2. 一切感觉、一切知觉和一切意志都在这些器官中同时占有相同的位置，因而感觉、知觉和意志主要是一种官能。

3. 各脑叶、小脑、四叠体可损失它们的物质的一部分而不失去它们的机能。

4. 脊髓和延髓具有直接效果，四叠体、各脑叶和小脑具有交叉效果。

据最后分析，各脑叶、小脑、四叠体、延髓、脊髓、神经、神经系统的主要的部分，各有其特殊的性质、适当的机能和各别的效果。尽管性质、机能和效果各不相同，但它们仍然构成一个统一的整体。①

弗卢龙认为，神经系统可分成几个主要不同的部分，各部分除可产生特殊动作外，还具有统一性。各部分可以损失其一部分物质，但不影响其机能的行使。而且，如果一部分机能受到损失，还可以重新获得。总之，他认为神经系统的统一是一个大原则，到处可见，

---

① 丹尼斯：《心理学史文选》，英文版，第139页。

在神经机能中起着支配的作用。他的学说在脑的机能定位问题上虽有争论，但起了推动脑生理学研究的作用。更为重要的是，他所用的切除法，对后来动物实验心理学的研究创造了有利的条件。

三、布罗卡言语运动中枢的发现

19 世纪中叶，脑生理学的研究兴趣转向于神经系统的组织学，积累了不少知识，了解了脑是由无数分离的细胞即神经元组合而成，知道了神经元接触处突触的功能。心理学的发展，更直接影响到脑的机能定位的研究。法国外科医生布罗卡（1824—1880）于 1861 年在巴黎“人类学会”收容了一个在疯人院住了 30 年的病人，这个病人发音器官正常，但是不会说话。布罗卡替他检查了五天，病人突然死去，布罗卡当天检验尸体，发现左脑半球额下回后部受伤，遂定这个部位为言语运动中枢，又称为“布罗卡区”。

布罗卡的发现，对弗卢龙的大脑统一机能说是一个有力的挑战。言语运动中枢的发现，不但使人相信神经系统内的机能各有其较特殊的定位，而且找到了以脑回作为脑的机能分区的明确标志。值得注意的是，弗卢龙和布罗卡的主张虽不相同，但他们都是根据实验和科学观察而获得结果。由于切除法不能用之于人类，布罗卡所用的临床法却成了切除法的非常有用的补充。

四、运动和感觉中枢的发现

关于大脑的机能定位，布罗卡的主张是以临床资料为依据的。但不久便从实验生理学上获得了证明。在此以前，生理学家都认为大脑皮层没有受刺激的可能性。1870 年，弗里奇在为伤兵包扎头部创伤处时发现，偶然触碰了裸露了的大脑皮层可以引起对侧肢体的运动。同一时期，希齐格也发现用电流直接刺激大脑皮层表面的某些部位可以引起眼动。其后二人合作，用电刺激对狗的大脑皮层进行系统的研究。第一个实验获得五个中枢——颈部的、前腿伸展的、前腿屈曲的、后腿的和面部的，随即证明了主要在大脑皮层中央前回的一系列位置上施加电刺激，可以产生不同骨骼肌的特殊活动。这种电刺激法，是研究脑的功能的非常有效的方法。由于不断用新方法进行实验，几年之内，关于运动中枢的部位就越来越清楚了。

运动中枢刚获得证明，接着就有人去寻找感觉中枢。早在约翰内斯·缪勒的神经特殊能说中已确信有五个感觉中枢的存在。到了19世纪末，实验已经证实，视觉中枢位于枕叶，听觉中枢位于颞叶，机体觉中枢主要位于中央后回，味觉和嗅觉中枢还不能确定。

19世纪最后25年间，有孟格支持严格的定位说，而戈尔茨较接近于弗卢龙神经系统机能的统一说。二者之间有着很大分歧。弗卢龙和戈尔茨的传统到了20世纪分别为弗朗兹（1874—1933）和拉施里（1890—1958）所继承。弗朗兹利用新技术以测量学习和辨别，建立了新的动物实验心理生理学；拉施里则在弗朗兹的基础上，继续从事一系列卓越的研究，提出了等势原则(principle of eguipotentiality)，也就是弗卢龙的统一机能说的发展。

至于大脑机能定位的问题，也不断引起争论。随着新技术的发展，每次争论都上升到更高一级的水平上进行。19世纪关于大脑机能定位问题的研究，推动了感觉生理心理学的发展，丰富了实验心理学的内容。

第三节　感觉生理心理学

与17世纪相比，18世纪的感觉生理学没有显著的进展。到了19世纪上半叶，由于神经生理学在方法上有所创新，取得了显著的进展，生理学家对于感觉的心理生理问题的研究兴趣也随之增加了。因为光学继力学之后在物理学中成了专题研究的中心，积累了不少资料，所以在感官生理学的研究中，首先扩展到视觉和听觉，至于触觉，力学的知识虽然丰富，因限于解剖学的知识，其研究不如视觉和听觉。但是，韦伯对于触觉作出了卓越的贡献，成了心理物理学的奠基人，下一节将予介绍。至于嗅觉和味觉的知识，当时仍是十分模糊的。

一、视觉

在18世纪，视觉的心理生理研究成果不多，远远不如19世纪。就这方面的参考资料而论，18世纪只有60种左右，而19世纪的前75年增加到700种以上。

在约翰内斯·缪勒以前，关于视觉的各种叙述，几乎都只限于有关刺激的物理学、眼的解剖学以及二者的关系问题，也就是把眼睛看成一具光学仪器，到了缪勒，研究的着重点才有所转移。

影象如何在网膜上形成是视觉的一个基本问题。贝尔和缪勒都曾详细讨论过这个问题，其中包括了水晶体的折光作用，视觉系统的无色系、近视和远视等问题。后来，利斯丁曾撰文谈到影象与网膜曲度及眼球转动的关系。赫尔姆霍茨在1860年对于光学的生理学分析，就是以前人的研究成果为基础的。再后，冯特和海林都讨论过这个问题。

影象在网膜上如何形成，由于缪勒的神经特殊能说，已成了知觉机制的问题。根据这个学说，我们因视而生的知觉不是源于外物，甚至不是外物反射或发出的光线，而是视神经以及作为视神经扩大部分的网膜的状态。除了颜色以外，空间的体积、形状、大小、位置都可以刺激网膜上的神经而形成模型。视觉中枢直接觉知神经状态，因而知觉到的也是一个模型。这个模型既然是外物的像，自然就获得正确的知觉了。在缪勒看来，视觉学说就是网膜因视觉像而受刺激的学说，从感官生理学本身的角度来看，这种说法是无可非议的。此外，他还发现网膜上的视锥细胞是视觉器官的重要部分，视锥细胞的数目，在网膜的中心部分多于边缘部分，其疏密程度与视敏度有关。

19世纪上半叶，生理学家对于色觉法则已有所理解。早在1704年牛顿已发现了关于色混合的头两个法则。1823年，格拉斯曼又发现了第三个法则，后来制成色盘进行实验。1857年马克斯韦尔改善了这个方法，所以色盘常被称为马克斯韦尔盘。

关于光谱测量，贝尔从19世纪一开始就注意研究了。但由于缺乏精密的仪器，直到1883年兰利发明了微量放射能测量器时，才得到解决。

大诗人歌德曾攻击牛顿的色觉说，但并没有得到科学界的支持。他于1801年出版其《色觉学说》著作，但因在学术上价值不大，不久就湮没无闻了，不过对普金耶却产生了影响。普金耶于1825年描述了从黑夜到晨曦之间照度的变化（或从黄昏到夜晚出现相反的变化）对颜色视觉的影响，即刺激的颜色从网膜的中心到边缘时先变化色调，后来就不可避免地变成灰色。在强光下，红色的明度大，在弱光下绿和蓝显得更亮一些。他对这种现象的细致描写，为许多学者所证实，称之为普金耶现象。1801年托马斯·扬曾测定了视野可见度范围。普金耶现象证实了扬的结果。1865年奥贝特完成了有关色觉区域的彻底的实验测量。

关于视觉后象的问题，17世纪已有人提出。1704年牛顿描述过这个现象。1765年富兰克林证明在闭眼时黑暗中视野的后象为什么是正后象，而在睁眼时白纸视野中的后象为什么是负后象，这引起了热烈的讨论。到了19世纪已基本上掌握了关于后象的知识。

关于明暗适应现象和同时对比的知识在19世纪都已有所了解，海林在这些方面颇有贡献，但真正正确的解释则是20世纪的事了。

17、18世纪已有人提出了色盲问题，并称为道尔顿病。1833年西贝克认为有两种色盲。到了19世纪后半叶，色盲的问题已成了理论上的一个重要问题。因为色盲的实际性质在当时对于赫尔姆霍茨和海林两个敌对的色觉说具有考验的意义。这个争论在现代已获得科学的解决。

双眼视觉是感官生理学的一个难题。双眼视物为什么看成单象？这必须从解剖学上才能获得正确的解答，即每个网膜都各有半数纤维在视神经交叉处交叉，一半则不交叉，从而两个网膜通过神经纤维而在脑上的投射是重迭的。远在2世纪盖伦已想到视交叉的机能。1717年牛顿也证明了这一观点。承认此说并加以更周密叙述的，则是19世纪的缪勒。

与双眼视觉有关的是视野单象区（horopter）问题。所谓视野单象区，就是指双眼在一定的辐合度上看成单象的各点的轨迹。这些点的象都落在两个网膜的对应的中央凹内的点上。从理论上说，它的形状是通过两眼的注视点和两眼转动的中心的一个圆周。但实际上是麻烦的，它的形状随着注意距离而有变化。缪勒1926年说得很透彻，所以又称为“缪勒圈”。

在视野单象区之外的视野为什么引起双象，这是双眼视差问题。这种现象促使惠斯顿于1833年制成了实体镜，以后有所改进，在维多利亚时代成了宫廷中风靡一时的玩意儿。

双眼辐合和调节现象在19世纪已为人所承认，但眼睛如何自身调节去注视不同距离的物体，早期的意见是不一致的。普金耶于1923年，后来桑森于1938年，都先后发现在注视时，从角膜反射出和从水晶体的前后面反射出的一个火焰的像可因距离而有变化，而且角膜和水晶体前面反射出的像是直立的，水晶体后面反射出的像是倒立的。这个学说，虽然不是由赫尔姆霍茨所创立，但他的实验是很出色的。

二、听觉

在感官生理学的研究中，次于视觉的是听觉。1800年，物理声学已相当进步，对外耳和中耳进行了解剖，对内耳的构造有了大致的了解，但关于听觉的著作还是比较少的。在约翰内斯·缪勒的名著《人类生理学纲要》第五卷中专门介绍了五种感觉，其中听觉的篇幅相当于视觉的四分之三，较全面地反映了当时对听觉器官和听觉研究的状况。这部书侧重物理声学的知识，并做了许多声音传导的实验，用以分析耳的听觉性质，把耳的解剖学和声学联系起来了。缪勒详细地叙述了人耳的解剖学和各种动物的听觉性质。他当时还不了解中耳三块听小骨作为杠杆系统的运动作用。他虽猜测到了鼓室肌的作用，但对于鼓膜紧张性的维持和适应以及耳咽管的作用都还不大清楚。

缪勒当时对内耳的机能也较欠了解。例如，他以为耳蜗和三半规管都是听觉器官。再如，由于他未认识到正圆窗在人类听觉中的作用，所以对听觉的通路没有正确的理解。

缪勒所描述的听觉刺激的性质，没有超出物理声学的范围。他引证萨瓦尔的实验，论述了乐音和连续噪音的问题。他提出了听觉的阈限，高限为24,000周/秒，低限为16周/秒，这是近似正确的了。关于声波的问题，缪勒未能作出完满的回答。这时他还以为频率是一系列的点而不呈波形。直到赫尔姆霍茨提出听觉说后，才基本上解决了这个问题。从缪勒的《纲要》来考察，19世纪前半叶关于听觉的知识比视觉要差一些。

这个时期听觉方面也有一些卓越的实验。1843年，欧姆发表了他的听觉法则。原来，早在1822年傅立叶已发现任何无规则的周期波形都可以化为正弦组成部分。欧姆应用傅立叶的法则对听觉进行了分析，认为不规则的或复杂的声波都可化为正弦组成的协调部分。这个欧姆法则后来成为赫尔姆霍茨的共鸣说的基础。

关于差音、和音、拍音等性质，当时已有所了解。赫尔姆霍茨于1856年发表了关于和音的经典研究。关于声音定位的知识，到19世纪70年代以后才有进展。

三、其他感觉

当视觉和听觉的心理生理研究正在发展的时候，却很少人谈到触觉。在贝尔和缪勒的著作中触觉也只占几页的篇幅，但是韦伯对于触觉的研究却有卓越的贡献。至于嗅觉和味觉，则研究极少。1803年，贝尔发现味蕾是味觉器官。1805年霍恩认为不同的味蕾各管不同的味觉。19世纪初期，克洛克发表了一部有关嗅觉、特别是嗅觉病理学的著作，为嗅觉心理学提供了一些资料。

从19世纪的感官生理学，特别是有关视觉的心理生理研究方面的迅速发展来看，生理学家从不同的角度都涉及到了心理学的问题。因为他们在解释感知觉的生理问题时，都自觉或不自觉地借助于注意、联想和推理等心理学的知识来解决问题。所以有关各种感觉生理的研究，实际上同实验心理学是密切联系着的。19世纪不少著名的生理学家，对实验心理学的建立都做出了直接的贡献。从上边各节中，已可清楚地看到贝尔、约翰内斯·缪勒等人的历史功绩。在下一节中，我们还将在几个主要的感觉学说中看到赫尔姆霍茨、海林和韦伯所作的贡献。

第四节　几种主要的感觉学说

一、色觉说

在有关色觉学说中，赫尔姆霍茨的三色说占据重要的地位。赫尔姆霍茨（1821—1894）是19世纪最伟大的科学家之一，是物理学家、生理学家兼心理学家。他虽没有将心理学建成一门独立的科学，但他的研究、贡献和影响，并不比这门新科学的创始人费希纳和冯特逊色。

上面已讲到他完成了神经冲动传导速率的测量，并在视觉和听觉研究方面也作出了卓越的贡献。现简要地介绍一下他的生平及其色觉说。

1821年，赫尔姆霍茨生于德国波茨坦。他于1842年在柏林一个医科专业学校毕业后，曾任军医7年之久。1849年，他被任命为哥尼斯堡大学生理学和病理学教授，并从事神经冲动传导速度的研究。其后又进行感觉心理生理的研究。1856年，他的名著《生理学光学纲要》第一卷出版，颇受科学界的重视。同年他转任波恩大学生理学教授，并研究听觉。1859年任海德堡大学生理学教授，至1871年退职。1860年《光学》第二卷出版。1863年发表《声学》一书。1866年《光学》第三卷问世，全书合订本发表于1867年。他从30岁到46岁，16年之内完成了这两部关于视觉及听觉的生理学的巨著。1870年著名的物理学家马格纳斯逝世，赫尔姆霍茨于1871年继任为柏林大学物理学教授。1893年赴美参观，在船上不幸跌伤，1894年逝世。

早在1807年，托马斯·扬对于颜色感觉曾提出一个三色说。赫尔姆霍茨在1852年重新注意此说，并于1860年在《光学》一书中加以发挥。他们二人都认为网膜内有三种不同的神经纤维，这些纤维具有分别感受与红色、绿色、紫色的波长相应的感光色素。这些色素感光以后，使不同的神经细胞产生神经冲动，再传到大脑皮质视觉中枢，于是分别引起红色、绿色和紫色的感觉，当复杂的光波以不同的强度比例作用于网膜时，则根据色混合法则产生不同的彩色感觉；而当各波长的强度相等时，则产生白色或无彩色感觉。近年来，有人发现在人的视网膜中央凹附近有三种不同的视锥细胞：一种对一定波长的红光吸收最多，称为感红视锥细胞；一种对绿光吸收最多，称为感绿视锥细胞；一种对紫光吸收最多，称为感紫视锥细胞。这些事实给三色说以很有力的支持。此说较能完满地解释许多色觉现象，并在电生理学方面获得一些证明，但它的缺点在于不能阐明色觉的传递和加工问题。

当时与赫尔姆霍茨的色觉说相抗衡的有海林的色觉说。海林

(1834—1918)生于德国萨克森州，就学于莱比锡大学。1862至1865年在莱比锡大学任讲师，1870至1895年任布拉格大学生理学教授，以后又回莱比锡任教，至1918年逝世。海林是19世纪有名的生理学家，作了不少心理生理方面的研究。他的主要贡献是他的色觉说。海林的色觉说称为对抗色说（Opponent Colortheory），这个学说源于歌德的四原色说，认为网膜上有红、绿、黄、蓝四种基本色觉，组成两对，红绿和黄蓝各互为补色，黄蓝混合而为灰色，红绿则不如此，于是乃制造一种相混合而可成为白色的红和绿。海林因此认为人的网膜上存在着三种视感受器，各有一对互相对抗的视锥细胞，即红——绿、黄——蓝、白——黑，从而可引起各种不同的色觉。这个学说比三色说的优越之处，在于可以满意地解释色的对比和后象。如红——绿这一对有对抗反应的细胞，当用红光刺激它们时，就同时产生红色兴奋反应和绿色抑制反应，结果出现红色感觉。如果红光刺激消失，则受抑制的绿色反应就解除抑制而产生兴奋反应，此时虽无绿光刺激，也出现了绿色感觉。这就是色的对比和后象的生理基础。而且假使红绿同属一个感受器，则红绿色盲现象也可获得合理解释。最近有关电生理的研究表明，色信息在视觉系统的不同水平上，在神经节细胞，水平细胞，以及视觉皮层神经之中都是拮抗成对的，即分为红——绿、黄——蓝两个拮抗成对的形式而传输信息。这一事实证实并丰富了海林的对抗色说。由此可以看出，赫尔姆霍茨的三色说和海林的对抗色说二者不是不可调和的。视网膜感觉器中可以是三色匹配的过程，而在传输时可以采取颉颃成对的编码形式。

赫尔姆霍茨和海林对视觉学说的主张虽有不同，但他们对知觉的看法更有根本的分歧，各代表心理学内的一种倾向，因此有在此提及的必要。海林关于知觉主张先验论，以为空间知觉所表现的种种特性来自先天，而非得之于经验。例如他主张双眼的辐合运动不是练习的结果而是由遗传所致，并且认为许多心理现象是由于人脑生来就是如此的。应该说，这种倾向是不利于科学研究的。而赫尔姆霍茨则和海林相反，关于知觉主张经验论。他曾先后发表七篇论文，认为就是几何公理也是经验的结果。他以为有些知觉好像是直接认识，其实也有旧经验在起作用，只是由于重复和联想才变为无意识的，似乎是“不可抗拒”的了。例如，看物象的大小而知物体的远近，双眼的辐合运动，归根到底都是由经验而来，一切现象由学习而来并可由学习加以改变，视错觉也可因学习而加以纠正。他把这种作用叫作“无意识推理”(unconscious inference)，意思是说它与平常的推理过程相似。赫尔姆霍茨的无意识推理说实际是他的经验论的一部分。此说曾为冯特初期所采用，后被抛弃。“无意识推理”一词本身就含糊不清，反映了赫尔姆霍茨的世界观的动摇性。

二、听觉说

1863 年，赫尔姆霍茨在其《声学》巨著中，发表了他的关于听觉的共鸣说。根据共鸣说，感受声波振动的机构在内耳的基底膜。基底膜上有长短不同的神经纤维 18,000 至 20,000 条，由短到长，排列成序。每一条纤维只对一个特殊的声波振动发生作用。当三听骨传导一定振动至耳蜗的外淋巴时，基底膜便产生一定的共鸣，就像琴弦一样，短的对高频率反应，长的对低频率反应，纤维的振动激动毛细胞转化为神经兴奋，并沿听神经而传至大脑听觉中枢，结果就产生了高低不同的声音感觉。这个共鸣说到现在仍然通用，但也存在一定的缺点，如声音频率辨认的广大范围和基底膜纤维长短的比例不相适应，基底膜纤维彼此是很少孤立作用的。

赫尔姆霍茨的色觉三色说和听觉共鸣说实际上都是扩大了的约翰内斯·缪勒的神经特殊能说，因为三色说和共鸣说是把不同感官具有不同性质的神经扩大到同一感官内的神经纤维，共鸣说甚至假设一两万条神经纤维各自接受不同频率的声波，所以也称为神经纤维特殊能说。

赫尔姆霍茨的色觉和听觉理论对心理学虽有重大的贡献，但是他对感觉的看法，在认识论上是一个不可知论者。他认为我们感觉的质表示光或热，声音或气味等等，并不依赖于感知了的外界对象，而是依赖于传导感觉的感觉神经。这和缪勒的说法完全一样，但他更进一步，为了与缪勒的先天论相区别，采取了陆宰的部位记号说而加以发挥，提出了一个符号论。他曾把感觉叫作外部现象的符号，并且否认感觉和它们所代表的物之间有任何相似之处。列宁指出："赫尔姆霍茨是一个不彻底的康德主义者，时而承认先天的思维规律，时而倾向于时间与空间的'超验的实在性'（即倾向于唯物主义对时间与空间的看法），时而从作用于我们感官的外部对象中引出人的感觉，时而宣称感觉不过是符号，即某种任意的标志，这种标志是跟'完全不同的'被标记的物的世界脱离的。"① 有一些科学家，他们的哲学观点是唯心主义和不可知论的，但是他们在科学上是有贡献的。我们既要批判他们错误的观点，又要肯定他们正确的东西。

三、韦伯律

19 世纪感官生理学关于触觉的研究虽然远不及视觉和听觉，但韦伯对触觉的研究，特别是总结了韦伯对于感觉研究成果的韦伯律，对实验心理学却产生了直接影响。

韦伯（1795—1878）生于德国维腾堡，1815 年在莱比锡大学获博士学位，两年以后任该校讲师，1818 年任解剖学和生理学助理教授，1821 年任教授，一直到 1866 年才放弃作为生理学家的任务。1871 年辞去解剖学教授，退出教学工作。

韦伯的研究主要在生理学方面。他的著作内容包括循环系统、耳、眼、肝脏、特别是皮肤方面的生理学研究。1834 年，他用拉丁

---

① 《列宁全集》第 14 卷，第 245 页。

文写了一本《触觉论》，详细报导了皮肤的压觉、触觉、温觉、冷觉、位置觉，也研究了痛觉、肌觉、关节觉等，他的著名的韦伯律即发表于此。1846 年，他（在瓦格纳编的《生理学词典》中）写了《触觉与一般感觉》一文，详细介绍了他在皮肤感觉方面的发现，三者都被视为感觉领域中的经典著作。1878 年他在莱比锡逝世。

韦伯对心理学有两大贡献：第一，他是最早系统地用实验证明了阈限的概念，这一个概念从实验心理学的建立直到今天仍在沿用。稍后他把这个方法推广到身体各部分，而且用之于不同的人，并用“感觉圈”（sensory circle）来加以解释。所谓“感觉圈”是指每一外界部位都有一簇神经纤维，而且设想大脑皮层有与外周系统相适应的投射区。这种解释已无多大意义，但他的实验方法仍具有很大影响。

第二，也是他最大的贡献，即提出了心理学上第一个定量的法则——韦伯律。他首先发现重量的最小可觉差，而两重物之间的最小可觉差与标准刺激之比是一个常数。后来又推广到研究皮肤表面的两点阈限，线的长短和音的高低，总结出一个公式，即：

$$K=\frac{\Delta I}{I}$$

其中：　K＝常数

Δ＝强度刺激增加量

I＝强度

ΔI＝刚能引起较强感觉的刺激增加量。

其后大量实验证明，这个韦伯比例只适用于中等强度的刺激，刺激过强和过弱都不适用，因此有其局限性。但是问题并不在此，我们所要强调的乃是韦伯律在心理学史上的重大意义。他是第一个发现感觉对于外在刺激物及二者具有相互依存性的人。这说明在感觉这个心理现象领域内，不仅可以用经验来检验，而且可以用数学公式加以表示，他完成了赫尔巴特曾经设想而未做到的事。他的发现激起了生理学家和心理学家研究感觉过程的浓厚兴趣，从而建立了心理物理学。心理物理学虽然是从感官生理学产生的，但它已构成了作为独立的实验心理学的基础和组成部分，在原则上已不同于感官生理学了。费希纳直接发展了他的基本法则，促成了实验心理学的诞生。

“当哲学为对心灵的实验研究铺平了道路，生理学就从实验上来研究作为心理现象的基础的生理机制，下一步就是要应用实验方法于心灵本身了。”①

---

① 舒尔茨：《现代心理学史》，1975 年英文版，第 40 页。

第四章 实验心理学的诞生和冯特的贡献

心理学从古希腊的灵魂学演变到 19 世纪中叶英国的联想心理学，在哲学母胎里，经历了一段相当长的发展过程。但是哲学只能给心理学提供体系，不能提供科学的知识和实验的技术。因此，没有 19 世纪生理学的发展，心理学就只能成为哲学的附庸，不能成为一门独立的科学。费希纳和冯特继承了前辈哲学家和生理学家的遗产，所以有条件建立正式的实验心理学或所谓新心理学，而实验心理学的建立则尤应归功于冯特。

第一节 实验心理学诞生的历史背景

实验心理学产生于 19 世纪 60 年代的德国不是偶然的。这可以用德国当时的社会历史条件和科学发展的状况来加以合理的解释。

德国比起西欧其他一些国家，如英国和法国，资本主义的发展要晚一些,原因是德国曾经长期处于分散的封建邦国的落后状态。但从 19 世纪开始大约到 60 年代，德国资本主义不断发展。1871 年资产阶级与封建势力妥协，取得自上而下的统一。由于德国资产阶级在国内需要发展工商业，在国外需要与别国竞争，因此尽力发展工业技术，这样也就促进了德国自然科学的发展。

科学的发展有其自身的规律。德国科学虽然比其他资本主义已经相当发达的国家起步较晚，但发展甚速；在生物科学研究领域里逐渐显出优胜于别国的势头，尤其是关于感官生理学的研究处于遥遥领先的地位。这是因为当时各国在天文学、物理学、数学、化学和生物学等学科的先进成就为德国发展生物科学（其中包括感官生理学）提供了必要的思想理论资料和实验技术基础，使德国科学界有可能通过学习先进国家，利用上述的有利条件，得以后来居上。

德国生物科学之迅速发展也可以归功于德国科学的传统思想和体制。德国大学从中世纪以来只有三种学院，即神学院、法学院和医学院，医学院设立科学课程。自从1734年哥丁根大学添设包括文理科目的哲学科，各大学先后仿效，科学乃成了德国大学的重要课程。德国学者也不同于英法学者。他们以为科学方法可用于全部知识领域，因而不怀疑对生物的研究也可以应用科学方法。如哥丁根大学的生理学教授哈勒就认为可以用物质科学的方法(包括实验)研究生命过程。这使得德国生物科学的研究比较自由，容易发达，而有可能居于西欧的领导地位。

感官生理学是生物科学的一个分支，是构成认识论和辩证法的知识领域之一，它又是心理学的邻近学科。它所研究的课题和所采用的方法不但可以为心理学借鉴，而且是与心理学直接有关的。著名感官生理学家韦伯曾经向心理学家介绍自己的感知觉研究，并提出一些疑难问题，呼吁心理学家去注意解决。所以实验心理学诞生于感官生理学特别发达的19世纪后期的德国，并由缪勒的学生、早期从事感官生理学研究的冯特所建立是完全合乎逻辑的。

心理学虽然业已从其哲学母胎呱呱坠地，但它与其他自然科学相继从哲学中独立出来尚有所不同，因为心理学的独立虽借助于生理学的研究，但是它与唯心论和形而上学的关系特别密切。尤其值得注意的是，心理学在它诞生的年代里，资本主义各国正逐渐进入帝国主义阶段，无产阶级作为一种独立的政治力量已开始登上历史舞台，而且有了捍卫自己本阶级利益的马克思主义的理论武器，资产阶级与无产阶级在政治上、理论思想上的矛盾斗争日益尖锐起来。

在这种情况下，本来就比较软弱的德国资产阶级就更加害怕革命人民和战斗的唯物主义，而竭力维护和宣传唯心主义。这与德国资产阶级要求发展工业因而也要求发展科学的愿望是矛盾的。作为新心理学的奠基者，以费希纳、冯特为代表，都是当时德国大学一批有名望的学者、教授。他们自觉不自觉地为资产阶级利益服务，反映资产阶级的理论要求。因此虽然在他们研究心理学工作上可以取得某些成果，但指导他们从事研究和进行哲学概括的观点大都是不正确的。这就造成了他们在科学实践与哲学理论上的严重脱节以至尖锐对立。正是实验心理学诞生时的这种复杂情况，致使生气勃勃的新心理学包含了很多矛盾，不能向唯物主义的道路前进。

第二节　费希纳的略传和他的心理物理学

费希纳以为自然科学用之有效的数量实验法也可用以研究内在世界。因此，他发展了心理物理法，为实验心理学开辟了道路，作了冯特的有力的先导。

费希纳(1801—1887)生于德国乡村一个牧师的家庭。5岁丧父，自幼在其叔父家长大。16岁入莱比锡大学学医。1822年费希纳毕业时，学习兴趣由生理学转向物理学，定居于莱比锡，从事物理学的研究和译作，逐渐成名。1834年他被任为莱比锡大学物理学教授。费希纳在当时是一位才华出众的年轻物理学家，对心理学也有研究的兴趣。他因观察视觉后象而患眼疾，加上身体虚弱，1839年辞去物理学讲席，长期卧病，前后达11年之久。费希纳原来喜欢谢林的自然哲学，经病痛折磨，助长了他的宗教和灵学的思想。他用一种富于诗意的神秘的眼光考察世界，认为凡物有组织即有生命，有生命即有灵魂。他以唯心主义的泛灵论反对唯物主义。他曾用米西斯博士笔名发表讽刺的著作，如《天堂与下世》(1851)、《光明说与黑暗说》(1874) 等多篇，以为泛灵论的福音，呼唤世人从崇尚物质的黑暗中觉醒过来，而转向精神的光明。

为了论证他的泛灵论，他一生致力于寻求一种科学方法，借以使具有精神与物质两个方面的世界统一于灵魂之中。他经过长期的探究，于1860年发表著名的《心理物理学纲要》一书。他认为他的《纲要》已经建立了他的哲学的科学基础，后来就转向于实验美学的研究，以求建立美学的科学基础。他研究美学有10年之久，1876年，刊行了他的总结性论文《美学初探》作结。由于《心理物理学纲要》自发表以后受到公众的重视和批评，费希纳在莱比锡临死前11年内又集中研究他的心理物理学，并于1882年发表《心理物理学要义》，作为对广大学者的答复，竭力为他的心理物理学辩护。

费希纳的心理物理学是关于身心之间或外界刺激和心理现象之间的函数关系或依存关系的严密科学。这是一门介于心理学和物理学之间的独立学科。费希纳受赫尔巴特的启发，以为心理是可以测量的。他曾想到心理强度的算术级数可能与物质能力的几何级数相当。其时，他深知韦伯关于最小觉差的比例，尝试用最小可觉差 jnd 作为感觉的单位，经过许多实验和推导，把感觉强度与刺激强度之间的关系，概括为如下公式：

$$S=C\log\frac{R}{R_O}$$

S——感觉强度

C——适用于不同感官中的每个感官的常数

R——刺激强度

R_O——在阈限的刺激强度

费希纳公式表明：刺激的效果不是绝对的，而是相对的；它相对于已有的感觉的强度。例如一百只烛光再加一只烛光，不会使我们觉得更亮一些，但是一只烛光再加一只烛光就会使我们觉得更亮了。为了使感觉强度有所增加，就必须使刺激强度按照一定的比例增加。刺激按照几何级数增加时，感觉按照算术级数增加。费希纳称这个公式为韦伯律，其实已超出韦伯发现的事实，因为韦伯的工作只是指出刺激和感觉的比例关系，没有涉及身心的关系问题。所以后人称这个公式为韦伯-费希纳律，或直接称之为费希纳律。但这个公式是否可靠地依存于韦伯的结果，后人的实验认为韦伯的结果仅适用于刺激的一定的强度。同时费希纳以为所有 jnd 都各相等，也引起了学者的怀疑和争论。费希纳在心理物理学的研究中曾创造了三种心理测量的方法：即最小可觉差法（method of just noticeable differences）、正误法（method of right and wrong cases）以及均差法（method of everage error）。最小可觉差法用两个等值的刺激，一个不变，另一个慢慢增加或减小，使它与不变刺激相比，至产生最小可觉差为止。这个方法后被冯特改名为微量变化法。

正误法约于 1852 年创始于维罗尔特。费希纳用以测量举重的辨别。他于 1855 至 1859 年间进行过 67,000 次比较。他为每种标准重量求出这样的 ΔR，这个 ΔR 将会引出相同比率的正确判断。这个方法后经改善，被称为常定刺激法。

均差法为费希纳所采用，借以进行视觉和触觉的测量。例如呈示平行线上一个“正常的距离”，然后凭肉眼定出几乎等长的一条线，而测量其误差。经过多次实验，就可以得到平均的误差。

费希纳的心理物理学虽然出于论证唯心主义的泛灵论的意图，却也有一定的科学基础。它为心理过程的测量找到了一些方法，打破了有的学者（如康德）认为心理无法测量、无法数量化，因而不能成为科学对象的偏见。现在国际公用的声音强度单位（贝尔、分贝尔）就是依据费希纳定律的对数关系规定的。费希纳的心理物理学研究曾经促成冯特去建立实验心理学这样一门有关研究物质刺激与心理事变的关系的严格科学。费希纳把物理学的数量化测量方法带到心理学中来，提供了后来心理学实验研究的工具。所以费希纳的工作是实验心理学的先驱，他所用的心理物理学方法经过加工，沿用至今。从现代心理学发展的历史来看，费希纳应被认为是现代西方心理学的主要缔造者之一，他的心理物理学为冯特心理学的建立起到了奠基的作用。

第三节　冯特和他的实验心理学

冯特（1832—1920）是近代心理学的创始人之一，在心理学史上他的名字是与心理学的独立和实验心理学的建立直接联系在一起的。冯特生于德国南部巴登地区曼海姆城附近的尼卡拉村，父亲是基督教路德派的牧师。冯特小时候受教于他父亲的一位助手名叫米勒的牧师。冯特和老师同住一屋，感情甚笃。由于冯特过着一种孤独而有点寂寞的童年生活，从小养成一种好学深思的习惯。1846 年，冯特 14 岁时入海德堡文科中学。1851 年，19 岁入杜平根大学学医。青年冯特对生理学发生兴趣，曾决定要做生理学家。但为了以后的谋生和得到从事研究工作的机会，第二年冯特转海德堡大学仍继续学医。毕业后冯特留校教生理学，并曾一度在海德堡诊疗所从事医务工作。1856 年春冯特转入柏林大学跟从约翰内斯·缪勒学习与研究生理学，并在柏林接触到许多其他卓越的物理学家和生理学家。半年后，冯特返回海德堡大学获得医学博士学位。1857 至 1864 年冯特任海德堡大学的生理学讲师，当过赫尔姆霍茨的助手，帮助训练学生做有关肌肉痉挛及神经冲动传导的标准实验。1864 年冯特升任副教授，开设“自然科学的心理学”讲座，1867 年改名“生理心理学”讲座。1874 年冯特应邀赴苏黎世大学任哲学教授，从此结束了他早期主要从事自然科学工作的学术生涯。1875年冯特到莱比锡大学任哲学教授，1889年被任为该校校长。冯特在莱比锡大学期间还担任过巴登邦议会下院议员和职工会领导人，并继承赫尔巴特和费希纳的职位，直至1920年8月31日去世，享年88岁。

冯特一生刻苦钻研，勤于著述，不间断地写了大量著作。据其女儿所搜集的书目，冯特的著作近500种，其中包括大至卷数众多的名著，小至只有一页的论题，共计写了53，735页文章。对于这个数目，有人曾试作如下计算：从1853年到1920年，即从冯特刚过20岁直到他去世这68年中，以24,836天为计，冯特平均每天要写作或修改文章2.2页；如有人以每天60页的速度来读冯特的著作，则需花两年半时间才能读完冯特的全部著作。冯特是位学识渊博，著述甚多的学者。他的著作不仅数量多，而且涉及面广，除心理学外，还涉及生理学、物理学、哲学、逻辑学、语言学、伦理学、宗教学等。冯特在海德堡时期的著述主要是生理学和心理学方面的。1865年初，冯特出版了《人体生理学教本》一书，书中反映了当时生理学发展的成果，曾得到恩格斯的肯定，认为“机体中年轻细胞的发展情况……可参看冯特（开头几节）”。① 在心理学方面，冯特在海德堡时期，出了三本主要著作：《对感官知觉理论的贡献》（以下简称《贡献》），于1858至1862年出版；《关于人类灵魂和动物灵魂的讲演录》（以下简称《讲演录》），于1863年出第一版；《生理心理学原理》（以下简称《原理》），于1873至1874年出版。特别是《原理》一书，由于它的丰富的科学内容，在37年中印行了六版。显然，冯特是由生理学起家，然后成为哲学家，最后才成为心理学家的。但是，正如铁钦纳所说：“冯特的全部思想集中于心理学”。② 即使后来

① 恩格斯：《自然辩证法》，第279—280页。
② 铁钦纳：《系统心理学》，英文版，第113页。

冯特担任哲学教授期间，他的兴趣中心仍然是心理学。在冯特生命的晚期，他甚至花了整整20年的时间（1900至1920年）来写他的《民族心理学》，共达十卷。冯特的哲学著作主要写于他后来在莱比锡大学教哲学时期，他的《哲学体系》一书出版于1889年。列宁在《唯物主义和经验批判主义》一书中多次提到的《论素朴实在论和批判实在论》一书，则载于1897至1898年的《哲学研究》杂志第12至13卷上。

由于冯特早期接受自然科学、尤其是有关医学、生理学的训练较多，他早在海德堡发表生理学研究论文时，已经形成了心理学应是独立的实验科学的设想。在1858—1862年出版的《贡献》一书里，冯特第一次提出“实验心理学”；《贡献》这本书与费希纳的《心理物理学纲要》一起被视为新心理学著作诞生的标志。继《贡献》之后第二年，冯特在所发表的《讲演录》里谈到了许多实验心理学家多年来注意的问题。至于1873—1874年出版的《原理》，则是冯特早期十多年在海德堡大学从事生理心理学教学和研究工作的总结，也是冯特实验心理学思想成熟的表现。这部杰作把心理学牢固地确立为有自己的实验课题与实验方法的实验科学。冯特在该书序言里说明了他的目标：“我这里提供给大家的这本著作是想勾划出一个新的科学领域”——生理心理学也即实验心理学。冯特自己就说过，《原理》以“生理心理学”作为书名，意思是为了强调他所提倡的这种心理学将采用从生理学中发展出来的研究方法。冯特不仅发表著作来宣传他所倡导的生理心理学——实验心理学，而且于1879年在莱比锡大学建立了世界上第一个心理实验室。显然，当时的冯特对于教学和研究的实验室方法并不是一个新手，他在约翰内斯·缪勒、赫尔姆霍茨和自己的实验室里开始时作为一个学生、助手，最后作为一个独立的教师与研究者，已经操劳了将近30年。根据他的经验，深知出版研究发现与成果的重要性。乃于1881年创办了第一个心理学专门刊物《哲学研究》，连续发表莱比锡实验研究的论文报告。这就使心理学从此摆脱了哲学附庸的地位，使莱比锡实验室在国内外产生了巨大的影响，被人们看作心理学独立的圣地，纷纷来学习、朝拜。而冯特也就自然地成了心理学独立的旗手、实验心理学之父和近代心理学的一个主要的缔造者。

应该指出，近年来德国的学术界不遗余力地整理、研究冯特的思想遗产，这一工作充分证明了作为科学心理学奠基人冯特的理论的重要性。根据布令曼等人的论述①，在冯特逝世之后，他的女儿伊雷诺·冯特尽了最大的努力，并花费了大量的时间整理了他父亲的论文、著作、书信以及大量的打字稿件。她又特辟了一间房屋，定名为“冯特档案馆”，广泛搜集了不少的著作、珍贵的文件和其他值得纪念的文物。在 1948 年，这个私人的档案馆才移交给莱比锡卡尔·马克思大学心理研究所。

现在的冯特档案馆已成为卡尔·马克思大学比较大的大学档案馆的一部分了。它位于这个著名大学图书馆的地下室。这个地下室除了领导人的办公室和宽阔的书库之外，还为抄写人员和文献资料搜集人员开辟了一间大型的工作室。

现在的冯特档案馆馆藏图书资料共分为七个部分。

1. 档案馆馆藏的核心部分包括冯特与其他学者、科学家广泛的来往书信，这是冯特的女儿在他去世之后搜集起来的。冯特还和许多有名望的或没有名望的学生保持着密切的关系。事实上，与他的学生的书信往来比与他同时代的杰出人物的通信更能体现出冯特心理学思想的变化。冯特确实是一位好斗之士，但是他也具有保持学者的忠实和个人的友谊的能力，如对待屈尔佩、闵斯特伯格与茅曼

① 布令曼所论述的下列的一些见闻，均见布劳柴克与彭格拉兹合著:《近代心理学的历史编纂学》一书，多伦多 1980 年英文版，第 210—213 页。

等人就是这样，他与他们在许多重大的论点上是不一致的。

2. 冯特与朋友、亲属和熟人的往来信件。这部分占的数字较大。

3. 冯特个人的论著包括他作为一位大学教师的几乎整个一生的讲演笔记。这种笔记有许多本，都是在很小的纸片上用铅笔书写的，现在已经消退得很厉害了。只有少数的冯特著作的手抄本是完整无缺的，尽管没有未出版的著作。特别重要的是冯特的一些笔记本为他所著的书记录了许多有关资料，对于查寻他的思想来源，可以提供重要的参考线索。一些出版商与冯特的通信也都保存了下来。

4. 冯特档案馆还藏有冯特自己所编辑的将近 300 卷参考书和完整无缺的杂志。在一些书籍中还附有注解。

5. 档案馆特别藏有一些其他有趣味的值得纪念的文物。例如：藏有一些个人的照片，一部分得自马克斯·冯特，其中包括冯特读书时的照片。早年冯特和他家庭的照片以及研究所的照片几乎都不存在了。这里有不少的工作人员的履历书，包括记录卡、大学的抄本、文凭以及一些不重要的个人杂物（例如，冯特给房间门上制定的名称记号牌，冯特的茶杯、手套、学院的徽章和从前学生所送的礼品）。

6. 莱比锡的冯特学习班，特别是卡尔·马克思大学档案馆的专职人员，改进了许多重要工具书。德路克博士完成了科学的和个人书信的索引。她还准备把最重要的信件加以摘录，并想编制一个广泛的混合索引。档案馆还编写了冯特授与博士学位的学生名单，以及在 1875 至 1917 年听过冯特在莱比锡大学讲课的一万名学生的名单。这些都成为馆藏的一部分。

7. 在冯特档案馆中，很重要的一部分是费希纳(1801—1887)的少量信件和几页日记，这是冯特最初从费希纳的遗物中得到的（冯特，1901）。费希纳这些亲笔写的材料是关于冯特、费希纳和天体物理学家肇路纳（1834—1882）对心灵心理学现象的著名论战，而美国人灵媒施莱德在1878和1882年也被卷入其中（冯特，1879）。这些材料的简短叙述反映了冯特和费希纳在心灵论以及同类事情上的观点是有分歧的，而在他们各自的解释上又不是个人所能得出结论来的（费希纳，1879；冯特，1879）。

总之，卡尔·马克思大学的冯特档案馆关于冯特在莱比锡年代学院的生活提供了非常重要的资料。同时，冯特的遗物也被珍藏在德国其他许多大专院校的档案馆中。例如，柏林科学院档案馆、杜平根大学档案馆、海德堡大学图书馆及档案馆、海德堡市档案馆、海德堡赫尔姆霍茨高等学校档案馆、德莱斯登州立档案馆、卡尔卢艾州立档案馆以及瑞士杜立舒州立档案馆等都藏有很为珍贵的冯特纪念文物、个人论著以及他的思想遗产。这是今后深入研究冯特的生平及其事业的一些非常富有的宝库。

第四节　冯特的心理学体系

冯特的心理学体系是内容心理学，用后来他的学生铁钦纳的话来说，是构造主义心理学。可是，冯特的构造主义不如铁钦纳的典型。但后者的特点，好些是冯特的心理学体系中已经有的。冯特的心理学涉及比较广的方面，这一节里只是叙述冯特心理学体系的一些主要内容和基本思想，至于在他以后出现的铁钦纳的典型的构造主义心理学，本书将在第八章《构造主义和机能主义》里详细说到。

1. 研究直接经验的科学　冯特认为科学的而不是“形而上学”的心理学应是一门经验的科学。冯特认为科学的研究对象都是经验，物理学的研究对象是经验，心理学作为一门科学当然也不例外地要把经验看作自己的研究对象。冯特关于心理学对象的这种看法是对旧的哲学心理学历来把灵魂作为自己研究对象的一种否定，这种看法是使冯特把心理学从旧哲学思辨中摆脱出来、加入各门科学行列的理论前提。冯特所持的这种看法反映了他所处的时代对科学发展的合理要求，是一种历史的进步。但是，心理学与物理学如果都以经验为自己的研究对象，则这两门科学的区别又在哪里呢？冯特认为区别就在于经验有直接与间接之分。在冯特看来，心理学研究的感觉、情感等心理过程是人直接经验到的，这种经验是真实的；而研究物理学的分子、原子等物质现象则属于人的间接经验，它是概念的，需要通过人的间接的推论才能达到。冯特在这里先是把感觉和物质现象用经验把它们统一起来，使两者似乎都成了非心非物的东西，从而抹煞了心与物的严格的客观界线；而后又把心归属于直接经验一类，含有感觉比物质更真切、更实在的意思，这就与列宁所痛斥的经验批判主义那种主观唯心主义的看法基本一致了。在这里，我们看到，首先是在心理学的对象问题上，恰恰反映出冯特心理学体系中的矛盾：它有进步的、合理的一面，又有落后的、荒谬的一面。

2. 身心平行论　冯特在身心关系问题上主张身心平行论，他认为人的心理不是人脑生理过程所产生的结果，而是与后者互相平行的独立过程。他说过："大脑过程没有为我们指出关于我们精神生活如何产生的踪影。"① 这是说身心不同，心不依赖于身、不依赖于脑，两者不具有因果依存关系。但他又认为"心理过程与身体过程特别是与脑内物理过程相联系，这是普遍性的真理，二者有一致的协调。"② 这种联系与协调也即冯特认为的"在心理方面的每一基本过程在身体方面有一个相应的基本过程"，这种相应则是"两种并行存

① 冯特：《人类心理学及动物心理学讲义》，莱比锡，1863 年。
② 同上。

在的因果序列的平行”。[1] 在冯特看来，心理一方面固然有生理的相应、相伴随，但另一方面心理又必须是个完全独立自足的过程，有它自己的因果系列，制约着、支配着自身的进行。这样，冯特把心理规定在“决不越过心理经验中直接给予的界限”[2]，把心理只限于心理，而排斥在脑之外，心身绝然不同，而又彼此相应。这实际上是把生理现象与心理现象看成两种独立并存的本质，是一种明显的唯心主义的二元论。冯特身心平行论在理论上虽然是错误的，但它在心理学研究上却起过某种积极的作用。因为冯特两种独立因果系列的身心平行论在一定意义上把心理过程与生理过程区分了开来，防止了对两者的混同，加强了对心理现象自身规律的研究，从而坚持了心理学的独立存在。

3. 元素分析与创造性综合　把心理现象先是分析为简单成分，然后再把这些成分合成复杂的观念，这本是联想主义处理心理现象的方法。这种方法经过冯特的加工发展，就成为他研究心理现象的分析与综合原则，成为他的心理学体系的一个十分重要的内容。在冯特看来，心理（意识）是可以、也必须进行分析的。心理被分析到最终的、不可再分解的部分或成分称为心理元素，它是构成一切复合观念、复杂心理的独立的要素。这种分析被称为元素分析。心理元素或要素合成心理的复合体是通过联想、统觉与创造性综合来达到的。冯特认为，心理学作为研究心理、意识事实的一门经验科学，它的任务就在于分析出心理元素并确定由它们构成复合观念的原理与规律。他在《心理学大纲》中说：“科学研究就有三个问题需要依次加以解决：(1) 分析复合的过程；(2) 弄清由分析得出的要素所产生的组合；(3) 探索在这种组合的形成中作用的规律”。冯特通过研究认为心理元素（要素）有两个，即感觉和感情。他指出：

---

①② 冯特：《人类心理学及动物心理学讲义》，莱比锡，1863 年。

“心理学的分析给我们留下两种具有不同特殊性质的要素：一种是感觉，它是我们可以称之为心理生活的客观要素的最终和不可再分析的观念要素；而另一种是感情，它们伴随着这些客观要素，并作为客观要素的主观补充。”要素的结合叫做心理的复合。由感觉元素复合而成对外部世界某种东西的形象的观念；而感情元素的复合就构成人们各种具体的情绪状态。元素（构成物）之间又互相补充、影响。“感情要素很有力地影响感觉和观念，正像后者的影响感情一样”。冯特能从心理现象的互相联系和运动发展中来考察心理，说明他具有一定的辩证法思想。冯特认为心理组合有联想和统觉两种形式。联想是一种被动的过程，不受意志的影响。统觉则是一种创造性的综合，受意志的影响，是一种主动的过程，具有包括关联、比较、综合、分析依次上升的四种统觉组合功能。总之，统觉是个人使用或把握经验元素的过程，是把各种元素联系成一个统一体的过程。在冯特的心理学体系中，统觉占有一定地位；他对于统觉特征所做的许多描写在后人有关“注意”的概念中保留了下来，但后人却抛弃了他的统觉这个名词。冯特关于元素分析与创造性综合的思想，对心理学注意研究从简单过程入手依次处理复杂的心理现象的这种做法，是合乎科学研究的一般规律的，有它合理的方面；冯特对创造性综合的看法是，认为一切心理复合体都不是构成这种组合的简单总和，而是一种心理生成物的上升运动。冯特这种心理化学的思想来自约翰·穆勒的心理的自发化学的主张，它克服了詹姆士·穆勒心理力学的极端机械论的弊病，具有辩证法的因素。冯特的问题在于看不到创造性综合所依赖的客观基础，在于把大脑完全撂在一边而作一种纯心理的元素分析。这暴露了冯特的唯心主义和身心二元论的理论弱点，同时也使他不可能分析出比较深刻的足以说明主观映象构成的原则与规律。

4. 实验内省法　冯特从心理学对象是研究人的直接经验出发

得出要用内省法来研究心理的结论。冯特在《心理学大纲》里提到心理学是一门“更严格的经验的科学”,[①] 这就是说心理这种经验是更依赖于经验者本身的经验，因此要研究它，得靠“内省”，即德文原意所指的“自我观察”。内省法在冯特心理学体系中占有重要地位，这使不少人把冯特心理学称之为内省心理学。冯特在内省问题上的重要历史作用在于他对传统内省进行了改造，使传统内省发展成实验内省。在冯特看来，心理现象作为一个过程比之物质现象具有更不稳定的特点，为了能把握住心理现象并加以精确观察，必须使内省与实验结合起来，才能成为研究心理现象的一种主要工具。内省由于结合了实验，第一可以“造成外部情况，使一个有确定性的心理过程在一定的时刻发生”；第二可以“使观察者控制一般情况，做到陪伴这个过程的意识状态几乎不变”。[②] 冯特把生理学的一套实验方法搬到心理学上来，改造了传统的思辨式的经验性的内省为实验性的内省，使内省在心理学方法上得到了一定发展。但应该注意到，冯特偏重个人经验的这种实验内省局限于个人意识，主观性很大，难于得到互相参证的科学结果，因而引起了内省派内部不断的争吵。冯特的实验内省又是与他的元素分析密切联系着的。他要求被试只分析所观察的心理元素，单纯描述它们的强度、性质之类而剥去所观察的心理的客观刺激和实际意义。这种内省是难以做到的、枯燥的，为一般人所不习惯的，所以冯特强调实验内省者需经训练，要他们在正式实验之前作大量重复单调的预试，以便使观察者本身作为实验条件之一也能加以控制。冯特看到实验内省的困难，尽力规定实验题材，曾说：“在心理学中，只有直接受物质作用所影响的心理现象可以作为实验的题材”。冯特把实验内省限制在只能用于简单的心

---

① 冯特：《心理学大纲》，1907 年英文修订第 3 版，第 6 页。

② 蓝德：《西方心理学家文选》，第 193 页。

理现象，如感知觉、联想和反应时间，而反对把实验内省用于复杂的心理过程如记忆、思维等课题，这不但显出实验内省的极大局限性，也使冯特的学生产生对他的不满，以至在学术上分道扬镳。总之，冯特曾想以实验内省为心理学研究的主要方法最终只能变成了一句空话。

5. 感情的三度说　冯特认为感情是一种心理过程，是一种心理元素，它是伴随感觉而产生的一种心理体验。比如尝砂糖，我们不但感觉到甜，同时还会产生愉快之感。和愉快相对立的则有不愉快的感情。快与不快这是前人都承认的一对基本的感情。1896 年冯特提出感情的三度说，认为尚存在另外两对感情元素：兴奋与沉静、紧张与松弛。例如看不同的颜色时，我们常常产生不同的主观体验：看红色的感觉引致兴奋之感，青的感觉引致沉静之感。又如听节拍器响声，当期待“卡答”声到来前，我们心里常有紧张之感，而当“卡答”声刚过去，则会在顷刻间产生松弛之感。这样，就存在方向相反的三对基本感情，称之为感情的三个维度：快与不快、兴奋与沉静、紧张与松弛。每个维度代表一对感情元素沿相反两极的不同程度的变化。三个维度相交于零点。每一种具体的情感体验就可按照这三个维度而确定它所处的位置。冯特的感情三度说，在当时引起人们对情感、情绪问题的广泛研究和热烈争论，而且遭到了他的学生铁钦纳的坚决反对。但这种反对并不具有实质性意义，只是从内省分析的角度指出冯特对感情另外两个维度(或另外两对元素)的补充并不合理，甚至完全没有必要。铁钦纳认为，无论兴奋与沉静还是紧张与松弛都构不成如愉快不愉快那样一种心理上的截然相反的过程。就以松弛而言，它就只是处在紧张的零点上，而不是处在紧张的对立的一极上。而且，无论兴奋和沉静还是紧张和松弛，在铁钦纳看来，都不是一种单纯的感情元素，而往往是包含有机体感觉（主要是运动觉）的一种复杂的心理经验。作为一个身心平行论者，冯特不仅把感情看作是一种心理上的主观体验，而且看作是伴随有某种身体的反应。他本来想根据感情三度说和通过实验，从生理方面（如脉搏、呼吸等）找到相应的曲线、指标，但没有成功。不过他的这种实验尝试曾经推动情绪的生理基础的研究，有过积极的历史影响。冯特还把统觉原理贯彻在他的感情学说之中，认为感情就是统觉对感觉经验的一种主观反应，并认为，依赖于统觉，使单一的感情有可能综合为复杂的情绪，具有单一感情所没有的新的性质。冯特把感情看作一种基本的心理过程，而不把它看成认识或意志的某种作用的结果，这使感情问题在心理学中的地位提高了，并引起了研究和争论，这是有历史意义的。但冯特感情理论的根本缺陷在于对感情实质的理解不正确。冯特对人的感情、情绪的说明局限于主观体验的叙述，而他所叙述的这种主观体验又与人所交往的周围环境不发生关系，这样他就歪曲了这种主观体验，使它失去了任何实际的意义。

6. 意志心理学　冯特认为意志是个复合过程。在探讨意志问题上，他从元素分析出发，认为心理学的任务在于确定意志的构成要素，指出什么是意志的基本要素。冯特重视感情在意志的形成上的作用，认为感情激起意志，成为意志的发端，并发展了意志。总之，在冯特看来，意志与感情具有特别密切的关系，他的意志心理学贯彻了意志的感情论。但冯特认为在意志的成分中也有感觉，即包括了人的认识部分。所以意志又是概括了心理的一切，在整个心理中占有特殊的地位。冯特认为意志有简单与复杂之别，它们分别由不同的动机引起。简单意志引起冲动行为，复杂意志引起有意行为和选择行为。在冲动行为中最初的意志起源于原始的感情，在有意行为中表现出立志感情（feeling of resolution），而选择行为则包含着相反动机的竞争，形成了意志过程的决断感情（feeling of decision）。冯特结合“反应时间”实验对意志过程进行了分析。从对灯光或声音的感觉型的简单反应、辨别反应和选择反应，表现出被试的反应时间的延长和主观感受的增多。冯特以此说明意志过程由简单到复杂的前进的发展。冯特还用肌肉型反应，证明通过多次练习，有意行为逐渐转化为冲动行为和自动动作，意志过程变成了简单的反射过程。在这种情况下，被试的反应时间趋向于缩短，主观感受趋向于消失，从而表现出意志过程的倒退的发展。搞思辨哲学的心理学家把意志看作超自然的精神力量，看作灵魂的一种特殊机能，它不依赖于有机体和外在世界而独立地发生作用。冯特反对对意志问题作这种玄学的探讨，而主张从心理学角度来研究意志行为，企图通过实验来剖析意志过程，在意志心理的研究上打开了一条思路，对后人是有启发的。冯特还把意志与感情密切联系起来考察，不囿于前人狭隘之见，这也是值得重视的。但冯特把一切心理包罗在意志之中，显得过分夸大了意志的作用；而且他仅从实验内省来分析意志过程，企图说明意志的变化发展规律，也很难得出合乎实际的科学结论。

7. 个体心理学与民族心理学　冯特的心理学体系，可以从他关于心理学的结构设想中看到。这个结构设想，在 1862 年他写的第一部著作《对感官知觉理论的贡献》一书中，已有明晰可辨的轮廓。这个关于心理学的结构设想是，心理学应该包括两个方面：第一，表现为个人意识过程的个体心理学，即实验心理学，用实验的内省观察法去研究；第二，表现为在以人类共同生活方面的复杂精神过程为研究对象的民族心理学，即社会心理学，用民族心理学的方法去研究。冯特一生，用了大约 40 年的功夫，根据实验内省法，埋头于个体心理学的建设，同时也为其民族心理学做了一些必要的准备。到了他将近 70 岁时，他又根据早期关于心理学结构的设想，花了近 20 年的时间，用分析和研究语言、艺术、神话、宗教、社会风俗习惯等社会历史产物的方法，专门研究了民族心理学。一直到他 88 岁逝世，完成了他的《民族心理学》十卷的著作计划。冯特认为他的民族心理学是和他的个体心理学同等重要的一个研究领域。这说明冯特本人并不认为心理学只是以实验为唯一方法的自然科学。但是实际上，就冯特的心理学体系及其对以后心理学历史发展的影响而言，更为重要的是他的个体心理学体系。冯特自己也感到个体心理学体系不可能通过实验内省法解决复杂的心理过程问题；他通过分析文化产品的方法，想得出高级心理过程的发展规律，但是他的民族心理学体系，同样没有成功。这是因为，冯特虽然也承认历史的发展有规律，但他不可能从历史唯物主义的观点出发，仅将文化产物的史料分类比较和初步概括，只能得出非常表面和错误的结论。

第五节　莱比锡心理实验室的研究工作

冯特建立的莱比锡心理实验室据铁钦纳和波林记载，最初共分为五个室，后来发展很快，1897 年扩展到 14 个室，改建为心理研究所。到 19 世纪末，仅 20 年的时间，它完成了一百多项研究任务。冯特以为他的任务主要是扩充并系统化那些已经开始的研究。他的实验室研究工作大抵可分以下几类：

第一，关于感知觉的研究：包括感知觉生理学与心理物理学方面的研究，约占整个实验研究的一半以上。主要是视、听、触觉和时间知觉的研究，也开始了味觉的著名研究。在视觉方面、如外周视觉、视觉对比、色觉与色盲、负后象、双眼视觉、形状知觉、可见运动视觉以及视错觉实验研究等；在听觉方面，如研究拍子及混合音，研究响乐的混合和分析，以及引起争论而著闻于世的音程实验研究等；在触觉方面，如触觉位置及两点阈的知觉问题的实验研究；在时间知觉方面，如对不同间隔的时间长度的知觉或估计的实验研究等。莱比锡实验室大多数视光学工作（网膜的潜伏期，眼球运动研究等）完全是赫尔姆霍茨工作的继续。

第二,关于反应时间的实验研究约占整个实验研究的六分之一。实验室用数学方法研究了反应速度、心理时间的测定，如感觉反应比肌肉反应迟 0.1 秒，并想设计一个“心理计时器”。反应时间这一类实验研究是从赫尔姆霍茨和唐德斯继承下来的。冯特想用实验证明刺激引起反应都要经历知觉、统觉和意志三个阶段。但是埃克斯纳、卡特尔、阿赫和其他学者所收集的材料表明，三个阶段的次序不全是这样的。关于反应时间实验，朗格在 1888 年的发现，更引起了冯特的注意，就是一些被试注意刺激，另一些被试注意反应，而后者一般都反应较快。

第三，关于注意的研究，有关于复合实验、注意范围及注意变动的研究。莱比锡实验室的研究有田采的听觉注意范围的实验。冯特的注意二度性以为注意不仅包括同时的事件，且兼包括前后的事件，是以田采的研究为根据的。

第四，关于感情的研究。这部分同注意加在一起，约占整个实验研究的十分之一。冯特把费希纳的印象法发展为对较法。莱比锡实验室根据冯特关于感情的三度说，研究了脉速、呼吸、肌肉等身体变化同相应的感情的关系。

第五，关于联想的分析研究：联想实验原先是由高尔顿最先开始的，冯特把它简化了一下，变成一种比较精确些的工具，方法就是要求他的被试，用一个单独词的形式来做每次反应。这就有可能来检查每次刺激词和反应词之间的关系。莱比锡实验室还对联想词的类型进行了分类。

从以上所列举莱比锡实验室的研究工作，可以看出冯特的工作继承了前人或同代人如赫尔姆霍茨、费希纳、韦伯、高尔顿等人的工作,不过冯特在实验中使这些研究更加适合他的莱比锡实验室,更加重视主观方面的观察分析和实验心理学所要求的方法学上的准确性。以上几方面工作占了《哲学研究》头几年发表的所有研究的50%以上。冯特实验室因为注意改进对刺激条件的控制和精确记录反应，加上研究的现象又只是一些简单的心理过程，因而得到了一些可信的和有一定科学价值的心理资料。有的研究虽然没有得到一致结论，但发现了新的现象，老问题引起了新的争论，提供了进一步研究的基础，所以也是有积极的历史意义的。

第六节　冯特的贡献和局限

美国著名心理学家赫尔1921年在哥伦比亚大学讲演时说过："冯特到任何时候都将作为伟大的里程碑而永垂不朽"。冯特一生的历史功绩是与心理学的独立、实验心理学的创立和一支国际心理学专业队伍的建立这三件事分不开的。

心理学虽然有很长的过去，但由于它的对象的复杂与不易确定，长期以来它一直没有自己的独立地位，而比较久的是曾作为神学的婢女和哲学的附庸。自从生理学兴起之后，传统的心理学者又不能正确对待自己的这一邻近学科。冯特首先是反对灵魂说，认为如果有任何东西可以称为灵魂，那么，灵魂只是心理过程的总和。冯特倡导无灵魂的心理学，用心理现实来取代灵魂实体的概念，使心理学再不把神学和哲学上的灵魂作为自己的研究对象，基本肃清了灵魂说在心理学中的影响，这就为心理学的独立扫清了道路。与此同时，冯特根据自己的生理学素养，决心借用生理学实验方法来创建一门名叫生理心理学的新心理学，并在1879年设立了世界第一所心理学实验室，心理学的独立才算宣告成功。G·墨菲在《近代心理学历史导引》一书写过这样一段评述："在冯特出版他的《生理心理学》与创立他的实验室以前，心理学几乎像个流浪儿，一会儿敲敲生理学的门，一会儿敲敲伦理学的门，一会儿敲敲认识论的门。1879

年，它才算是有个安身之所和有个名字的一门实验的科学”。[1]冯特使心理学从旧哲学中独立出来，从此开辟了“科学的一个新领域”。

冯特的第二块丰碑是他创立了新心理学——实验心理学。但应该说，作为新心理学的奠基者非冯特一人。与冯特同时，甚或比他稍早，如费希纳，在1860年就出版了他的《心理物理学纲要》。冯特承认费希纳的工作代表了实验心理学的“第一次胜利”。所有历史学家都同意费希纳的不朽功绩，甚至有人怀疑，如没有费希纳的工作，心理学能否开始。但历史还是载明不是费希纳而是冯特创立了心理学。因为创立一门科学远远不止需要科学成就，它还要求创业者自觉地对本学科领域内前人做过的很多工作进行组织、综合，然后加以宣传和发展。费希纳的兴趣在于用心理物理学论证他的泛灵论哲学；而冯特则有意的建立一门独立的心理学。所以从心理学史来看，这两个人的主观动机和客观效果都不一样，我们从学科发展的含义上来做出对他们的评价也是不一样的。舒尔茨说得好：“创立不同于奠基。”[2] 冯特对实验心理学的伟大功绩不仅在于他的奠基，更在于他的创立。

冯特在心理科学实践上的历史贡献还在于利用莱比锡实验室培养了一大批学生，为心理科学的国际性大发展造就了一代新人。根据萨哈基恩统计，冯特的学生中，有116人研究心理学题目，其中34人成为心理学界的知名学者，其中如美国的荷尔、卡特尔、安吉尔；英国的铁钦纳；欧洲的克勒佩林、闵斯特伯格、马尔比、基苏、朗格、马修斯。这儿还不包括日本的井上哲次郎、川合贞一及俄国的别赫切烈夫等。

这些学者回国后都在各自的大学里相继建立实验室，创办专业

---

① 墨菲：《现代心理学历史导引》，第230页

② 参见舒尔茨：《现代心理学史》，1975年英文第2版，第53页。

杂志，开心理学课程，培养各国自己的专业心理学队伍，这对推动各国心理学的建设和发展，促进国际心理学界的共同了解起了极大的作用。

冯特作为一个心理学的历史人物当然也有他的局限。冯特早年受宗教影响，以后又长期搞哲学，抱有混乱的唯心主义观点，这与他的科学训练和一心想要建立一门科学的心理学是不相容的，造成他的心理学体系矛盾重重，并使他的心理学工作摆脱不掉唯心主义形而上学的束缚。

第五章　与冯特同时代的德国心理学家

冯特在新心理学的早期，显然是名副其实的最重要的创立者、组织者和系统化者，但是与他同时的还有别人，如艾宾浩斯、马赫、阿芬那留斯、斯顿夫和G·E·缪勒等，也以其贡献而开始影响这门新科学。虽然这些早期的非冯特派心理学家们具有不同的观点，但是都参与了发展新心理学的共同事业。

第一节　艾宾浩斯

艾宾浩斯（1850—1909）生于巴门。父系商人。他先进巴门的文科中学，至17岁时进波恩大学研究历史和语言学。后又在哈雷与柏林学习。在学校学习过程中，他的兴趣转向于哲学。他在1873年取得哲学博士学位，1880年在柏林大学担任讲师，1886年升任副教授，1894年起在布累斯劳大学任教授，1905年起在哈雷大学任教授，4年后在他59岁的时候突然患肺炎逝世。

艾宾浩斯一生著作不多。他的第一部著作是1873年提出的讨论哈特曼无意识哲学的博士论文。1885年发表了《论记忆》一书[①]。这本书是他用实验法研究高级心理过程的结果。1897年艾宾浩斯又刊行他的《心理学概论》第1卷的上半部，其下半部与全卷出版于1902

① 辛采曼说："1885年他的这本著作的出版，对科学的研究开辟了一个完全新的领域。"（《学习和记忆心理学》1978年英文版，第24页。）

年。1908年他又出版了《心理学纲要》。

艾宾浩斯的名字常常使人想起关于记忆的实验。可是他的影响并不只是对于心理学中一个专题的研究，更重要的是因为他是最早把实验法应用于高级心理过程而得到数量结果的人。他对记忆的实验把冯特以为实验法只能用于简单心理过程的这种成见打破了。因此，这项工作在心理学史上起了极其重要的作用。

艾宾浩斯对于记忆的研究是在费希纳的《心理物理学纲要》(1860)一书的启发下开始的。当他读完了这本书之后，就决定要用自然科学的方法研究比费希纳研究的感知过程更为复杂一些的心理现象。艾宾浩斯认为记忆是个老问题，联想主义心理学一向从记忆的结果推论原因，这种做法是不妥当的，应当从控制原因中来观察结果。这就是说，要研究识记和遗忘过程，要把最古老的题目变成最新的科学。

另一方面，艾宾浩斯认为在实验材料上，人对文字已形成大量的联想，用来研究记忆，困难很大。他用德文字母的一个元音和两个辅音制成2300个无意义音节，如zog、xot、gij、nov等等。把个别音节任意编成长短不等的音节行，一遍遍地读，直到能够背诵时为止。

在测量方法上，普遍用背诵，也叫重现法。艾宾浩斯创制了节省法。在识记（学习）一行音节后，经过一定的间隔时间，再识记（再学习）同一行音节，对比两次结果（重复次数），看节省了多少次。他用节省法测量：(1) 不同长度的音节行（材料多寡）对识记的影响如何；(2) 保持怎样随重复次数而变异——保持是重复次数的函数；(3) 遗忘怎样随时间而变异——遗忘是时间的函数（遗忘曲线）；(4) 同一材料的直接联想和间接联想、顺序联想和反向联想的测量。

艾宾浩斯的研究是心理学史上第一次对记忆的实验研究。它是一种首创性的工作，具有历史意义。这就是：(1) 为实验心理学打开了一个新局面——用实验法研究所谓“高级心理过程”，如学习、记忆、思维等；(2) 在方法上力求对实验条件进行控制和对实验结果进行测量。

从心理学的发展史的观点来看，艾宾浩斯对记忆的研究，概括地说，有三方面的贡献。

一、对记忆进行数量化的分析

过去的经验证明：对记忆进行严格的科学的实验研究，一定要进行数量化的分析。平常说，某人的记忆好，某人的记忆差；某人对这一件事情记住了，对另一件事情忘记了，等等。这种记忆的好坏，对事情记住了或是忘记了，既有质的区别，也有量的差异，怎样进行分析呢？有什么衡量标准呢？

艾宾浩斯看到，学习识记的材料有长有短，学习用的时间或朗读的次数、学习后到检查记忆经过的时间，都有长短多少的不同，这些都是数量上的差别。对于学习的材料也不仅有记住或遗忘的差别，也有记住多少的差别。

艾宾浩斯对记得多少的研究应用了一种数量化的测定方法。这就是上面所说过的节省法或重学法。他就是使用这种方法对记忆的实验研究做出贡献的。

二、对记忆的保持（遗忘曲线）的研究

学习后经过的时间和记忆保持数量的关系是艾宾浩斯研究的中心问题之一。生活经验告诉我们，时间过得越久，记得越少，忘得越多。艾宾浩斯用不同系列的材料在学习到恰能背诵后，经过不同的时间，利用重学来检查记忆和遗忘的分量。他得到了记忆保持或遗忘曲线的原始数据。几乎所有心理学教科书都引用艾宾浩斯记忆保持或遗忘曲线的这些原始数据。

这个数据是：

时距（小时）	重学节省％（记忆保持数量）	遗忘数量（％）
0.33	58.2	41.8
1	44.2	55.8
8.8	35.8	64.2
24	33.7	66.3
48	27.8	72.2
6×24	25.4	74.6
31×24	21.1	78.9

艾宾浩斯根据自己所记住的无意义音节，经过不同的时间间隔，在记忆中所保持的百分比表明，刚刚记住的无意义材料最初几小时内的遗忘速度很快，两天后就较缓慢，以后则更慢。这是一种遗忘的规律。对这个规律的研究给予记忆心理学和学习心理学以很大的影响。在艾宾浩斯以后，许多人做了类似的实验，也都大体上证实了他的结果。他对记忆保持或遗忘曲线的研究常和韦伯-费希纳定律并称的。

三、对联想的实验研究

艾宾浩斯在心理学理论上属于联想学派。他对于在学习中联想的形成过程进行了详尽的实验研究。他用精巧的实验设计研究了直接联想和间接（远隔）联想、顺序联想和反向联想。他观察到，通过学习，不仅在识记材料中紧邻的项目之间形成联系，也可以在相互远隔的项目之间形成联系。联系是双向的，即不仅可有由第一项到第二项或第三项的联系，也可有反向的，即由第二项或第三项到第一项的联系。他还认为不仅在有意识记的各个项目之间可以形成联系，还可以在和这些项目原有联系的项目之间也形成联系。

艾宾浩斯在记忆的理论和实验上的三大贡献，对心理学发生了很大的影响。在《论记忆》一书发表之后，记忆成了心理学中实验研究最多的领域之一。无意义音节成为学习记忆的实验中最常应用的一种材料。对于影响遗忘曲线的各种因素，心理学界进行了很多的研究，同时也发现了艾宾浩斯没有观察到的许多现象。例如记忆恢复、前摄抑制、倒摄抑制等等。

历来心理学界对于艾宾浩斯的理论与实验工作的批评，主要地可以归纳为两方面。一是他对于记忆过程的发展只作了数量的测定；对于内容性质的变化，没有进行分析。二是他所用的识记材料的人为性。无意义音节不是实际生活中要识记的东西，由研究识记这种材料所得的关于记忆发展的规律，和实际生活中识记活动的规律，虽然也有一定的共同性，但毕竟有很大的区别。这就使由这样的实验研究所得的成果对于实践的指导意义具有很大的局限性。

应该指出，在艾宾浩斯的心理学体系中包含着很多所谓社会心理学的东西。他著的唯一完备的《心理学纲要》(1908 年)，几乎有五分之一的篇幅论述行为、道德、宗教、艺术和理想等问题。由于逝世过早，他未能把自己的研究发展到定型阶段。尽管如此，他还是在《心理学概论》(1913 年）一书中把他的一整套理论系统化了。冯特的那部百科全书式的《生理心理学原理》比这部书详尽，但在表现形式和明晰性方面却比不上它。艾宾浩斯这部书在文笔流利上可以同詹姆士的《心理学原理》相媲美。

艾宾浩斯在他的许多著作中论述了明度对比、颜色视觉理论、智力的确定等问题。他在解释空间知觉和时间知觉以及辨别力方面，倾向于先验论，反对发生论和经验论。但是他在立体知觉的问题上赞成用发生论来说明，并拥护听觉的外周论，反对斯顿夫关于中枢融合的观点。

第二节　马赫和阿芬那留斯

马赫 (1833—1916) 是物理学家、哲学家和心理学家。他是实证主义和经验批判主义学说的倡导者。阿芬那留斯 (1843—1896) 是德国的哲学家。他是马赫学说的追随者。在19世纪后半叶，德国的学术界正流行着对康德哲学的崇拜，马赫的理论是不被人注意的。但是，在心理学领域，自从1890年以来，由于冯特的观点在当时难以令人满意，所以马赫与阿芬那留斯的新科学论就流行于世了。那时，冯特的弟子铁钦纳尤其服膺于马赫之说，而屈尔佩更赞美阿芬那留斯哲理的深奥，因此使心理学（特别是形质学派和格式塔学派）蒙受马赫及其流派的观点的影响。这样，在探讨与冯特同时代的心理学家时，就必须说明马赫和阿芬那留斯的思想。

一、马赫

马赫于1838年2月18日生在奥地利的摩拉维亚的图腊斯，1916年2月19日死于德国的慕尼黑附近。1860年在维也纳大学获得物理学博士学位，后留校任讲师。1864年在格拉茨大学任数学教授，1867至1895年任布拉格大学物理学教授，1895至1916年任维也纳大学物理学教授。他对哲学的认识论和心理学影响深远的著作有三部：一是1886年发表的《感觉的分析——感觉的分析和物理的东西对心理的东西的关系》；二是1896年刊行的《通俗科学讲演录》；三是1906年出版的《认识与谬误——心理学研究论文集》。

马赫在19世纪60年代发表了他的空间知觉的研究和听觉学说的讨论以及他对时间知觉的实验研究。70年代发表了有关身体旋转的知觉的著名研究，于1875年发展了他的《转动知觉学说》。在论文中又提出了关于三半规管在身体转动的知觉中的作用。这说明马赫不仅研究了物理学的问题，而且也探讨了心理学的问题。

马赫的哲学立场是现象主义，受康德的影响较深。他承认自己15岁时，便是康德的信徒。但3年之后又感到“自在之物”是多余的，世界应该是“感觉的复合”，于是便逐步转向贝克莱和休谟路线。19世纪70年代，他成了公开的贝克莱主义者。经过12年的“思考”创立了“要素”说，认为“要素”既是物理的又是心理的，企图超越唯物主义和唯心主义之上。同时，他宣称感觉是一切存在的基础，物体是“感觉的复合”，空间、时间是“感觉系列的调整了的体系”，认为原子、因果性等都是没有客观内容的概念；科学原理只是“符号”、“标记”，只是描述感觉、观念之间的联系。到19世纪末特别是20世纪初，马赫主义哲学已成为资产阶级哲学的主要流派之一。

马赫的心理学思想就是从他的这种哲学立场出发的。同时在另一方面我们也应该看到马赫的心理学工作又是从感官生理学的实验研究开始的。他在这一点上非常感激达尔文学说对他的启发。他说，他完全接受了达尔文把整个心理生活看作是生物现象的论点。他认为他在这条现象上要应用达尔文关于生存竞争、物种进化和自然淘汰的理论。因此，马赫建立了他的心理学体系——心理生理学。他说：“我仅仅是自然科学家，而不是哲学家。我仅寻求一种稳固的、明确的哲学立场，从这种立场出发，无论在心理生理学领域里，还是在物理学领域里，都能指出一条走得通的道路来，在这条道路上没有形而上学的烟雾能阻碍我们前进。我认为做到这一点，我的任务就完成了。”①

在心理生理学的领域上，马赫规定了他的这门科学的研究对象是感觉。

那么什么是感觉呢？马赫认为知觉和表象、意志、情绪，简言之，整个内部世界与外部世界，都是由少数同类的要素所构成，只不过这些要素的联结有暂有久罢了。通常人们把这些要素叫作感觉。

基于这种观点，马赫提出了感觉为一切科学的资料的主张。并把物理学和心理学的现象都还原为观察的直接资料，这就是他所说的“感觉”。他的观点除给屈尔佩和铁钦纳的体系以一种特殊的认识

① 马赫：《感觉的分析》，商务印书馆1975年版（下同），第42—43页。

论之外，还产生了另一种重要的影响。因为他认为一切经验都是感觉，所以马赫对由于视觉、体觉引起的空间知觉和时间估计作了实验研究。在这个问题上他就比冯特前进了一步。因为冯特仍旧用康德的术语，认为空间和时间是把感觉纳入特殊的复合物的架格。冯特不承认空间和时间是经验的直接资料。但是由于屈尔佩受了马赫的影响，在 1893 年把它们写成经验的资料，是感觉的性质和强度以外的两种属性。这是一个重要的事件，它为格式塔（完形）作好了准备，为格式塔心理学奠定了承认展延性和持续性之现象的理论根据。

1906 年在德国莱比锡出版了马赫的《认识与谬误》一书。这部书是他在 1901—1903 年本来为《一元论者》所准备的 25 篇论文汇集而成的。其中第二篇论文：《一种心理生理学的观点》，把马赫自己的心理生理学观点非常详尽地加以阐述了。

在这篇论文中，马赫坚持了他的唯心主义的基本前提，认为感觉是物理的，同时又是心理的。但是为了掩饰他的唯心主义，偷运了个别唯物主义的论点，说什么感觉要“通过大脑的迂回”，“要看到这种心理是身体上不可分割的部分”①，似乎他认为心理的东西依存于人的大脑和人的整个身体，而物理的东西则不依赖于它们。他满以为通过这样的手法，就可消除物理的东西和心理的东西之间的对立，即消除唯物主义和唯心主义之间的对立。但是在实际上，他却坚持了自己的基本前提，把感觉视为第一性的东西，从而回到了贝克莱和休谟的老路。

其次，在心理（感觉等等）是大脑迂回的产物、心理与身体的不可分割的关系的问题上，马赫的看法是前后不一致的。在 1885 年左右，他基本上同意阿芬那留斯所主张的“脑不是思维的住所、座

---

① 马赫：《认识与谬误》，1906 年德文版（下同），第 24 页。

位或创造者，也不是思维的工具或器官、承担者或基础等等”的话。他说：“我不可能、也不愿意对阿芬那留斯所说的一切或其解释表示同意，但是我觉得他的见解同我的很接近。”① 及至20年后的马赫却承认心理是大脑的迂回的产物、心理与身体的不可分割的关系。这又是怎么回事呢？列宁一针见血地指出了这件事的奥秘。说：“正如在哲学文献中大家公认马赫和阿芬那留斯的最初的唯心主义一样，大家也公认后来经验批判主义力图转向唯物主义。”②

马赫到了晚年力图转向唯物主义、偷运唯物主义的事例，从《一种心理生理学的观点》这篇论文中也完全可以看出来。他说：“我们眼睛的瞳孔，在亮光的照耀下自动变窄。同样它按适应黑暗的程度而有规律的扩大。不管我们有意无意，就是这样完整地像消化、营养和发育的机能一样，不用我们有意识地去做。我们的手臂，伸出和打开桌子的抽屉，如果我们记起了放在其中的尺，我们立即要用它，似乎完全不用外面的推动，只是听我们好好考虑过的指挥而已。……”③ 这些偷运进来的唯物主义论点，当然是符合于感觉器官心理生理学的科学论述的。

最后，马赫在《一种心理生理学的观点》的论文中提出了他的“人是机器”的思想。这种思想完全可以说是他的资产阶级心理生理学理论的必然归宿。

在这里，首先他欣赏笛卡儿和拉·梅特利把动物和人看做是机器的思想。他说：“笛卡儿给予的一点进步，不仅动物，而且人类也是作为机器人来表现的。……稍后，拉·梅特利强调了他的人和动物是同类的观点，这是在他的1748年的《人是机器》和在他的《人

---

① 马赫：《感觉的分析》，第28页。
② 《列宁选集》第2卷，第55页。
③ 马赫：《认识与谬误》，第25页。

是植物》以及《动物外加那个机器》的论文中流露出来的。”[①] 马赫对笛卡儿和拉·梅特利的欣赏，恰恰表明了他和笛卡儿与拉·梅特利二人在观点上的一致。这就是：把人体比做最复杂的机器，企图用力学上的规律性来说明人体内部所发生的生理现象。

马赫说："用机器人，用机器来模仿和研究刺激物，至少同样可以借此去理解生物的局部活动。这已经到处发生作用了，人们在何时何地都想探求本性的理解。……如果我们从机器人的构造中看到了现代机器的成果所显示的好处，如果我们能看到计算机、控制器、自动售货机的出现，那么还要等待文化技术的继续进步。一个绝对可靠的自动的邮局职工，接收一封挂号信，看来并不是完全不可能的。由于机械的巧妙操纵，令人轻松愉快，而使人类的智力受到折磨。"[②]因此，马赫既想以要素说来摆脱唯物主义与唯心主义的对立，又不能无视现代机器的成果所显示的好处，便不得不把唯物主义的事例不止一次地偷运了进来。

综上所述，马赫的心理生理学思想从它所偷运进来的唯物主义的事例来说，有它正确的一面。他确认了心理是脑的迂回的产物，心理与身体的不可分性。同时他对心理现象依赖于生理过程的观点，也是符合感官心理生理学的唯物主义原则的。但是他那种肯定“感觉”是特殊的“要素”的基本前提，毫无疑问是完全错误的。列宁说得好，我们“如果不承认那种认为人类意识反映客观实在的外部世界的唯物主义反映论，就必然会主张不属于任何人的感觉，不属于任何人的心理，不属于任何人的精神，不属于任何人的意志。”[③]那就落到唯心主义或冲淡了的信仰主义的网里去了。

---

① 马赫：《认识与谬误》，第 28 页。

② 同上，第 29—30 页。

③ 《列宁全集》第 14 卷，第 366 页。

二、阿芬那留斯

在心理学上和马赫站在一个立场的还有阿芬那留斯（1843—1896）。阿芬那留斯于 1843 年 11 月 19 日生在巴黎。他在莱比锡大学毕业后，留校任讲师。1873 年至 1896 年任苏黎世大学哲学教授，1896 年 8 月 18 日在该地去世。他的主要著作有：《纯粹经验批判》（1888—1890）；《作为适合于最小力量原理的世界思维的哲学》（1876—1903）和《人的世界概念》（1891）。

阿芬那留斯在哲学上否认物质世界的客观存在，宣称“只有感觉才能被设想为存在着的东西”，主张“清洗掉”康德哲学中经验的唯物主义因素，认为科学只是用来“最经济地”描述感觉。他采取了折衷主义的诡辩术，捏造了一系列的谬论，诸如“原则同格”论、“潜在中心项”、“嵌入说”等等。阿芬那留斯的观点和马赫一样，都是贝克莱和休谟的主观唯心主义和不可知论的翻版。

和马赫不同，在心理学上阿芬那留斯的观点完全可以说是一种生物行为论。这种理论与现代的实证科学的研究，特别是生理学的研究也极其接近。他在《纯粹经验批判》一书中，在唯心主义的基本前提下，偷运了唯物主义的个别论据，试图说明人的一切理论活动和实践活动都取决于中枢神经系统的变化。这就是说：中枢神经系统不仅从整体来说，就是从它的各个部分来说，也都是力求保存自己，有一种保持它的平衡状态的趋向。这就是阿芬那留斯的“独立的（即不依赖于人的感觉的）生命系列”的学说。

这个学说表明，“C 系统”是意识所依赖的一个身体的系统。C 系统事实上就是中枢神经系统。它就是一切心理所有的要素，因此就不必去规定心理所需要的神经系统的部分的范围。我们在心理学内要研究“R 值”（刺激）和“E 值”（经验的陈述）。E 值直接有赖于 C 系统，也就是 C 系统构造的直接结果。C 系统不断地受破坏作用与构成作用而引起新陈代谢的变化。但在这两种相反作用之间维持着一种“生命的平衡”。

R 值的工作倾向于破坏作用，而平衡的趋势则因相反的 S 值而得以维持。因此，阿芬那留斯用符号 f（R）来表示相当于刺激的 C 系统的变化；用符号 f（S）来表示相当于营养的 C 系统的变化。如果 f（R）与 f（S）绝对值相等，那么，C 系统就处于平衡状态：

$$f(R)+f(S)=0$$

C 系统的这种状态就是维持生命的理想状态。

事实上，C 系统是经常处于波动的状态之中，这是因为，在中枢神经系统（大脑）的生理过程中，有时一个因素占上风，有时另一个因素占上风。C 系统的这种波动就是“生命的变异”。中枢神经系统生活的公式表现为三个阶段：第一阶段（“小阶段”）——破坏平衡；第二阶段——恢复平衡的过程；第三阶段——恢复平衡。这三个阶段（三个小阶段）是互相联系的，也就是所谓“生命系列”（Vitalreihe）。生命的变异通过“生命系列”而达到平衡的发展。

阿芬那留斯以为生命系列有两种：一种是独立的生命系列，它发生在 C 系统之内，是属于物理的；另一种是非独立的、依存的生命系列，它是平行于而又有赖于 C 系统的独立的生命系列，是属于心理的。这两种生命系列是共同变化的。一个可解释为独立的，另一个只能看作是有赖于前者才可以予以充分的叙述。

马赫对阿芬那留斯的这一学说是同意的、称赞的。他说：“我的著作里面已经包含着许多和这种观点一致的论述。这些论述虽然比较简短，但是无可怀疑，1863 年以来就在我的著作里出现了，而且在 1883 年我还对这种观点作了广泛的陈述，尽管我没有像阿芬那留斯那样，将它发展成为一个完善的系统。”①

由此可见，在心理学的基本理论上，阿芬那留斯与马赫二人是

① 马赫：《感觉的分析》，第 45 页。

殊途同归的。

但是，列宁非常及时地对阿芬那留斯的这个学说进行了批判，指出：“阿芬那留斯关于‘独立’系列的主张（马赫也有同样的主张，不过用的字眼不同而已），根据哲学上不同党派即不同派别的哲学家的一致公认，是剽窃唯物主义。……马赫和阿芬那留斯在他们的哲学中把唯心主义的基本前提与唯物主义的个别结论混在一起，这正是因为他们的理论是恩格斯以应有的鄙视称之为‘淡而无味的折衷主义杂碎汤’的典型。”①

阿芬那留斯的心理学对过去和现在都有很强大的影响。在1893年，当屈尔佩出版他的《心理学纲要》一书时，他把心理学研究的对象规定为经验事实的科学，以为心理学的特点在于事实之有赖于经验者的个体。此意就是他取自阿芬那留斯的。屈尔佩说：“马赫和阿芬那留斯他们完成了这一事实：一种资料（data）永远只是给予一个自我，一切经验也都束缚着经验的个人。这个自我是在经验自身中的一种界限清楚的复合物，人们在任何时候都能把它证明出来。——这个自我必须容纳不管是肉体的或是精神的，或是精神肉体的；不同的经验也许是不同的。”② 可见，马赫和阿芬那留斯的思想对屈尔佩有很大的影响。

从现在来说，阿芬那留斯的哲学和心理学仍然还是资产阶级哲学和心理学中传播最广的流派之一。他关于“纯粹经验”的理论，一直被妄图超越唯物主义与唯心主义界限的心理学家所采纳。比如构造主义心理学家和格式塔心理学家就是从经验出发，把心理现象和物理现象都归结于经验。而有些机能主义者和行为主义者也采用同样的手法，把经验与被经验的事物，意识与被意识的事物混为一谈。

---

① 《列宁全集》第14卷，第53—54页。

② 屈尔佩：《心理学讲演录》，1822年德文版，第17页。

第三节　斯　顿　夫

斯顿夫（1848—1936）是德国的哲学家、心理学家。他出身于医学家庭，早年虽与科学有接触，但对音乐却有极大兴趣。他 7 岁开始学提琴，10 岁能作曲。他在符茨堡大学学习时受布伦塔诺的影响开始研究哲学和科学。在布伦塔诺的建议下，他又到哥丁根大学向陆宰学习，并于 1868 年在那里取得博士学位。随后，他历任符茨堡（1873 年）、布拉格（1879 年）、哈雷（1884 年）、慕尼黑（1889 年）等大学的教授职务。从 1894 年直到 1921 年退休时止，一直在柏林大学担任哲学教授。他虽然对哲学和逻辑的发展作出了显著的贡献，但却以乐音心理学闻名。在这方面，继续并丰富了赫尔姆霍茨的工作。

斯顿夫的第一本心理学著作是关于空间知觉的。但是最有影响的著作是《乐音心理学》(两卷，1883、1890 年)。他曾创立一个研究会，用唱片来研究原始音乐。这使他在声学领域里取得仅次于赫尔姆霍茨的地位，并且成为致力于音乐心理学的先驱。比以上两本著作更为重要的是斯顿夫在心理学体系方面的贡献。1907 年他发表了两篇论文：一为《现象与心理机能》，一为《对科学的分类》。这两篇论文的内容并没有实验的事实。但斯顿夫之所以使实验心理学蒙受影响，主要是运用了布伦塔诺的研究成果。

应该指出，斯顿夫在心理学上着重研究了“现象”的问题。这是因为在 1900 年前后，斯顿夫在哈雷大学时的学生和助教胡塞尔写了一本《逻辑的研究》的书，并把这本书献给斯顿夫。胡塞尔在未成为斯顿夫的学生以前，曾经是布伦塔诺的弟子。他终身致力于现象学的研究。这种现象学的目的是想用本质的审察法研究纯粹意识的问题。它是哲学上的研究，不是心理学上的研究。后来，在符茨堡大学的屈尔佩，把这种见解应用于意动和内容的二重心理学之中。斯顿夫注意现象学的研究就是这样开始的。

斯顿夫在这种环境中，他首先明确了自己的立场，即机能心理学的立场。目的在于与现象心理学区别开来。他指出了当时有四种立场的心理学。

第一种认为只有现象才是直接给予的。这种立场最极端的代表是联想心理学。

第二种认为是研究意识的机能。这种机能是与现象区别开来作为定义的。这种立场接近于第一种立场。

第三种认为情绪的机能是直接给予的。这是认识也是推论的一种立场。

第四种认为认识的机能和情绪的机能，这两种机能都是直接给予的。①

在以上四种立场中，第一种立场指的是现象心理学；第二种立场接近于现象心理学的立场，也可以看作是现象和机能两种立场的折衷；第三种立场是一种情绪机能万能的思想；第四种立场是认识和情绪的两种机能具有直接所与的性质。这一种立场是斯顿夫所采纳的。

那么，斯顿夫所说的心理机能是什么意思呢？要清楚地了解这一点，就首先要了解他对现象学的对象——现象——的区分。他把现象分为两种。

第一、第一现象，除感觉内容以外，空间的延长及其分配，时间的分配等。

第二、第二现象，是记忆现象，其中还包括颜色或是声音。

除以上两种现象之外，其他的现象之间也有一定的关系，这并

---

① 斯顿夫：《现象与心理机能》，1906 年德文版，第 5—6 页。

不是机能，也不是机能的产物，只是一种认识机能的材料。①

斯顿夫说："所谓心理机能是指包括着作用、状态、体验的一种名称。因此，一方面包含着认识的和情绪的机能；一方面还认为具有从未分化的机能到分化的机能的各种阶段。例如，认识现象的作用、对现象进行概括、构成概念的作用、把握以至判断的作用、情意运动、热情以及欲望等。"②

在这里，必须注意的是，对于斯顿夫来说，作用以及机能是心理的活动、心理的过程、体验，实际上也就是意动（见下一章）。由于这些活动或是过程所产生的作为结果的过程，这是心理的作用或是机能所不具有的。例如，血液循环，并不可理解为心脏运动的机能，而心脏的紧张和收缩，只能理解为它自身的有机的机能。

由上述可见，斯顿夫在形式上和意动心理学派的调子相同。他把感觉的现象排斥于心理学之外，而列入现象学之内。但是，他所做的和所说的恰恰相反，他把现象学引进心理学之中。他认为现象应和意动并列而作为心理学的研究对象。其次，他一直没有丢开现象学，因为他对这门学问有浓厚的兴趣。正如他自己在 1883 年及 1890 年所承认的一样，在他的《乐音心理学》中就包含有他自己所谓的现象学和心理学。后来斯顿夫的学生苛勒、考夫卡等人建立了实验现象学，因而成立了格式塔心理学派。

斯顿夫虽然是心理学家，但他的实际兴趣以及布伦塔诺对他的影响（布伦塔诺认为研究哲学需要用科学的方法）却在哲学方面。他尽管也搞科学，从事心理实验工作，但他对于实验心理学的影响远不如冯特来得大；因为冯特建立心理实验室比斯顿夫早 15 年，斯顿夫建立实验室时，冯特的学生早已任教于德国内外了。

---

① 斯顿夫：《现象与心理机能》，第 4 页。

② 同上，第 4—5 页。

斯顿夫的全部心理学体系属于主观唯心主义的范畴。就以空间知觉的问题来看，他反对经验说而主张先验说（见于他比较早的作品《关于空间观念的起源的心理学》，1873 年）。在这一方面他与赫尔姆霍茨是对立的。

由于斯顿夫是心理学的理论家，再加上他的音乐素养，对音乐心理学的理论和研究贡献很大。他企图依据赫尔姆霍茨关于听觉的理论，从生理学和心理学的立场来论证音乐的理论。在他所著的《乐音心理学》中，确定了后来他和他的学生在音乐声学和对世界各国人民的音乐研究方面的音乐学著作的方向。他出版了《声学和音乐学问题》论文集，并同霍恩博斯特耳共同出版了《比较音乐学论文集》。他关于音乐和音的知觉以及关于音乐心理学其他问题的著作均具有重大科学意义。他创立了比较音乐学的柏林学派，研究了泰国乐队的乐器和日本等国的音乐的乐律，用精确的实验材料丰富了音乐学的内容。他对东南亚、大洋洲各国人民以及美洲印第安人的音乐的研究曾综述于他所著的《音乐的起源》（1911 年）一书中。他在这部书里把音乐的起源同声音的信号设备结合在一起。他关于发音学的著作《语言的声音》（1926 年）一书也是值得注意的。

总之，斯顿夫认为心理学的对象是机能，他企图调和意动心理学与内容心理学的对立。把心理内容归于现象学，又以现象学为心理学与物理学的基础科学。他是一位继承布伦塔诺并受胡塞尔的影响而和冯特相对立的心理学家。

第四节　C·E·缪勒

与冯特同时代的，还有著名心理学家缪勒（1850—1934）。缪勒曾经受过生理学和哲学的训练。他在德国哥丁根前后四十多年中，表现了对心理学的强烈兴趣。从 1881 年到 1922 年，他装备完善的心理实验室同冯特的莱比锡大学的心理实验室不相上下，并且吸引着从欧洲和美国来的许多学生。因此，缪勒被国际心理学界誉为“德国心理学界的老专家”。

缪勒于 1850 年生于哥里马，曾就读于柏林、莱比锡等大学，最后转入哥 丁根（1872 年）就学于陆宰一年。就在这年他提出了《感觉的注意学说》的论文而获得博士学位。1876 年任讲师。1880 年改任捷诺韦兹大学的哲学讲座一年。1881 年陆宰就聘于柏林，缪勒遂继任哥丁根陆宰的讲席。此后终身未离开哥丁根大学，在职 40 年。

1890 年以后，缪勒专门研究视觉和听觉的心理物理学。对这两种感觉的研究他终身没有停息。他的心理物理学问题系取自费希纳，视觉的问题取自海林，记忆的问题取自艾宾浩斯。他的研究都得到了比较大的成功。

缪勒在心理学上的主要成就首先就是他在心理物理法上的贡献。主要表现在他所著的《心理物理学基础》(1878) 和《心理物理的方法论的观点和事实》(1903) 二书中。其次，缪勒探讨了感觉和注意的问题，进行了记忆的研究，并以表象过程的再现倾向作为问题，着眼于“表象的顽固倾向”，并对这个问题给予了论证。

缪勒同他所指导的助教和学生进行了很多关于记忆的实验。他发现全部学习比分段学习效果更好。艾宾浩斯做的关于记忆的实验用的是客观法，只注意客观效果，使人觉得好像记忆真是机械的联系。缪勒则把客观法和内省法结合起来，使被试者报告他记忆时的意识过程。他发现被试者往往对无意义音节设法加以组织，附上本来没有的意义，以便记忆。并且记忆的决心和心理准备（定势）对记忆的效果有很大的影响。他和舒曼进行的重量辨别的研究，也发现了定势的现象，即多次判断一个标准刺激物较重于一个比较刺激物以后，即使呈现一个比标准刺激物更重的比较刺激物时也仍可作出标准刺激物较重于比较刺激物的判断，反之也是一样。缪勒对于心理定势的发现给后来的屈尔佩的思维实验起了启发的作用。他把内省法与客观法结合起来使用，是对于心理学研究方法的一个重要贡献。

就这样，缪勒的复合说完成了。他并用自己的这个学说去对抗自厄棱费尔以来的形、形质的格式塔心理学的理论。他于1923年出版了《复合学说和格式塔学说》一书。1924年又著《心理学纲要》一书，与格式塔心理学派展开论战。1925年格式塔学派的领导人之一的苛勒写了一篇论文，也题名为：《复合学说和格式塔学说》，与缪勒展开辩论。缪勒和苛勒 的论战，在当时的心理学界引起了很大的波动。

缪勒的复合学说究竟有哪些内容呢？它是以复合的概念取代形、形质的概念。详细地说，所谓复合就是集合掌握(kollektiveauffassung)，或理解。集合掌握还可以分为两种：一种是同时集合掌握；一种是继时集合掌握。缪勒认为，集合掌握比较容易引起，引起集合掌握的因素叫做内聚因素 (die koharenz faktoren)，或称粘合因素。

内聚因素也分为两种。一为第一次的内聚因素。诸如空间的接近、要素的同样性、色彩或形状的类似、印象的对称过程、轮廓的影响等。这些因素是帮助没有经验的幼儿去集合掌握的。二为第二次的内聚因素，也叫经验的因素。这是使活动中的成年人容易去集合掌握的。所以缪勒说：“对我来说，所谓形，就是复合的一种性质。”①

缪勒对于视觉也有很多的研究。他修改并补充了海林的色觉说。海林的色觉说假定新陈代谢的同化作用和异化作用同样能引起感觉。事实上，这种假定是不妥当的，因为同化作用，一般地不引起

---

① C·E·缪勒著：《复合学说和格式塔说》，1923年德文版，第2页。

感觉。缪勒不说是同化或异化作用，只假定有两种相反的而又可互相逆转的化学作用。照海林的假定，彩色或黑白色互相平衡后应该没有任何感觉，但是实际上还有灰色感觉。缪勒假定皮质上经常有相当于中灰色的作用，所以一切平衡后仍然有这个灰色感觉。后来支持海林色觉学说的人都采取缪勒的假定。

在缪勒门下有不少才华横溢和协助他进行实验研究而对心理学的发展作出贡献的人。如匹尔捷克、乔斯特、甘布尔、卡茨、鲁宾以及扬施等人。

匹尔捷克在1886年到哥丁根大学居留达14年之久。他先是研究注意，1889年发表了他在缪勒领导下所写的博士论文，题为《感觉注意的学说》。这篇论文发表于缪勒的1873年的同名论文之后。

缪勒的另一学生乔斯特于1895年左右首先采用“无误的联想法”提出了乔斯特法则。他认为，新旧两种联想若其力量相等，经过一次复习，可使旧联想更强于新联想。乔斯特用此说以解释复习次数的分配的好处。

甘布尔是缪勒1906至1907年间的学生。她后来刊印了一本讨论测量记忆的改造法的书。

卡茨于1907年任缪勒的助手，发表了一篇很重要的著作，名为《色彩的表现形式》。他在书中论述了色彩用什么方法、样式来表现的问题。同时也论述了许久以来心理学上未能解决的问题，即色彩的恒常性的问题。同时也把大小的恒常性、形状的恒常性等问题提出来了。

鲁宾在1912年从丹麦的哥本哈根到哥丁根大学就学于缪勒二年。他对图形和背景的问题进行了现象的和实验的研究，并把它们的性质加以说明，这是近代心理学上的重要贡献。他把这些研究成果写成一本专著，名为《视觉知觉的图形》(1915、1921)，这本书接触到不少格式塔心理学的问题。

此外，还有扬施，他于1908年在哥丁根大学得博士学位。发表了《视知觉的分析》的论文，并以此论文献给艾宾浩斯和缪勒。自1913年后他任职于马堡大学，发表了《遗觉影象》一文。1928年以后他到罗斯多克大学任教，与其夫人共同研究色彩知觉的问题，并以这个问题为基础，研究儿童和教育的问题。

最后，扬施又提出了直观象学说。所谓直观象就是在遗觉影象和表象的中间阶段的未分化的影象。扬施用它进行心理学的类型的研究。这既是一种与生理的研究有关系，又是包含着精神科学性质的研究；既与知觉的理论研究有关系，又与教育的问题有关系。

总之，从以上一系列的实验研究可以看到缪勒及其弟子在心理学上的贡献是很大的。缪勒于1921年退职，以后又继续写作《视觉的心理物理学》。1923年他著《复合学说和格式塔学说》，讨论知觉研究的方法论问题，并对格式塔心理学进行批判。1924年出版《心理学纲要》，全面讨论心理学问题，总结自己的心理学体系的重要观点。在与冯特同时代的心理学家中，缪勒是仅仅次于冯特的一位实验心理学家。

第六章　意动心理学

冯特的实验心理学有时被称为内容心理学，与这个内容心理学相对立的则为布伦塔诺的意动心理学。内容心理学已详述于第四章，本章拟专述布伦塔诺的意动心理学以及其后发展的二重心理学。

第一节　布伦塔诺

布伦塔诺（1838—1917）是意动心理学派或称奥国学派的创始人。他生于莱因河上的马利恩堡。16 岁时开始受神父的训练。以后在柏林、慕尼黑和杜平根大学学习哲学，于 1864 年获得哲学博士学位。同年被任命为神父。两年后在符茨堡大学任讲师，写作和讲授亚里士多德哲学。

1873 年梵蒂冈委员会接受了教皇无过失的教义，布伦塔诺不同意这一点，他辞退了神父的职务。随后他由陆宰帮助，到维也纳大学任哲学教授。任期达 20 年之久（1874—1894 年），在这期间，他的影响逐渐增大。他是一位有名的学者，他的学生如斯顿夫、厄棱费尔和弗洛伊德在心理学史上都是重要人物。他在 1894 年退休，在意大利和瑞士从事研究与写作，度过了余年。

布伦塔诺的最著名的著作是：《从经验的观点看心理学》，出版于 1874 年。书仅一册，计 350 页。1911 年他又刊行了一部著作：《论心理现象的分类》，这是他的前一部书的附录，也可看作是它的第二卷的代用本。可是印行已迟延了 37 年了。

布伦塔诺是天主教徒，他的思想深受经院哲学的影响。他说，心理学“仍然可用像亚里士多德从前规定了的同样的词句说它是灵魂的科学”。[1] 不过他也受时代的影响，以为灵魂就是心理现象，说研究灵魂也就是研究心理现象。

布伦塔诺认为心理学的对象不是感觉、判断等的内容，而是感觉、判断等的活动。他称这种活动为心理的活动或意动（akt）。但是意动不是离开客体和内容而独立存在的；它一定要指向一个客体，涉及一种内容。譬如看必有所见，听必有所闻，思维必有所思及的对象。所见、所闻和所思及之物是内容，见、闻、思维等就是意动。布伦塔诺以为内容不是心理学的对象而是物理学的对象，意动才是心理学的对象。

但是据布伦塔诺看来，无内容的意动是不存在的，意动必有所指向，它指向着一定的客体。同时这个客体不是一般心理学家所称的客体，它不存在于外在世界而存在于内在世界，所以叫做“内在的客观性”。布伦塔诺以为心理现象就是以内在客观性为它的特征的，心理现象和物理现象的区别就在于此。

其次，既然意动指向一个客体，很明显，没有客体也就没有内容，没有内容意动就不能起作用了。所以心理学虽以意动为自己研究的对象，布伦塔诺却要强调指出内容附丽于意动，或者说，意动意味着内容。譬如看见一种颜色，颜色就是内容，而这个内容就通过一个人的有意的活动而获得它的意义。

布伦塔诺把意动基本上分为三类：（1）表象的意动（感觉、想象），如我见、我听、我想象；（2）判断的意动（知觉、认识、回忆），如我承认、我否认、我知觉、我回忆；（3）爱憎的意动（感情、希望、决心、意向、欲望），如我感到、我的愿望、我决定、我意欲、我请求。三类之中以表象的意动为最根本的，其他的两类是在这一

---

① 布伦塔诺：《从经验的观点看心理学》，1874年德文版，第8页。

类的基础上形成的。而当意动本身成为意动的对象时，心理现象的研究就越来越为复杂，越来越看出意动心理学的思辨性了。

布伦塔诺的研究方法是和冯特不同的。但是他们要使心理学成为一门科学的目标则是相同的。布伦塔诺的心理学是经验的。他说过："在心理学上我的立场是经验的；只有经验才是我的教师。"① 冯特的心理学虽然也是经验的，但是和布伦塔诺有所不同，他是实验的"经验的"，重在实验。而布伦塔诺可以说是经验的"经验的"，重在经验。布伦塔诺不反对使用实验方法，但是他的主要方法是观察而不是实验。经验的方法总的来说范围较广。从观察个人的体验与实验中获得资料。

具体说来，布伦塔诺认为心理学的研究方法是内省，即自我观察。内省是把经验回忆起来加以观察。他以为这种观察不必要实验室，虽然他不反对在实验条件之下进行内省，布伦塔诺除了主张用自我观察的方法之外，还主张对别人的言语、动作和其他的表现进行观察，并对动物、儿童、变态的人以及不同水平的文化进行研究。

布伦塔诺提出来的心理活动与心理内容相对立的思想，对后来心理学的影响是相当大的。他的心理学观点成了后来不满于构造主义"内容心理学"理论的推动力。在布伦塔诺的直接影响下，他培育了奥国学派，进行了形质的研究。不久，他的学说又为英国的沃德和斯托特所利用，成为战胜联想主义的武器。当进入 20 世纪，符茨堡学派的思维过程的研究，以及以后的斯皮尔曼的"认识原理"的研究，都受到了他的影响。尽管布伦塔诺的学说是经验的，而不是实验的，他的理论仍旧被引进心理实验室中，成为格式塔心理学派的实验指南。布伦塔诺学说的影响，一直流传到今天。例如，在西德，大部分心理学家仍然主张心理学的对象是研究经验的，认为布

---

① 布伦塔诺：《从经验的观点看心理学》，第 2 页。

伦塔诺的再传弟子科内利乌斯的主张是经典性的。科内利乌斯说："心理学只能是经验科学。"① 这足以证明布伦塔诺意动心理学影响之大。

第二节　形质学派

布伦塔诺的意动心理学思想被他的弟子厄棱费尔和麦农所接受。在1890年至1900年间厄棱费尔和麦农建立了形质学派。他们从意动心理学的观点出发，主张形、形质的形成有赖于意动。这种观点在以后10年间通过麦农的弟子威塔塞克一直传递给格式塔心理学派。

一、厄棱费尔

厄棱费尔（1859—1932）于1859年6月20日生在维也纳附近的罗道恩，既是布伦塔诺的学生，又是麦农的学生。1888年担任维也纳大学的讲师，1896年成为德国的布拉格大学哲学副教授，1900到1929年任正教授。1932年9月8日死于奥地利的黎希坦脑。他的学术兴趣范围很广，他的著作涉及戏剧、性的伦理学、价值论及宇宙的起源等各个方面。他之所以有名只是因为他是形质论的创造者。他在1890年发表了《论形质》的论文，提出了形质的概念。

意动心理学和实验心理学争论的焦点就在于形质学说。冯特的内容心理学以元素主义解释知觉，以为知觉是感觉的集合，知觉是集合体，感觉则为元素。例如一个声是一种感觉，假使两声齐发，便可产生一个新东西，即声的混合的知觉。又如在视网膜上的感觉之外加以双眼调节及辐辏的感觉，我们便可有一种复合，即由视觉动觉的复合而产生距离知觉。

---

① 劳肯与谢克：《心理学研究引论》，1978年德文版，第17页。

这样就涉及了空间知觉和时间知觉的问题。这个问题一向使心理学家和哲学家感到麻烦。例如，在讨论两度空间的形式——暂且把深度的因素除外——时，元素主义者经常用属性辨别感觉。如有人看见一个红斑点在一个黑斑点之旁，他便说同时得有两种感觉。但假定他看见两个黑斑点彼此相近，他是否有相同属性的两个感觉呢？我们好像不应该说两个黑斑点是一个感觉，而白色的背景又是一个感觉。如果我们称两个黑斑点为不同的感觉，那么我们对元素辨别显然以空间的隔离为根据，而不以属性为根据了。尽管我们认为元素主义可兼以空间和属性两者为根据，可是困难也并未解决。我们如果用一黑线连接这两个黑斑点，结果得到了什么呢？究竟是一个感觉还是两个感觉呢？或甚至是一系列的感觉呢？如果是一系列的，那么那里又有多少感觉呢？元素主义很难解决这个困难的问题。

1885 年马赫著的《感觉的分析》出版了。他在书中把经验看作感觉，并认为感觉是物理学和心理学的观察的资料。因此，他扩充了感觉的概念，把空间、时间与属性的各种差别都包括了进去。他称"空间形式的感觉"如一圆周，"时间形式的感觉"如一乐曲中的连续的音程。他的意思自然以为形式的本身是可离属性而独立的一种经验。我们可以改变一个圆周的颜色或面积，而不改变其圆周性，或其空间的形式；我们也可更换一个乐曲的实际的音符符号，而不更换其曲调或其时间的形式。形式系独立地为我们所经验，经验就是感觉；因此我们乃有形式的感觉。

厄棱费尔不同意元素主义的知觉说与马赫的感觉说，而提出了他自己的主张。

厄棱费尔对空间和时间的形式究竟是一种新属性，还是他种属性的集合的问题，他的结论是前者而不是后者。他认为，一个正方形可为四条直线所组成。直线是正方形知觉的基本的感觉，因此这个知觉可称为基素（Fundamente），合起来，便可说是组成一个基体

(Grundlage)。但是“正方形”并不附着于这些元素的任何基素之内。只是它们组成基体之后，正方形才可呈现出来；形式显然是直接经验的，所以应该是一种新元素或是一个形质。

在厄棱费尔看来，所谓形质是它本身能够互相分离的（也就是能够相互分离的表象）作为由要素而形成的表象的复合。这样，他就比马赫对待形的概念清楚明确了。厄棱费尔还把表象的内容在概念上加以扩大。即把形质区分为两种：时间的形质和非时间的形质。时间的形质包括音调、“色调”及感觉的任何时间上的变化，如变红或是变冷。非时间的形质是空间的，也包括音的混合、响乐的铿锵、香味及运动的知觉。

厄棱费尔对以上两种不同形质的设想，是于1890年在他所著的《论形质》一书中所论述的，表现着他的观点并没有成熟。1922年厄棱费尔发表了《初步规律》一文，这时表现出他的思想成熟了。这可以从下列的几点看出来。

第一，厄棱费尔在形质的概念中，把“要素”的想法抛弃了。只认为形质具有感觉和表象复合的新的属性。

第二，指出形的概念具有限定的特性。

第三，把形的概念，不只限于空间的形，而又扩展到音的形等方面。①

厄棱费尔的这个形质学说是对知觉的一种逻辑分析，是根据经验而不是根据实验得出来的。这种方法是意动心理学经常使用的方法。事实上，形质和心理的意动没有必然的关系。他之所以能使形质和意动发生关系，所持的理由是：比较或集合的心理的意动可把形质从基体中抽出来。如果一个人在心理上把四点形成一个正方形，而再通过经验的集合作用，便完全可以了解这个意动是实在的了。

① 厄棱费尔：《初步规律》，1922年德文版，第19页。

二、麦农

在形质学派中，把厄棱费尔的体系加以整理的是麦农（1853—1920）。他是奥国的哲学家和心理学家。他是布伦塔诺的学生，又是厄棱费尔的老师。他以格拉茨学派的领袖和“对象论”而知名。麦农于 1853 年 7 月 27 日生在莱姆堡地方。1882 年任维也纳大学的副教授，1889 年成为格拉茨大学的哲学教授，一直到 1920 年 11 月 27 日去世时为止。

麦农的学说来源于布伦塔诺的哲学心理学。在知觉理论上和厄棱费尔的主张基本上相同，只是他所用的术语与厄棱费尔不同。他对形质理论的贡献，见于《复型和关系的心理学》以及《论较高的等级与其对于内部知觉的关系》两篇论文。

麦农有两种术语：一为创造的内容；一为被创造的内容。厄棱费尔的基素，就是麦农的创造的内容；厄棱费尔的形质就是麦农的被创造的内容。这两种内容的关系是相对的，有等级的。创造的内容可称下级（inferiora），而被创造的内容可称上级（superius）。

在麦农看来，创造的和被创造的内容合在一起可造成一个复型(komplexion)。实在的复型等于知觉，思想的复型等于概念。复型形成于创造的意动。但是实在的复型（知觉）要依赖于被认识的物所固有的关系而定。反之，思想的复型（概念）则只依赖于创造的意动。因此，麦农承认知觉的原有分子之间的关系是重要的。而厄棱费尔并不这样承认。至于思想的复型。麦农仍然认为意动是重要的。

在心理等级的问题上，麦农指出了心理等级互相关联的重要性。他认为在创造上级的时候，下级复型的上级可变成上级复型的下级，因此乃有更上级的复型的形成。

麦农的研究范围是理论心理学和认识论。他的研究大部分是心理学的，他曾于 1894 年在奥国建立了第一个心理实验室。凡是奥国学派所及之处，他的势力便很大。例如英国的沃德和斯托特都受他的影响。他是《心理学杂志》的编辑者之一。他和心理物理学发生了关系，因为他曾讨论过韦伯律与一般的心理测量的问题。而他所讨论的这些问题又是一种认识论的问题，根据这一点，很多人认为他是一个哲学家而非一个实验心理学家。

三、威塔塞克

形质学派起源于1890至1900年间，到了1910年因麦农的弟子威塔塞克而继续流传于世。

威塔塞克（1870—1915）是奥国心理学家和美学家。1900年任格任茨大学的助教，以后升为教授。最重要的著作是：《心理学纲要》（1908）和《视觉的空间知觉的心理学》（1910）。他和麦农一样，主张表象产生说。

威塔塞克的表象产生说来源于布伦塔诺，即布伦塔诺的对象论。这种理论认为，知觉心理学系以心理的创造意动的效应为它的中心。他以为复型也可为简单的（如在响乐或简单的曲调之内，那时创造几乎是自动的），也可为复杂的（如在复调的乐曲创作中）。以后者来说，它的复型决定于刺激物的客观因素及主观的构造的意动。威塔塞克在其所著的《心理学纲要》一书中把表象的产生分为三种。

第一种是形的表象，例如旋律、空间形；

第二种是比较表象（关系表象）；

第三种是结合表象，即产生出来的表象对象的结合。这是逐渐产生的高级的形的复合。而且这三种表象都属于同样的特殊高级智力作用的活动。①

以上的看法是以麦农为首的格拉茨学派的显著特点。

形质学派创造于1890年，他们的初衷乃是要对元素主义进行批判。但是到了19世纪末尽管还有些势力，归根到底还是趋向于失败。

---

① 威塔塞克：《心理学纲要》，1907年德文版，第233页。

这是因为他们自称发现了一种新元素，并由注重形质而研究复型，后又由复型的分析而倾向于意动的探讨。结果不仅不为当时的学者所承认，反而为格式塔心理学派所批驳。但是，形质学派一方面发展了马赫的感觉理论；另一方面为格式塔心理学派提供了一套完整的形质的概念与论证根据，这又不能不说是这个学派的贡献。

第三节　屈尔佩和麦塞尔的二重心理学

在19世纪末叶形质学派还有一些势力的时候，冯特的弟子屈尔佩脱离了冯特学派而向布伦塔诺的意动心理学积极靠拢。这是因为当时意动和内容的问题在欧洲互相对峙。经验心理学者注意于意识的性质，所以不得不承认意动为心理的实质；实验心理学者承认内容，因为内容可以作实验研究。虽然承认了内容，但他对自己意识的内省还不能发现意动可作为心理的质料。这是一种僵局。屈尔佩企图解决这种对峙，便主张意动和内容的统一，亲自领导了这个运动。又由于背后有胡塞尔的势力以及屈尔佩和麦塞尔都很重视胡塞尔，于是不易理解的意动和易于理解的内容就合成了一个共同的体系。因此，产生了胡塞尔、屈尔佩和麦塞尔的学派，并与布伦塔诺、麦农和威塔塞克的学派相对抗。尽管他们都承认意动，但解释的方法则又完全不同。

下面先来介绍一下屈尔佩的传略及其符茨堡学派。

屈尔佩（1865—1915）生于柯尔兰的加道，距离东普鲁士很近。他在柯尔兰的波尔底海岸上的里波地方肄业于文科中学，后又向私人教师学习两年，至19岁时才开始入哥尼斯堡大学，1818年入莱比锡大学，研究历史。在冯特的影响下至少一度转向哲学与实验心理学。那时的实验心理学还处在摇篮时期。但是学习历史仍然对他有强烈的吸引力。1887 年提出了《感情学说》的论文而获得哲学博士学位，次年升任讲师，并在心理实验室作冯特的助手。1893 年他出版了《心理学大纲》一书，并把它献给冯特。在书中他把心理学定义为依赖于经验者的经验事实的科学。这年升任莱比锡大学的副教授。1894 年改任符茨堡大学教授。1909 年转任波恩大学教授。1913 年以后任慕尼黑大学教授。1915 年去世。1920 年他的心理学的最后一部著作《心理学讲演录》是经过彪勒的整理而与读者见面的。

在屈尔佩未到符茨堡大学之前，他的心理学思想主要受冯特、马赫和阿芬那留斯的影响。他像当时的内容心理学家一样主张身心平行论，承认有心理过程就有脑生理过程伴随着。至于哪一个过程是第一性的，哪一个过程是派生的，他并未作出明确的规定，表现为一种折衷主义的态度。

1894 年屈尔佩转任符茨堡大学专任教授，在他的指导之下建立了一个著名的关于无意象思维的符茨堡学派。围绕在屈尔佩的这个学派周围的学者，有马尔比、瓦特、阿赫、彪勒、麦塞尔、泰勒、赛尔兹、考夫卡等人。他们在屈尔佩的领导下，进行了各种实验研究，打开了心理学史上的新局面。

屈尔佩在 1893 年出版的《心理学大纲》一书中，没有谈论过思维问题。在这方面他的观点与冯特的观点一致，冯特的观点和思想还对他起作用。但是到了符茨堡大学之后，他深信思维过程可以用实验进行研究。他认为，既然艾宾浩斯对记忆这一“较高级的心理过程”能够进行实验研究，当然思维过程也可以进行实验研究。这样，实验法又一次被应用到高级心理过程上去。这一点可说是屈尔佩的功绩。

在屈尔佩的指导下，他的学生进行了很多有关思维的实验研究。其中比较重要的研究有下列三种：

一、马尔比的判断研究（1901 年）

被试者先后举起两个重量，判断孰轻孰重。他报告举重经验中的感觉和意象，但是不能根据内省发现“判断产生的心理条件”。判断出现了，而且通常是正确的。判断者不知道判断怎样进入意识。唯在判断过程中好像存在着一种状态。马尔比称为“意识的态度”。1903年，奥尔特研究冯特的感情三度说，发现冯特所谓感情有许多是“意识的态度”，并说明“意识的态度”是一种模糊的、难以捉摸的、不能分析的、无法描述的意识内容，它既非感觉，又非观念（意象），它是心理的一种新的非意象的元素。

二、瓦特的联想研究（1904 年）

被试者做控制联想，如种→属联想（植物→桐），或整体→部分联想（房屋→门）。瓦特把联想过程分为四个阶段：（1）预备时期；（2）刺激词的出现时期；（3）寻求反应词时期；（4）反应词的出现时期。他要求被试者分别进行内省和描述。一般人认为对第三时期的内省，可以揭示反应词出现的心理条件。但是瓦特发现，主要阶段在于预备——明确课题，确定方向。“定势”是事前决定联想的趋势，起预先选择作用。所以刺激词一旦出现，反应词就自动地出现。1905 年阿赫指出，思维和动作基本上是一致的。闻铃声揿电钮，是由“决定倾向”指引的，联想也是这样。明确课题，确定方向，是意识的；由课题到课题的解决，是无意识的。

三、彪勒的思考研究（1907 年）

主试者提出若干须经思考方能解答的简单问题（时间为 5—20 秒），回答后询问并记录被试者得到答案的步骤。结果和瓦特等所求得的相同。彪勒更明确地提出，思维不能归结为感觉和意象，在思维者的意识中存在一种非感觉、非意象的元素，即思维元素。

符茨堡学派关于思维的研究是与冯特心理学体系对立的。思维的内容里有没有非感觉、非意象的因素呢？符茨堡学派肯定有，而莱比锡学派则坚持说没有。

这便是“无意象思维”的争论，也就是屈尔佩的“无意象思维学说”的来源。

其次，在符茨堡学派中有一个重要人物是麦塞尔，他和屈尔佩一样积极地靠拢意动心理学派，和屈尔佩同时提出了“二重心理学”的理论。

麦塞尔（1867—1937）毕业于基森大学，受哲学家席勒的影响。他于1899年任基森大学哲学讲师。1904年改任副教授。1910年升任为正教授。他由于信仰屈尔佩的哲学和心理学观点遂决定在他的指导之下进行实验研究工作。他于1905年夏季在符茨堡大学完成对思维的实验研究。他用的是瓦特的控制联想法。他由这个方法而完成的论文富于内省的结果。其结论是想把意识的资料加以分类，并认为思维是非直观的内省。1908年他发表了《感觉与思维》一书。他在书中一方面想消除冯特思想与布伦塔诺思想的对立；另方面要把无意象思维的问题和机能心理学以及胡塞尔的现象学结合起来。胡塞尔是极力反对心理主义和心理学的逻辑学家，然而他却对心理学有很大的影响。这是由于他对布伦塔诺的意动概念加以发挥的结果。胡塞尔认为要认识寓于主体意识内的对象，主体必须从他现有知识的具体形式和他所熟悉的理论束缚之下解脱出来，发挥意动的作用，把意识的内容用括弧划出，进行现象学的还原，然后通过直觉，直接指向于对象的本质。他的这种意动的概念却正由麦塞尔接受过来，而应用到知觉心理学和思维心理学的说明之中。胡塞尔关于意动的概念有广狭两种意义，广义的是指全部的“意向的体验”；狭义的则是专指“意向”而言。所谓意向就是对对象的内部趋向性（die innere Gerichtetheit）。这个趋向性是和一种感觉或是一种意象之仅仅的“有”不同，它是一种特殊的“有所感觉”。麦塞尔是首先把这种概念引用到心理学中来的，因而把专重意识内容的冯特心理学和专重意动的布伦塔诺的心理学结合起来了。

麦塞尔使这种观点明显地体现在他于1914年所发表的《心理学》一书上。麦塞尔认为心理学应该研究有意的经验，广义的意动。而这种经验中包括不易理解的意动（狭义的意动）和易于理解的意动的内容。心理学的任务就是研究这两个方面的，于是把内容加入意动之内。

麦塞尔举出三种有意的经验，以研究它们的内容的元素和加入内容之中的意动的元素。

（一）知的经验（对于客体的意识）：其中的元素是知觉、记忆、想象和思考。知觉、记忆和想象都有一种内容，而现在的物体、过去的物体和构成物的思考，便没有内容。

在这方面从意动的角度来分，有简单的意动和复杂的意动。如关联作用和比较作用、肯定和否定、判断及其相反的假定作用等等都是知的简单的意动。至于更高级的意动是更为复杂的。

（二）情的经验（对于状态的意识）：其中感觉是内容；好恶和价值的感情是意动。简单的感情位于内容和意动之间，它有时是内容，有时是不易理解的意动。

（三）意的经验（对于原因的意识）：其中感觉是内容；嗜好、欲望、意志是意动。至于意向（Begehren）好像类似于感情，也可看作一半是感觉一半是意动。

这就是麦塞尔的"二重"心理学。

与麦塞尔同时，另一个提出了"二重"心理学学说的就是屈尔佩。

前面已经说过，屈尔佩本来是冯特式的内容心理学家。但是由于发现了一系列的关于定势、意识的态度、无意象思维等心理现象，他逐渐向德国意动心理学家布伦塔诺等人靠拢，提出了二重心理学的学说。这种二重心理学认为心理学的对象有两项：一为心理内容；二为心理机能。他所说的机能和布伦塔诺的意动相接近。

屈尔佩的这种思想也是主要受了胡塞尔的启发和影响，以致使他积极靠拢布伦塔诺。

由屈尔佩的遗著《心理学讲演录》来看，他研究的方向和麦塞尔是相同的，只是把意动（机能）加入于他早期所主张的内容之内。概括地说，他的二重心理学有下列四个主要论点。

（一）内容和机能二者在生活经验中是不同的。如梦和某一客体的呈现，是有内容而无机能。那种根本没有对象而只不过是一种注意或期望的意动，是有机能而无内容。

（二）有时内容发生变化而机能不变化；有时机能变化而内容不变化。前者如对一客体的先后知觉；后者如对同一知觉内容，先进行知觉的活动，继之以认识与判断的活动，这样就产生二者各自独立的变化。

（三）从分析的角度来看，内容在意识内可以进行分析，但机能就不容易被分析，因为分析只可改变机能而不能改变内容。

（四）内容和机能各有其自己的规律。内容的规律是联合、混合、对比、刺激和感觉器官的关系及一般的心理的关系。机能的规律是根据符茨堡学派在思维实验中发现的一些非意象的、类似意动的因素，如上面谈到的"定势"、"意识态度"、"决定倾向"等等因素。这是由于这些因素在思维过程中发生作用而得出的规律。因此，屈尔佩认为如果能够对内容和机能所遵循的不同规律继续进行研究，那么将会得出更多的不易理解的机能的规律来。

1915年屈尔佩去世了，只活到50岁，未能建成他最后的心理学体系。如果他能长寿，就可能使意动心理学与实验心理学相互为用，而使意动心理学有较大的成就。

总之，意动心理学从极端的唯心主义出发把人的心理能动性提到了首位。因此，以布伦塔诺为首的意动心理学家，尽管他们采取的术语有所不同，他们对于心理学对象的认识论的观点也有出入，但他们都有一个共同的倾向，即重视意动或机能的研究。而意动或机能常非实验所可把握，因此他们就不得不止于经验，流于思辨。比如布伦塔诺虽然不反对实验的结果，但认为过于重视实验，必将斤斤于方法，而忽视了心理学的要义。他宁可采取哲学家的观点，务求远大的解释，而不愿局限于细枝末节的实验。因此铁钦纳在《实验心理学的回忆》一文中，深叹布伦塔诺的心理学是实验心理学的三大障碍之一。

但意动心理学重视意动的研究，重视心理的能动性，承袭了莱布尼兹的传统，力主活动的重要，这不仅克服了心理学上元素主义和机械主义的缺点，并且对麦独孤的策动心理学、弗洛伊德的精神分析、韦太海默的格式塔心理学都有很大的启发作用，而美国的机能主义心理学又和意动心理学遥相呼应。因而它对西方各种不同学派的心理科学的发展，具有深远的影响。

第七章　进化论及其对心理学的影响

进化论的思想源远流长。达尔文总结了前人的成果，并从实地调查中收集了大量无可辩驳的事实，写成了第一本有系统的进化论的著作。他不仅是科学进化论的创立者，并且也是心理科学的重要奠基人。他的进化论对后世的心理学产生了巨大而深远的影响。不过，在他的巨著《物种起源》问世以前，斯宾塞就已把进化观引入心理学，使英国传统的联想心理学与进化论结合起来。因此，就要首先介绍一下斯宾塞的进化论的心理学观点。

第一节　斯宾塞的进化论心理观

斯宾塞（1820—1903）是英国的哲学家、心理学家和社会学家。他在达尔文1859年发表《物种起源》之前，就把进化观应用于心理学，致力于探讨有机体的心理对环境适应的问题。他甚至企图用生物进化的规律去解释社会现象。例如，他从动物的器官有营养、分配和调节三个系统，推论社会也必然分为三个阶级：担任营养职能的工人阶级，担任分配或交换职能的商人，调节生产的工业资本家。他把“最适者生存”不仅看成是生物进化的过程，而且也看作是人类进步的方式。他接受马尔萨斯的“人口论”，提出人口压力所引起的竞争是人类进步最有力的工具的理论。从这些方面来说，他把进化论庸俗化了。

斯宾塞是把进化论引入心理学的第一个人。他的心理学一方面承袭了英国的联想心理学，另一方面又添加了进化的观点，成为进化的联想心理学。美国心理学史专家墨菲在《近代心理学历史导引》（1972）中评论斯宾塞时说："他的进化论体系对于心理学的影响要比他自己的心理学所体现的联想主义原理的影响更大些。"①

斯宾塞论心理学的专著为《心理学原理》（第1版1855年，第2版1870—1872年）。在这一书中，他阐述了心理的构成。强调心理的元素不仅有感觉（起于末梢神经）和情绪（起于中枢神经系统）等状态，而且有关系之感，如并存之感、相继之感等。他认为感觉、情绪不能脱离关系之感而存在，反之亦然。他还指出，进化有三个特征：第一，由薄弱的联系进到牢固的联系（集中）；第二，由同种的进到异种的（分化）；第三，增加确定性，造成集中和分化间的调和或平衡。

他又说："人的心理是发展的，像其他生长之物一样，心理的发展是由同而趋异；……最初，心理不过包括少数活动的官能；嗣后，各种完全的官能才能陆续出现；直至最后，全部官能才能同时活动。"② "心理的发展与其他的发展相同，是由不准确而至准确地前进。人脑的结构与其他器官一样，一直到成熟期，才能发展完全；其活动的准确程度，正与其结构成熟的程度成比例。所以最初的知觉和思想，与最初的动作和学话的尝试相同，都是十分混沌不清的……"③

他强调环境对有机体进化和心理发展的作用，把心理现象解释为适应过程的不同方式。因而心理学的对象"不是内部现象间的相互关系，同样也不是外部现象间的相互关系，而是这两种相互关系

---

① 墨菲：《近代心理学历史导引》，商务印书馆1980年版，第147页。

② 斯宾塞：《论教育》，转引自《西方资产阶级教育论著选》，人民教育出版社1979年版，第437页。

③ 同上。

间的相互关系。”①

斯宾塞把拉马克的获得性遗传的定律从有机体的生理方面推广到心理方面。他说：“在有机体内通过单一方式和经常反复的经验而产生的结果，不断遗传给下一代。这样，慢慢地积聚成一种高级的智力，它保存在儿童大脑中，并处于消极状态，它在婴儿以后的生活中得到训练，而且还可能得以加强和进一步复杂化。这种高级的智力经过小小的变化后遗传给后代。”② 同时个人知识的发生必须遵循知识的发生的途径。斯宾塞把进化观引入心理学就意味着生物学的决定论开始代替流行的机械决定论，研究的重心开始从被理解为机器结构的有机体转移到有机体同环境适应的关系中去。

斯宾塞还主张心理学是独立的科学，它处在生物科学与社会科学中间，即心理学是自然科学的一部分，同时又是社会科学的基础。这种看法对心理学摆脱作为哲学的附庸的地位，是有启蒙作用的。

虽然斯宾塞是把进化论引入心理学的第一个人，可是我们也应该看到，他只是在联想心理学旧的大厦上，加添了一些进化论的花纹，并没有把进化论的思想渗透到心理学的体系和重大问题中去。这个历史的重任只好落在达尔文及其心理学的后继者的身上。

第二节　达尔文进化论的创立

一、达尔文进化论产生的历史背景

“科学的发生和发展一开始就是由生产决定的。”③ 19 世纪前半期，英国完成了资产阶级工业革命，不仅工业生产出现了繁荣，而

---

① 斯宾塞：《心理学原理》，1855 年英文版，第 132 页。
② 同上，第 208 页。
③ 恩格斯：《自然辩证法》，第 162 页。

且促进了农业、畜牧业的发展。资本家为了追求利润，纺织工业要求提高羊毛的质量，城市和工业中心的发展要求大量的乳类、肉类等畜产品，这就要兴办大型的牧场，并注意改良旧品种，培育新品种。社会上也成立了各种培育动物新品种的俱乐部，经常举办展览会，开展培育新品种竞赛。广泛的选种工作为认识变异的普遍性和人工选择的创造作用，提供了良好的机会。

英国资产阶级为了扩大市场，掠夺资源和转移斗争目标，缓和国内日益增长的阶级矛盾，于是，派遣大批的"探险队"到印度、澳洲、南美洲和加拿大等地区去进行军事侦察和资源调查。这些"探险队"的成员不仅有军人、商人和牧师，还吸收了一些自然科学家参加，依靠他们探测新航线，调查研究新发现的国家或地区的动物、植物和矿产资源，以便大肆侵占和掠夺。这些活动在客观上积累了大量的地质学、地理学和生物学的知识和材料，推动了这些学科的发展。正如恩格斯指出的："社会一旦有技术上的需要，则这种需要就会比十所大学更能把科学推向前进。"①

从 18 世纪到 19 世纪中叶，自然科学经历了一百年的发展，细胞学、自然地理学、比较解剖学、胚胎学、古生物学、地质学都给生物进化思想提供了丰富的论据，沉重地打击了物种不变论，历史地质学的建立更具有特殊的意义。恩格斯对英国地质学家赖尔(1797—1875）写的《地质学原理》这一巨著，给予了极高的评价："赖尔的理论，比它以前的一切理论都更加和有机物种不变这个假设不能相容。地球表面和一切生活条件的渐次改变，直接导致有机体的渐次改变和它们对变化着的环境的适应，导致物种的变异性。"②

法国生物学家拉马克（1744—1829）等人的生物进化理论对达

---

① 《马克思恩格斯选集》第 4 卷，第 505 页。

② 恩格斯：《自然辩证法》，第 13 页。

尔文进化论的创立具有直接的影响。拉马克在1809年发表《动物学的哲学》，第一次系统地阐述了生物进化的观点。1815年，又发表《无脊椎动物学》。他极力反对以林奈（1707—1778）为代表的“物种不变论”。

拉马克认为生物天生就有趋于完善的要求，它们由于外界生活条件的变化而逐步变异，由简单而趋于复杂。他提出两条著名的规律：一条是“用进废退”，就是说经常使用的器官就发达，不使用的器官就退化。另一条是“获得性遗传”，所谓获得性是指生物在个体生长过程中，由于用进废退或其他环境条件影响所获得的新性状，可以遗传给后代。例如，长颈鹿的祖先为了能吃到高处的树叶，就努力把脖子伸长，世代相传，就形成了超长脖子。达尔文接受了拉马克关于生物向上发展的主张，而抛弃关于向上发展的原因所作解释的神秘观点。

拉马克同时代的法国古生物学家居维叶（1769—1832年），适应宗教势力的需要提出了“突变论”。他断言，过去地面上，曾发生过多次毁灭地球上一切生物的大突变。每次突变后，造物主又重新创造了新的物种，新物种与旧物种之间没有任何联系。恩格斯指出：“居维叶关于地球经历多次革命的理论在词句上是革命的，而在实质上是反动的。它以一系列重复的创造行动代替了单一的上帝的创造行动，使神迹成为自然界的根本的杠杆。”①

1830年，在法国科学院爆发了居维叶和法国进化论者圣提雷尔（1772—1844年）的大论战，共进行了六个星期，引起了法国和其他国家的普遍注意。由于种种原因，圣提雷尔暂时失败了。这场论战强烈地吸引着达尔文（1809—1882）。在此之前，达尔文曾读过他祖父伊拉斯姆·达尔文（1731—1802）的《动物生理学》一书，那里

---

① 恩格斯：《自然辩证法》，第13页。

面有进化的观点。他也曾跟朋友讨论过拉马克的进化观点。在这场论战的影响下，他对生物学产生了更大的兴趣。

1831 年，达尔文在剑桥大学毕业。正值贝格尔（原文意思是："猎犬"、"侦探"）号巡洋舰出航南美。它的主要任务是测量南美洲海岸线和测定世界各地的标准时间，需要一位博物学家同行，以调查各地的资源。几经周折，终于确定了达尔文参加这次航行。

经过长达五年的环球考察的亲身实践，在大量的物种变异的事实面前，他认识了物种是可变的。产生了对《圣经》的怀疑，逐步地摆脱了神创论的束缚。达尔文一直把莱伊尔的《地质学原理》带在身边作为考察工作的理论指南。他在晚年回顾这一段经历时说：贝格尔舰的航行，在我一生中是极其重要的一件事，它决定了我的整个事业。

二、"自然选择"理论的创立

达尔文回国后，定居在伦敦的郊区——唐恩。为了探索生物进化的奥秘，他除研究了进化论的先驱布丰（1707—1788 年，法国生物学家）、拉马克、圣提雷尔等人著作外，也面向生产实践，观察和研究栽培植物和家养动物的变异，认真总结劳动人民和育种家们培育新品种的经验。他在唐恩亲自修建了温室，开辟了试验园地进行科学试验。他也很重视中国古代劳动人民选育农作物、猪、金鱼、菊花和牡丹新品种的经验。在深刻认识"人工选择"的创造作用的基础上，经过长期艰苦的研究工作，终于创立了以"自然选择"的理论为核心的进化学说。

达尔文也把马尔萨斯的人口论应用于动植物界。他在自传中说："1838 年 10 月，即我开始系统调查的 15 个月之后，我偶尔阅读马尔萨斯的《人口论》来消遣，并且由于长期不断地观察动物和植物的习性，我已具备很好的条件去体会到处进行着的生存斗争，所以我立刻觉得在这种环境条件下，有利的变异将被保存下来，不利的变异将被消灭。其结果大概就是新种的形成。于是我终于得到了一个据以工作的理论。”①

达尔文把生物在生存斗争中“最适者生存”的作用与“人工选择”相类比，称之为“自然选择”。在“人工选择”的场合，人起着主导作用，是人在作选择工作；而在“自然选择”的场合，则是自然环境起着主导作用，是自然环境在作选择工作。当然，这种选择不是短期可以完成的，而是要经过长期的“生存斗争”，有利的变异代代积累起来，性状分歧愈来愈明显，通过中间类型的消灭而导致新物种的产生。至于“变异”的产生，达尔文接受了拉马克的观点，认为“用进废退”以及外界环境对生物的直接作用等都能引起变异和发展。

1842年6月，达尔文用铅笔写成一个35页的理论提要。1844年夏又在这个基础上扩充为230页的提纲。1856年5月，达尔文开始著述《物种起源》，至1858年6月写完第十章，即计划中的一半左右。就在这时，一件突如其来的事情，使他改变了原来的计划。

1858年春，他的侨居在马来群岛的朋友华莱士，经过独立的研究也发现了“自然淘汰”在变种形成中的作用，写成了一篇题为《论变种无限地离开原型的倾向》的论文，寄给了达尔文。达尔文看了华莱士的论文后，震动很大。他经过反复思考，决定把华莱士的论文送到刊物去发表，把优先权让给华莱士。

达尔文的好友莱伊尔和霍克知道此事后，都表示不同意，后来采取了一个折衷的办法，将达尔文1844年写的《物种起源》提纲和华莱士的论文送到林奈学会同时宣读。达尔文加快了写作《物种起源》的步伐，终于在1859年11月24日出了第一版，引起了欧洲学

---

① 《自传》，载《达尔文生平及其书信集》第1卷，三联书店1957年版，第68—69页。

术界的轰动，这时他已经50岁了。

1859年12月恩格斯在给马克思的信中说："我现在正在读达尔文的著作，写得简直好极了。目的论过去有一个方面还没有被驳倒，而现在被驳倒了。此外，至今还没有过这样大规模的证明自然界的历史发展的尝试，而且还做得这样成功。"①

但是达尔文片面地夸大了生存斗争和"自然选择"的作用，把它看成是物种变化发展的唯一原因。在这方面，德国的生物学家海克尔比他又前进了一大步。海克尔指出了新种形成的过程是遗传和适应相互作用的过程，而适应被他认为是引起物种变异的方面，遗传是物种保存的方面。对此，恩格斯作了肯定，说："最近，特别是由于海克尔，自然选择的观念扩大了，物种变异被看做适应和遗传相互作用的结果，……"②

还必须指出，达尔文无条件地接受了马尔萨斯人口论。他看不到人类社会与动物界有本质的区别，好像自然选择理论只是扩大了马尔萨斯学说的应用范围。对此，马克思提出了尖锐的批评，他说："我重新阅读了达尔文的著作，使我感到好笑的是，达尔文说他把'马尔萨斯的'理论也应用于植物和动物，其实在马尔萨斯先生那里，全部奥妙恰好在于这种理论不是应用于植物和动物，而是只应用于人类，说它是按几何级数增加，而跟植物和动物对立起来。"③ 显然马尔萨斯"人口论"是与达尔文进化论的革命内容相矛盾的。正如马克思所指出的："达尔文在他的卓越的著作中没有看到，他在动物界和植物界发现了'几何'级数，就是把马尔萨斯的理论驳倒了。"④

---

① 《马克思恩格斯全集》第29卷，第503页。
② 恩格斯：《反杜林论》，人民出版社1956年版，第72页。
③ 《马克思恩格斯全集》第30卷，第251—252页。
④ 《马克思恩格斯全集》第26卷，第2册，第128页。

达尔文深知进化论对创建科学心理学的巨大意义。他在《物种起源》一书的结束语中指出:“我看到了将来更为重要的广阔的研究领域。心理学将稳固地建立在斯宾塞先生已充分奠定的基础上，即每一智力和智能必由梯级途径获得。人类的起源和历史也将由此得到许多启示。”① 而且自然选择只是根据并且为了每个生物的利益而工作，所以一切肉体上和精神上的禀赋都将继续进步以趋于完善。”② 必须指出，心理科学发展表明，机能心理学是稳固地建立在达尔文进化论已充分奠定的基础上，而不是建立在斯宾塞庸俗进化观之上。

达尔文在《物种起源》一书中有论述“本能”的专章。他指出，本能的概念包括了精神能力在内；而一切本能的起源离开了自然选择便无法说明。“在变动的生活条件下，本能些微的变异，可能对于物种有利；假使我们能证明本能确有变异，则不论其如何微小，只要有利，便不难为自然选择所保存而继续加以积聚。我相信一切最复杂的和最奇异的本能，都是这样起源的。”③

如同哥白尼关于太阳系的学说一样，达尔文的进化论，在开始时候也得不到多数人的承认，只是在后来斗争中发展壮大的。

三、人与动物在心理上的连续性

《人类的由来及性选》是达尔文主要著作之一，发表于1871年。在这本书中，他专门探讨了人类的起源与发展，阐明了人类是从猿类进化而来的。他和赫胥黎、海克尔一起创立了著名的“人猿同祖论”。

达尔文在本书中，花了很多篇幅论述“人类与较低诸动物之心

---

① 达尔文:《物种起源》，科学出版社1955年版（下同），第320页。
② 同上。
③ 同上，第169页。

理能力比较”。达尔文认为人类与动物的所有差别中“道德观念即良心是最重要的。”① 他又说“想象力为人类所拥有最高特权之一。”②

但是，达尔文错误地强调人与动物的精神能力只有程度上的差别，并无本质上的差别。他宣称：“这一章的目的在于阐明，在心理官能上人类和高等哺乳动物之间并没有基本差别。”③

1. 情感。低等动物像人那样也会感到快乐和悲伤、幸福和苦难。

2. 好奇心。所有动物都有惊异感，有许多动物还显示好奇心。

3. 模仿性。“许多动物的双亲依靠其幼儿的模仿性，特别是依靠其本能的或遗传的倾向，或者可以称为对它们进行教育。”④

4. 注意力。动物也有注意力的特性。

5. 记忆力。动物对于人与地方有优越的记忆力。

6. 想象力。动物也有想象力，动物的梦境就是想象力最好的证明。

7. 理性。“现在只有少数人对动物具有某种推理能力还有疑问。随时可见，动物会踌躇、审慎和下决心。”⑤

8. 抽象概念。动物也有一定的抽象能力。

据此，达尔文作出如下结论：“尽管人类和高等动物之间的心理差异是巨大的，然而这种差异只是程度上的，并非种类上的。我们已经看到，人类所自夸的感觉和直觉，各种感情和心理能力，如爱、记忆、注意、好奇、模仿、推理等等，在低于人类的动物中都处于

---

① 达尔文：《人类的由来及性选择》，科学出版社1982年版（下同），第118页。

② 同上，第90页。

③ 同上，第79页。

④ 同上，第88—89页。

⑤ 同上，第91页。

一种萌芽状态，有时甚至处于一种十分发达的状态。”①

总之，心理学作为一门独立的科学，它的创立决非“一朝之功”，“一人之力”。冯特无疑地是心理学的创立者。但是达尔文把生物学的进化论引入心理学，便促使心理学发生了深刻的变化，并使这门科学日益显示出巨大的生命力。正如恩格斯所称赞的，达尔文进化论“不仅有了可能来说明有机自然产物中的现存者，而且也提供了基础，来追溯人类精神的史前时代，追溯人类精神从简单的、无构造的、但有刺激感应的最低级有机体的原生质起到能够思维的人脑为止的各个发展阶段。如果没有这个史前时代，那末能够思维的人脑的存在就仍然是一个奇迹。”②

第三节　进化论与比较心理学的研究

一、拉马克和达尔文是比较心理学的创始人

拉马克把进化的阶梯描写为：最初是具有神经系统而无大脑的动物；其次是有神经系统与大脑，但没有皱褶的大脑半球的动物；最后是在脑中覆盖着两个皱褶的大脑半球的动物。第一类动物只有完成运动的能力；第二类动物除运动外，还萌生了感觉；第三类动物除了运动和感觉以外，还具有体验内部感受的情绪的能力，形成表象与保存表象的能力和智慧的能力。拉马克对建立一个动物心理活动发生与发展的进化学说，做了初步的尝试，成为比较心理学的萌芽。达尔文的进化论则为比较心理学奠定了科学的理论基础。

二、达尔文对人类及动物的表情的研究

1872年，达尔文63岁的时候，出版了《人类和动物的表情》。其

---

① 达尔文：《人类的由来及性选择》，科学出版社1982年版，第153页。
② 恩格斯：《自然辩证法》，第176页。

目的在于确定动物和人类各种不同情绪所特有的表情在发生上具有共同的根源，以此作为人类起源于高等动物的重要论据。此书在研究方法与研究成果上，对情绪的比较心理学作出了历史贡献。

在研究方法上，他打破了传统心理学内省法的老框框，而采用了历史法与心理学分析相结合的方法。达尔文说：“要去确定面部特点和姿态的特定动作实际上表现出一定的精神状态到怎样的程度起见，我认为采用下面的研究方法是最有用的。”① 第一，去观察婴孩；第二，研究精神病患者们；第三，把某人表情照片，交给二十多位年龄不同的有学识的男女人士察看，把他们的回答记录下来；第四，从绘画和雕刻的名家那里求取重大的帮助；第五，调查一切人种；第六，察看几种普通动物的几种激情的表示。

在研究成果上，他把表情概括为下述三个基本原理：第一，有用的随意动作逐渐变成习惯的原理——表情动作起初是有用的随意动作，逐渐变为习惯的、甚至遗传的动作。但可以因类似原有情绪情境而引起，也可以成为被抑制的动作倾向，从而失去原来的有用性；第二，对立原理——相反的情绪引起相反的表情动作，不管后者有用或无用；第三，神经系统的直接作用原理——由于神经潜能过多，外部表情动作和内部生理变化都趋于强烈。

达尔文以这三个基本原理为依据，确定了动物和人类的各种不同情绪所特有的表情在发生上具有共同的根源。他说：“人类的某些表情的来源，例如由于极度恐怖的影响而头发直竖的情形，或者由于发狂的大怒的影响而露出牙齿的情形，除了只有承认人类曾经在很低等的类似动物的状况下生活过以外，那就难以使人得到理解了。如果我们承认说，是不同的，但也是有亲缘关系的物种起源于共同的老祖宗，那么，它们的某些表情的共同性就比较容易使人理解了；

① 达尔文：《人类和动物的表情》，科学出版社1958年版，第30页。

例如，人类和各种不同的猿在发笑时候所发生的同样的面部肌肉的动作，就是这样的。”① 可见，达尔文忽视了人类情绪的社会历史性，从而对人类以表情作为社会交际工具的特殊作用也强调得不够。他尽管采用的方法基本上是客观的方法，可是大量的通讯调查的资料的可靠性和准确性也是存在问题的。

三、动物心理研究的兴起

进化论的传播，激起了人们实际考察动物心理的兴趣，掀起了一个在动物心理研究史上被称为轶事派的运动。动物心理研究者为了证明人的心理能力和高等动物的心理能力的连续性，热心地搜集任何可以利用的资料，甚至不加分析地传播某种高等动物的行为和表情类似于人的传奇故事。例如，达尔文的密友和拥护者英国人罗曼尼斯（1848—1894）着眼于动物与人的相同之处，力图从上而下地来沟通动物与人在心理发展上的连续性。他在1833年出版的《动物的智慧》一书中对有关动物心理的科学观察的材料和通俗记载的材料兼收并蓄，往往以观察者对动物心理的解释来代替他们对动物行为的描写。拿这样一些轶事式的材料来证明动物有与人类相似的智慧，陷入了拟人论，而受到了抱有严格科学态度的学者的批评。（参阅本书第十一章“行为主义”）

第四节　进化论与儿童心理学的研究

从进化论角度探索人的心理的起源与发展，不仅可从种系演化途径来研究，而且也可从个体发展的途径来研究。对这两种研究，达尔文都做出了贡献。

一、达尔文的《一个婴孩的生活概述》

① 达尔文：《人类和动物的表情》，科学出版社1958年版，第30页。

1877年，达尔文发表了《一个婴孩的生活概述》一文，这是最早的儿童心理发展的观察报告之一。他采用“传记法”，随时记录自己孩子的重要活动表现，然后加以分析整理。

这篇报告描述了生后7天的婴儿已明显出现打喷嚏、打呵欠等反射动作。生后9天，婴儿的双眼就能朝向烛光。但生后124天，婴儿还不能探索声源的方向，或用眼朝向发声的方向。4个月时表现出双手配合的动作，到132天时，对眼前物体，能伸手去抓。他观察到婴儿右手的动作比左手发展得早，双手和手腕的随意动作比身体和双脚的动作出现得早。

到第5个月，婴儿开始出现观念的联合。到第7个月，婴儿听到喊保姆的名字，他就去寻找保姆。

在这篇报告中达尔文对婴儿情绪表现的描述比较具体：45天前后能见到婴儿微笑，最早是对母亲（喂奶者）发出的。4个月的婴儿能开始发怒，也能显露出倾听钢琴的愿望，达尔文认为这是美感的最早表现。到6个月时就能对个别人表现出同情心来。一周岁时能用手势帮助表达欲望。第13个月，婴儿出现道德情感。到两岁三个月，婴儿有害羞和助人为乐的初步表现。两岁七个月因被发现贪嘴而感到羞愧。

二、科学儿童心理学的建立

威廉·普累叶（1842—1897年），德国人。他也对自己的孩子从出生起到三岁，每天做有系统的观察，有时也进行实验，然后把有关资料整理出来。他在1882年出版了《儿童的心灵》。这本书被认为是心理学史上第一部用观察和实验方法研究儿童心理发展的比较有系统的科学著作。自达尔文进化论问世后，人们比较重视遗传的作用。普累叶明确地反对“白板论”。他说：“新生儿的心灵并不像一块白板……反之，这块板在出生前已经写上了好多难读出的（甚至认不得的，看不见的）记号，这是远代祖先的无数感觉印象的痕迹。……在心灵的发展上，遗传恰恰同个人活动一样重要。”①

普累叶的书共分三编：第一编讲感觉的发展（关于视觉、听觉、肤觉、嗅觉、味觉和机体觉的发展）；第二编讲意志的发展（主要关于动作的发展）；第三编讲智力的发展（主要关于语言的发展）。

德国著名的达尔文主义者海克尔对此书评价甚高，他说：“儿童灵魂的个体原料是通过父母及其祖先的遗传，从质上是先天获得的；教育的美好任务就在于通过智育和德育，亦即通过适应来使这种原料结出丰硕的果实。威廉·普累叶（1882 年）在其有趣的著作《儿童的心灵，对人的早年心理演化的观察》一书中才为我们对早期心理发展的知识奠定了基础。”②

第五节　高尔顿关于心理遗传和个别差异的研究

高尔顿（1822—1911 年）是达尔文的表弟。他受进化论的影响，研究心理遗传和个别差异。他的有关心理学的主要著作有：《遗传的天才》（1869）、《人类才能及其发展的研究》（1883 年）、《自然的遗传》（1889 年）等。高尔顿是个遗传决定论者，1883 年创立了“优生学”。

一、关于天才与特殊能力的遗传问题

高尔顿在调查 1768—1868 年这一百年间英国的首相、将军、文学家和科学家共 977 人的家谱中发现，其中有 89 个父亲，129 个儿子，114 个兄弟共 332 人也很有名望。而在一般老百姓中 4000 人才产生一个有名望的人。因此他断言“天才”是遗传的。

---

① 普累叶：《幼儿的感觉与意志》，科学出版社 1960 年版，第 10 页。
② 海克尔：《宇宙之谜》，上海人民出版社 1974 年版，第 100 页。

他还调查了30家有艺术能力的家庭，发现他们子女的百分之六十四也有艺术能力；而150家无艺术能力的家庭，他们子女中只有百分之二十一有艺术能力，因此他认为艺术能力也是遗传的。

高尔顿还搜集了80对双生子的资料，用双生子比其他亲兄弟、亲姐妹在心理特点上更为相像的事例，企图证明人的心理完全是遗传的。

诚然，我们不能抹煞和忽视遗传的作用，但是，遗传素质只是人的心理发展的生理前提，并不能决定人的心理内容和才能的高低，人的心理，归根到底，还是来源于社会实践，素质也是在社会实践中逐渐发育和成熟起来的，甚至有些素质上的缺陷还可以通过实践和学习得到不同程度的补偿。因此，高尔顿的遗传决定论，不仅是错误的，而且是有害的。

高尔顿从遗传决定论的观点出发，曾创立了优生学。他宣称，优生学是为改善未来人类的精神与身体的学问。本来，这是科学研究上的一个值得重视的新领域，它对减少人类遗传疾病，保护新生婴儿的健康，均具有重要的意义。但是，由于他片面夸大遗传的作用，大肆宣扬天才遗传论，结果成了法西斯进行种族主义统治的理论工具。

二、个别差异的研究

高尔顿在伦敦南肯辛顿博物馆内设一实验室，利用仪器作人类学测量及心理测量。测量项目有身高、体重、触觉的空间辨别、肺活量、拉力和握力、扣击的速率，听力、视力、色觉以及其他借以研究能力的个别差异。高尔顿不仅是英国实验心理学的先驱，也是差异心理学的创始人。

高尔顿又用问答法来研究意象的个别差异。他要求被试先确定一件事，如早餐的情境，然后要被试回忆心目中出现餐桌上实物的意象：（1）鲜明程度怎样（同实物相比是模糊的，还是清晰的）；

(2) 确定的程度怎样（同实物相比在大小、位置、间隔上是否一致）；(3) 色彩（如瓷器、面包、菜、肉等的颜色是否像实际的那样鲜艳）。高尔顿对答案加以整理后发现被试的意象有很大的个别差异：有的人以肌肉运动觉为主，有的人以听觉为主，有的人以视觉意象为主。他认为，职业、年龄和性别与意象的差异有关，许多长于抽象思维的科学家往往缺乏视觉意象，而女子比男子，幼儿比老人的意象要强一些。

高尔顿最早进行"自由联想"的实验。这种自由联想法，后来被冯特所采纳，在莱比锡大学的心理实验室进行了实验。高尔顿还发明了几种心理测验的仪器，如高尔顿哨等。

三、统计方法的应用

高尔顿在研究心理遗传时，创造了一种数学统计的方法；在研究个别差异时又进一步用相关系数 (r) 来表示遗传对心理差异的影响。如他在《自然的遗传》一书中，研究了"居间亲"和其成年子女的身高的关系，发现居间亲和其子女的身高有正相关，即父母的身高较高，其子女的身高也有较高的趋势。反之，父母的身高较低，其子女也有较矮的趋势。同时也发现子女的身高常和其父母略有差别，而呈现"回中"的趋势，即离开其父母的身高数，而回到一般人的身高的平均数。

*　　　*　　　*

自笛卡儿以来，动物心理和人类意识之间划了一道不可逾越的鸿沟。达尔文强调人与动物的历史连续性，就在这一鸿沟上架设了宽阔的桥梁。发展观点、历史方法促进了比较心理学、儿童心理学的研究。在进化论的影响下，关于环境和遗传在心理发展上的作用，关于个别差异，都成了心理科学研究的重要课题。而生物进化的基本原理又渗入到机能心理学的理论体系中来；机能主义的特征就在于把心理作为有机体适应环境的一种机能。达尔文的进化论对心理学的影响是极其广泛而深远的。

但达尔文也有其历史的局限性。他在研究人类心理时有生物学化倾向，而在研究动物心理时又有拟人论倾向，这两种倾向都是由于忽视了动物界和人类的本质区别。恩格斯指出："甚至达尔文学派的最富有唯物精神的自然科学家们还弄不清人类是怎样产生的，因为他们在唯心主义的影响下，没有认识到劳动在这中间所起的作用。"① 因此，心理学的理论基础，显然不能停留在达尔文的生物进化论上，而必须以辩证唯物主义和历史唯物主义为指导。

① 恩格斯：《自然辩证法》，第 156 页。

第八章 构造主义和机能主义

构造心理学与机能心理学作为互相对立的名称，是铁钦纳于1898年在他所著的《构造心理学的公设》一文中利用詹姆士的用语而提出的①，以后就成为心理学两个学派的名称。本章所讲的构造心理学是以铁钦纳的构造主义作为代表。至于机能心理学，一般可分为广狭二义。广义的机能主义包括西欧的机能主义和作为美国心理学总倾向的机能主义。本章所讲的机能主义主要指芝加哥学派的机能心理学，也可以说是狭义的机能心理学。

第一节 构造主义和机能主义的历史背景

前面已经讲过，在实验心理学成立时期，已出现布伦塔诺等人的意动心理学与冯特的内容心理学的对立。冯特的内容心理学体系是英国的联想主义和德国的理性主义心理学结合的产物。他主张用内省的方法把复杂的意识经验分析为感觉和感情等简单的元素，再用“创造的综合”将这些元素合成复杂的意识经验。他虽然也讲心理是过程，但是把重点放在心理内容的描述方面。他的这种主张为后来铁钦纳典型的构造心理学奠定了基础。布伦塔诺等人的意动心理学则主张心理学要研究心理意动或心理机能，而不是研究心理内容。他们的主张对后来广义的机能主义心理学有较大的影响。本章

① 铁钦纳：《构造心理学的公设》，载《哲学评论》杂志，1898年英文版，第449—465页。

所讲的构造心理学与机能心理学的矛盾可以认为是内容心理学和意动心理学这种早先对立的自然继续。

到了19世纪90年代和20世纪头10年，内容心理学和意动心理学都有了发展和变化。一方面，冯特的学生把莱比锡的实验心理学传到美国，继承德国内容心理学的传统，另一方面美国心理学开始出现与欧洲心理学不同的倾向。事实上，美国把心理学作为一门独立的、可以用实验方法研究的科学，主要是受了德国冯特的影响。但是大约从1880年开始，美国心理学界逐渐朝着机能主义的方向发展。与冯特式心理学研究一般化的人类心理规律不同，机能主义注重个人的心理能力的差异；并且不像冯特心理学那样把重点放在对心理内容的分析上面，它要注重心理现象在人对环境适应过程中的作用。这个机能主义倾向，有它的社会历史背景。我们知道，美国大约自19世纪80年代以后，资本主义迅速发展，并且开始进入垄断资本主义阶段。当时美国资本家对人的看法，是服从于他们开拓殖民地并攫取最大利润这个总的利益的。他们特别重视别人对于自己有什么用处，并重视个人如何适应环境。美国机能主义心理学正是这个趋势的反映。

在科学的发展方面，当时达尔文对于生物进化原因的理论，在学术界已有很大影响。达尔文所主张的生物在生存竞争中最适者得以生存的理论，与资产阶级个人竞争的人生观相适合，因而对美国机能主义心理学的产生，直接起到促进的作用。我们从当时几个机能主义心理学家的代表作中可以看到明显的生物学倾向。这种倾向与构造主义的生理学倾向，形成了鲜明的对比。

第二节　铁钦纳的构造主义心理学

一、铁钦纳的略传

铁钦纳（1867—1927）是在美国代表德国心理学传统的英国人。他出生于英国南部一个不富裕的老式家庭。他于1885年进牛津大学学哲学和生理学，受过英国经验主义和联想主义的影响。1890年铁钦纳到德国莱比锡跟冯特研究心理学。莱比锡的学术生活影响了他的终身。1892年他受聘到美国康奈尔大学教心理学，当时他才25岁。铁钦纳在康奈尔继任弗·安吉尔的职位，主持该大学心理实验室的工作。以后35年，他的教学和研究生涯是在美国康奈尔大学度过的。但是铁钦纳始终保持明显的德国冯特式的传统。他的心理学体系、研究方向、教学方式乃至举止风度都是冯特式的。他是一个性格刚毅和好争辩的心理学者，治学严谨，文章明快，对学生有很大的吸引力。他首先正式提出构造主义以与机能主义相对立。他一直是美国构造心理学的领导人物，在注意心理内容的研究方面，比冯特的主张更趋极端。

铁钦纳在康奈尔做了大量的工作。从1893年到1900年，他发展心理实验室，搞仪器设备，从事教学和研究工作，写了大量的论文及注释。在康奈尔的35年中，他授予54个心理学博士学位，其中不少成了美国心理学界的知名人士。他还翻译了一些重要的德文心理学著作。在这期间他自己的著作主要有：《心理学大纲》（1896）、《初级心理学》（1898）、《心理学教科书》（1909—1910）、《初步心理学》（1915，是《初级心理学》的改写本）。他的最大部头的著作是《实验心理学：实验纲要》（1901—1905）。屈尔佩曾称这部著作是“最渊博的英语心理学著作”。① 铁钦纳写这部实验心理学的动机是想建立一门新的学科，证明心理学是一门独立的科学。铁钦纳的最后一部著作，只是在一家杂志上发表了一些章节，本来是打算彻底阐明他的系统观点的，但因铁钦纳于1927年死于脑瘤而未

① 波林：《实验心理学史》，第464页。

能完稿。两年之后，以《系统心理学：绪论》(1929) 的书名重印出版。

铁钦纳的构造主义心理学体系观点，在他为大学一年级学生撰写的《初步心理学》和为大学二年级学生撰写的《心理学教科书》这两本书中，基本上已经阐明。

二、铁钦纳的构造主义心理学

铁钦纳认为一切科学的对象都是经验。物质科学的对象是不依赖于经验者（神经系统）的经验，而心理学的对象是依赖于经验者的经验。例如，物理学家和心理学家都研究光和声，但物理学家是从物理过程来看这些现象的，而心理学家则是根据这些声、光现象怎样为人类观察者所经验来考察它们。铁钦纳在他的《初步心理学》一书中有两段话说明他的这种观点。他写道："物理学的世界没有颜色，没有音调，既不冷也不暖；它的空间大小不变，它的时间久暂恒同，它的质量是不变的，物理的世界现在是这样，假如人类从地球上消灭了，它还是这样。物理学教科书中讲的光是什么呢？是一阵电磁波；而声音呢？是空气和液体的振动；热是分子的跳跃；凡此种种，都不依赖于经验着的人。"他又说心理学的世界是依赖于经验着的人的。他写道："心理学的世界有声有色，还有感情；它有时明亮，有时黑暗，有时喧闹，有时寂静。它有粗有滑；它的空间有时变大，有时变小，每个成年人在返回童年的故居时都会有这种体验；它的时间时长时短；它没有恒定不变的东西。心理的世界还包含思想、情绪、记忆、想象、意志，这些我们很自然地称之为心……心不外乎是这些现象的统称。"①

铁钦纳关于心理学研究对象的这种说法，和冯特所说的心理学研究直接经验、自然科学是研究间接经验的说法，字面上不一样，实

① 铁钦纳：《初步心理学》，1915 年英文版，第 8—9 页。

际意思是一样的。他们这种区分物理的经验和心理的经验的说法是自相矛盾的，因为物理的对象既是不依赖于经验者，那就是不依人的意识为转移的客观存在，怎样又能算是经验呢？他们实际上是把物理的东西和心理的东西都调和在经验之中，把物理的东西说成是心理的东西。这种观点，是受了阿芬那留斯区分非独立的经验和独立的经验说的影响，实质上是一种主观唯心主义的说法。

铁钦纳认为，把经验作为心理学的研究对象必须从心理学的观点出发，不要犯所谓“刺激错误”，也就是不要把心理过程同被观察的对象相混淆。换句话说，心理学被试应观察心理过程自身，而不要观察它的意义。例如，作两点阈限的实验，被试可以有两种观点。一种是心理学的观点，只注意感觉自身是一点或两点，不要由感觉去推测是什么东西的尖端在碰着皮肤。另一种是物理学的或常识的观点，注意某种刺激物的一点或两点在碰着皮肤。前种观察是心理学所要研究的经验，而后种观察就是注意到被观察的对象和意义。照铁钦纳的说法，这就是犯了“刺激错误”，意思是说误以刺激为感觉。铁钦纳主张，心理学应该只研究心理内容自身，研究它的实际存在，不去讨论它的意义或功用。所以他的构造主义又叫做实存主义（existentialism）。

铁钦纳既然不讲心理的意义和功用，他自然也就坚持心理学是一门纯科学，他反对机能主义的理由之一，就是认为机能心理学只是心理学的应用，是心理技术，不是心理学本门。他认为机能心理学虽然有用，但是它必须建立在构造心理学的基础上。好比生物科学的生理学要建立在形态学的基础上一样。铁钦纳这种把心理的构造或内容和它的机能截然分开的观点，含有明显的形而上学的因素。因为事实上心理的构造是不能离开它的机能而加以理解的。由于构造派受这种形而上学观点的束缚，所以它的体系越是严密，它的研究范围就越狭窄，而它的研究方法和研究结果也就越脱离生活实际。

铁钦纳和他的老师冯特一样，反对把心理学看作是一门应用科学。他自己就说过，心理学不管治疗“精神病”，也不管改造个人和社会，它唯一合法的关心对象是一般正常人的心理。他的这个观点，使构造心理学不能不带有很大的狭隘性。

铁钦纳认为，心理学的研究方法是对意识经验的观察，或称内省法。他把意识和心理过程加以区分，认为意识是存在于某一瞬间的人的经验的总和，而心理过程则是指一个人在生活过程中积累的经验的总和。因此，在他看来，意识和心理过程都是人的经验，不同的是，意识是发生于此时此刻的经验，而心理过程则是一个人一生经验的总和。心理学用内省法所研究的经验，主要是一般的共同的经验，而不是个体经验方面的个别差异。

铁钦纳的内省法与冯特的内省法基本上相同。他主张在实验室中对作内省观察的被试进行严格的训练，使内省者知道如何知觉，以便描述自己的意识状态，而不是描述刺激或说明刺激的意义。在内省法应用的范围方面，铁钦纳打破了冯特的限制。冯特认为实验的内省法只能用来研究简单的心理过程，铁钦纳则把内省法应用到高级心理过程，如思维、想象等。

铁钦纳指出：“实验是一种可以重复、分离和加以变化的观察。”① 他认为心理实验室的设备和设计，都要考虑到这一点。

由于铁钦纳和他的学生比较注意在被控制的物质条件下进行内省，所以他们的实验研究能够得到一些成果。例如他们关于感觉属性的研究，如乐音的音高、强度等怎样依存于物质刺激的特定因素等。实际上这类问题也就是感觉如何反映客观现实的问题；不过构造主义者一般接受约翰内斯·缪勒的观点，认为感觉只是神经过程的反映，这种观点是解释上的错误；就他们内省实验的结果来说是

---

① 铁钦纳：《心理学教科书》，1909—1910年英文版，第20页。

合乎事实的。

构造派心理学所采用的实验内省法一般只注意感受方面，对动作的研究也只是从感受方面去分析，如观察在动作进行时有什么感觉、意象等等，而不去注意人的动作在客观上产生什么作用，因此，他们的研究方法，正如他们的研究对象一样，使心理学与实际生活相脱离。

铁钦纳认为心理学所要研究的问题和自然科学一样是：(1) 什么？即把意识经验分析为最简单的元素；(2) 怎样？确定这些元素结合的规律；(3) 为什么？用一个与心理过程相应的神经过程来解释这个心理过程。

上面第三个问题已超出对心理过程的描述，它涉及心物关系问题。铁钦纳虽然不讲冯特的客观唯心主义和唯意志论，但是在身心关系的问题上，他仍然是采取身心平行论的观点。他不认为神经活动是心理过程的原因，但是他肯定，为了解释心理过程，必须详尽地叙述心理过程发生的条件或情况，也就是要找出心理过程的对当(correlate)——生理过程。他打个比方说，露水是在空气的温度和地面的温度有差别的条件下形成的；观念是在神经系统某些过程的条件下形成的。这个比方的意思是说生理不是心理的原因，只是和心理相互平行的东西。但是他既然想用神经过程来解释心理过程，便不得不说神经过程是心理发生的条件。铁钦纳还说过，参照神经系统就把正是一个仅仅描述的心理学不能做到的那种统一性和连贯性引到心理学中来。这实际上已表示，只有承认心理由物质基础产生才能使心理学有系统性和连贯性。可见，在身心关系这个问题上，由于他不接受唯物主义，就很难自圆其说，就不能不陷于自相矛盾的境地。

铁钦纳认为采用内省分析法可以把意识经验分析为三种基本的元素：感觉、意象和感情。感觉是知觉的基本元素，包括声音、光线、味道等经验，它们实际上是由当时环境的物理对象引起的。他进而根据三项标准，把感觉分析为视、听、嗅、味、触、动、机体等七种感觉形态。区分感觉形态的三项标准是：(1) 内省的相似性；(2) 作为不同感觉发生条件的感官；(3) 制约这些感觉的刺激类型。在分类时，铁钦纳主要依据内省分析，但是在缺乏分类的名称时，他也采用另外两个标准。铁钦纳认为意象是观念的元素，可以在想象或在当时实际不存在的经验中找到，例如对一种过去经验的回忆。铁钦纳虽然把感觉和意象分开，但比较强调两者的相似性。他认为意象是"一种基本的心理过程，与感觉相近似，或者与感觉是难以区分的，它在感觉刺激物抽去时存在或者在感觉刺激物不在时出现。"但是他认为从心理方面说两者似乎没有差别。他说："在感觉和意象之间是否有真正的心理上的差别，这是很令人怀疑的。"① 铁钦纳认为感情是情绪的元素，表现在爱、恨、忧愁等经验中。铁钦纳认为感觉除了冯特提出的性质和强度这两种属性之外，还有持续性和清晰性。感觉和意象都具有这四种属性，而感情则只有前三种属性，缺乏清晰性。铁钦纳否定冯特的感情三度说，主张感情只有一对，即愉快-不愉快。他仔细研究了冯特的感情三度说及其实验根据，认为冯特所说的紧张-松弛，兴奋-平静实际上是机体感觉和真正感情的结合，可以称为"感觉-感情"，在铁钦纳临终前不久，他甚至认为愉快不愉快这对感情也可归之为感觉。铁钦纳不同意符茨堡学派关于无意象思维的说法，主张思想过程的元素是感觉和意象。

综上所述，铁钦纳认为心理过程可以通过内省分析为元素（感觉、意象、感情），这些元素有各种属性（质量、强度、持续性等），元素在时间和空间上混合或结合（联想）而成知觉、观念、感觉-感情、情绪一类的心理过程。这些简单和复杂的心理过程与神经系统

① 铁钦纳：《初步心理学》，1915 年英文版，第 73 页。

发生的过程相平行或以之为条件。这就是铁钦纳构造主义心理学的基本要旨，在我们进一步研究其他派系的心理学时，常常要回过头来与它相对比。

第三节　詹姆士的实用主义心理学

一、威廉·詹姆士的略传

詹姆士（1842—1910）出生于美国资产阶级家庭。他的父亲学识渊博，很关心孩子的教育。詹姆士先后在美国和欧洲各国受过长期和多种专业的教育。他除了从小在美国上学外，曾在日内瓦学习法语一年，在美国学过一年艺术，在劳兰斯理科学院专攻解剖学和化学二年，在哈佛大学医学院学医。22 岁时与博物学家阿加西斯到巴西亚马孙作博物学家的远征。后又回到剑桥再读一年医科，又到德国学生理学一年。最后回到哈佛大学研究动物学。于 1869 年获该大学医学博士学位，但自己没有行医。1872 年他在哈佛大学教生理学和解剖学。由于研究神经系统生理以及与心理学有关的其他生理学问题，使他转向心理学的研究。1875—1876 年，詹姆士第一次开心理学课，课程的名称是《生理学与心理学的关系》。他是第一个开新心理学课的美国心理学家。詹姆士曾于 1894 年与 1904 年被选为美国心理学会的主席。

1880 年，詹姆士正式担任哲学助理教授。1885 年任哲学教授，1889 年改为心理学教授，第二年他出版了著名的《心理学原理》，以后他的兴趣又转向哲学。1897 年他聘请闵德斯伯格到哈佛大学主持心理学实验室工作之后，又改任哲学教授。1892 年，他把《心理学原理》改写为《心理学简编》，最后专门搞实用主义哲学，之后只整理过《对教师的讲话》（1899）和《宗教经验之种种》（1901～1902）这两本与心理学有直接关系的书。1907 年詹姆士辞去哈佛大学职务，专门撰写哲学著作，先后出版了《实用主义》(1907)、《多元的宇宙》(1909)、《真理之意义》(1907)。他与杜威一起成为美国实用主义的倡导人。詹姆士死于1910年，终年68岁。

詹姆士于1875年就在他的教学中用心理学实验做演示。1877年他自己开始进行心理学实验。但是，他对实验并不感兴趣。当时美国的心理学实验颇占优势，他之所以能对它产生较大的影响主要原因有：(1) 他的文章风格和独特的个性引人钦仰；(2) 他有力地反对德国冯特式的元素主义心理学；(3) 他为美国机能心理学、心理测验以及由这两种运动产生的行为主义开辟了道路。最后也可以说是最根本的原因，就是他的实用主义心理学适应当时迅速发展的美国资产阶级的需要。

二、詹姆士的实用主义心理学

前面说过，美国的实验心理学是由于冯特通过他的学生的影响而发展起来的。但是，美国的机能主义倾向，则主要是由于詹姆士实用主义心理学的影响而形成的。詹姆士的《心理学原理》一书，已包含有实用主义的思想。从心理学方面说，他反对把意识只看作一种与某些生理过程平行的副现象 (epiphenomenon)，主张意识的功用是指引有机体达到生存所必需的目的。这是他对于达尔文关于生物生存竞争学说的进一步推演。他说："意识和其它一切机能一样，似也因有一种功用而才进化的——若说它没有功用，那就万难令人相信了。"① 他还说人的意识似为加于其他器官之上的一个器官，用以支持动物的生存竞争。詹姆士的这个看法是后来美国机能心理学观的一个重要部分，具有明显的实用主义的倾向。在《心理学原理》一书中，他还强调人的非理性的方面。他认为，信仰是由情绪的因素所决定的，推理和概念的形成受到种种需要和欲望的影响；信

① 波林：《实验心理学史》，第586页。

仰、概念、推理的作用是为了满足欲望，追求行为的成功。这些见解，也反映出他的实用主义心理学的倾向。

关于心理学应该研究什么对象，詹姆士在《心理学原理》第一章中开宗明义就指出："心理学是研究心理生活的科学，研究心理生活的现象及其条件。"① 他所说的现象，指的是经验，也就是我们的感情、欲望、认识、思维、判断等等。条件指的是心理生活的直接条件，也就是人的躯体，特别是人脑。在詹姆士看来，构成心理生活的物质结构，实际上组成了心理的部分。他把生理条件和心理现象都包括在心理学的研究对象之中。

詹姆士反对当时流行的冯特式心理学把心理现象分解为各种元素的作法。他虽然承认分析是必要的科学方法，但是，他认为有些心理学家把心理现象人为地分析为若干元素，回过来认为心理仅仅是这些元素的集合，这是所谓"心理学家的谬误"。他以为这种心理学只看见由内省的分析而得到的元素，从而破坏了心理的整体。他认为意识原是不断流动的，不能因为心理学家把它分析为断片或元素，就得出意识原来是由断片或元素集合而成的这种结论。

詹姆士在他的《心理学原理》一书中，把"意识流"作为一个中心题目，列为专门一章，并且贯彻在全书各章之中，这一章就含有意识不可分析为各个元素的意思。他提出了意识的五个特点，现简单评述如下：

第一，意识是属于私人的。意思是说每一思想都是属于某甲或某乙所有。他说："比方在一间教室中，各人有各人的思想，我的是我的，你的是你的。"又说："这许多心各自保持自己的思想，不相交易"。② 詹姆士在这里过分夸大意识是个人私有的，认为个人意识

① 詹姆士：《心理学原理》第1卷，1890年英文版，第226页。

② 同上，第226页。

对经验加以选择，构成自己独有的世界，因而没有人人共同的客观世界。这可以说是他的实用主义、主观唯心主义思想在心理学中的表现。

第二，意识是常变的。意思是说每个心理状态都只能出现一回，不能复返。波林对这一点曾作如下的解释："他的意思以为每一意识的状态都是整个心物总体的一种机能，更以为心灵是累积的，而非重复的，物可再至，但感觉或思想则否。"① 詹姆士这种说法，在反对把心理现象看成绝对孤立不变这一点上是有积极意义的。但是也有不全面的地方。因为客观事物虽然是变动不居的，但也有其相对不变的方面：人的意识反映这些事物，也有其相对不变的成分。詹姆士关于意识特点的这种说法，可以说是后来格式塔心理学的先驱。

第三，意识是连续不断的。詹姆士认为一般心理学讲的感觉、知觉、表象等只是意识流的"实体状态"，好像它们可以分开，其实在这些"实体状态"之间还有"过渡状态"，把它们连成一片。不过这种"过渡状态"通常不为人所注意，所以也没有什么名字。波林曾解释两种状态说："平静或转入漩涡之处，便有比较固定的实体的意识状态：思想流流动甚速而不易描写之处，便有稍纵即逝的不固定的过渡的意识状态。"② 詹姆士所说的这种过渡状态，究竟是什么东西，既然不容易为人所注意，又没有确切的名字，所以也就很难说清楚了。

第四，意识必定有它自身以外的对象。但是他所谓的对象指的只是在当前意识状态之外的现象，不一定是存在于主观世界之外的客观存在。

最后，意识还有选择性。意思是说总是对他的对象的这一部分

---

① 波林：《实验心理学史》，第 584 页。

② 同上。

比对另一部分更加关切。

詹姆士关于“意识流”的说法含有“思想自身就是思想者”的意思，实际上是把心理现象作为独立的东西，所以他虽然自称不采取灵魂说，也不用联想主义来说明自我，但他对心理仍然采取一种主观唯心主义的观点。

詹姆士认为，内省是心理学的一种基本方法。但是，他对内省的理解与冯特、铁钦纳的理解不同，他不把内省看作受过专门训练的心理学者的内省，因为那种内省会造成他所说的“心理学家的谬误”。他把内省看做是一个敏锐的观察者迅速而确定无误地抓住实际印象的一种能力。

詹姆士主张心理学可以采用实验法。因为实验法可以提供必要的心理事实。詹姆士还主张把比较法作为内省法和实验法的一种补充方法。他认为，比较法可以揭示各种不同变异形式的心理生活。可以帮助我们研究动物、儿童、原始人、心理缺陷者和精神病患者的心理，还可以用来研究语言、风俗习惯和生活方式的发展历史。

关于心理学的学科性质问题，詹姆士主张心理学是一门自然科学，他自称他所研究的心理学乃是各种对象中的一种，心理乃是存在于具体时间和空间中的特定的人的心理，而不是什么别的东西如绝对理智，也不是独立于躯体之外或越出时间和空间的心灵。关于身心关系的终极问题，他认为乃是哲学的问题，不应作为一门经验科学的研究对象。

综上所述，我们知道詹姆士是作为个人而不是作为某个学派的领袖对美国心理学发生影响的。他的实用主义心理学对后来美国心理学特别是机能主义心理学的发展产生很大的影响。就詹姆士本人来说，他善于吸收各个心理学先驱者的思想遗产和实验结果。他有选择地继承了苏格兰、英国和法国心理学者的贡献，有分析地吸收了德国心理学的事实材料。他善于陈述事实，也喜欢进行思辨，但能够把两者区别开来。所以他对心理学的见解仍然有不少可取之处，并且对美国心理学的发展发生了历史性的影响。例如，他对冯特心理学的元素主义的批评有其合理的部分；他反驳那种主张有神经发动感的说法基本上是正确的；他关于“意识流”的分析含有“无意象思想”的一些见解和描述，有些地方可以说是格式塔心理学的先声。詹姆士关于本能和情绪学说等方面有独特的看法。他以为人的本能比任何动物都多。这个看法引起后来两种倾向。一种是大讲特讲人的本能，如麦独孤的社会心理学；另一种是否认人有本能，如某些行为主义者的主张。詹姆士的情绪论认为人遇到某种情境，身体上先起反应，如发抖、逃跑；这些反应所引起的内导冲动传到大脑皮质时所引起的感觉就是情绪，如恐惧。这种情绪说认为人的情绪起于神经外周的作用。这是不符合事实的。但是由于这个关于情绪的新学说，引起关于情绪的生理基础的许多研究则是值得我们注意的。此外，詹姆士在心理学中有为宗教信仰辩护的神秘主义倾向，他说什么，只要信仰使个人得到精神上的安慰，就是真实的。显然，这是用实用主义的观点来维护宗教迷信的。

第四节　芝加哥的机能主义心理学

我们在詹姆士的心理学中已看到后来美国心理学的基本主张。我们也看到机能主义心理学是作为构造主义心理学的对立面而提出来的。但是美国早期机能主义心理学的总倾向，虽然都受了詹姆士的影响，却没有一个公认的领袖，也没有组成一个统一的战线。它好像是一场多头领导的游击战，使用着不同的武器，从不同的战壕向构造主义开火，就是詹姆士本人也无意建立一个新的学派。但是美国的机能主义者有一些共同的特点。他们都反对构造主义把意识分析为元素；他们关心心理的作用而不大注重心理的内容；他们重视心理学在各方面的应用，不同意心理学是一门纯科学；他们代表心理学中的生物学倾向而不局限于生理学的传统；他们要求扩大心理学的研究范围，包括动物心理、儿童心理、变态心理、个别差异心理以及其他各个心理学领域，而不局限于一般成人的正常心理。

随着上述种种对立的加剧，到了19世纪90年代机能主义心理学才开始在美国芝加哥大学形成一个自觉的学派。这个学派的主要代表人物是芝加哥大学的约翰·杜威（1859—1952），詹姆士·罗兰·安吉尔（1869—1949）和哈维·阿·卡尔（1873—1954）。他们的心理学可以说是狭义的机能主义心理学，通常称为芝加哥机能主义。

一、杜威

1896年杜威在《心理学评论》杂志上发表一篇文章，题目是《心理学中的反射弧概念》。一般认为这篇文章是芝加哥机能主义心理学派的正式开始。

杜威生于美国的威尔孟德，就学于威尔孟德大学，毕业后在高级中学教过几年书，自修哲学，发表过几篇学术论文。后来进入约翰·霍普金斯大学当研究生，曾跟荷尔学习。1884年得哲学博士学位，在密执安大学和明尼苏达大学任教。1886年他出版了第一本美国心理学教科书。1894年，杜威受聘到芝加哥大学任教，同时开始创办实验学校，从事教育革新。这种革新后来成为美国现代“进步教育”的基石。杜威在芝加哥工作共十年，于1904年转到哥伦比亚大学，直到1930年退休。以后他不再搞心理学，只是把心理学应用到教育和哲学方面，宣扬实用主义哲学和实用主义教育学。

杜威的心理学为美国狭义的机能主义提供了基本概念和理论基础。他在《心理学中的反射弧概念》一文中，反对把心理分析为各个元素或分解为各个部分。他认为，心理活动是一个连续的整体。他也反对把反射弧分析为刺激和反应，而且反对把整个动作分析为反射弧。他不同意当时一般的说法，认为感觉之后继以观念，观念之后继以运动，主张整个反射弧是一个连续的整合的活动。反应是针对感觉，感觉是为的反应，二者不能单独存在而有意义。不能把感觉运动弧看成有明确的起迄，因为它们实际上是循环的，一弧的终点即为他弧的起点，就像走路一样，本来是一整个的动作，只是勉强地被划分为各弧的连续。

杜威主张心理学要研究动作的机能。机能表现于协调(coordination)。他说协调就是“参照一个广大的目的组织其方法”，实际上就是一种适应活动。杜威的这种说法可以说是对达尔文学说的庸俗化。他所谓的机能、协调是指有机体对环境的被动适应，而不是指主观能动地去改造环境。他明确主张心理学的研究对象是整个有机体对环境的适应活动。

杜威还以为人的活动与社会是一个整体，个人与集体不能互相脱离，心理学不能把人脱离社会进行研究。这种主张表面上似乎注意个人与集体的关系，其实他对人的活动的看法是生物学化的、不重视人的主观能动性。

杜威的心理学理论和詹姆士一样，具有明显的实用主义的倾向。杜威把实用主义叫做工具主义。这种工具主义是机能心理学的哲学基础。在心物关系问题上，工具主义反对构造派所主张的心物平行论，而认为意识不是副现象，它对人的生活有作用，是整个有机体适应环境的工具。杜威的上述文章和工具主义只是给机能主义心理学提供了基本概念和理论基础。关于机能主义心理学派对心理学问题的系统主张，则是由芝加哥大学的安吉尔和卡尔提出来的。

二、安吉尔

安吉尔比杜威小十岁。他于 1894 年到芝加哥大学任哲学教授。1904 年，他出版了《心理学》一书，系统地提出了机能主义心理学的主张，认为意识是有机体适应环境的工具。他说：“如果反射和自动动作能够完全胜任地驾驭有机体的整个生活，那就没有理由设想意识的出现了。”① 在这本书中，他阐述了意识有什么机能，意识是怎样在人的进化过程中为应付新环境、解决新问题而发展起来的。他主张心理学属于自然科学，具体点说属于生物科学类。他认为心理学的方法是内省法（或主观观察）和客观观察。但是他所说的内省法，不限于把心理现象分析为元素，它还应观察心理现象对于主体适应环境所执行的机能，同时还主张用物理科学的客观观察法来补充内省法所得不到的材料。他特别强调心理现象应把意义包括在内。1906 年安吉尔在美国心理学会作主席演说，题为《机能心理学的领域》，第二年发表在《心理学评论》杂志上。他在这篇论文中进一步主张意识是适应环境的机能，提出心理学是研究“心理活动”的，用以对抗“心理元素的心理学”，他又说心理学是“关于意识的基本功用的心理学”，认为意识的功用在于适应新异的事物，因为处理习惯的情境，意识便消失了。他又认为心理学研究意识对环境的整个适应，包括意识到和意识不到的行为。他主张心理学研究的领域应包括一切心理过程、它们的生理基础以及外部行为，也包括儿童的、动物的、变态的心理。安吉尔也重视应用心理学，如教育心理学、工业心理学、医疗心理学等。所有这些都体现机能主义的精神。

三、卡尔

杜威和安吉尔同年到芝加哥，他们的著作代表了芝加哥机能主义学派形成的初期形式。芝加哥的另一位心理学者卡尔，是安吉尔的学生和继承人，代表这个学派的晚期倾向或完成形式。卡尔于 1905 年在芝加哥大学得博士学位，从 1919 年至 1938 年在该校继安吉尔任心理学系主任。1925 年，卡尔写了一本《心理学》，副标题是“心理活动的研究”。在这本书中，他主张心理学的研究对象是具有

① 安吉尔：《心理学》，1904 年英文版，第 64 页。

适应性的心理活动，如记忆、知觉、感情、想象、判断、意志等。他认为心理活动的机能在于"获得、确定、组织和评价诸种经验"，用这些经验来决定适应性或顺应性的行为。

卡尔的机能心理学有两个基本概念，第一个是反射弧概念。他对反射弧这个概念提出三个原则：第一，"一切感觉刺激必定对有机体的活动产生某种效应"；第二，"所有的活动都是由感觉刺激激发而生的"；第三，"在感觉刺激和运动反应之间有一种相互作用的连续过程"。

卡尔机能心理学的第二个基本概念是适应性行为。他认为适应性行为包括"一种激发刺激，或一种感觉刺激和一种改变该情境使之能满足各种发动条件的反应。"① 卡尔还认为动机总是由某种刺激构成，通常是由一种内部刺激构成，也就是有些心理学家称之为"机体需要"、"内驱力"一类的东西。除了激发刺激或激发条件之外，还有所谓感觉刺激，即一个范围更广泛的环境，有机体主要对动机作出反应，同时也可能对这种广泛的感觉刺激作出反应。适应性行为还包含一个改变感觉情境和满足激发条件的反应。

在研究方法方面，卡尔认为心理学应同时采用内省法和客观观察法。他同意实验法是最理想的方法，但承认要适当地使用实验法来研究心理是很不容易的。卡尔也同意采用文化产物分析法，如分析文学、艺术、语言或社会、政治制度，可以提供关于这些产物的心理活动的知识。卡尔还主张采用日常生活的观察资料以补充系统的科学观察之不足。

从上面所述，我们可以看到芝加哥机能心理学派对心理学的研究，已从单纯主观方面（心灵、意识）扩大到对心理学的客观方面

---

① 卡尔：《心理学——心理活动的研究》，1925 年英文版，第 68—69 页、72 页。

（外部行为），也可以说这个学派为反对构造主义学派的另一极端学派——行为主义——开拓了道路。

第五节 机能主义与构造主义的争论

上面提到过，构造主义心理学与芝加哥机能主义心理学的争论乃是内容心理学和意动心理学对立的继续。这一争论的现代形式是在美国开始的。它同普通心理学与个别差异心理学之间的争论相互联系着。1895 年鲍德温（1861—1934）就提出所谓“反应类型说”，认为感觉的反应时间与运动的反应时间的差别是由于个人间的类型差别，而不是像铁钦纳认为的那样是由于观察者的随意态度不同引起的。这一对立使铁钦纳的立场与多数美国心理学家的立场之间的不同，更加明朗化，并且很快就导致“构造”和“机能”之争。

杜威 1896 年的文章，批评了把反射弧分析为刺激与反应的元素主义，主张刺激和感觉一样，只是“为了”行动而存在，除非考虑它们与行动的关系，刺激便没有什么意义。铁钦纳用“构造”心理学这个词与机能心理学概念相对立。铁钦纳认为构造主义研究的是“是什么”，而不是“为什么”。这是这两个学派的正式交锋。

1907 年安吉尔在《心理学评论》杂志中发表的《机能心理学的领域》一文中列举了机能心理学与构造主义心理学的三点主要差别。① 他指出：（1）构造主义研究意识的内容，并且用分析的元素来描述这些经验内容，机能主义也研究意识内容，但不局限于元素的分析，它还研究这些经验内容怎样进行和为什么进行，并且在经验

① 安吉尔：《机能心理学的领域》，载《心理学评论》杂志，1907 年第 14 期，第 61—91 页。参见卡尔：《机能主义》，载《1930 年心理学》，1930 年英文版，第 66—67 页。

的前后关系（context）中研究它们。(2) 这种前后关系广义地说，就是适应的生物学过程。机能主义把心理过程看作是机体适应环境以满足自身生物学需要的过程，因此机能主义心理学具有功利和实用的精神。它研究意识过程的实际功能。它的研究领域自然包括各种应用心理学。构造心理学反对在前后关系中研究意识，强调纯科学。(3) 机能心理学力图把心理解释为生理过程，而且反过来，关心与意识过程相伴随的机体对当（correlates）的揭露和叙述。机能主义者反对心理是副现象的说法。

1921年铁钦纳在《机能心理学和意动心理学》(上) 一文中也提出了机能主义的四个特点。着重说明机能主义不是心理学本门，只是一种应用学科。①

鲁克米克（1886—1961）在《英文心理学教科书中机能一词的用法》一文中，指出机能心理学所用的“机能”一词含义不明确，认为机能这个词有时指的是心理活动，有时指的是这一活动的功能。机能主义者卡尔直到1930年才对这一批评作出回答。卡尔争辩说，(1) 这两种用法并没有什么不一致的地方；(2) 这两种用法并不代表两种含义，它们的含义是完全一样的；(3) 说机能并不违反逻辑，也不是什么谬误，其实这种用法与数学用法相似。

机能主义与构造主义的争论，到了铁钦纳逝世以后，便慢慢平息下来。这一方面是由于构造主义学派中只有铁钦纳最坚持冯特式心理学传统，最好争辩；另一方面则因为到了1930年左右芝加哥心理学派在美国已代表一种为多数心理学者所接受的倾向，无需再为自身的合法地位而争辩了。

---

① 铁钦纳：《机能心理学和意动心理学》(上)，载《美国心理学杂志》，1921年第519—542页。

第九章　哥伦比亚的机能心理学

第一节　哥伦比亚机能心理学的历史背景及其特点

芝加哥大学的机能主义是与构造主义明显对立的一个自觉的学派，它在心理学的研究对象、方法和任务等方面都有它自己独立的主张。同一时期，美国还有哥伦比亚大学的一些心理学家，早期的有卡特尔，后来的有桑代克、吴伟士等，也代表美国机能主义的总倾向，不过他们都没有举起机能主义的旗帜，其中像吴伟士还否认自己属于任何派别，但是，他们都比较接近机能主义，因此，也可以归属于广义的机能主义心理学。

上章已经说过，美国机能主义的产生有它的社会历史背景，同时也受达尔文进化论的影响，哥伦比亚的机能主义也不例外。但还必须看到美国是一个新开拓的国家，在这个蒿莱初辟的国土里，从拓荒者的眼中看来，为了谋求个人的福利，除了要适应环境外，还必须各显神通，进行个人奋斗，利用种种对自己有用的办法，发挥自己的能力，才可以充当这个淘金王国里的主人。因而“适者生存”成了美国文化的基调，而实用主义就成为美国资产阶级的御用哲学，哥伦比亚的机能心理学也就迎合了这种社会历史的潮流，而以最典型的美国思想方式的面貌出现。

在这种历史背景下，哥伦比亚的机能心理学便极力摆脱传统心理学的束缚，走自己要走的道路。例如卡特尔在莱比锡学习的时候，在冯特指导下进行反应时间的研究，并要在这种研究的基础上，进一步探索个别差异的问题。冯特不同意卡特尔在莱比锡的实验室内研究这个问题，卡特尔就在自己的房间内进行实验。后来桑代克和吴伟士也都无视冯特的戒律，极力反对脱离实际生活的构造主义心理学。因此哥伦比亚的机能心理学有与芝加哥机能主义相同的特点和自己的比较自由的研究方向。

哥伦比亚机能心理学的这种自由研究的气氛是不容易描绘的，因为它没有支持任何一派的学说，可是哥伦比亚心理学家的讲学，却有较严密组织的学派所具有的一贯特点。他们的教学是多方面的，如个别差异、智力和其他能力的测验、实验、统计法以及教育心理、应用心理等，与实际生活密切联系。他们虽没有形成稳定的模式，强迫人去照样描绘，但是他们的基调仍然带着强烈的机能主义的倾向。

哥伦比亚的机能主义心理学在这种自由的气氛下，表现出下列的特点。

一、它摆脱了心理学研究共同的通则的束缚，而致力于个别差异的研究。从个别差异的研究出发，就会牵涉到智力和能力的问题，而心理测验就成为它的主要方法。

二、它摆脱了心理学只研究意识的束缚，尽管它没有把意识排除在心理学之外，但似乎认为意识是没有多大功用的。当意识是有关因素时，你可以介入意识；当你觉得它并不重要，或不明白它的性质，或深信你所检验的东西中没有意识活动时，你可以利用自己的自由，不去理睬意识，而把活动当作心理学的对象。于是观念的联合便被刺激与反应的联合所代替了。

三、它摆脱了心理学只采用内省法的束缚。尽管它没有取消内省法，但并没有把内省法当作主要的方法，相反地，它却重视客观的方法，如实验法、测验法、分等法以及统计法等等，只要它们有用，无一不可采取。

四、它摆脱了心理学只是一门描述的科学的束缚，它不否认心理学要有“是什么”的描述，但更重要的是了解机能活动的“为什么”。了解了为什么的问题，才能把心理学应用于实际生活。因此，它认为不能把心理学置之于象牙之塔，而要广泛地应用于教育、工业以及其他社会事务的实际领域。

总之，凡是有助于适应环境的，能发挥我的能力的，以及对我有用的等等问题，都在研究之列。这样，芝加哥机能心理学所提出的个体适应环境的一些原理，到了哥伦比亚的机能心理学手里便具体化了，使之应用于生活的实际。

哥伦比亚大学自 1884 年至 1948 年的 64 年间，授予心理学博士学位的共 344 人，其人数之多为美国各大学之首，且其中有不少心理学的知名学者，在这里，我们只能介绍卡特尔、桑代克和吴伟士这三个哥伦比亚学派的代表人物。

第二节 卡 特 尔

卡特尔（1860—1944）在拉费夷脱学院毕业之后，赴德国留学 2 年（1880—1882），回国后就读于霍普金斯大学，受业于荷尔半年，1883 年又赴莱比锡，自荐为冯特的助手。他在莱比锡共历 3 年，研究反应时间及个别差异问题。1886 年获得博士学位。1887 年在宾夕法尼亚大学及布麟马学院任心理学讲师。1888 年任英国剑桥大学讲师，结识了高尔顿。其后又任宾夕法尼亚大学心理学教授 3 年（1888—1891）。后又转赴哥伦比亚大学，在那里创立了一个实验室，主持这个实验室达 26 年（1891—1917）之久。1917 年美国参加世界大战，他因主张和平而被辞退。他开始从事心理学书报的编辑和组织工作，1925 年被选为第九届国际心理学会主席。他晚年积极从事编辑工作，担任《美国科学家》、《科学》、《学校与社会》、《美国自然科学家》等杂志的编辑，至 1944 年逝世。

卡特尔在莱比锡学习的时候，发表了六七篇有关反应时间和个别差异的论文，自从认识高尔顿后，由于旨趣相投，回美国后更致力于个别差异的研究。他的比较重要的心理学论文散见于各种杂志。经他弟子的整理，他的研究可被归纳为六个项目：即反应时间、联想、知觉和阅读、心理物理学、等级评列法和个别差异。

1. 关于反应时间的研究。他对反应时间和感受器及触觉刺激的外周位置的关系，辨别和认识的时间，意志选择的时间，光、色、字母、图画、文字的知觉时间等都进行了广泛而深入的研究，从而写成了他的著名的著作。他发现反应时间随感知和注意的强度而发生变异，根据他用光和电刺激所做的实验，得到了如下的结果：刺激越强，反应时间就越短。

2. 关于联想方面的研究。他在 1887 年进行了控制联想的研究，1889 年进行了自由联想的研究，并将有些字编制成正常的联想表，成为以后编制正常联想表的先声，也为后来精神病临床研究用的联想测验奠定了基础。

3. 关于知觉和阅读过程的研究。他用速示器研究被试观察各种物体、字母、字句，并说出其名称所需的时间，提供了注意范围的标准数据。他着眼于熟悉程度与时间长短的关系，发现几个字母组合成字时，要比几个字母不能合成字时，在瞬时内能看到更多的字母；几个字构成句子时要比字不成句时，在瞬时内能看到更多的字。其原因即在于组合的字或句子是我们更为熟悉的。卡特尔也发现对不同文字的阅读时间，可因阅读者对那一种文字的熟悉程度而有异，对那一种文字越熟悉，则阅读得越快。这类研究经后人继续采用，并取得重要而实际的效果。

4. 关于心理物理学的研究。他采用高尔顿的误差律，不附和费希纳的研究方法，也无视铁钦纳的刺激错误的提法。他认为我们所判断的是刺激，可不是感觉，感觉是有异于刺激的，问题的关键在于判断是否正确，这是完全可用误差律来解决的。因此卡特尔把机能主义的观点纳入心理物理学之内，并且用统计法来改造传统的心理物理学。传统的心理物理学认为阈限是一个可供描述的事实，感受性可随最小可觉差而发生变化。卡特尔则要求被试力求辨别每一个差别，只是在差别太小时才辨别不出来，因而就可用平均误差的大小来代替最小可觉差的大小。这样他就把感觉的变异性看作人在力求达到完善辨别时所发生的误差。

5. 关于等级评列法的研究。他在 1902 年就首创此法。他呈示各种深浅不同的颜色卡片，要被试根据深浅程度不同，有次序地进行排列。后来又用这种方法来研究美国科学家的卓越程度。他根据许多判断者对一些科学家所列的不同名次，测定他们每人所居位置的集中趋势及其机误，以集中趋势来确定他们的真实位置。卡特尔的学生承袭这种方法来研究科学家的卓越性，并按期公布最突出的科学家的名单。

6. 关于个别差异的研究。上述各种研究，卡特尔都以个别差异为主题。反应时间、联想、知觉和阅读过程等研究，最后都归结到个别差异方面。根据他对感觉反应和肌肉反应的研究，发现感觉反应时间较快于肌肉反应时间。当鲍德温认为感觉型的观察者对感觉的反应较快于运动的反应，而与铁钦纳论战时，卡特尔站在鲍德温一边，以他的研究结果，支援了鲍德温的看法。

卡特尔的这些研究都具有机能主义的倾向和实用主义的唯心主义的观点。但他突破了构造主义的一些旧框框，勇于创新，面向实际，为心理学开辟了一条新的道路。

卡特尔以个别差异的研究为主题，扩大到人的能力的研究，从比较简单的感觉敏锐度一直到比较复杂的解决难题的能力。他采取了心理测验的方法，于 1890 年发表了《心理测验和测量》。他不大理睬意识，也不重视实验的内省法。他认为在他的实验室里所做的研究工作，几乎同物理学和动物学一样，因此就为机能主义过渡到行为主义，提供了方便的条件。

第三节 桑 代 克

桑代克（1874—1949）在威斯莱大学临毕业的前一年开始学习心理学。他于1895年转赴哈佛大学，受教于詹姆士，1896年获得学士学位，1897年获得硕士学位。1896年桑代克在哈佛大学开始用小鸡做实验，不久得到了卡特尔的帮助，转赴哥伦比亚大学学习，继续利用猫和狗等做实验。1898年在卡特尔的指导下，通过了题名为《动物的智慧：动物联想过程的实验研究》的博士论文。1899年任哥伦比亚大学教育学院心理学教员，1901年升为心理学副教授，1903年升为专任教授。在哥伦比亚教育学院继续任教40年，1940年退休。1942年，他返回哈佛大学，任詹姆士讲座，以纪念44年前支持他进行小鸡实验的大师。随后他继续从事心理学的研究，直到1949年逝世。他的著作极为丰富，主要有：《动物的智慧》（1911）、《教育心理学》（三卷本，1913，概论，1914）、《成人的学习》（1928）、《人类的学习》（1931）、《人性与社会秩序》（1939）等等。

桑代克首先用实验法来研究动物心理。在桑代克之前，罗曼尼斯和摩尔根都曾以不同的观点研究过这个问题。桑代克接受了摩尔根的观点，但比摩尔根更加彻底；摩尔根还认为动物可有解决简单问题的推理能力，桑代克连这一点都给否定了，他以实验的研究代替自然的观察，从而为动物心理的研究写下了新的篇章。

桑代克创造了迷路圈、迷箱和迷笼等实验工具，试验鱼、鸡、猫、狗等动物的学习。例如他将饿猫关在迷笼里，笼外放着鱼，猫要出来吃鱼，就乱跳、乱抓、乱咬，作出许多无效动作，随后偶然拉了绳子，或压上门栓，或推动了其他装置，突然把门打开，走出笼外吃到了鱼。桑代克认为动物就是通过这样的尝试错误而偶然获得成功的，他把动物这种偶然成功的行为叫做学习，并把动物练习的次数和时间记录下来，画成学习曲线，用以表示学习的进程。

桑代克根据这些实验，认为动物的学习就是在刺激和反应之间形成连结，可不必假定动物也能进行推理与思维。因此，学习仅仅是连结的形成与巩固，他并把这种看法照搬到人类的学习。这种看法对克服过去动物心理学中的拟人论是有它的作用的，但他抹煞了人类学习的本质特点。

关于连结的概念，实际上早已被英国的联想心理学提出了，桑代克不过在实验的基础上，根据机能主义的观点，以刺激与反应的连结，代替了观念的联合。

桑代克把这种连结看作行为的基本单元。他把行为区分为先天的反应趋势和习得的反应趋势两类，前一类的反应趋势或连结主要是本能，后一类的反应趋势或连结主要是习惯。他说："凡是不学而能的动作简称为本能"，"凡是全部或部分由于经验的影响而改变的反应趋势都可称为习惯。"① 本能是不经学习的先天的连结，习惯是后天习得的连结。他以为行为是由本能和习惯所组成的，而习惯又是以本能为基础、由于经验的影响而发生改变的，因此本能就成为行为的柱石了。

照桑代克看来，本能不是一种神秘的力量，我们可以在受精卵的结构或基因中找到它的起点。或者我们可以认为一个人的行为是他的基因和基因所选取或承受的环境的产物。这就使桑代克陷入遗传决定论的错误了。

桑代克根据动物学习的实验，提出了两条学习的定律，即练习律和效果律。

练习律就是指学习需要重复，所谓"业精于勤"、"熟能生巧"可

① 桑代克：《心理学纲要》，1905 年英文版，第 14—16 页。

为这条定律的说明。它可分为两条附律，即使用律和不用律。刺激与反应之间的一种可以改变的连结，可因使用而加强，可因不用而减弱。但是这个定律却不是普遍有效的。实行多次的动作不一定使连结加强，实行次数很少的动作也不一定使连结减弱或消失。譬如桑代克关在迷笼中的猫，它的成功的动作仅做一次就可以出笼了，但是这个动作却可以保持下来，而那些无效的动作如乱抓乱拉等，虽然出现过多次，但也随学习的进展而渐被淘汰。因此，桑代克为了解释学习，主要依靠效果律。

效果律以为，刺激与反应之间的一种可以改变的连结可因导致满足的结果而加强，可因导致烦恼的结果而减弱。但得到满足的动作不一定能原封不动地再现，没有得到满足的动作，有时却可被保持下来了。

桑代克后来研究了人类的学习，对这些学习定律进行了修改和补充。他以十个句子命令他的学生被试者读习十次，例如："张三和他的姊妹辛勤工作。""李四和他的兄弟展开罕有的争论"等。读习的次数都是十次，但各个字的前后联系的记忆的正确度彼此不同。讲到张三，可以想起"和他的姊妹"；讲到"辛勤工作"，就很难想起"李四"。因此，桑代克提出了"相属原则（the principle of belongingness），以为"张三"和"他的姊妹"是相属的，"工作"和"辛勤"也是相属的，但"辛勤工作"是前一句的末尾，"李四"是后一句的起首，它们是不相属的。相属的容易造成连结，不相属的不容易造成连结。[①]尽管桑代克对他的学习定律作了一些修改和补充，但是由于他忽视人的认知的因素，因此就不能克服他这些规律的局限性了。

1901年桑代克和吴伟士共同发表了关于学习迁移的著名论文。在这个基础上，他提出了学习迁移的"相同元素说"，认为"只当两

---

① 桑代克：《学习的基本原理》，1932年英文版，第66页。

种机能有了相同的因素时，这一机能的变化才使另一机能也有变化。第二机能的变化在分量上等于与它的第一种机能所共有的元素的变化。”① 比如掌握了加法可以增进乘法的演算，因为加法和乘法的部分元素是相同的。这种学说对摧毁官能心理学和以这种心理学为基础的形式训练说是起着巨大的作用的。但是单有相同的元素，不经过人的概括是不能产生学习迁移的。相同元素说的根本错误就是抹煞了学习者的主动积极的特点，似乎只要客观上具有相同的元素，学习就会自发地收到迁移的效果了。

桑代克对成人的学习也做了大量的研究，结果表明人在 25 岁以后到 40 岁的学习能力并不衰退。他认为，学习成绩下降的原因，可能有下列四个因素：即一般的健康状况、学习能力、对学习材料的兴趣和学习的机会等。如果 25 岁以上的成人能有儿童或青少年那样的学习机会，如果对所学的材料又有兴趣，那么“25 岁至 45 岁年龄的人，他们的一般学习能力要胜过儿童，等于或超过青少年（14—18 岁）”。“一般健康状况的衰退，也许是晚年（约 65—85 岁）学习下降的主要原因。”② 当时一般人都认为人的智力的发展和学习的能力，在 25 岁以前处于黄金时代，25 岁之后，人的智力和学习能力就开始停止发展，甚至下降。他的这种研究对于增强人们发展能力的信心，开展成人教育的工作，是有积极意义的。

桑代克除了对学习的问题进行了一系列的研究外，对学科心理学，如算术和代数的心理学等，也进行了研究，并取得了一定的成绩。他总结了美国机能主义和他自己研究的成果，在 1913 年出版了《教育心理学》一书，使教育心理学从教育学和儿童心理学中分化出来，成为一门独立的学科。在美国，心理测验和教育心理学的关系

---

① 桑代克：《教育心理学》第 3 卷，1913 年英文版，第 358—359 页。

② 桑代克：《成人的学习》，1928 年英文版，第 147 页。

是很密切的。他继承了卡特尔的方向，致力于心理测验运动，设计过很多心理测验和教育测验，成为美国当时这个运动的领袖。

第四节 吴 伟 士

吴伟士（1869—1962）初就读于阿默斯特大学，毕业后当了二年中学教师，后又在一个中学里教了二年多的自然科学的课程。1895年前往哈佛大学学习两年，取得硕士学位。他在哈佛大学时得到詹姆士的教诲。后转赴哥伦比亚大学，1899年从卡特尔手里接受博士学位。后来，在纽约市医院教了三年生理学。随后又去英国一年，在利物浦大学从学于著名的生理学家谢灵顿。1903年返回哥伦比亚大学担任教员。1909年升专任教授。1915年被选为美国心理学会主席。1917年在卡特尔退休后，做了卡特尔的接班人。1945年在哥伦比亚大学第一次退休，退休后仍继续工作，当他已到89岁高龄时，又作第二次退休。1962年逝世。他的主要著作有：《动力心理学》（1918）、《生理心理学》（1911，该书为修订拉特原著，后改称拉特、吴伟士合著）、《心理学》（1921年初版，1947年5版）、《实验心理学》（1938、1959）、《现代心理学派别》（1938、1948、1964年版改称吴伟士、舍汉合著）、《行为动力学》（1958）等。

吴伟士的心理学见解具有美国机能心理学的一般倾向，并表现出哥伦比亚心理学自由邦的独特气息。他根据机能主义的观点，兼收并蓄他认为可取的见解，也不顺从和他格格不入的主张。

吴伟士认为心理学应研究整个人的全部活动，不应该只研究意识或是只研究行为（运动和分泌），因为他相信原因与结果适宜于理解心理学的问题，而人的活动可表现为意识与行为两方面，所以，都应该包括心理的整个因果系列之中。意识或行为单独来看，都只是心理的片断。心理学研究的对象应该包括意识和行为两方面，这样才能研究整个人的全部活动。

从这种观点出发，他认为，外部刺激和外部反应是通过对行为的客观观察就可以发现的，但是人的内部发生的东西，只有通过内省才可以认识。因此他既承认内省法，又主张充分利用客观观察法和实验法。

吴伟士深信心理学家彼此同意的论点超出了争论的论点，他要寻找所有的人都能赞同的体系。从他对心理学研究的对象和方法的观点来看，也可以看出他的立场是对心理学各派的调和、折衷的观点。当然，为了吸收各派之长，排除各派之短，就必须有一种正确的指导思想；不然的话，折衷的观点只是一种“和稀泥”的办法。

既然心理学研究的对象是人的活动，它可以表现为意识过程和行为，而意识或行为又是因果系列中的组成部分，那么人的活动究竟怎样进行的呢？吴伟士力求理解人的心理的因果机制，以及决定内驱力的动力刺激或情境，提出了他的动力心理学。远在1897年，当他在哈佛大学当研究生时，他就告诉桑代克说要发展一种“动机学”。1910年左右他首先采用动力心理学这一名词，1918年出版了《动力心理学》专著。他的动力心理学旨在反对铁钦纳的“是什么”的描述、华生的刺激的推动和麦独孤的目的的引发，而根据机能主义的观点，提出自己不同的见解。

吴伟士认为，人的活动有两方面：一是内驱力（drive）；一是机制（mechanism）。有了这两个概念，就可以解释人的一切活动。机制是联接的结构，是原因和结果的关系、刺激和反应的关系（S—R）都可描述为机制，它是回答“怎样”的问题。但在机制之外，必有推动机制的原动力，这就是内驱力，它是回答机制的“为什么”的问题。总之，机制是内驱力得以满足的外在行为方式，内驱力是激发机制的内在条件。比如，看见食物（S）而去吃它（R）的求食过程是机制，饥饿是内驱力。内驱力可以发动机制，但机制经过多次发动以后，也可以转化为内驱力，如求食的机制可以直接转化为求食的动力。吴伟士认为习惯逐渐成为兴趣的事例，都可用这种见解来说明。

由于吴伟士要兼顾人的内在条件，他就把有机体插在刺激和反应之间，于是 S—R 的公式就变成了 S—O—R 的公式。后来在他 1940 年修订出版的《心理学》一书中，把这一公式又加以扩充。他说："所有刺激（大部）来自环境，肌肉反应对环境起效应，并且个体有对环境的定势。所以我们得到最后的公式如下：

$$W—S—O_w—R—W$$

附于 O 下面的小 w 代表个体对环境的调整、他对情境和目标的定势。公式可以这样读：当 O 有在一定情境做一件事的定势时，他接受刺激，他因客观定势而使反应具有客观的意义，这种刺激透露了客观的情境，而反应则目的在于客观结果。"① 吴伟士这一修改的行为公式，对以后的新行为主义产生了影响，有些新行为主义者提出的"中介变量"，就是从这一公式推演出来的。

在心理过程与生理过程的关系上，吴伟士认为心理过程与生理过程不是平行的，而是对同一过程的不同的科学描述，因此心理过程与生理过程是有区别的。心理学是对大的方面进行研究，而生理学则描述细的环节。物理和化学现象对生理现象的关系也是一样。生理学是对大的方面的研究，而物理学和化学则是描述更细的环节。他认为，各种科学的描述都有不同的层次，不能以较细的分析来代替较大方面的研究，因此生理学的描写不能代替心理学的叙述。

尽管吴伟士认为自己不属于任何派别，但是他具有强烈的机能主义倾向。他要冲破束缚，走向研究的自由，自称为动力心理学家，但实际上他首先是机能心理学家，其次才是动力心理学家。他以折

① 吴伟士：《心理学》，1940 年英文版，第 36 页。

衷主义来调和各种学派，实际上是采用机能主义的原则，吸取和这个原则相融合的观点。他要反对他所称的“发号施令的大人物”，实际上也只是反对和这个原则不相融洽的某些心理学家的观点。吴伟士不仅是一个一般的机能心理学家，而且也许是广义机能主义的最理想的代表人物。

第五节　教育心理学和心理测验

机能主义心理学的哲学基础可说是詹姆士的实用主义。它和构造主义心理学不同，它重视心理学的应用，导致了应用心理学。它又偏爱个别差异的研究，因而支持和提倡心理测验的运动。因此，我们在这一节内专述心理测验和教育心理学，虽然教育心理学不仅仅是应用心理学，而且是富有理论意义的一门学科。

一、心理测验

哥伦比亚机能主义重视个别差异的研究，从而导致了智力和能力的测量。

这种测量在英国创始于高尔顿。早在1882年，他就在南肯辛顿博物院设立了一个人类测量实验室，创制了高尔顿哨、高尔顿尺等仪器，用以调查英国人的能力，并把测量结果，于1883年发表在《人的能力的研究》上。卡特尔在从冯特学习时，即已从事于个别差异的研究，后在英国与高尔顿结识，又受了高尔顿的感染。他回美国后在宾夕法尼亚大学编制了一组心理测验（1890），共有50个项目，普测了他的所有学生。他还选出十个测验，以供社会甄别能力的应用。这些测验包括握力的差别、运动速度、两个压点之间的辨别、痛觉的压力的辨别、重量的辨别、声音的反应时间以及说出颜色的时间等等。当时心理测验还处在实验室时期，测验与实验还没有明确的分界。他于1890年根据这些测验发表了《心理测验与测量》，创造了“心理测验”这个术语。

差不多同时，比纳在法国和亨利协作，进行个别差异的研究，触及到记忆、表象、想象、注意、理解、暗示、美术欣赏、道德情操、意志力和运动技能等问题。1896年他编制了一套有时被称为高级的心理能力的测验。由于这些测验更密切地接触到每个人都要知道的能力，康奈尔大学的夏普在1898年就认为比纳在心理测验方面已超过了卡特尔。1905年比纳应法国教育当局甄别智力落后学生的要求，又和西蒙一起编制了第一个智力量表。比纳的设计摆脱了实验室的范围，并运用了心理年龄的概念。比纳的这种量表不仅可供普遍应用，并且符合了美国机能主义由一定刺激引起一定反应的要求，于是在美国风行起来，并为“心理测验”创制了新的篇章。

比纳的量表经过荷尔的学生推孟的修订，称为斯丹福修订的比纳-西蒙量表（1916）。这个量表采用了德国斯特恩在1911年所提出的智力商数，这个商数是以实足年龄除心理年龄而获得的，智力商数乘以100就可以得到整数，应用起来就远较方便了。

随着第一次世界大战的发生，为了防止不能胜任军役的人加入部队，推孟就和惠普尔、宾厄姆、戈达德、韦尔斯等人编制甲种军队测验，用以普测大批入伍的士兵。虽然团体测验以前已有人提到过，奥蒂斯也曾在他的某些测验中采用过，但是军队测验提供了大量应用的机会，从而使个别测验发展成为团体测验，这不能不说是智力测验发展中的一件大事。

由于过去的智力测验大都采用文字的形式，测验结果对不识字的人或非英语系统的民族说来是不太公允的，因而发展了非文字形式的智力测验。吴伟士首先用形板等作业测验（1910）研究不同民族之间的智力差异，随后品特纳和派特森编制了第一个形板迷津之类的作业测验的量表（1917），以供临床诊断之用。

与此同时，以哥伦比亚大学为中心，在桑代克领导下，成就测验、能力倾向测验、人格测验的研究工作也蓬勃地开展起来了。

在成就测验方面，桑代克根据卡特尔的分等法，在1910年编订了书法量表，1914年编订了阅读能力测验。在桑代克领导下，斯通编订了算术测验（1908），寇蒂斯编订了算术测验（1909），喜尔加斯编订了作文量表（1912），伯京罕和奥勒斯编订了拼音量表（1915），特兰勒编订了语文量表（1916）。

在能力倾向测验方面，桑代克在1915年提出了职业训练的理论，列举了四种类型的职业测验，即模拟的职业测验、样本的职业测验、类比的职业测验与经验的职业测验，1917年编制了办事员的能力测验。随后瑟斯顿也编制了各种职业的能力倾向和一般的能力倾向测验（1919）。

在人格测验方面，桑代克在1912年编制了兴趣测验，他的学生凯利编制了英语、历史与数学的兴趣测验，并以统计法求出三者之间的相关（1914），斯特朗则编制了职业兴趣填空测验（1927）。吴伟士为了解决作战时士兵所患的弹震病，研究情绪的稳定性的问题，也在1918年编制了个人资料问卷表。

总之，在哥伦比亚学派的倡导下，西方目前通行的智力测验、成就测验、能力倾向测验以及人格测验都已开展起来了。

测验不如实验那样精密，但也有简便易于应用的特点。对于测验也有人提出过不少质疑，主要是：（1）对于没有受过教育的人或具有其他文化的人来说，测验常常是不公允的；（2）测验并不一定能够测出它所要测量的东西。因此，在编制测验时，必须采取慎重的态度，力求公允与真实。从另一方面来说，如果把测验当作一种工具，并和其他资料参照使用，它也会有助于我们对被测验者的能力和成就等等的理解。

二、教育心理学

心理学与教育是密切相关的。心理学研究的结果一旦应用于教育时，就可被视为教育心理学的开始。例如19世纪的赫尔巴特就曾企图以他的心理学应用于教育。但必须指出在桑代克以前没有教育心理学这个学名，当然也没有一门独立的科学叫作教育心理学。因此，教育心理学是由桑代克建立起来的。但是荷尔在19世纪80年代，也曾为教育心理学作了不少准备工作，所以荷尔可说是教育心理学的先驱者。

荷尔（1844—1924）最初就读于威廉兹学院，1868年赴德留学三年。回国后任教于俄亥俄州安提阿学院，不久又到哈佛大学讲授英语二年，同时从詹姆士学习心理学，1878年获得心理学的哲学博士学位。同年，他又赴德国留学，初入柏林大学，后转入莱比锡大学，作为冯特的第一个美国学生。1881年返美，任教于霍布金斯大学。1887年创办《美国心理学杂志》，同年改任克拉克大学校长。1892年被选为美国心理学会第一任主席。他的重要著作为《青年心理学》（1904）和《老年心理学》（1922）。

荷尔在波士顿引进德国的问卷法，用以对儿童的心理进行系统的调查。他不仅是美国前辈的儿童心理学家，并且他的调查结果也发现了不少学习上存在的问题，为教育心理学提供了亟待研究的课题。比如，他发现六岁儿童，有百分之八十知道牛奶来自母牛，但仅有百分之六知道皮革来自动物；有百分之九十四知道胃在哪里，百分之五十五知道臀在哪里，但仅有百分之十知道肋骨在哪里。这就指出了对儿童的教育必须通过实物，不能停留在字面的讲解上。

荷尔揭露教育上存在的这些问题，虽不无价值，但是问卷法缺少控制，究竟不是好方法。他接触到教育上的心理学问题，但教育心理学的建立则有待于哥伦比亚的机能主义，特别是它的成员桑代克。

1900年，杜威任美国心理学会主席，在致词中，以“心理学与社会实践”为题，为教育心理学的建立进行呼吁，因为那时还没有教育心理学的系统专著。

1899 年，哥伦比亚大学成立了教育学院，桑代克由于卡特尔的推荐，从事教育学院的教学工作。他总结了 20 年来有关教育心理学的探索，并根据他自己对学习的实验研究，于 1903 年出版了《教育心理学》，1913 年把它扩展为三大卷，1914 年又改编为《教育心理学概论》一册，开始确立了教育心理学的名称和它的体系，使教育心理学成为一门独立的学科。

桑代克认为教育心理学旨在研究人的本性及其改变的规律，因而教育心理学可由下列三部分组成：即人的本性、学习心理学与个别差异。他的教育心理学贯彻了他的连结主义的观点，特别强调本能，并以它作为一切行为的基石。

关于人的本性部分，他认为人的本性即人的先天反应趋势，主要是指人的本能。他所称的人的本性只是一些不学而能的先天连结。我们已指出，这种看法显然受了遗传决定论的影响。

关于学习心理学部分，这是桑代克教育心理学最重要的部分。他从连结主义的观点总结了他的学习的研究，认为学习就是形成后天习得的连结，从而提出了他的尝试错误的学习理论和学习的三个定律。

关于个别差异部分是卡特尔研究的中心课题，桑代克在 1903 年出版的《教育心理学》一书中，收集了有关资料，专门讨论了个别差异的问题。不过，桑代克特别夸大了遗传的作用，认为个别差异只是遗传上的差异。他指出："某些特性在表面上似乎是某些环境所造成的，而其实是已经形成的本性选择了那个环境。"①这样他就完全抹煞了教育和环境在个别差异形成中的作用。

总之，美国当时的教育实际提出了教育心理学研究的课题，而

---

① 桑代克：《教育心理学概论》，（陆志韦译），第 400 页。

机能心理学又重视面向实际的应用，这就成为教育心理学形成的适宜背景。桑代克吸取了机能心理学先前取得的有关成果，以及他自己对学习进行实验的成果。在这种趋势下，心理学的知识，就不可避免地立即用以改进教育，而教育心理学也就必然地应运而生了。当然，桑代克把教育心理学从教育学中分化出来，成为一门具有一定体系的独立学科，他在这方面的功绩是不可抹煞的。

第十章 麦独孤的策动心理学

策动心理学是欧美现代心理学流派之一，它以英国的麦独孤为代表。他主张人类和动物的行为是由内在目的所驱策的，所以自称为目的心理学，1930 年改称策动心理学。

第一节 麦独孤策动心理学的历史背景

一、麦独孤的略传

麦独孤（1871—1938）是苏格兰人，受医学教育于剑桥和伦敦。他曾有一个时期在德国哥丁根大学就学于C·E·缪勒。他于 1890 年在剑桥圣约翰学院攻读四年。剑桥组织一批科学家赴托列斯海峡，对原始民族进行人类学和心理学的考察，麦独孤也曾参加。他后来于 1898 至 1899 年间在婆罗洲，进行独立的考察。回国后，他在伦敦大学学院担任心理学讲师，主持一个规模较小的心理学实验室。他于 1904 年被任命为牛津大学心理学讲师。于 1920 年，前往美国，先在哈佛大学担任教授，后于 1927 年改任杜克大学教授，至 1938 年去世。他在美国很难说是受人欢迎的。他具有北欧日耳曼民族的优越感，似乎仍旧以早已独立的美国为大英帝国的殖民地。同时他的心理学体系也与美国心理学不相协调。所以他在美国的处境与在美国任教的另一英国人铁钦纳是极相类似的。

二、策动心理学的历史背景

麦独孤生于 19 世纪末叶，那时英国正由垄断资本主义走向帝国主义。为了适应垄断资本家的要求，多数哲学家奉行唯心主义，而反对唯物主义，甚至认为心理学也有唯物主义的危险。当英国在培因之后的前辈心理学家沃德（1843—1925）建议剑桥大学当局建立心理物理学实验室时，有一个数学家表示反对，以为“将人类灵魂置于天平上未免侮辱宗教了。”① 因此沃德的建议未获通过。麦独孤虽曾被讥讽为“安乐椅”的心理学家，但是他还是一位著名的实验心理学家。由于心理学在他的祖国不受重视，他就乐于接受美国的邀请了。同时由于他要坚持英国唯心主义的传统，所以与美国行为主义心理学处于敌对的地位。

麦独孤在心理学体系上继承了沃德和斯托特的传统。英国本来是联想主义的策源地。沃德在哥丁根求学（在陆宰担任哲学讲座的时候，约在1874年）受到布伦塔诺的影响，成为一位意动心理学家。他强调了人类经验和行为的统一性，因而否定了英国联想主义的传统。他相信意识不是心理状态的单纯的连续，而是一个统治着心理生活的核心或自我的表现。

斯托特（1860—1944）在剑桥学习，是沃德的学生。沃德的书不是通俗易懂的，斯托特的著作如《分析心理学》（1896）和《心理学纲要》（1899）则文笔流畅，可以说是沃德心理学的继承和发展。斯托特以为人的每一种经验都可分为认识、感情和意向的态度，②而意向则尤其重要，认识和感情是由意向派生的。意向是意识的主动的方面，相当于奋勉、欲望或意志，而意向的对象就是目的或达到目的的手段。

麦独孤反对洛克的白板说和联想心理学，主张本能心理学、目的心理学或策动心理学，这都可在沃德和斯托特心理学说中找到它的渊源，至于“策动”一词则直接受了《教育原理》的作者沛西·

① 波林：《实验心理学史》，第553页。
② 斯托特：《实验心理学史》，1952年英文版，第527页。

能的启发。[1] 当然，一个著名心理学家受其他学者的影响是多方面的，当待下文论述麦独孤的心理学体系或策动心理学时再行补充。

第二节　从目的心理学到策动心理学

麦独孤的心理学体系原被称为目的心理学。麦独孤说，行为是有目的性的，而目的性的活动则恰恰表示沃德的主体和客体的关系。一个主体面向一个实际的情境，想要改变它，从而产生了一定的欲望或目的。所以波林说，麦独孤的目的心理学是在沃德体系的基本假定的基础之上而建立起来的。[2] 当然，斯托特对这个目的心理学也有一定的影响。他说："物理学对目的和达到目的的手段是一无所知的。目的的活动是心理学所独有的概念。"[3] 麦独孤也说，心理学家如果要更好地理解和控制人性和人的行为，就必须选定一些适合于他的科学的基本范畴，而"目的的行动就是心理学的最基本的范畴"。[4] 斯托特的意向说也为麦独孤所承受。所以麦独孤与斯托特的关系是显而易见的。

麦独孤的目的心理学，与正统的实验心理学及行为主义是鼎足而立的。麦独孤说，正统的实验心理学"宣称心理学家在实验室条件下进行的内省法是唯一正规的方法，并设想心理学的任务是专用意识的基本单元或原子对经验的起伏作彻底的描绘，并阐述这些单元互相结合的某些法则。这种心理学被它的批评家称为**内省主义**或被它的某些说明者称为**构造主义**"。[5] 但是麦独孤以为，"很明显，**实**

---

① 麦独孤：《心理学大纲》，1923 年英文版，第 72 页，(下同)。
② 波林：《实验心理学史》，第 529 页。
③ 斯托特：《心理学纲要》，1952 年英文版，第 100 页。
④ 同上，第 51 页。
⑤ 麦独孤：《人的能量》，1932 年英文版，第 14 页。

验心理学（狭义的内省主义）对人类行为的解释是很少贡献或绝无贡献的。”① 人类行为的研究则正是麦独孤的主要的兴趣。他还在1912年发表了《心理学，行为的研究》公开以行为为心理学的对象。那么他又为什么反对华生的行为主义呢？

原来麦独孤对行为的解释与华生的行为主义存在着根本的分歧。麦独孤以为行为是有目的的，是受意识经验调节的，而华生的行为主义则采取了“机械的反射论”，不考虑意识或经验的问题。

因此，麦独孤的目的心理学是自成一家的。为了划分他与华生的界限，他放弃了过去的心理学的定义，而肯定了心灵的假设。他说，“我们已知道现代的许多心理学家完全否定了‘心灵’、‘灵魂’及‘主体’等词的好处。他们认识到心灵不宜被描写为仅仅是一群官能，或者是以不同程度组织起来的、作为永久存在而出入于‘意识’之内的一团观念。因而他们用神经系统或脑代替了心灵。”② 但是麦独孤却不赞同这些人的新主张，而复返于心灵的旧概念。因为他的目的心理学需要某种东西作为前提，而这个东西可不是神经系统或脑，而是“心灵”。所以麦独孤的心灵决不是脑的机能，而是连他自已都不知道究竟是什么的虚无缥渺的东西。可以说，麦独孤为了反对机械唯物主义而陷入唯心主义的错误了。

麦独孤为了区别目的行为与机械反射的不同，提出了行为的七个标志如下。③

1. 运动的自发性。这是与刺激反应公式对立的。这个公式以为行为是对刺激的反应，而刺激则分外在刺激和内在刺激，如果没有外在刺激，则必由内在刺激所引起。为了解决这个困难，麦独孤便

---

① 麦独孤：《人的能量》，1932年英文版，第15页。
② 麦独孤：《心理学大纲》，第35页。
③ 同上，第43—47页。

求援于第二个和第三个标志。

2. 引起活动的刺激虽已消逝，但活动仍可持续不止。但这还不能说是动物行为所独有的标志，因为无生之物也可以因被推动而持续运动至几秒钟以上。于是麦独孤乃有第三个标志。

3. 无生之物在被推动后一般都按照相同的方向前进。至于动物如果因受某种感觉刺激而引起运动，它的运动的具体情况是不能预测的，除非我们熟悉它的习性。例如一只胆小的兔子平常隐蔽在土穴内，如果它闻声而逃，它一定要继续逃跑，忽东忽南，直至找到了另一土穴而止。这种持续运动的方向的变换乃为行为的第三种标志。

4. 找到巢穴，运动便从而停止，这便导致了麦独孤所提出的第四个标志。动物的运动若在其情境内引起特殊的变化，此种运动即可停止。

5. 第五个标志是对于动作所引起的新的情境的准备，例如猫闻鼠声出自洞内，它便潜行至洞口作准备捕鼠的姿态。

6. 行为的第六个标志，麦独孤以为是较难观察的，但它是已被公认为精神生活的一个最可靠的标志，那就是：动物若在相同的情境之下，重复演习某种行为，则这一行为的功效便可有某种程度的改善。

7. 行为是有目的的。麦独孤说，“当一个人的运动表现出行为的头五个特征时，我们就可以毫不迟疑地推测这些运动是有目的的。这就是说，他们在作出这些运动时，是为了实现自然的目的，而这个目的是差不多可以预知清楚的。”①

麦独孤就用这些标志把反射排除于行为之外，因为他认为反射是缺乏这七个标志的。

---

① 麦独孤：《心理学大纲》，第 47 页。

说人的行为是有目的的，不一定是唯心主义。马克思主义经典作家也重视人的目的活动。马克思说："劳动过程终末时取得的结果，已经在劳动过程开始时，存在于劳动者的观念中，已经观念地存在着了。他不仅引起自然物的一种形态变化，同时还在自然物中实现他的目的。他知道他的目的，并以这个目的当作法则，来规定他的活动的样式和方法，并使他的意志从属于这个目的。"① 所以肯定人的行为的目的是没有错误的。

恩格斯也说："决不能避免这种情况：推动人去从事活动的一切，都要通过人的头脑，甚至吃喝也是由于通过头脑感觉到的饥渴引起的，并且是由于同样通过头脑感觉到的饱足而停止。外部世界对人的影响表现在人的头脑中，反映在人的头脑中，成为感觉、思想、动机、意志，总之，成为'理想的意图'，并且通过这种形态变成'理想的力量'。如果一个人只是由于他追求'理想的意图'并承认'理想的力量'对他的影响，就成了唯心主义者，那末任何一个发育稍稍正常的人都是天生的唯心主义者了，这样怎么还会有唯物主义者呢？"② 所以对理想意图的追求不能叫做唯心主义；至于对一般目的的追求就更谈不上唯心主义了。

但是，麦独孤的目的心理学不但承认人的行为有目的性，而且主张动物的行为也有目的性。他说，"有些机械论者可能蔑视我们可有理由认为动物行为有目的性的主张；他们可能把这种解释讥斥为拟人论。"麦独孤对这个批评的答复以为他们如果否认动物的目的行为，那末"在逻辑上，他们也将拒绝目的归之于同类人或那些对自己的目的行为没有提出内省报告的人了。"③ 这个答辩是否没有注意

① 马克思：《资本论》第1卷，人民出版社1953年版，第192页。

② 恩格斯：《路德维希·费尔巴哈和德国古典哲学的终结》，人民出版社，第23页。

③ 麦独孤：《心理学大纲》，第49页。

到人与动物的差异，因而不能洗刷他的拟人论的错误呢？

为了解答这个问题，我们要进一步评论麦独孤对于动物行为的目的性的分析。他以为目的性有高下不同的程度。其最高的一级是经过最高度的深思熟虑的行动，在开始行动前，先考虑其目标和手段，在不同的可能行动之中，运用思想，慎加选择。较低的一级是也许明确考虑过目标和步骤，但没有慎加选择的行动。更低等的一级是有关目标和方法也许仅有极模糊和粗陋的预见而实现的行动。最低级的目的性也许是冲动性的行动。他说，“别人在冲动性的行动时，我们可以理直气壮地认为有与我们在这种时候所应有的同样模糊的预见。至于一个动物在它的动作表现出行为的头五个标志时，我们也可以把同样模糊的预见，归属于这个动物，虽然这里的推测是更易引起争论的。”①

这个推测容易引起争论是理所当然的。麦独孤似乎要坚持动物与人的连续性，却忽视了人的本质特征，因此在心理学的基本观念上，犯了双重的错误。一方面，他对动物行为的解释上把本能拔高为目的，另一方面，他对人类行为的解释上又把目的贬低为本能冲动。

马克思说：“蜜蜂建筑蜂房的本领使人间的许多建筑师感到惭愧。但是，最蹩脚的建筑师从一开始就比最灵巧的蜜蜂高明的地方，是他在用蜂蜡建筑蜂房以前，已经在自己的头脑中把它建成了。”②这就是说，人能预见行为的结果，知道如何实现他的目的。至于动物行为则是本能的。麦独孤以为动物的行为也有预见或目的，就不免以人的心理揣测动物，显然是犯了拟人论的错误，这是一方面。

另一方面，麦独孤又将人的行为动力归之于本能。他说：“本能是人类所有一切活动的推动者。”接着又说：“如果我们消除这些本

① 麦独孤：《心理学大纲》，第 48 页。
② 马克思：《资本论》第 1 卷，人民出版社 1975 年版，第 202 页。

能倾向及其有力的冲动，有机体就将不能执行任何种活动了，他们将静卧不动，活像一只除去了发条的钟表或熄了火的蒸汽机。这些冲动是支持和形成所有个人和社会的生命的精神力量，它们也就是生命、心灵、意志的核心的神秘的东西了。”① 这样说来，人类的意志活动，包括崇高的道德行为都仅仅是导源于本能冲动了。

所以本能是麦独孤目的心理学或策动心理学的核心。他说：“我们不能不承认一个动物的本能似乎是它的最本质和核心的东西，它的一切身体器官和机能都仅为本能的奴仆。”② 他说：“动物界的进化主要是本能的分化和专门化的过程。当我们考虑下列这种事实时，这个太被忽视了的真理就显而易见了：有角的牛或鹿好战喜斗，不是因为它们生而有角；这些物种发展了这些武器是为战斗本能服务的。食肉动物捕食其他动物不是因为它有巨齿，而是因为它的求食本能沿着这个方向而达到专门化，所以它的牙齿和爪也随而进化了。海豹入水不是因为它的腿变成鳍，身体变成鱼的形状；它的结构之所以获得这些特点是由于它的求食本能专长于捕鱼的结果。”③ 因此，在麦独孤看来，动物进化都可以归功于先天的本能倾向。很明显，他的这个有关进化论的主张是以拉马克的习得性遗传为基础的。他在美国培育几代的白鼠，训练其特殊的一种辨别力，借以论证这种遗传，但是得不到他人的支持，却只是暴露出他的活力论的错误。他说：“动物界的进化可被适当地理解为主要是本能倾向从某种原始的未分化的奋勉能力的分化。也就是这个未分化的奋勉能力，柏格森称之为**生命冲动**，其他学者（特别是荣格博士）称之为**里比多**，或者最好称之为**活力**。我们可以把本能看作这么多的分化了的渠道，那

① 麦独孤：《心理学大纲》，第218页。
② 同上，第112页。
③ 同上，第113页。

种活力就通过这些渠道灌注到有机体里去。”① 这就是说，本能的动力来自生命冲动、里比多或活力。麦独孤曾企图把本能的能量说成是以化学的形式储存于组织内的一种潜能，转化为自由或活动形式的动能或电能什么的。但因他自认对神经系统的秘密仍无所知，只好仅凭揣测，提出了两种设想。第一种设想以为每种本能各自储存着一种潜能，在本能激动时，这种潜能就被释放出来，注入适当的渠道而唤起不安的活动。第二种设想以为一个动物的几种本能似乎动用了共同储存的能量。②他的活力说就是第二种设想的发展。无论如何都不外以精神力量说明精神力量罢了。

第三节　本能、情绪、情操和意志

本节想论述本能、情绪、情操和意志，进一步说明本能在麦独孤心理学体系内的重要地位。

麦独孤心理学的基本观点是唯心主义的，但是他对从事于意识的分析研究的另一种唯心主义心理学却是厌倦的。早在 1908 年，当他发表《社会心理学引论》时就曾说过：“心理学对社会科学有基本重要性的部门是研究人类行动的源泉、维持身心活动和调节行为的冲动和动机的部门；可是这在心理学的所有部门之中，却是最落后的，因为它是最隐晦、含糊和混乱的。至于有关意识状态的适当分类，元素的分析，这些元素的性质，它们混合的法则等问题的解答对社会科学是几乎没有多大意义的。”③ 因此，麦独孤便以他的一生精力研究他所认为心理学的这个落后部门的问题，也就是先天的本

① 麦独孤：《心理学大纲》，第 113 页。

② 同上，第 107 页。

③ 麦独孤：《社会心理学引论》，1919 年英文版，第 3 页。

能倾向或动机的问题。

一、本能

什么是本能呢？麦独孤在批判了社会科学家和哲学家对本能一词的滥用后，以为专业心理学家的本能观主要有两种意见：第一种意见以为当人的智力和推理能力渐趋发展时，他的本能就随而衰退了，似乎文明人的本能就像盲肠一样成为麻烦的遗迹，如有可能，最好用外科医生的刀切除它。第二种意见以为本能是人的心理中的重要成分；当智力随高等动物的进化而发展时，并没有导致本能的退化。詹姆士就曾主张人的本能至少同任何动物的本能一样多，是决定人的行为和心理过程的要素。①麦独孤赞同第二种意见，并自称要促进有关人的本能的范围和机能的认识。

麦独孤如何给本能下定义呢？必须记得他是以目的论反对机械论的。他说："学者在讨论动物的本能时，常把它们描述为某种动作的先天趋势，而斯宾塞的本能的流传很广的连锁反射的定义则仅注意到本能所引起的行为或运动。而本能却不仅是某种运动的先天趋势或倾向。我们有各种理由相信甚至最单纯的本能行动也都是一种明显的心理历程的产物，是不可能用纯机械的术语描述的。因为它牵连到心物变化，所以是一种心物历程，只是利用一切心理历程的三个方面，即知、情、意的方面才能作充分的描述。"②

因此，麦独孤对本能下了这样的定义："一个本能是一种遗传的或先天的心物倾向，决定那有此倾向者感知和注意某一种类的客体，在感知时体验着某种特殊情绪的激动，和对它作出某种特殊样式的动作或至少体验着这种动作的冲动。"③

---

① 麦独孤：《社会心理学引论》，第23页。
② 同上，第26页。
③ 同上，第29页。

不消说，这个定义是与本能的反射说对立的。麦独孤不认为本能是连锁反射，而认为本能不仅是天生的能力，而且是天生的推动力（inborn propengity）。以胡蜂为例，它就有交配的推动力、觅食的推动力和筑窝的推动力。“每种推动力在活动时，就轮流运用或同时运用适当的能力以便产生一种特殊的结果，实现推动力所趋向的目标。”①

所以麦独孤的本能概念可有两个特点。第一是侧重本能的目的性，使它有别于机械性的反射。第二是强调本能的先天倾向性，以为这个倾向性有强大的推动力，使反射成为本能倾向的工具。关于第一点，我们可以说本能与反射有程度的差异，没有本质的不同。麦独孤所举出的较小的本能如抓搔、喷嚏、咳嗽、小便、大便等，有的也可以叫做反射。因此，不能以目的性为划分本能及反射的标准。关于第二点，我们在前一节已经进行过批评，这里可不必重复了。

二、情绪

麦独孤以为本能与情绪是密切相关的，似乎每一种本能都有它的特殊的情绪。例如逃跑本能与恐惧情绪相对应，搏斗本能与愤怒情绪相对应。但是他承认这个对应是有不少例外的。他说：“就较简单的本能而言，本能历程的情绪方面是不显著的；虽然各个本能无疑地都有特殊的性质，但是我们不容易识别这些性质，它们也没有特殊的名称。至于就那些主要的强大的本能而言，它们的情绪性质以及内脏和身体变化的总的情况是很显著的，因此，语言也为这种情绪经验的形式提供特殊的名称，如愤怒、恐惧和好奇；它们的类名就是‘情绪。’”② 后来他在《心理学大纲》中又说，“我们可以依照本能的身体适应的复杂性逐步降低的顺序，为本能列成一个量表，

① 麦独孤：《人的能量》，第47—49页。
② 麦独孤：《社会心理学引论》，第46页。

就可知情绪激动的相应的性质也构成了特殊性逐步下降的量表。因此，日常用语对量表上端的性质有明确的名称，还有各色各样的同义词，对下端的性质便缺乏特殊的名称了。”[①] 这两个互相对应的量表可表列如下。

本能的名称	与本能活动相应的情绪性质的名称
1. 逃跑本能	恐惧
2. 搏击本能	愤怒
3. 厌恶本能	厌恶情绪
4. 父母性本能	柔情
5. 恳求	困苦
6. 交配	情欲
7. 好奇本能	好奇情绪
8. 屈服本能	服从情绪
9. 自夸本能	得意情绪
10. 好群本能	孤独、寂寞、多愁的情绪
11. 猎食	食欲
12. 贪得	所有感
13. 建造	创造欲
14. 笑	欢乐情绪

审阅这两个表，可知上端的本能如跑、搏斗、父母性本能等各有明显的相应情绪，下端的本能不仅缺乏明显的相应情绪，而且有些情绪的名称显然是由作者纯凭主观想象而创造出来的。至于他所称的较小本能为抓搔、喷嚏等就更难有明确的相应情绪了。同时即属上端的本能也不一定有相应的情绪。麦克迪说：“我近来问过许多曾经经历过危险情境的人，也许共有几百名。除神经病患者以外，所有士兵都给我提供这样的报告：一旦习惯于危险之后（就是学得适

① 麦独孤：《心理学大纲》，第 323—324 页。（表中原有同义词已被删去。）

应的动作和态度之后)，任何可能的行动都没有相应的恐惧。一个士兵听到炮弹爆炸了，凭声音而判断它的目标；目标靠近时，士兵便卧伏在地；在上空飞过时，他便置之不理。当注意集中于行为时，就没有恐惧。但是当没有适当的动作能改变心理的情境时，期待危险一定会发生恐惧，很少例外。”① 这就是说，对危险情境的反应，有无相应的情绪，也要进行具体的分析，不能作笼统的结论。

但是麦独孤对情绪心理学也不无贡献。他根据情绪与本能的关系，把千头万绪、杂乱无章的情绪整理出来一个分类的系统。上文所举的十四种情绪都与一定的本能倾向相应，叫作基本情绪或主要情绪。两种本能倾向如果同时引起，则其相应的两种情绪就可以合成一种新的情绪，叫作混合情绪或次要情绪，例如蔑视。如果一种情绪不常与某一种本能倾向相关，而可能产生于任何种强大冲动或倾向发生作用的时候，这种情绪便被称为派生情绪。

三、情操

他的情绪心理学更足以引起人们注意的是他的情操说。情操和情绪本来是难以区分的。麦独孤以为澄清情操的问题应归功于香德。香德以为情操是以一定的客体为对象而组织起来的情绪趋势的关系。

麦独孤发展了香德的这个情操概念。他以爱和恨为例加以说明。他以为柔情是构成爱的情操的主要成分；而“爱”的名词则常被用以称这个情绪和情操。愤怒、恐惧和厌恶是“恨”的最重要成分，而“恨”的名词则常被用以称这个复杂的情绪和情操。但情操不仅是情绪，还是持久长存的心理成分。例如你爱一个人，他在你的面前，你便体验到对他的柔情；他处在危险之中，你便感到恐惧或忧虑；他幸福了，你便感到高兴；有人给他做了好事，你便对那个人发生感

① 麦克迪：《情绪心理学》，1925 年英文版，第 60 页。

激之情，余可类推。反之，你恨一个人，在他来到你的面前时，你便感到恐惧或愤怒，或既惧而又怒；他遭受伤害时，你便高兴；他受到恩宠时，你便感到愤怒不平。①

这个情操说影响很大。苏联心理学的情感实际上就是麦独孤的情操。例如斯米尔诺夫主编的《心理学》中说："情绪永远带有情境的性质"；"情感可能既具有情境性，又具有稳定性、长期性，可能不为任何严格确定的情境所左右"；恰恰说明了麦独孤树立的情绪和情操的区别。这本《心理学》又说，"爱的情感使我们与所爱的人相聚时产生愉快的情绪体验，当所爱的人陷于不幸时，使我们产生痛苦的情绪体验，要是他在行为方面犯了错误，就使我们产生惋惜的体验，在他遭遇危险时，使我们产生可怕的体验。"这便与麦独孤爱的情操的描写互相呼应了。

麦独孤在各种情操之中特别重视自我情操。这个情操，顾名思义，自然是以自我为中心而形成的情绪组织。他以为一个人的自我是随时扩大的，从爱自己的子女进展为关心所有的儿童，从爱自己进展到爱自己的学校、家乡或国家，从爱具体的事物进展到爱抽象的原理，如"正义、真理、勇敢和自我牺牲"，构成了抽象情操和道德情操。麦独孤以为这个发展是有赖于社会道德的传统和毁誉的影响的。

他说："任何人都仅在接受道德传统时才能获得一系列的受人尊敬的情操；甚至伟大的道德改革家也必先吸收道德的传统，才能对这个传统在某些方面有所增益和改造。"② 这是一个人的自我情操发展的一个方面。

另一方面，儿童是在社会内长大的，不能不受社会的影响。麦

① 麦独孤：《社会心理学引论》，第122—126页。
② 同上，第220页。

独孤以为儿童的自我意识是他人对他的评价的反映，也正是在这个反映中得到了他的营养而逐渐定型的。社会对于儿童的某些行为是会加以赞赏的，对于他的另一种行为是会加以责罚的。儿童为了得到赞赏而避免责罚，就逐渐学得控制他自己的冲动和欲望而养成社会所需要的道德情操。他还要在行动上博得他所赞美的人的欢心而不使他们感到伤心或失望。

但是，麦独孤以为儿童的自我情操是不断发展的，发展到最高度时，他也许不关心一般人的毁誉而要求他的理想人物的赞美。麦独孤说："我们的自我情操起初对每一个人和所有社团的注意都很敏感；后来我们发现不同的人们和社团对同一行为和我们的同一个自我都有极不相同的看法，我们便学得对他们进行对比，从而不管一般人的意见和批评，而信任自己的道德判断；因此我们对自己的评价从前本来随友伴的每一种临时的意见而摇摆不定，现在就稳定不变而相对地独立自主了。"①

四、意志

麦独孤的这个自我情操的发展说是他的意志心理学的核心概念。他认为，低等欲望和理想欲望相比起来，低等欲望的冲动较强大于理想的欲望。一个人如果放弃后者而满足前者，他便没有所谓意志的问题。意志是在以较弱小的冲动对较强大的冲动进行斗争而终于取胜的过程中实现的。詹姆士曾以简单的图式表示这个过程。

I（理想的冲动）就它的本身来说较弱于P（天生的倾向）。

I+E（意志的努力）较强于P。但是这个意志的努力究竟是什么东西呢？詹姆士以为意志所欲实现的活动的观念保持在注意的意识焦点之上就会发为相当的动作，同时它还抑制了强大的欲望冲动的观念。冯特也有类似的说明。他以为意志就是统觉的一个方面，统

① 麦独孤：《社会心理学引论》，第255页。

觉主要是对升入意识焦点的观念之外的一切观念都加以抑制。所以麦独孤说:“依据这两位伟大的权威心理学家看来,意志主要是一种否定作用,是对一切无关的观念的抑制。但是他们都没有说明这个抑制是如何完成的,抑制的力量是从哪里来的,或它的活动究竟有什么条件?”① 至于麦独孤则认为只有人的自我情操才是意志活动的重要因素或决定的力量。因为正如上文所曾经指出的,这个情操如果发展到最高度,一般人的毁誉都不能动摇他的意志,他的面前另有“理想的观众”,他的行动必须合于这个观众的要求,才能使他感到心满意足。所以麦独孤说:“这个自我情操所产生的欲望和厌恶或意向力就是在意志努力中加在较微弱的理想动机之上的动力,使它能够胜过原始动物性的某些较强大的低等欲望而将这个欲望的目的观念排斥于意识之外。”②

麦独孤的这个自我情操说侧重情绪的组织,可以说是心理结构主义的一个流派,③ 它虽也言之成理,持之有故,可用以解释人们的道德行为的发展,但是这个学说是以本能为基础的,是由“我”的利益出发的,又是以“我”的评判为标准的,如果是非不明,善恶不分,便可能导致唯我独尊,唯我独贤,一意孤行,顽固不化的错误,因此,我们必须批判自我情操说的利己思想而培养毫不利己、专门利人的高尚的情操。

第四节　空间知觉与认识

麦独孤的唯心主义观点也在他的空间知觉和认识心理学中表现

---

① 麦独孤:《社会心理学引论》,第 244 页。
② 同上,第 248 页。
③ 麦独孤:《人的能量》,第 13 章。

出来，这就是本节所要讨论的课题。

麦独孤在他的本能心理学中虽然曾提出过知、情、意三个方面，但他所侧重的是情、意，尤其是意。因此，我们对于他的知的方面的论述拟仅以空间知觉和认识心理为限。

一、空间知觉

空间知觉是理论心理学的一个难题。距离的远近、形状的大小方圆本来是触而知的，不是见而知的，那末人的空间知觉究竟如何形成的呢？詹姆士曾将空间知觉分为三种可能的学说：第一种学说，认为感觉本身没有空间的性质，空间仅仅是由于感觉的衔接。第二种学说，认为展延性或空间性直接存在于某种特殊感觉之中。第三种学说，认为心灵内部产生了一种性能去影响原来没有空间性的种种感觉，使它们投入空间的形式之内，从而得到了统一和条理。①

詹姆士和麦独孤都反对联想主义的空间知觉说。第三说来源于康德先验说，以为空间是人们不依赖经验而习得的东西，所以是先验的。詹姆士反对这个先验说，他说："我称这个观点为神话的观点，因为我在我的心内没有意识到康德的这个'机器厂'，也没有感受这个号召去这样无情地贬低可怜的感觉的能力。至于用精神的力量产生或创造空间，我可没有内省的经验。我的关于空间的直觉不发生于两次而发生于一次。不是第一次是被动的无展延性的感觉，第二次是主动的展延性的知觉继承其后，而是我所看见的形式与它的上面所有的颜色都一样地立即为我所感知。"② 因此，詹姆士接受了第二说。但麦独孤则接受了第三说，也就是康德的先验说，虽然它在心理学内发展为"精神刺激说"，因为先验说与麦独孤的先天的倾向是吻合的。麦独孤说："我们必须严格区分我们所思及的对象和对这

① 詹姆士：《心理学原理》第2卷，1918年第271—272页。
② 同上，第275页。

个对象的思维。当然，如果唯我论是正确的，如果世界上只有我一个人，或者我就是世界，那末我所思及的对象，除了我自己的经验形式以外都是不存在的，唯独我的思维是真实的。但是当我思及它们时，认为它们是存在的，不管我在这样思维时是否正确，我必须分别我这样思及的对象与我对它的思维。譬如空间就是我在不同情况和不同时间所思及的对象。先验论者和经验论者争论的问题不是：我是否把这个现成的对象带进世界之内；也不是：我是否随身带来或由遗传得来的空间‘范畴’、‘概念’或‘观念’。而是：我的先天组织有没有一种能力或发展一种能力的倾向去感知空间的关系，用多种方法进行空间的思维。或是否每一个人都在个体生活的过程中从头习得或建立这个能力。”① 麦独孤对于这些问题的答复是可想而知的。他以为人们的先天组织有一种空间知觉的能力，使被感知的对象产生了空间知觉。他举下列图形为例。这个图的线条排列在平面上。麦独孤以为初看起来，可能看成平面。但是如果我们继续观察，就会看成一个立体，最近点为 a 角，最远点为 b 角。后来继续观察，可能看成另一立体，最近点为 b 角，最远点为 a 角。他说：“在这种事例内，对象的空间性质的知觉作为经验说来是两个阶段或甚至于三个阶段的事件。这个图形的空间性质不存在于它所引起的感觉之内；也不产生于展延性的感觉的并列。”② 很明显，空间知觉在麦独孤看来是由于主观活动的结果。他的所谓二阶段或三阶段证明格拉茨学派（参考第六章第二节麦农）对他的影响。

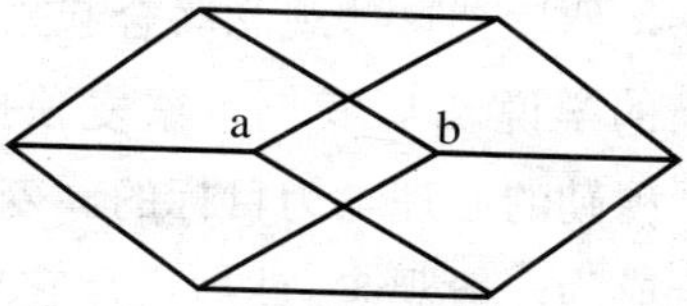

图 10.1

① 麦独孤：《心理学大纲》，第 242 页。
② 同上。

二、认识

当格式塔心理学传入美国和英国以后，麦独孤在一定程度上引为同调，他也像格式塔心理学一样反对构造主义心理学把心理事件看成感觉元素的混合。在认识心理学上，他也同意格式塔心理学，认为认识的发展不由于联合而由于分化，从一个原始的未分化的整体进展为分化 的有明显界限的简单的东西。他说："我们必须把关于心灵生长的一个陈旧过时的学说当作错误的学说去抛弃它，因为它认为心理在开始时感知了许多不同的特殊事物，并获得了这些事物的观念，然后把这些观念联合起来，形成较复杂的观念。这就是联想主义的学说。"① 我们审察麦独孤对于联想说的批驳似乎是以詹姆士、穆勒的心理学为目标的。麦独孤列举了穆勒的特殊的个别观念结合成为一般观念，然后讥斥它是"荒谬的归结"(reductio ad absurdum)。他说："这个联合和增殖的心理生长说是镶嵌的、原子的心理学，实际上颠倒了事件的真正程序。它把心理发展描写成以特殊事物的认识为起点而进展为较一般的认识。"而由麦独孤看来，认识的发展则"起始于高度的一般的认识，而逐渐进展到特殊的认识。"②

其实麦独孤所谓事件的真正程序是与辩证唯物主义认识论背道而驰的。毛泽东同志以为人的认识过程有两种程序："一个是由特殊到一般，一个是由一般到特殊。"他说："就人类认识运动的秩序说来，总是由认识个别的和特殊的事物，逐步地扩大到认识一般的事物。人们总是首先认识了许多不同事物的特殊的本质，然后才有可能更进一步地进行概括工作，认识诸种事物的共同的本质。"③当然，

---

① 麦独孤：《心理学大纲》，第 380 页。

② 同上，381 页。

③ 《毛泽东选集》第 1 卷，人民出版社 1958 年版，第 298 页。

毛泽东同志的这个总结是根据一般人的思维过程作出的，但是儿童的心理发展却也遵循从特殊到一般的程序。所以幼年儿童看图画只能说出个别的事物，看电影只能说出他所看见的男男女女或汽车。麦独孤的从一般到特殊的认识发展说是得不到理论和事实的支持的。

总之，麦独孤在本国与沃德和斯托特系统心理学上大致相同，在德国受了布伦塔诺的奥国学派的影响，所以波林称他是一个意动心理学家，“但是他与布伦塔诺的时代相距较远，致不复有相似之处”。同时，他又继承了斯图尔特的苏格兰哲学的传统。因此，他否定了英国的经验主义和联想主义的心理学，而提倡目的心理学，后复走向策动心理学。

他的本能心理学本来是为社会科学提供心理学的基础的。所以他在本世纪初年在社会心理学方面享有很高的荣誉，虽然他在20年代受了美国反本能运动的打击。他以目的心理学的观点研究变态心理学，著有《变态心理学概论》(1926)，成为变态心理学中的一家之言。

他在早期的著作如《生理心理学》(1905)、《社会心理学引论》(1908) 和《心理学，行为的研究》(1912) 中都曾在不同的程度上强调行为的研究，到了华生倡导取消意识的行为主义以后，他便与华生对立起来，不惜与他进行公开的辩论 (1924)，这说明他对自己的观点有强烈的自信。但是他在晚年时 (1936) 就不再那么自信了。他说：“关于人性的某种图式（按指他的策动心理学——引者附记）似乎比其他一切图式尤为我所喜爱；但是在我所有大多数的同行中，每一百人也许只有五人对我的那个图式给予十分有限的同意，其他百分之九十五可能认为我是绝对错误或完全错误的。”① 可见，那时

① 麦独孤：《精神分析与社会心理学》，1936年英文版，第4页。

他的自我估价似乎是悲观的。但是他对于动机心理学、情操的学说以及社会心理学和变态心理学还是有一定的贡献的。

第十一章　行为主义

行为主义是美国现代心理学的主要流派之一，也是对西方心理学影响最大的流派之一。行为主义可被区分为旧行为主义和新行为主义。旧行为主义的代表人物以华生为首，其次则有霍尔特、拉施里·亨特和魏斯。新行为主义的主要代表则为托尔曼、赫尔和斯金纳等。本章拟专述以华生为首的行为主义，并附述霍尔特、拉施里和魏斯。新行为主义则为第十二章的主题。

行为主义的旗帜是由美国心理学家华生（1878—1958）树立起来的。他以为心理学的对象不是意识而是行为。这个行为主义的诞生可以在华生的师承关系中找到近因。华生在芝加哥大学当研究生，1903年获取哲学博士学位。他留校任讲师至1908年，才转任霍布金斯大学教授。芝加哥大学是美国机能主义的策源地，华生在芝加哥与安吉尔及杜威常有往来，不能不使他深受感染。试先以杜威为例。杜威说，按照18、19世纪的心理学，“心的生活发端于感觉”，“意志、行动、情绪和欲望是跟着感觉和心象（表象）而起的”。但是“生物学发达的结果倒转了这个场面。有生命的地方就有行为，有活动。”① 那么感觉有什么作用呢？杜威以为，“这种感觉与其说是认识的、知识的，毋宁说是情绪的、实用的。”他说：“让我引一个浅近的例证。笔记者，当他记得顺利的时候，他感觉不到他的铅笔在纸上或在他的手上的压力。它不过是作为一个刺激使当时的调度得以灵敏而有效。”“如果笔尖秃了，写字不大顺利，他便有另一种感觉，

① 杜威：《哲学的改造》，京华印书馆1958年版，第45页。

使他削好铅笔或调换另一支再写。”所以在杜威看来，感觉只是调整动作的一个信号或刺激，是为动作对环境的适应服务的。①

其次，我们可以用安吉尔为例。安吉尔说：“我们将采取生物学的观点……我们将把意识的一切操作过程——我们的一切感觉、一切情绪、一切意志活动——都视为对环境的有机适应的种种表现，这一环境，必须记住，既是物质的，也是社会的。”②

总之，在芝加哥机能主义者看来，不问感觉或意识，都被剥夺了认识的功能而贬低为适应环境的工具。如果他们再前进一步，就将会放弃意识而改以行为为心理学的对象了。安吉尔在讨论“行为之为心理学的一个范畴”时，以为心理学如果放弃意识，就可能成为生物学或其他科学的附庸而丧失其独立存在的权利。但是他说，新近的心理学家有少数人在进行研究时的观点很容易这样做，安吉尔把自己也列入这些少数人的阵营里去。③

华生在这个机能主义的气氛中发育成长，无怪他到了霍布金斯以后数年之间就孕育起来他的行为主义了。他宣称“行为主义是唯一彻底而合乎逻辑的机能主义。”④ 他于1913年发表了第一篇论文《行为主义者眼光中的心理学》，这可以说是行为主义的宣言。1914年，他刊布了《行为：比较心理学导论》。1919年出版他的心理学系统的著作：《行为主义的心理学》，对行为主义的观点作了全面的阐述。1924年出版一本通俗的书，题名《行为主义》，广泛地宣传他的观点。从此，行为主义就在现代心理学流派中取得其应有的地位了。

---

① 杜威：《哲学的改造》，第47—48页。

② 转引自吴伟士：《西方现代心理学派别》，人民教育出版社1963年版，第26页。

③ 参阅安吉尔：《行为作为心理学的一个范畴》，见鲁宾逊和利查·鲁宾逊《普通心理学文选》，1923年英文版，第19页。

④ 华生：《行为：比较心理学导论》，1914年英文版（下同），第9页。

第一节　行为主义的历史背景

上文曾经接触到行为主义诞生的近因，也就是粗略涉及它的历史背景了。现在我们要进一步研究这个背景。

原来在 20 世纪初期，美国的资本主义制度已经进入了垄断阶段，它把充分利用人的全部潜力来增进生产效率，最大限度地提高利润，最稳定地维持社会秩序，作为研究人的总目的。行为主义心理学就是在这样的社会历史背景下产生的。在行为主义者看来，生产效率是直接通过身体动作的效率而体现的，要提高生产效率就得靠提高身体动作的效率。而维持社会秩序则在于使人们的行动遵守社会秩序。他们认为，心理学应该探索行为的规律。掌握这些规律，就可据以预测和控制人的行为。这对提高生产效率和维持社会秩序来说都是需要的。因此，行为主义的心理学符合垄断资产阶级的利益，得到了他们的支持。

在一定的社会历史条件下产生的任何学术观点，都是以当时的哲学思潮为背景的。自 18 世纪产业革命以来，各种自然科学飞速发展，它们对人类生活发生了愈来愈深刻的影响。而在当时自然科学中占统治地位的是力学，因之，作为当时自然科学成果总结的哲学是机械唯物主义。笛卡儿和拉·美特利等都可以说是行为主义的先行者。这种把人也看作机器的哲学观点，在当时曾起过反宗教的作用，而到后来却为把人当机器来使用的垄断资产阶级服务了。行为主义创始人华生虽然拒绝哲学，但他的行为主义心理学却正以机械唯物主义为其哲学的基础。

从另一方面看，各种自然科学的最后依据都来自经验事实，这就使经验事实在人们心目中的地位愈来愈高。于是，借曲解经验事实而披上自然科学伪装的各色主观唯心主义随之而兴起，用来作为维护垄断资产阶级统治人民的精神武器，其基本手法就是拿经验事实作为勾销主客观界限的得力工具。他们认为，主客观的界限一经勾销，双方就等同起来。这样就可以把主观说成客观或把客观说成主观。霍尔特作为一个新实在论者主张："思想与所思及之物不是两码子事"。① 这就把华生的行为主义纳入他的新实在论的哲学范畴之内了。

随着生产力的加速发展而日益成长的自然科学，至19世纪中叶，大踏步地向生物界进军，从而产生了进化论。进化论由研究有机体结构及其机能的进化而涉及动物心理的进化，把动物心理也看作动物借以适应环境的手段。

于是，不只要探索动物在机体结构和机能的发展上与人有连续性，还要进一步探索动物在心理发展上也与人有连续性。

关于达尔文和罗曼尼斯对动物心理与人类心理连续性的观点，已在第七章中介绍过，并指出罗曼尼斯所采取的是自上而下或自人而至动物的途径，以致以人的心理比拟动物，犯了拟人论的错误。

英国动物心理学家摩尔根（1852—1936）为了纠正这个错误，着眼于人与动物的相同之处，采取了自下而上的途径，提出了所谓吝啬律，即只要能用更低级的心灵作用来解释的活动，就绝对不用较高级的心灵作用来解释它。他对动物作了很多实验，创制了"比较心理学"这个术语称呼他的研究。他的方法介乎自然观察与实验室实验之间，主要是观察动物行为在特异情境中的变化。

德国生物学家洛布（1859—1924）比摩尔根的观点还要激进，曾以无机物运动的物理、化学规律来解释植物的运动以至动物的运动，提出"向性"（tropism）学说，认为像向日葵、灯蛾等的向光性那类运动，是完全受这些生物的机体结构和光的物理、化学关系所支配的。

---

① 霍尔特：《意识的概念》，1914年英文版（下同），第148页。

华生也沿着这个方向进行动物心理学的研究。桑代克研究动物行为，企图贯彻摩尔根的吝啬律，但是他的效果律假定动物能够感受满足和烦恼。华生反对这种主观的解释。他要采取客观的解释而力求简单化。他要将动物学习的成功归因于频因和近因。频因的解释以为动物在学习中，无效的动作可有可无，而有效的动作则在每一次实验都必须出现一次，否则实验就不能结束了。所以，有效动作被保留下来，是由于出现的次数之多。近因的解释以为有效的或成功的动作总是在最后出现的，因此，对第二次实验来说，它是最近出现的动作，因此，容易被保留下来。

华生遵循摩尔根的吝啬律，在动物心理学的研究上，要彻底消除一切主观的解释。他不但以此为满足，而且主张人类心理学也应如此。所以波林以为美国的动物心理学是机能心理学的儿子。由于动物心理学发展为华生的行为主义，而行为主义则欲取消意识，把人类心理纳入动物心理的范畴，“这个儿子就企图扼杀他的父亲了。”①

第二节　华生的行为主义的体系

现在我们可以进一步评述华生的行为主义的体系了。这个体系的基本特点就是否认传统心理学的对象——心理或意识——而代之以行为，又将行为归结为肌肉的收缩和腺体的分泌，而肌肉的收缩和腺体的分泌则归因于外在和内在的刺激。这便导致了刺激反应的简化的行为公式。

同时我们要知道对象决定方法。行为主义既以行为为对象，当然要采取客观的方法而反对内省的方法。

① 波林：《实验心理学史》，旧译本，第714—715页。

一、把心理、意识归结为行为

心理、意识如何可以归结为行为而没有遗留下来任何所谓精神的因素呢？原来华生把人的反应区分为：(1) 明显的遗传反应，如抓握等；(2) 潜在的遗传反应，如内分泌腺的分泌；(3) 明显的习惯反应，如打球、游泳；(4) 潜在的习惯反应，如思维等。人们一向以为思维是最高级的心理活动。如果华生能够证明思维仅仅是潜在的习惯反应，他就可以成功地占领传统心理学的这个思维的堡垒了。

华生以为思维就是默语。他说，行为主义者主张，心理学家所一向称道的思想，简单地说，只是自己对自己说话。他接着宣告："我的学说主张大声言语中所习得的肌肉习惯也负责进行潜在的或内部言语（即思想）"。[①] 所以思想是全身肌肉，特别是喉头肌肉的内隐的活动，在根本上，与打网球、游泳或任何其他身体活动没有本质上的区别，只是难以观察或更为复杂和约缩罢了。

华生关于思维的学说是外周说，与思维的中枢说相反。中枢说以为思维纯属大脑皮层的活动，外周说认为思想是整个身体的机能。在华生离开理论心理学的领域以后，科学家发展了用现代化技术记录肌肉电位、脑电波和神经冲动，证明我们的思维确与全身肌肉有关，不仅仅是脑的活动。可以说中枢说和外周说是互相为用的。华生的外周说排斥中枢说，正反映出他的机械唯物论的片面性。

华生把通常当作心理活动的情绪，也看成是身体机构的变化，特别是内脏和腺体的变化。他认为，无论是身体活动或心理活动，如果加以分析，最后可以还原为肌肉的收缩和腺体的分泌。肌肉有横纹肌、平滑肌两种，腺体有有管腺和无管腺两种。他认为，无论是强烈而外显的身体活动，或微弱而内隐的身体活动，都有其引发的

---

① 华生：《行为主义》，1924 年英文版（下同），第 191—192 页。

原因，而这些原因不外是有机体的外部情境及其本身状态的变化。

华生一方面把有机体应付环境的一切活动统称之为行为，而把作为行为的最基本成分的肌肉收缩和腺体分泌称之为反应。另一方面把引发有机体活动的外部和内部的变化统称之为刺激。并认为刺激必然是属于物理性或化学性的变化。尽管引发人的行为的原因可以是高度复杂的，但无论怎样复杂，最后也要通过物理性或化学性的物质变化作为刺激才能起作用，否则其影响不能为有机体所接受。例如不管是多么抽象的语言和各种符号，都必须以光或声的物理形式才能起刺激作用。至于作为反应的肌肉收缩和腺体分泌，当然也是物理变化和化学变化。这样一来，全部行为，包括身体活动和通常所说的心理活动，都不外是由一些物理或化学变化引起另一些物理或化学变化而已。华生认为这样就可以把心理学纳入整个的自然科学体系中去，把精神现象还原为物质现象，取消了心理现象不同于其它自然现象的独特性。这就是他所说的："人和动物的全部行为都可以分析为刺激和反应。"①而最基本的刺激、反应连结叫做反射。不管多么复杂的行为总不外乎是一套反射而已。因此，他宣称"行为主义者是严格的决定论者"。② 这种决定论显然是机械唯物主义的。

但华生在描述具体行为时，并不能贯彻他这种元素主义的机械决定论观点，因为事实上绝少有那么简单而固定的刺激反应关系；同一刺激在不同的场合就要引起不同的反应。华生为了应付这个难题不得不偷换概念，使刺激和反应这两个词的含义变得很广泛，前者泛指引起有机体活动的一切情境；后者泛指有机体的一切活动。这样一来，他所宣布的要把全部行为分析为刺激和反应的那句话，就

---

① 华生：《行为：比较心理学导论》，第 299 页。

② 华生：《关于情绪禀赋如何丧失和改变的新近实验》，载《1925 年心理学》，1926 年英文版，第 12 页。

难以成立了。

华生在强调刺激、反应的同时，极不重视神经组织在行为中的作用。例如，他说："神经系统，连同它的中枢也一样，只不过在感受器与反应器之间起联络作用而已。"① 他甚至认为在人的行为里，中枢神经系统的重要性与其它器官相等。他说，完整的反应固然离不开神经中枢，但同样也离不开心脏、骨骼、肌肉和腺体。他问，"我们行为主义者应否对中枢神经系统发生特殊的兴趣呢？"他说，"行为主义者对于脑和脊髓的重视没有超过他对于身体的横纹肌、肠胃的平滑肌以及腺体等的重视。"他接着指出，这个态度"为什么使内省主义者生气，你就必须记得神经系统由内省主义者看来常常是一个神秘的盒子——凡是他不能用'精神'解释的东西都被推到脑子里去。"他以为神经系统并不神秘，"它乃是一种特殊化的身体机制，使有此机制者在接受刺激时比没有神经系统的有机体较为迅速和完善而已。"② 他贬低了神经系统的功能，进一步暴露出他的反中枢说的偏向。他以后，神经生理学家的研究成果恰恰证明了他的神秘盒子说的浅陋。

二、对意识问题的处理上的新实在论或二元论的倾向

华生拒绝哲学化，但是他却犯了哲学错误。他除犯了机械唯物主义的错误外，还不自觉地暴露出新实在论或二元论的倾向。他说："如果你同意行为主义者有像其他科学家那样地使用意识的权利——就是说不把它当作特殊的观察对象，你就满足我的论旨的要求了。"③ 其他自然科学家是怎样使用意识的呢？华生以为物理学家研究光学和声学时，要利用他的有关声和光的感觉。化学家研究某种

① 华生：《行为主义》，第71页。

② 同上，第43页。

③ 华生：《行为主义者眼光中的心理学》，载丹尼斯《心理学史文选》，1948年英文版，第469页。

元素和化合物时，要利用他对这些物质的颜色和气味的感觉。总之，他们都把感觉当作客观事物的感觉，而不去研究感觉的感觉。只有传统心理学才把感觉当作特殊的观察对象，要发现感觉的感觉或意识的意识。华生的行为主义不否认关于事物的感觉和意识，而仅仅否认关于意识的意识。因此他说："意识到只不过指我们对内部世界和外部客观世界的称谓活动。"① 这就是说当我们把自己所觉察到的身体内部情况和外部环境情况出声或不出声地说出来时，那就是说我们意识到它们了。他认为精神分析学派所谓的无意识，只不过是不能用语言表达的东西。

华生在处理意识的问题上陷入了主观唯心论或二元论的两难境地。因为如果不承认意识的理由在于意识是关于客观事物的意识，而不是关于意识的意识，他就把心理学家所研究的意识和其他科学家所研究的客观事物等同起来，把意识当作了客观事物，正如霍尔特所说的客体和关于客体的知识是一回事，抹煞了主客观的界限，也就是以新实在论的形式表现出来的主观唯心主义。

从另一方面看，如果像华生有时所自称的那样，不是从根本上否认意识这种事实的存在，而只是因为它不能由任何另外一个人的观察来证明，因而不能成为科学的对象。这样虽然可以避开否认意识这一人所共知的事实的困难，但却必然陷入了二元论，似乎人的活动可有两种，一种是科学方法所能及的，一种是科学方法所不能及的。而后者正是主张意志绝对自由的唯心主义者所要竭力维护的那种东西，也正是标榜只承认物质而绝对否认心灵的华生本人所要坚决排除的东西。

三、把内省法从前门赶出去，又以语言报告法把它从后门迎进来

① 华生：《行为主义》，第 213 页。

尽管不应该像华生那样否认意识或否认意识作为科学研究的对象，但对意识进行自我观察，究竟比对行为进行的客观观察更为困难。即使同属客观观察，却也因通过不同的感受系统而有不同程度的便利和精确性。无论何种科学都不免要对其研究对象进行间接观察，尽可能诉诸最敏锐的感受系统，来提高观察的精确性，不必非依靠直接观察不可。通过行为来间接观察意识，比靠内省来直接观察意识更为便利和精确。所以，就这一点说，华生反对把意识作为心理学研究的对象，是有其一定的论据的。

同时，必须指出，他在研究方法上反对内省，是他在对象上否认意识的必然结果。他说："内省陈述的真假无法确定，因为一个人除了能对自己作内省观察外，决不能对任何别人进行内省观察。"①因此他宣称"行为主义者满足于观察开初的客体（刺激）和终末的客体（反应）"。②他认为重要的事情是看所给予的刺激是什么样的，再看该刺激所引起的反应是什么样的，或者该刺激使已在进行的反应发生了什么变化。这种观察的结果是可以由不同的观察者同时进行而互相验证的，符合于一切自然科学所要求的真实性的标准。

华生认为语言是人所特有的一种反应，因此听取别人在接受某种刺激后的语言反应，并不违反行为主义者所坚持的客观原则。这是把语言当作反应来看的，所以听取别人的语言和观察别人的身体动作一样，都属于客观观察。可是，他又说："很遗憾，心理学目前还没有观察别人体内机制变化的方法，所以我们至少部分地需要别人报告他自己的体内变化。"③他虽然认为这种语言报告法有待于仪器的验证，但并没有完全弃而不用。很明显，他在这里是把语言当作对自己的内隐反应的自我观察报告来看的。这两种场合下的语言

---

①② 华生：《行为主义心理学》，1924年英文版，第3页。

③ 同上，第42页。

对心理学的意义显然不同。在前一种场合下，语言是客观观察的对象，一个人的语言可以由任何别的人来听取。在后一种场合下，语言是自我观察的结果，除本人以外任何别人是无法体验的。前一种场合下的语言没有什么真实与否的问题，因为它本身就是事实，即使是谎话，也是表明说谎的事实。后一种场合下的语言，就有了真实与否的问题。谎话表明语言报告与事实不符，因此就不能把所报告的东西当作事实。华生把这两种场合下的语言混为一谈，就造成概念上的混乱了。

华生把内省和自我观察混为一谈，也显示了他的概念的混乱。因此，关于究竟什么是内省，为什么要反对内省，也就没有清楚的认识了。在一种情况下认为内省是要去观察意识，要去观察根本不存在的东西，所以是根本不可能的。在另一种情况下则又说："内省……指那种对自己身体组织所发生的变化，如肌肉和腱的运动、腺体的分泌、呼吸、循环等等的含糊陈述。"① 这样一来，他就以语言报告，把内省从前门赶出去而又从后门迎进来了。

四、与巴甫洛夫的分歧

华生采用了巴甫洛夫的条件反射法，但与巴甫洛夫的基本理论观点是有分歧的。华生以为，对聋哑人、婴孩及某些病例，语言报告法是不适用的。至于研究动物行为则更不必说了。因此，有必要改用条件反射法，可借以把原来只能由自我一个人来观察的事实，转化为"有目共睹"的事实。假如不知道某人对两种差别极微的色调能否发生不同的感觉，我们可以通过语言报告法，先把这两种色调的刺激呈现给他，问他这两种刺激是否有差别。但也可以把其中的一种色调作为条件刺激，看他能否和另外那种色调刺激形成分化性的条件反射。如果能够的话，就证明他对这两种色调产生了不同的

① 华生：《行为主义》，第 212 页。

感觉；如果不能够的话，就证明他对这两种色调产生了相同的感觉。这就是说在内隐反应与外显反应之间建立起条件反射关系，使原来只能引起内隐反应的刺激也引起外显反应，然后通过外显反应来间接观察内隐反应。

华生否认了内省法，但不能否认内省法所提供的事实，他便力图以客观方法来验证内省的结果，甚至借助于这种方法，把传统心理学从它们的世袭领地中驱逐出去，而由行为主义来占领。因此，他在客观方法中，特别强调条件反射法。他明确指出，可以“用条件反射法代替语言报告法”。① 可是，我们必须看到，对于条件反射的研究，华生与巴甫洛夫的观点是根本不同的。首先，巴甫洛夫十分重视动物和人的行为同神经系统的关系。他说：“神经系统的活动，一方面是要达到统一化，即把机体各部分的工作整合起来。另一方面是要达到机体和周围环境的联系，达到机体系统和外界环境之间的平衡。前一部分神经活动可以叫作低级神经活动，反之，后一部分，通常被叫作动物或人类的行为的部分，由于其复杂性和细致性的关系，可以很合理地称之为高级神经活动。”② 因此，巴甫洛夫通过条件反射的研究，探索大脑皮层和皮下的活动。这也就是他所称的生理学的方法。至于华生则仅仅注意肌肉和腺体的生理学而完全忽视大脑皮层的生理学。

第二，巴甫洛夫认为人的高级神经活动和动物的高级神经活动虽有联系，但彼此之间存在着本质的差异。他说：“对于动物来说，差不多完全只有传到了视觉、听觉及其他感受器官的特殊细胞的刺激作用和它们在大脑两半球上遗留下来的痕迹，起着关于现实的信

---

① 华生：《行为主义》，第212页。

② 巴甫洛夫：《条件反射演讲集》，人民卫生出版社1954年版（下同），第330页。

号作用。”这种信号是人和动物所共有的，巴甫洛夫称之为第一信号。至于词则为人所独有，叫做信号的信号或第二信号。所以他说：“词使我们变成了人”。[1] 有了第二信号系统，就给人带来了神经活动的新的原理，人可用以进行抽象、概括，形成一般概念，这就是“人类比动物的最大的优越性”。而华生则混淆了人与动物的界限，抹煞了人类思维的特点。

第三，巴甫洛夫不否认意识。他说：“否认主观世界是最愚蠢的，不言而喻，它当然是存在着的。作为表述我们主观世界种种现象的心理学是完全合法的东西，为此而发生争辩乃是无稽之举。我们的行动都是以此为基础，一切的社会生活和个人生活都是在这个基础上形成的，关于这一点就用不着再说了。”虽然巴甫洛夫不满意心理学的研究方法，但是他认为反映主观世界的心理学还是需要的。[2] 至于华生则根本否认意识和主观世界的存在。

总之，尽管华生采取条件反射法研究动物行为和儿童的情绪反应，但是他的行为主义与巴甫洛夫学说是有距离的。

五、行为主义的环境决定论

否认行为的遗传也是华生的基本观点之一。他以为行为最后都可还原为由刺激引起的反应，而刺激不可能来自遗传，既然如此，那么行为当然就不可能来自遗传了。再者，行为主义既然以控制行为为研究目的，而遗传是不能控制的，所以遗传的作用愈小，控制的可能性就愈大。

但是在对待行为遗传的问题上，华生的见解却不是一贯的。他最初并不否认本能，只是要用反射的概念来解释本能，正如他要用反射的概念来解释一切行为一样。在这一时期，不止承认有简单反

---

① 巴甫洛夫：《条件反射演讲集》，第 437 页。

② 《巴甫洛夫学说与心理学底哲学问题》，科学出版社 1955 年版，第 86 页。

射的遗传，而且也承认若干反射之间的组合的遗传。他曾说："本能是一连串的反射，这串反射的个别元素是按照严格的遗传方式而连续进行的。"①

后来华生逐渐否认本能的遗传；他认为只有一些简单的反射是遗传的。他所列举的遗传的反射，都是极其简单的。他断言"在人类的反射目录中，找不出哪一种相当于心理学家和生物学家所说的本能。"②

华生有时又完全否认行为的遗传，而只承认身体结构的遗传。他认为如果有什么与生俱来的行为的话，也只是由于有与生俱来的身体结构。他说："人是生来就具有一定类型的结构的动物。有这样的结构，就不得不在一出生时即以一定的方式对刺激发生反应。"③ 他以澳洲某地土著使用的一种叫作"飞去来"的武器为例，这种武器被抛出去以后会自己转回来。这就是因为它有那种特定的结构。抛掷可以说是对它的刺激，去而复回可以说是它的反应。所以有了一定的结构，在接受到一定的刺激时，就必然要发生一定的反应。

必须指出，这只是就最简单的反应而言的。至于较复杂的行为的形成，华生认为完全来自学习，尤其是早期训练。有机体结构上的差异和早期训练上的差异，就足以说明全部后来行为的差异。他还认为，学习的决定因素是外部刺激，外部刺激是可以控制的，控制的最基本途径是条件反射法。他说："条件反射是整个习惯所由形成的单位。"④ 他详细阐述了这一观点，指出不管多么复杂的习惯也是由一系列反应连结而成的。其连结的关键，是先行反应所产生的

---

① 华生：《行为：比较心理学导论》，第 106 页。

② 华生：《托儿所对本能应提供的证词》，载《1925 年心理学》，1926 年英文版，第 1 页。

③ 同上。

④ 华生：《行为主义》，第 166 页。

动觉刺激成了后继反应的条件刺激。如果说一系列反应中的每一个反应原来都是由一定的外部刺激引起的，那么后一反应的刺激总是紧接前一反应而出现，恰好符合于条件刺激与无条件刺激的时序关系。于是，前一反应就成了后一反应的条件刺激。以后这个反应系列一经发动，即可自动进行。这样一来，不论多么复杂的行为都可通过条件反射这一机制而建立起来。对于形成新行为的这一看法，最适合于行为主义预测和控制行为的要求。因此，华生最重视学习问题，他说："学习这一领域包括了行为主义者的最重要的一群问题。因为借助于行为的形成，他取得了控制动物活动的直接途径。"①

这便导致了他的教育万能论和环境决定论。由他看来，不但动物的行为可以用学习或训练加以控制，人类、特别是人类儿童都莫不如此。行为主义的目的就是要控制行为。所以他夸口说："给我一打健全的婴儿和我可用以培育他们的特殊世界，我就可以保证随机选出任何一个，不问他的才能、倾向、本领和他的父母的职业及种族如何，我都可以把他训练成为我所选定的任何类型的特殊人物如医生、律师、艺术家、大商人或甚至于乞丐、小偷。"② 他这样否定遗传的重要，强调教育、训练和学习的影响，在某种意义上是对种族歧视或种族优越等反动学说的批驳。譬如他说："关于黑人劣根性，我们没有可靠的论证。但是在同一学校内教育一个白人儿童和黑人儿童，在同一家庭内教育他们（在理论上没有差别）时，当社会开始给予有力的影响，黑人儿童就不能与白人儿童比赛了。"③ 这就是说，黑人儿童的相形见绌不是由于先天才能的低劣而是由于社会待遇的悬殊。这个分析是有进步的意义的。但在另一方面，任何儿童如果可由教育者一厢情愿地把他培养成任何类型的人物，那末在垄

---

① 华生：《行为主义》，第45页。
② 同上，第82页。
③ 同上，第83页。

断资本家统治一切的社会内，资本家就可以按其愿望将儿童从小塑成为甘受剥削和奴役的自动机了。

六、对华生的行为主义的估价

华生的行为主义是对传统心理学的反抗，华生不仅厌弃构造主义，也厌弃机能主义。他厌弃构造主义是因为它从事于意识的分析研究。有些构造主义心理学家分析的结果，得到了感觉和感觉的鬼魂，影象，有些构造主义心理学家得到了感情和意志之类的元素，各凭主观，很难论定谁是谁非。他厌弃机能主义是因为它保留一些模糊的术语如情绪、意志、历程等等，而不把机能主义的逻辑贯彻到底。这两个学派虽开展过相互的攻击，但都依靠内省的方法，尤其引起了华生的不满。

因此，华生要破旧立新，异军突起，提倡行为主义。他矫枉过正，如否定了意识，贬低脑和神经中枢的地位，片面强调环境和教育而忽视人的主观能动性等等，当然会使他在心理学的基本理论上陷入困难的境地，受到了多数心理学家的批评。但是他的行为主义的运动却也有积极的意义和影响。

首先，心理学的研究如果局限于意识，它便很难跻入科学的行列之内，而仅能逗留在哲学的边境之上。华生以行为为心理学的对象，就可以使心理学消除它的传统的特点，即主观性，而取得其他自然科学所共有的客观性，从而与自然科学在对象和方法上有了共同的语言。客观行为的观察取代了主观意识的内省，而凭借感觉远较灵敏的外部感受器为研究的工具，因此获得了远较可靠的结果，而且不同的科学家还可以交流经验，互相验证，更有利于心理学的发展。

其次，心理学如果局限于意识的研究，动物心理学中的拟人论便成为一种不可避免的倾向。只有以行为为对象才能彻底扫除这种倾向，而使动物心理学在心理学的领域中取得其应有的合法地位。儿童心理学也是一样，只有客观的观察才适用于儿童心理学的研究。因此，华生的行为主义扩大了心理学的领域。

第三，如今，就美国来说，心理学家的足迹已经见于生物化学实验室、大中小学校的系统、医院诊疗所、工厂和政府机关，可以说遍及于人事部门，这部分地也应归功于行为主义的运动。华生不是说行为心理学的目的就在于预测和控制人们的行为吗？所以行为的研究不能不进一步促进心理学的应用。

第三节　其他早期行为主义者

一、霍尔特

霍尔特（1873—1946）是新实在论哲学家兼行为主义心理学家。他是哈佛大学博士和詹姆士的崇拜者。代表著作有：《意识的概念》（1914）、《弗洛伊德的愿望及其在伦理学中的地位》（1915）。他曾引用詹姆士这样一句话："我们的经验并不表明知识内容与知识对象的二重性，内容就是对象。"[①] 他的《意识的概念》就是要发挥这个论点的。可见新实在论就是实用主义的变种。霍尔特在这本书里一再提到宇宙是由非心非物的中性材料所构成的。他力图否认客观事物与关于客观事物的主观映象的区别。他说："事物除其本身外，别无可为其代表者"。[②] 他还干脆认为"意识或心灵不存在于头脑之中。……我们所知觉到的一切东西……都存在于恰好是它们被看来所在之处"。[③] 他从勾销主客观界限的角度上反对洛克关于客体的第一性的质和第二性的质的区别。他说，放弃了第一性的质与第二性的质

① 霍尔特：《意识的概念》，1914 年英文版，第 149 页。
② 同上，第 142 页。
③ 同上，第 181 页。

的虚假区别，才可以使认识得到解脱而皈依对物的朴素观点。

霍尔特既然反对主观映象和客观事物的区别，当然就要反对神经特殊能说。因而认为神经中枢除起传递作用外，理应不起任何加工作用，否则会给主客观差异留有余地。他说："生理学家并未发现神经流通过大脑皮层时，被一漏筛过滤而进入不可见的心理世界，或者在这里受到任何意志力的支配。它们穿过大脑两半球这个迷津，并不比穿过低级的脊髓有更多的神秘性。"① 霍尔特的这个观点，给行为主义在心理与神经系统的关系问题上提供了哲学依据。

霍尔特还对行为主义的心理等同于行为，从而否认心理活动与身体活动有任何区别的观点，提供了哲学根据。他说："认识过程是反应过程的一种形式。"② 他认为所谓意识，所谓心理世界，只不过是由人的特定反应所规定了的环境事物。这就是说我们对环境事物的意识是受我们对它们的行为所规定的。环境事物具有多方面性，我们对它们所意识到的，也就是它们本身所具有的某个或某些方面，就这个意义说，意识的内容就是意识的客体。从另一方面看，我们对环境事物究竟意识到它们的哪一方面或哪些方面，则由我们对它们的反应来规定。这是彻头彻尾的实用主义的认识论。

二、拉施里

拉施里（1898—1958）是华生在霍布金斯大学的学生。他的主要著作有：《意识的行为主义解释》（1923）、《脑的机制与智力》（1929）。他在意识问题上和霍尔特完全一致。他在《意识的行为主义解释》一文中，系统地阐述了他对这个问题的看法。他认为，"新实在论者提出了任何别的学派都无法否认的关于觉察状态的说明。""没有关于觉察过程的直接知识，不管是多么仔细的内省也只能发现

① 霍尔特：《意识的概念》，第199页。
② 同上，第183页。

知识对象的存在和属性，也只能发现意识的内容，而意识的内容则只能是作为意识对象的客观事物。这种内容绝对不包括被传统心理学叫作意识的‘觉察’本身。”①

拉施里认为有意识行为与无意识行为只有程度上的差异，他并以这种事实来否定二者之间的质的区别，从而否认意识是作为不同于行为的东西的存在。他说：“反应的组合型式可以有连续的不同复杂程度。当这种组合型式的复杂程度，由简单的脊髓协调而向复杂的大脑整合进展时，就越来越多地带上了正常觉醒个体的那种意识的属性。在不断增加的复杂性的序列中并无清楚分界之处，如传统心理学中关于意识的不同状态的各种名称，如什么并存意识、前意识、潜意识等所表明的那样。”② 他还进一步指出，在反应的组合型式中愈多地包含了有关语言和手势的反应，就愈成为有意识的。论点的核心在于他认为语言反应和身体的其它反应并无性质上的区别，都只是一些肌肉群的收缩。因此，反应组合型式中有无语言反应参与，只能使反应组合型式发生复杂程度的差异，而不能发生性质的差异。

关于内省问题，拉施里把它简单地理解为通过内部感官对自己身体内部的变化所进行的观察。他说：“当一个人考察自己的心理状态时，他实际上是在反应他的本体感受器的刺激。”③ 这和那种认为心理是行为，行为是动作，即心理状态其实就是身体状态的观点显然是完全一致的。

关于心理学与生理学的划界和关系问题，拉施里与华生意见不同。拉施里认为没有生理学则行为主义很难进展，因为行为主义的

---

① 拉施里：《意识的行为主义解释》，载《心理学评论》，1923 年英文版（下同），第 251 页。

② 同上，第 341 页。

③ 同上，第 242 页。

解释原理是生理学的。他说，在生理学与心理学之间，很难截然划分界限。他相信，“用身体活动的生理学可以对行为作出完全的描述与解释。”①

拉施里不同意那种把复杂行为看成是由许多简单的反射组合而成的观点。他根据动物实验的结果提出大脑皮层功能的整体说和等势说。所谓等势是指这样一类事实，即切除动物大脑皮层的不同部位，对动物的学习效率并不发生不同的影响。甚至切除一向认为是视觉中枢的枕叶区后，虽然影响图形辨别的学习，但不影响明度辨别的学习。所谓整体性是指这样一类事实，即切除大脑皮层对学习效率的影响大小以切除分量的多少为转移，切除分量愈多，影响愈大，而且受影响的大小，亦随所学活动的复杂程度而定，所学活动愈复杂，受影响愈大，例如简单的迷津习惯，在切除大脑皮层达三分之一后亦不丧失；而复杂的迷津习惯，则在切除大脑皮层超过百分之十五以后，即完全丧失。

拉施里总结他的大量观察结果，指出：“每种习惯形成的实验结果，都以这样或那样的方式表明神经组织整体的重要性，和大脑皮层不同部位的功能缺乏特异性。”② 他断言：“神经学的证据表明，整合的复杂性可以大大超出反射说所允许的限制。”③ 但拉施里和华生在这个问题上的分歧，只是就行为的组织方式而言。至于把心理活动与身体活动等同起来，则为一切行为主义者的共同观点。同时也应该注意到拉施里关于脑机制的这种发现，与第十三章格式塔心理学关于脑机制的理论有一致之处。

三、亨特

---

① 拉施里：《意识的行为主义解释》，第 238 页。

② 拉施里：《脑的机制与智力》，载丹尼斯《心理学史文选》，1948 年英文版，第 564 页。

③ 拉施里：《意识的行为主义解释》，第 34 页。

亨特（1889—1953）同华生一样曾就读于机能主义策源地芝加哥大学。其主要著作有：《动物和儿童的延迟反应》（1914）、《心理学与人类行为学》（1926）。他也是一个非常极端的行为主义者，坚决避免使用带有心灵色彩的词语，甚至认为连心理学这个词也要废弃，而代之以由他所杜撰的Anthroponomy（可勉强译为“人类行为学”）。他要把所有用以描写意识的名词转译为刺激反应的关系。他在意识问题上也显然坚持着新实在论的观点。他说：“心理学家所谓的意识或经验只不过是叫做的环境所给的一个名称。”①他认为：“当心理学家考虑形而上学的问题时，常常主张唯物一元论的观点，但他们同样也可以坚持唯心一元论。因为就一元论看来，心与物二者之间并无根本区别。”②

亨特在心理学与生理学的关系问题上与华生抱一致的观点。他认为心理学的问题应该用可以得到的方法来表述。科学家不愿把自己的精力用在一些目前无法解决的问题上，因为这是一种无效的努力。从生理学中寻找心理问题的解答，就属于这种无效的努力。他打比喻说，即使在物理学中也还允许谈论钢和碳而去对这些物体进行研究，不必直接涉及原子性质问题。各种科学在研究中都可分出这种宏观和微观的层次。

亨特以其对白鼠、狗、浣熊等动物和儿童的延迟反应的实验研究而著名，兹举例说明这种实验的一般程序：让被试学会由一定地点走向几只箱子中有亮光的一个，然后把被试拘留在一定地点，当几只箱子中有一只发亮光时，不让被试立刻走向那里，而是要等亮光熄灭后经过一定时间才让其自由走动。这样来看经过多长时间，被试还能正确地走向原来发出过亮光的箱子。这就是说在这种实验情

---

① 亨特：《心理学与人类行为学》，载《1930年心理学》，第283页。

② 《1925年心理学》，第299页。

境下，被试的反应不是由当前刺激引起，以传统的心理学来说，似乎是由光亮的意象引起，而意象是观念的东西，心理的东西。亨特通过这类实验，发现动物和幼儿在延缓时间内须保持光亮未熄灭时的那种身体姿势，才能使延迟反应正确完成。他由此推论，认为所谓观念性的东西或心理的东西，其实不过是由身体姿势所产生的动觉。他说："外显的定向姿势可能对浣熊的许多反应起记号作用。这些姿势应该认为是白鼠和狗作为记号的东西，以便解释它们的反应。"① 他认为："用这样的理论来说明浣熊和一个儿童所表现的情况，似乎比让意象来完成那种代表功能较符合于吝啬律"。② 在浣熊的很多正确反应和儿童们所有的成功反应中，亨特推测，还需要设想有某些不能为主试者所看到的机体内部变化作为记号，来起那种所谓观念性的作用。这样一来，传统心理学上所谓的心理状态，就成了一些包括语言动作在内的身体动作状态。这恰好是那种把心理活动和身体活动等同起来的行为主义观点。

四、魏斯

魏斯（1879—1931）原籍德国，童年时即迁入美国。其主要著作为《人类行为的理论基础》(1925)。他全力以赴地要把人的社会行为还原为自然行为或生物行为。他明确宣称："在最后分析之下，人类行为可以还原为许多电子-质子系统中间的运动。"③ 他认为，人的一切社会活动完全可以用自然科学中所用的力的概念来加以描写和解释。他不承认社会因素是非物理或超物理的。他把心理学看作是自然科学引伸到社会科学的中介环节。他认为，行为主义心理学一方面研究物理条件对感知-运动机能的影响，这是人类行为的生物

① 亨特：《动物和儿童的延迟反应》，载丹尼斯编《心理学史文选》，1948年英文版，第480页。

② 同上，第481页。

③ 魏斯：《人类行为的理论基础》，1929年英文版（下同），第38页。

物理方面；一方面又研究感知-运动机能对社会组织的影响，这是人类行为的生物社会方面。其研究的目的就是要以物理和数学的方法来解释社会组织和个人成就。他声言所有的“生物社会反应都是生理物理反应，不过在生物社会反应中，不是按肌肉收缩的物理效果来分类，而是按其所引起的别人的反应来分类。”① 他居然宣布：“人类行为科学的专门课题就在于研究一些肌肉收缩效果和产品的起源和发展，这些肌肉收缩的效果和产品形成了那样一些关系和对象，它们总称为文化。”②

总之，魏斯虽然承认社会性是研究人的行为时必须注意的问题，但他和华生一样，注意的目的则在于从本质上消除社会性的特点，以维护其人和动物的行为在本质上毫无区别的观点。魏斯还说：“一个人的感官和肌肉可以被另一个人来使用。当所有的人，包括已故的和现存的，都通过这样关系而结合为一个单一的感知动作体系时，就发展出人类的特殊成就，即所谓文化。”③ 这就是说人所特有的最复杂的社会关系，其最根本的机制仍不过是生物物理关系，因为人总是通过自己的动作来影响别人的感知，从而引起别人动作的。因此，社会关系最后都可还原为刺激反应关系。这就是把社会的东西还原为生物的东西，再把生物的东西还原为物理、化学的东西，只承认它们在现象上有区别，而不承认它们在本质上有区别，从而抹煞了物质运动的高级形式与低级形式之间的质的差别。

总起来说，早期行为主义者，多半从机械唯物论的观点出发，使人们对心理学的对象和方法等最根本问题的看法，发生了转折性的变化。特别在方法论方面，其影响是广泛而深远的。但它们把行为

---

① 魏斯：《心理学中的生物社会观点》，载《1930 年心理学》，1931 年英文版，第 304 页。

② 魏斯：《人类行为的理论基础》，第 155 页。

③ 同上，第 306 页。

说成完全是被动的，这与行为所表现的，最为人们所普遍注意的那些特点，如主动性、变异性、选择性、适应性等等明显地不相符。行为现象之不同于一般物质运动现象，也正在于这些特点。面对这些有目共睹的、不容抹煞的事实，就迫使一些行为主义者不得不设法来解脱这一困境。力图找一条出路，以便既能维护“严格决定论”这一行为主义的核心观点，同时又能解释行为的那些总归是表现为不确定性的特点。这样就产生了下章所要论述的、各种不同形式的所谓“新行为主义”。

第十二章　新行为主义

第一节　从行为主义到新行为主义与新行为主义的特征

行为主义的形成和发展，大致可以分为两个时期。从1913年到1930年左右为第一时期。这一时期以美国华生的行为主义为代表，可以称作早期行为主义。早期的行为主义是本世纪开端美国资本主义社会的时代产物。在当时，美国的官方哲学实用主义和近代资产阶级流派——新实在论，为早期行为主义的形成提供了哲学基础。同时，西方自然科学和工业技术的进展，以及动物心理学的急速发展，为华生行为主义心理学所宣称的客观研究方向准备了土壤。在这种形势下，在当时的美国流行的冯特和詹姆士的内省主义心理学，显然已经不能适应时代的要求。心理学在对象和方法上的革新，就成为迫切需要解决的问题。早期行为主义就是这样从西方现代心理学内部分离出来的。

从1930年左右起，早期行为主义就逐渐为一些新的行为主义所取代。行为主义本身是一个包含许多大大小小体系的极其复杂的派别。那些新行为主义理论，也和早期行为主义一样，并不是完全一致的。但是无论如何，它们都具有为当时美国的社会历史条件和行为主义自身发展的内部原因所制约着的一些大致共同的特征。

首先，本世纪20年代末，美国实验物理学家和自然哲学家布里奇曼创立了操作主义（operationism，实演主义）这一哲学流派。操作主义是逻辑实证主义和实用主义结合的产物，第二次世界大战后风行一时，并广泛流传到其他资本主义国家。布里奇曼的《现代物理学的逻辑》(1927) 是这个流派的主要代表作。他的理论不仅在自然科学界影响一时，对心理学界的影响也是不小的。

操作主义强调“操作分析”的方法，特别是以探讨有关科学概念精确定义的标准为主要的任务。他们认为，一切科学概念并不是客观实在的反映，他们都只是科学家自身的操作活动，或对于这些操作的方便解释。布里奇曼说:“任何概念，我们意指的只是一组操作，概念与相应的那一组操作是同义语”。(着重点是原有的。) 他们又认为，任何概念，假如不能用可观察的操作验证它，这个概念所指的就是客观上不存在的，因而就是没有意义的虚构。科学的概念，在科学家自己认识不明确或起争论时，应该从这个概念如何获得的观察法或操作来验证它。

30 年代以后，心理学中的操作主义就开始盛行起来。新行为主义者就是操作主义者。操作主义作为检验科学概念的技术，这原是无可厚非的，但是若把它作为一门科学的哲学基础，那就必然会弄到否认实际存在着的东西。一些新行为主义者，在他们各自的理论体系中接受操作主义的情况是各不相同的。比如斯金纳和托尔曼，他们就是站在纯粹操作主义的立场上。在赫尔的理论体系中，操作主义的气息就较欠浓厚。

其次，早期行为主义忽视有机体内部条件的研究。华生扬言决不把脑当作偶象来崇拜，因而他把有机体内部的意识过程从脑中引出来，放到外周器官，即感官、肌肉和腺体上，当作行为反应来处理。但是事实上，意识的现象却并没有被华生以“神秘”为借口挥手从脑中驱逐掉。行为主义理论中的这种无头脑的倾向，显然是妨碍科学研究的进步的。为了克服这种倾向，托尔曼首先在他的《动物和人类的目的行为》(1932) 一书中提出“中介变量”的概念，试图用在 S (情境) 和 R (反应) 之间的 O (有机体) 内部发生的变化来解释刺激-反应这个公式所不能解释的事实。托尔曼的中介变量理论明显地保持着纯粹操作主义的观点，他是从纯粹操作主义的意义上去理解中介变量，并用实验操作的术语对中介变量下定义的。在赫尔的假设-演绎体系中，中介变量就意味着那些虽然是观察不到的，但却具有某种真实意义的现象。不过，赫尔由于继承了华生的传统，没有把中介变量安置在脑内，而把它们安放在有机体的外周神经系统上。至于斯金纳，他曾公开宣称过："一种适当的行为科学必须考虑有机体皮子之内所发生的事件"，"而不放弃行为主义的基本立场"。这个基本立场，无疑也是纯粹操作主义的。

第三，苏联巴甫洛夫的条件反射原理，在行为主义发轫时期就被华生用来作为推动行为主义运动的方法论工具，但华生把条件反射只是看成刺激与反应之间的一种简单的联系。1930 年以后，一些新行为主义者在新的形势下，把巴甫洛夫学说同操作主义观点相融合。他们一方面援用巴甫洛夫条件反射说的术语，另一方面却在这些术语中注入操作主义的内容。这就是构成新行为主义理论核心的关于条件作用的理论体系，古斯里、斯金纳以及赫尔和司宾斯等就是这一理论体系的代表人物。乍一看来，给人们的印象似乎巴甫洛夫学说同新行为主义是一回事，但是事实上，巴甫洛夫高级神经活动的研究是在揭示大脑活动的规律性，而新行为主义却把巴甫洛夫的那些术语用来表明实验者在研究动物行为时各种不同的操作过程，或是用来指明动物行为反应的总和。有些行为主义者往往自称是新巴甫洛夫学派的代表人，这应该说是对巴甫洛夫学说的一种有意曲解。

此外，托尔曼等人使操作主义理论同格式塔心理学的一些术语互相结合，用来说明动物和人类的目的行为，成为新行为主义理论中的一种独特的体系。

早期和现代行为主义的划分并不是十分严格的。一些行为主义的新人物，其中谁是主要的，心理学界也可能有不同的估计。下面主要介绍其中几个人，以说明行为主义晚近发展的一个大概。

第二节 托尔曼的目的性行为主义

一、托尔曼略传

托尔曼（1886—1959）是美国新行为主义的代表人物之一。他早年就读于哈佛大学，1818年起任教于加利福尼亚大学，曾任美国心理学会主席（1937）及该会普通心理学部主席（1953），获该学会卓越科学贡献奖金（1957），并曾任第十四届国际心理学会议联合主席等职。

他是早期归向行为主义的一个人。在他的《自传）中（1952）有这样一段叙述："1914—1915年我读华生的《行为：比较心理学概论》（1914年版），当时我是哈佛大学本科毕业班学生，但同时又受到冯特和铁钦纳的内省心理学的影响。由于对内省的观察深置怀疑，开始倾向于华生的行为主义。"① 他在早期处于行为主义和格式塔心理学的中间地位，一方面站在华生一边反对桑代克的效果律，另一方面却又反对华生过于简单化的"刺激-反应"公式。他还说过："早期我就受到格式塔心理学的影响，认为白鼠走迷津必须学会一个模式（Pattern）。"他在1923年到过德国，曾会见考夫卡，返美后对格式塔心理学理论有所钻研。时隔数年后，他出任加利福尼亚大学比较心理学教授，并用白鼠做被试，指导该校动物学习实验室的研究工作，自称为行为主义者或"目的性行为主义者"。在当时，他的目的性行为主义能否恰当地叫作行为主义曾引起很多心理学家的怀疑。随着托尔曼在动物实验室研究的进展，他所用的方法无疑是行为法。他的理论在他的主要代表作《动物和人类的目的性行为》

① 《托尔曼自传》，载波林《自传式心理学史》第4卷，1952年英文版。

(1932）一书中明确地阐述了他的理论体系是以行为作为基础。从此以后，目的性行为主义，被称为新行为主义的一个支派。他及其追随者还称他的理论为“符号-格式塔理论”、“符号指示理论”或“期待理论”，尽管名称不同，都强调理论的“认知”性质。因而他们的理论在某些方面不同于桑代克、古斯里、赫尔和斯金纳等所主张的“刺激-反应”理论。“符号学习”这一概念乃是“符号-格式塔”与“符号指示”两个概念的简称，借以唤起人们重视他的理论的认识方面的意义。

托尔曼承认他的理论体系同华生的行为主义、麦独孤的策动心理学、吴伟士的动力心理学以及正统的和勒温的格式塔心理学均有复杂的联系。在他早期接受行为主义时，就和华生有分歧，并持严肃的批评态度，他对各派心理学兼收并蓄，寻求能为他所利用的概念，其中包括格式塔心理学和精神分析派所用的概念。

他的主要著作有：《动物和人类的目的性行为》(1932)、《托尔曼自传》（载入波林《自传式心理学史》第4卷）(1952)。《托尔曼论文集》(1951）是由他的弟子们选辑而成的。

二、整体的行为及其目的性

（一）分子的行为与整体的行为

托尔曼在他的代表作《动物和人类的目的性行为》一书中，曾清楚地表明，在研究对象和方法上，他都是一个十足的行为主义者。他同华生一样，强烈反对构造主义心理学以内省作为心理学的研究方法。但是他与华生不同，他要将行为的性质区分为分子的和整体的两类。生理学中所谓刺激和反应是分子性的，例如光波、声波等的刺激，肌肉收缩和腺体分泌等的反应。至于迷津、迷笼，由于包含着不同刺激的组合则被称为情境，而白鼠跑迷津，猫企图逃出迷笼，学生上学、打球或游泳则被称为整体的行为。为了解除别人的误会，华生说：“许多心理学家曲解了行为主义者的立场。他们硬说他仅观察肌肉和腺体的个别运动，或他在肌肉和腺体上的兴趣与生理学家的兴趣完全相同。这个话是不全面的。行为主义者所感到兴趣的却在于个体的整个活动。”① 但在托尔曼看来，华生往往混淆了分子运动和整体运动的区别。他说：“行为-动作（behavior acts）的整体性正是作为心理学家的我们的首要兴趣。”②

托尔曼的这个整体性的概念无疑地是与格式塔心理学的格式塔说有关的。但是格式塔心理学的格式塔是先验的，托尔曼的整体性或“符号-格式塔”是由学习获得的。托尔曼说：“整体在某种程度上统治了它的部分”，但“我感觉到这些整体是由学习获得的，而不是天生的现成的纯知觉的格式塔。”③

（二）整体行为的特征

托尔曼以为整体行为有下列的一些特征。

第一，整体的行为是指向一定的目的的。它总是设法获得某些事物和避免某些事物。对行为的最重要的描述在于说明有机体（动物或人类）正在做什么，目的是什么和指向何处。例如，猫正在企图从迷笼中逃出来，木工正在建筑一座房屋。只有研究整体行为，才能把有机体所追求或避免的目的确切地描述出来。

第二，行为利用环境的帮助并作为达到目的的方法和手段。产生行为的环境是一个充满各种途径、工具和障碍的环境，有机体为了达到目的必须利用各种途径和工具。因而整体行为不但具有目的性，而且具有认知的特征。有人把他的理论称为认知-目的理论。

第三，对短近而易于达到目的活动比遥远而困难的活动具有优先的选择性。托尔曼称它为最小努力的原则（principle of least

① 华生：《行为主义的心理学》，第 40 页。

② 华生：《心理学史的基本著作》，1979 年英文版，第 368 页。

③ 同上，第 372 页。

effort）。

第四，整体行为是可以教育变化的（docile）。这指有可接受教育的特征，倘若行为是机械的、固定的，犹如脊髓反射一样，那么这种行为是属于分子的水平而不是属于整体的水平。

（三）目的性行为主义

这样，托尔曼就走向了目的心理学的道路上去。但是他的目的心理学不同于麦独孤的目的心理学。麦独孤以为“目的的动作似乎在某种程度上受结果的预知，或未来的、目前还没有实现、但可能实现而由动作本身促其实现的事件的预知所控制指导。在这个意义上说来，目的似乎具有精神活动的实质。”① 所以麦独孤的目的是属于主观的。至于托尔曼则仅以人们惯用的“目的”一词描述客观的行为，不涉及主观的意义。所以他自称他的心理学的体系为目的性的行为主义，既有别于华生的行为主义，更有异于麦独孤的目的心理学。

三、中介变量

早在20年代，华生的简化的“刺激-反应公式”就已经日益引起人们的批评。新行为主义者如托尔曼和赫尔等人在20年代末和30年代初，借助于受刺激的有机体的内部因素，补救这个公式的缺点，从而提出了中介变量的概念。

这个概念是托尔曼于1932年在《动物和人类的目的性行为》一书中所首创的，赫尔也采用了它。但是，这两位新行为主义者的中介变量体系是不相同的。赫尔的体系是在巴甫洛夫学说的强烈影响下形成的，他用以表示中介过程的术语大部借用巴甫洛夫的术语；至于托尔曼则使用了传统心理学的概念体系，并亲自修改了格式塔心理学术语来补充这个体系。两个体系的共同点是它们都坚持纯实证

① 麦独孤：《心理学大纲》，第49页。

主义的立场，并使用操作主义和新实证论的方法。

托尔曼反对行为的生理分析，而主张行为的心理分析。他指责华生的“刺激-反应”公式不过是一种肌肉收缩的生理学，而非真正的心理学。他认为，他所提出的中介变量是同可以观察到的周围事件和行为表现相关联，而且可以根据这些事件和表现推断出来。他还认为，对于行为的最初原因以及最后引起的行为本身都应该进行客观的观察，并在操作上给以规定。他指出，中介变量是与实验变量（亦称自变量）和行为变量（亦称因变量）相关联，它中介于实验变量和行为变量之间，并用下列公式说明行为变量与实验变量之间的函数关系：

B=f（S、P、H、T、A）

公式中B代表行为变量，S、P、H、T、A代表实验变量，S代表环境刺激，P代表生理内驱力，H代表遗传，T代表过去经验或训练，A代表年龄等。按照上述公式，行为是环境刺激、生理内驱力、遗传、过去经验或训练以及年龄等的函数，也就是说，有机体的行为随着这些实验变量（自变量）的变化而变化。但是，问题并不到此为止。因为实验者不仅要知道反应“是什么”，更重要的是要知道“为什么有这反应”。因此吴伟士按照另一行为公式S—O—R予以说明。他说，托尔曼“试图想象在S（情境）和R（反应）之间的O（有机体）内部发生什么”。[①]就是说，托尔曼试图从可以观察到的环境刺激（自变量）和行为反应（因变量）之间探索有机体的内部过程，来解答“为什么有这反应”的问题。托尔曼说，中介变量是不能直接观察到的，但它是引起一定反应的关键，它是行为的决定者。只有研究清楚这个中介变量，才能回答在一定的刺激情境下为什么能引起某种可观察到的反应来。

---

① 吴伟士：《西方现代心理学派别》，第93页。

在上述行为变量与实验变量的基础上，托尔曼认为，在解释动物和人类的行为时，有两种中介变量，即需求变量和认知变量。需求变量本质上就是动机，包括性欲、饥饿和面临险境时需求安全，长时间持续活动后需要适当休息等。认知变量包括对客体的知觉、对探究过的地点的再认，如动作、技能等。认知变量决定行为的知识和能力，是对“是什么”问题的回答；而需求变量则作为决定行为的动机，是对“为什么”问题的回答。他的一个典型例子便是饥饿这个中介变量。饥饿是动物对食物的需求，它虽不能被直接观察到，但能客观地、精确地同一定的实验变量如动物上次进食后间隔时间的长短联系起来；它也能客观地，精确地同一定的行为变量如在找到食物时动物进食的速度和数量联系起来。可见，中介变量既同实验变量相关联，又同行为变量相关联。由于中介变量的变化，便引起动物行为上的差异。因此这种不能直接观察到的中介变量，通过实验设计，加以数量化，就可以被人们间接地推断出来。

1937 年托尔曼在美国心理学会年会发表主席讲话时，又把实验变量进一步引伸，提出环境变量和个别差异变量。环境变量即指环境刺激，个别差异变量即指过去经验或训练和年龄等。这两种变量都属于实验变量。

1951 年，他受格式塔心理学派勒温的影响，修改中介变量的概念，提出了两个重要的补充：(1) 欲求系统 (need system)。他把需求变量改为欲求系统，指有机体当时的生理需要或内驱力情况；(2) 行为空间 (behavior space)。他把认知变量改为行为空间。他认为个体产生动作的行为空间是指个体在一定时间内所知觉到的、存在于不同地点、距离和方向的各种事物。这些事物具有积极或消极的“价值”(valence)。个体为有积极价值的事物所吸引，这种事物具有积极的诱发力，称为“正向值”；反之，个体为消极价值的事物所拒斥，这种事物具有消极的诱发力，称为“负向值”。他的“行为空间”概念是由勒温的“生活空间”（life space）概念派生的。

托尔曼反对华生的简单的、机械的“刺激-反应”公式，提出了“中介变量”是介于刺激与反应之间的一种变量，代表着反应的内部心理过程。人们批评华生的“刺激-反应”公式是“空白的有机体”(empty organism)，也就是排除了有机体的心理状态。中介变量则深入到个体的内部过程，有助于说明行为的个别差异。托尔曼的弟子们为了推崇托尔曼提出中介变量的功绩，批评华生的“刺激-反应”心理学是边缘主义（peripheralism），而托尔曼则能在坚持行为主义的基本原则的前提下，解释有机体内部的心理过程，进入中心主义(centralism)。他的这种观点，在当时为不少心理学家所接受。

新行为主义者如托尔曼、赫尔和斯金纳都在不同程度上受到操作主义的影响，这是新行为主义者的共性。但在托尔曼和赫尔的理论中，关于中介变量的体系则各不相同，有其各自的特点。托尔曼提出中介变量是对心理学的一项贡献，在当时的学习理论中引起较大反响。操作主义和新实证论把任何概念都看成是相应的一组操作活动，凡是不能用操作验证的概念就认为是虚构的或不存在的。它的基本精神是主张客观主义，认为科学的素材必须由二人以上同时观察到，否则客观上就不存在。托尔曼的中介变量则认为可由观察到的行为反应来间接推断有机体的内部过程，因而在某种程度上突破了严格的操作主义的范畴。但是，仍然有它的局限性。因为他虽然从“边缘主义”倾向于“中心主义”，但由于他否定意识的存在，所关心的只是外显的行为，他认为任何内隐的不能从有机体外部观察到的东西都不能作为科学的研究题材，因而他的“中心主义”是不彻底的，也势必陷入心理学上的客观主义而不能自拔。

三、学习理论

50年代末期，希尔加德（斯坦福大学研究院院长）曾将西方学习理论分为两大类：第一类是“刺激-反应”理论，包括桑代克、古斯里、赫尔和斯金纳。他们的理论虽同属一大类，但各有其特点。第二类是认知理论（cognitive theory），包括托尔曼、正统的格式塔心理学家和支流勒温，他们的理论虽同属一大类，也同样各有其特点。①

托尔曼的学习理论在他的整个理论体系中占有重要地位。他否认桑代克的效果律，认为奖励或强化在学习中所起的作用很小。他提出了学习的认知理论以替代“刺激-反应”的学习的理论。这里介绍他的认知理论中最主要的两项研究。

（一）符号学习

他认为动物和人类的行为都受目的的指导，学习者在达到目的的过程中，会遇到各种环境条件，必须“认知”这些条件，才能克服困难，达到目的。这种对环境条件的认知，乃是达到目的的手段或途径，他用“符号（sign）”这一名词来代表对环境的认知，学习者认识到达到目的的途径，形成了一种“认知地图”（cognitive map）。他认为学习者所学习的并非简单的、机械的运动反应，而是学习达到目的的符号及其所代表的意义。这便是托尔曼“符号学习”的基本含义。

托尔曼设计了几个实验，以显示符号学习理论胜过刺激-反应学习理论的优越性。这里介绍他的位置学习（place learning）的实验，用以比较两种学习理论的效果。他设计了一个十字形的迷津。

白鼠分两组，反应学习组（简称甲组），从起点 S_1 出发，经过交叉点 C 向右转，到达食物点 F_1；或从起点 S_2 出发经过交叉点 C 还是向右转，到达食物点 F_2，如图所示。位置学习组（简称乙组）食物放在固定地点 F_1，这与反应学习组不同。白鼠从起点 S_1 出发，须向右转到达食物点 F_1；如果从起点 S_2 出发，须向左转才能到达食物点

① 希尔加德：《学习理论》，1958 年英文版（下同），第 185 页。

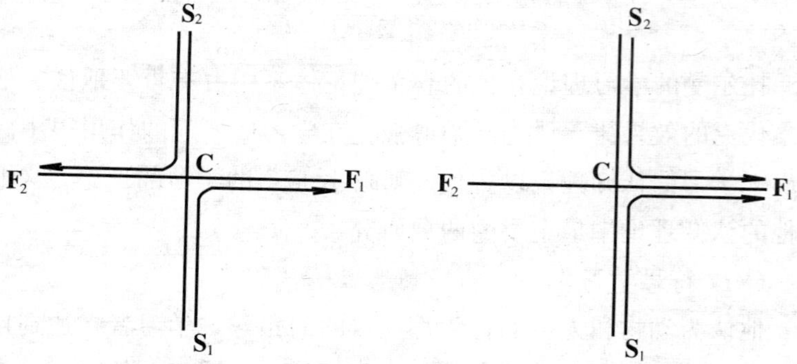

图 12.1　白鼠的位置学习实验之一

F_1，如图所示。实验结果，乙组学习较甲组为快。乙组 8 只白鼠只试验 8 次就学会了，而且连续再做 10 次均无错误。但在甲组的 8 只白鼠的学习中，没有一只能像乙组同样的快，其中有五只连续试验 72 次都不能达到标准（即走满 10 次，每次正确无误）。

根据这个实验，甲组白鼠不管起点如何，只要作出相同反应（向右转）便能在不同地点找到食物。乙组白鼠则采用不同的起点，为了取得食物，有时必须向右转，有时必须向左转。因此，运动反应不同，而食物的地点相同。托尔曼论证了位置学习（乙组）比反应学习（甲组）快而有效。也就是说，学习依靠认识达到目的的符号及其意义（即认识到获得食物的途径），而不是获得一系列机械的运动反应。

为了进一步阐明位置学习的优越性，托尔曼和杭席克设计了一个阻塞途径的实验（1930），用以说明“推理的期望”和“顿悟”在学习中的作用。

图 12.2 是测验白鼠“顿悟”的迷津。白鼠有三条通向食物的途

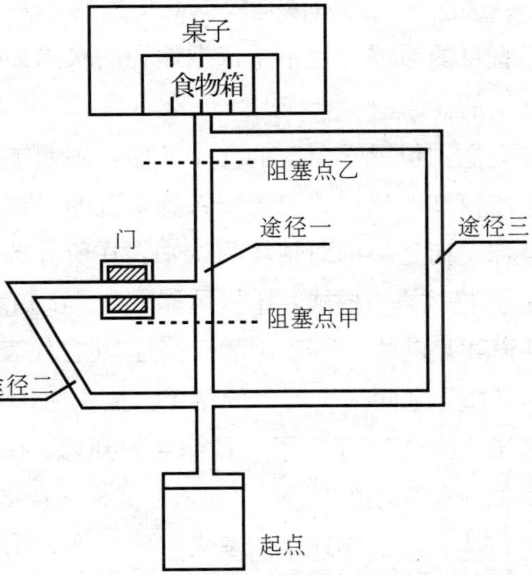

图 12.2　白鼠的位置学习实验之二

径，途径一最短，途径二次之，途径三最长。在一般情况下，白鼠选择较短的途径。当途径一被阻塞点乙关闭时，改由途径三奔向目标。白鼠能“顿悟”阻塞点乙是将途径一与二同时关闭起来。在准备实验中，倘途径一被阻塞点甲阻塞，白鼠就在途径二与三中选择较短的途径。当途径二也被阻塞时，白鼠只好走途径三。人们可能简单地认为，白鼠在准备实验中，熟悉了所有途径并按途径一、二、三的次序作出选择。但是迷津设计的一个重要特点，也就是对实验具有决定意义的是：途径一与二有一段通向目标的共同途径。最初，途径一的阻塞物是放在这一段共同途径之前（甲），白鼠从阻塞点（甲）向后转奔向途径二。现在，将阻塞点移远、放在这段共同途径之上（乙）。在实验时，白鼠是否倒退后，仍奔向途径二，因而受阻呢？还是白鼠能“认知”途径二也被阻塞了呢？实验清楚地证明，白鼠能避开途径二，奔向最不乐意选择的、距离又最长而却是唯一的通路途径三。这正好说明白鼠是根据对情境的“认知地图”来行动，而不是根据盲目的习惯，也不是依据途径的次序而形成的机械的奔走习惯来行动的。①

托尔曼根据“位置学习”的几个实验，阐明了学习者并非像主张强化论者所预期的那样，按照一系列杂乱的尝试与错误行为，从起点奔向目标，而是根据对情境的认知，在所有选择点建立了一个完整的“符号-格式塔”模式，托尔曼称之为“认知地图”。按照他的意见，这种模式是动物在环境中的“符号”（它代表的意义）和动物的“推理的期望”之间一种习得的结果。他认为，“认知地图”是动物对环境有了“顿悟”，建立了一种综合的知识，在动物的头脑中产生了某些类似一张现场的地图，“知道”目标（食物）的所在，从而改变他们的行为，以适应环境的要求。他的“符号-格式塔”理论是他全部学习理论中最基本的概念，可用以说明行为的目的性、行为的整体性、行为的期望和预见性。因而有力地反对“刺激-反应”的学习理论，认为学习决不是一系列盲目的、机械的动作，而是对他的环境有了某些认知，而这种认知则有助于解决问题。他还说，同样的情况也发生于一个非常熟悉自己的周围地点的人身上。当他已形成了这一地区的“认知地图”时，他可以通过若干条不同的道路或避开阻塞的道路走向目的地。

（二）潜伏学习

托尔曼体系中关于学习的另一个主要理论是潜伏学习。他和杭席克设计了一个实验，研究白鼠学习迷津过程中食物（强化物）对学习的作用。他把白鼠分为甲、乙、丙三组。甲组不给食物，即“无食物奖励组”。乙组每天给食物，即“有食物奖励组”。甲、乙均

① 希尔加德：《学习理论》，第194页。

为控制组。丙组为实验组，在开头十天不给食物，第十一天开始才给食物奖励。实验组的目的在于比较乙组和丙组的成绩，从而探索动物开头几天不给食物后来给以食物对成绩的影响。结果表明，控制组乙组逐日减少错误较甲组要快得多，而控制组乙组与实验组相比，从第十一天开始，乙丙两组的错误分数和速度分数几乎相似，丙组甚至优于乙组。如何解释这种现象呢？托尔曼认为，丙组动物尽管在开始时不给食物，但动物学习了迷津的“空间关系”，“知道”迷津的每一部分都有一端是闭路，另一端则有一个通向别部分的门，形成了一个“认知地图”。当丙组在第十一天给以食物时，这个近因(recency)更加强了动物对迷津的认知，也就是更加强了早先形成的“符号-格式塔”，因而突然减少错误，甚至显示了较优于乙组的倾向(从第十一天开始，平均错误少于乙组)。托尔曼据此作出结论：丙组在开头十天的练习中虽不给食物，但在每次练习中同样地探索迷津的每一部分，形成了认知地图，不过未曾表现在外部行为中而已。托尔曼称这种现象为“潜伏学习”。由此可知，动物在开头几天的学习过程中虽无食物奖励，但同样在进行学习，对新情境有所认识。一旦给以食物，动物获得急切需求的目的物，促使白鼠更好地运用已形成的认知地图，使“符号-格式塔”进一步巩固，因而丙组的错误从第十一天（给食物奖励）起显然减少，赶上乙组，甚至比乙组学习得更好。

潜伏学习的效果正是有机体在追求目的时运用已有“认知”的结果。实验结果如图 12.3。

英国心理学家克劳斯举了一个事例，来说明托尔曼的潜伏学习理论在教育工作中的作用。他说，有不少教师深信，有些学生对新异或疑难问题用比较充分的时间去思索和理解，然后考虑解答问题，收水到渠成之效。而有些学生则对这些问题只凭一知半解，企图很快地解答，结果往往无效；即使侥幸成功，也绝不牢固，很快在记忆中消失。两者相比，从长远观点着眼，前者的教育效果在许多方面优于后者。①

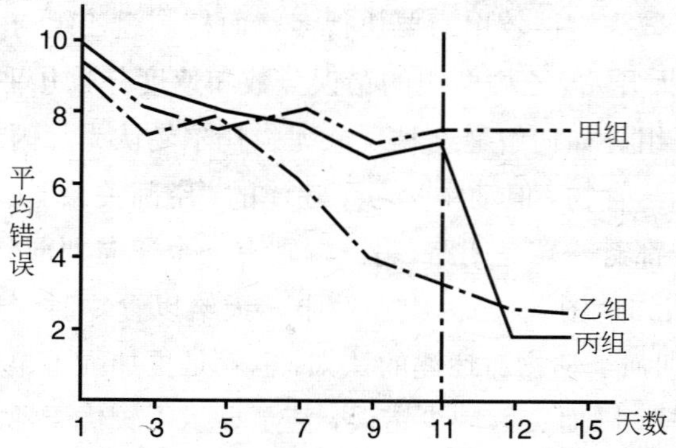

图 12.3　白鼠的潜伏学习实验（据托尔曼和杭席克的实验）

甲组　无食物奖励，乙组　每天有食物奖励，

丙组　第十一天起有食物奖励。

反对托尔曼学习理论的人，认为托尔曼没有从理论上揭示动物怎样从“认知”环境过渡到引起正确的动作，达到目的。1955 年及 1959 年，他发表“动作向量”的论文，反对坚持强化的效果律。他认为，动物走迷津时的动作向量有三个主要因素：内驱力、诱因和期望动作，向量具有方向和力量，指向奖赏和避开惩罚。例如：动物饥饿时，具有趋向食物的倾向，期望获得食物。动作向量的强度是随着饥饿时的内驱力的程度、食物诱因的分量以及期望的强度为转移。

托尔曼在“动作向量”这一概念中提出的积极和消极因素，与在他之前由赫尔（1884—1952）提出的积极因素和消极因素相类似；

① 克劳斯：《学习心理学》，1978 年英文版，第 23 页。

赫尔的"内驱力"概念与托尔曼的"需求变量"相类似。不过两人的理论体系不同。托尔曼认为认知是行为的一个基本因素，而赫尔则认为认知可由刺激-反应联结的基本公设演绎出来。赫尔是一个新联想主义者，而托尔曼则对联想持否定态度，犹如格式塔学派的否定联想一样。

综上所述，托尔曼对心理学，尤其是对学习心理学这个领域发挥了较大的影响。在积极方面，托尔曼提出了行为的目的性和整体性，开创了学习的许多重要的研究课题，首先提出了中介变量，还吸取了格式塔心理学的一些概念，提出"符号-格式塔"，这是托尔曼认知理论体系中的一个最基本概念。但他不是一个华生式的行为主义者，在西方学习理论中他的学习理论属于认知理论这一大类，以反对"刺激-反应"理论。他的认知理论被认为是认知心理学的开山始祖。他承认目的、欲求、动机、内驱力等心理学概念，企图弥补华生式行为主义的缺点。他还通过各种实验，来论证他的可用客观观察的目的性行为，借以反对麦独孤的主观的目的论。

他的基本立场是行为主义和操作主义。他强烈反对意识心理学把意识作为心理学的研究对象。他没有把行为恰当地同内隐的机能（如认知状态）彻底地、明确地联系起来，因而不能发展成为一种完全整合的理论体系。他的三十年的实验研究是建立在白鼠的学习上，他自称为"白鼠心理学家"。他以动物实验的结果和结论推论人类的行为，就不免无视人与动物之间的本质上的差异了。

第三节　赫尔的行为主义

一、赫尔略传

赫尔（1884—1952）1913年毕业于美国密西根大学，1918年在威斯康星大学得哲学博士学位，1916—1920年在该校担任实验心理学教学助理，1920—1922年任助理教授，1922—1925年任副教授，1925—1929年任心理学教授兼实验室指导。1929年他被聘请到耶鲁大学人类关系研究所当心理学研究教授。

赫尔在青年时期，对数学和逻辑学有着浓厚的兴趣。后来他从采矿工程师转而为心理学家。赫尔早期对行为主义和格式塔心理学都有所了解，但对它们都不太满意。他在自传中曾说过："就我自己说，我虽然倾向于同情华生的关于内省无用和崇尚客观这些观点，但对他的好些武断的提法感到很不可靠。"在1926—1927年，赫尔安排德国考夫卡到威斯康星大学讲授一年格式塔心理学。他在自传中对此评论说："我并不认为格式塔观点是正确合理的，而是认为华生没有像那些所提供的事实一样清楚地说明行为主义的理由。结果使我逐渐转向一种新行为主义，一种主要从事确立行为的数量法则以及它们的演绎体系的行为主义，而不是使我转向格式塔理论。"

早在1915年，赫尔就企图着手建立他的行为理论。1937年，赫尔在他的《心理、机制和适应性行为》这篇有广泛影响的著名论文中，表述了他的基本观点，并勾划出他的理论体系的大纲；此后，他终其一生的理论工作就是按这个大纲进行的。1940年，赫尔在他的《机械学习的数理演绎论：科学方法论研究》一书中，作了一种严格的数理演绎的表述。1943年，赫尔的《行为的原理：行为理论导论》一书出版，他的理论体系就更臻完备。1951年，赫尔出版了他的体系的修订本《行为纲要》，1952年，赫尔的最后著作《一种行为系统：关于个体有机体的行为导论》在他身后出版。赫尔原打算再写一本书把他的理论扩大应用到分析社会现象，但在他的计划实现前他就逝世了。

二、赫尔的理论体系的建立

赫尔在达尔文进化论思想的影响下，以有机体对环境的适应性行为作为他的理论体系的出发点。他在1937年的论文中，明确地提出了他的物理的或机械主义的观点，认为适应性行为最终是根据物质世界的原理起作用的，同时他指出，由于有机体的适应性行为具有一种似乎是独特的目的的性质，因而使“人们长期以来在习惯上把它归之于某种称为‘心理’的特殊动因或实体”，其实，“心理”不过是一种用来指导和控制适应性行为的假设的实体，是从那种表面看去好像是行为的目的那里来的一种推论。

赫尔指出，要从理论上来考察上述两种对立的观点，就必须深入研究科学的方法论，建立一种可靠的科学理论体系。这种科学理论体系的基本特征，可以简要地归结为三点。

1. 一种合乎要求的科学理论必须从一套表述方式清晰的公设出发，并对所采用的重要术语下具体的明确的或“操作性”的定义。

2. 从这些公设出发，必须在可能做到的情况下，用最严格的逻辑，演绎出一系列互相连结的，包括有关领域的主要具体现象的定理。

3. 定理的表述必须在细节上与有关学科所观察到的已知事实相一致。如果这些定理与所观察到的事实相一致，这个系统可能是真的。如果不可能确定一个系统里的定理是否与事实相一致，那么从科学的观点看，这个系统是没有意义的。

赫尔把这种科学理论系统称之为“假设-演绎的”系统。这种系统很像欧几里得几何学，在心理学这样的经验科学中，理论演绎应和实验观察相随而行。实验观察起着验证的作用。就是说，公设应由为验证最初假设有效与否而设计的实验结果来证实、抛弃或修改。赫尔引证牛顿在有关运动的七条定义和三条定律的基础上形成的关于天体力学的光辉的演绎系统时指出，许多牛顿的推演结论，说明了人们多少世纪来已经观察到但从未彻底理解的像岁差这样一些天文现象。从这里我们可以看到，赫尔对牛顿和他的假设-演绎法是十分赞赏的。

假设-演绎系统应用到心理学，其中的公设，除了有些是对预知事实的真实表达外，有些是有待间接证实的中介变量。由于这些中介变量与某些可以直接观察到的先行条件（A因子）和随而引起的反应（R因子）都有动力的联系，因而假设-演绎系统中就要有一套逻辑上相互联系的、互不矛盾的、而且实验上可以证明的中介变量层次。这样，那些先行条件就可作为自变量用来观察它们对行为（因变量）的影响。赫尔把这种关系图解为：A—f—［X］—f—B。X代表观察不到的中介变量，A为先行条件，B为后继事件。

赫尔在建立他的理论系统中，还深受巴甫洛夫学说的启发，1927—1928年，赫尔读了巴甫洛夫《条件反射演讲集》一书的英译本，他自己认为，巴甫洛夫的客观研究方法、精密的实验设计以及那些关于条件反射概念的阐述，在他的理论观点的发展中，是起着很重要的促进作用的。事实上，赫尔的理论是以条件反射为核心的，他是用条件反射作为基本的行为形式，借以研究和阐述更为复杂的行为形式的。

三、赫尔的行为原理

赫尔的行为原理也就是他的学习理论。这是现代西方带有权威性的学习理论中的一种。为了在叙述上较易理解，下面主要依据他的《行为的原理》的系统作简要的论述如下。①

习 得 律

赫尔把习得律的基础放在行为的神经基质上。有机体的适应性行为只是在它同环境间发生函数上的联系时才产生。就是说，当感

---

① 参见查普林和克劳威克：《心理学的体系与理论》，1960年英文第2版，第238—256页。

受器把刺激能量S转换成传入神经冲动(s)，传达到大脑，大脑像一个自动开关屏，把传出神经流（r）传递到效应器，发出反应（R）。

在有机体的进化过程中，产生了两种不同但又密切联系着的行为适应手段。一种是在神经组织中固定下来的不学而能的感受器-效应器联结（$_{S}U_{R}$），它是一种对经常发生的紧迫情境作出适当的适应行为的机制，但不过是一些较简单的反应。另一种手段是进化过程中最引人注目的成就，那就是有机体本身去自动获得那些具有适应作用的感受器-效应器联结的能力，这便是学习。

习惯强度 赫尔认为，学习的一个重要条件是时间上的接近。这就是说，效应器的活动与感受器的活动如果在时间上紧相接近，从感受器发生的传入神经冲动在以后（在足够重复后）引起该反应的倾向就会得到加强。这种传入和传出神经冲动间的动力关系，赫尔称之为习惯，或更精确地叫作习惯强度（$_{S}H_{R}$）。这是他的学习理论中的一个中心概念。赫尔的关于习惯强度这个公设和巴甫洛夫经典条件反射实验相类似。不过，在巴甫洛夫的经典实验中，条件刺激（铃声）必须在无条件刺激（对食物的唾液分泌）之前出现，并不是像赫尔所说的，**任何**刺激只要同它所引起的反应在时间上接近，就会同该反应形成联结。

时间上接近在习惯形成中虽是一个必要的条件，但不是一个充足的条件。在赫尔的公设中，还有一个起关键作用的条件，那就是所谓强化。

赫尔把强化分为初级强化和次级强化两类。初级强化是一种需要的减弱过程。在巴甫洛夫的经典实验中，食物就是初级强化物，因为它减弱动物的食物需要。在另外一些实验情况下，比方说，动物在实验箱里为了避开电击，作了许多像撒尿、咬栅栏、往箱壁上爬等无效动作，由于偶然跳过栅栏，使它进入“安全区”，它就很快形成跳跃习惯。这是因为在这种情况下，跳跃反应同避开电击伤害这种需要的减弱在时间上紧密接近的缘故。

同初级强化紧密相连的那些刺激，在学习中，它们本身也能成为一种有效的强化物，这就形成赫尔所谓次级强化。婴儿在喂奶时停止号哭，喂奶减弱他对食物的需要。喂奶本身就是初级强化物。母亲在喂奶时把婴儿抱起来，怀抱刺激就与初级强化（喂奶）相联系，几次反复后，婴儿被抱起来就不哭了。怀抱就成为次级强化物了。

赫尔认为，习惯随强化而发展，因此，习惯强度就是反应被强化的次数的函数。强化的次数愈多，质量愈高，习惯强度曲线的上升就愈高。强化的延缓同习惯强度的关系则相反，就是说，强化延缓的时间愈长，它的效应就愈弱。

困此，学习进行的基本条件就是在强化情况下刺激与反应的接近。这就是赫尔的学习理论的核心。由于赫尔强调强化作用，强调需要的减弱，所以他的学习理论常被称为“需要的减弱”理论。这一理论有别于前节所述的托尔曼的关于学习的认知理论。同时，赫尔又援用一系列的中介变量，这就表明他的行为主义观点也不同于华生仅用频因律和近因律解释学习的简单的刺激-反应心理学。

反应势能　当有机体与环境间的生物学适应不顺当时，有机体内部便处于一种驱动状态，这种内驱力（D）是有机体一切行为反应的动力。赫尔认为，有机体的习惯只有在驱动状态下才能被激起。内驱力激起有效的习惯强度，使之成为反应势能（${}_{S}E_{R}$）。反应势能是一种具有兴奋作用的势能，一种使反应激起的可能性。在赫尔的体系中，反应势能是他的理论的又一个中心概念。

赫尔认为，反应势能的量是内驱力和习惯强度的递增函数。如果简明地加以表述，反应势能的公式就是：

$${}_{S}E_{R}=D\times{}_{S}H_{R}$$

这就是说，反应势能是由内驱力和习惯强度的乘积决定的。当内驱力是零时，反应势能就会是零。当内驱力增大时，反应势能就增高，增到多高，这就要视习惯强度而定。举例来说，形成了揿压横杆而取得食物小丸的条件反射的老鼠，会被饥饿的内驱力激发着去做出这种反应；但是已饱食的老鼠，尽管它已很好地形成了这种压杆习惯，却很少去重复这种动作。再如，在辨别学习实验中，让动物学会走T型迷津，饥饿思食向右转，口渴思饮向左转。之后，这些从内脏驱动状态来的刺激就会按内驱力的强弱和有效习惯强度的大小激起恰当的反应来。

抑制和消退律

一个习得的反应在不加强化的情况下重复引起，这个反应就会逐渐削弱，以至完全消失，这个反应为什么会消失呢？赫尔认为，这是因为被那起抑制作用的偶发因素所阻抑的缘故。在条件反射实验中，动物若是长时间地做着某种反应动作，就会产生疲劳。疲劳起着一种使动物终止其反应的抑制作用。这种抑制作用，赫尔称之为反应抑制（赫尔用 I_R 表示反应抑制量）。如果在动物因疲劳而逐渐减弱其反应的同时，人为地外加一个刺激，这个外加的刺激可能也会抑制那个反应。这种抑制作用就叫做条件抑制（赫尔用 $_SI_R$ 表示条件抑制量）。

赫尔认为，反应抑制在练习停止后会逐渐消失。比如在条件反射实验中，动物在休息以后，原有的反应就会自动恢复。但条件抑制就不是这样。这种抑制作用不会逐渐消失。因为条件抑制是习得的抑制，时间对习得的反应是不发生作用的。还有，反应抑制和条件抑制在反应势能减弱过程中逐渐增加其效应。

在赫尔的公设中还涉及到反应势能的振荡作用问题。他用 $_SO_R$ 符号表示影响有效应势能的振荡可能性。赫尔认为振荡原则含有两种重要意义：（1）有许多刺激能引起从未受这些刺激制约过的那些反应，这种常见的现象可用振荡原理来说明；（2）振荡原理还含有在特定时间内决不能肯定地预测某种行为的意思在内。但是赫尔认为，振荡作用是按机遇律进行的，因此预测仍然是可能的。我们可按行为的集中趋势作出预测。当然，这必须从大量观察中收集资料才能做到。

赫尔没有提出关于消退的公设，但是，他在别的公设中指出，在不加强化的情况下重复条件刺激，就会使条件反应消失。事实上这里表述的就是消退问题。必须指出，在赫尔的理论中，消退的原因是由于条件抑制和反应抑制的逐渐增强。换句话说，消退不是由于不加强化的重复，而是由于抑制的影响。

反应的发生和反应阈限

在赫尔的中介变量系统中，一个“关键性的理论上的构成物”就是有效反应势能（$_S\overline{E}_R$）。赫尔在 1943 年那本书里的最后六个公设中，试图把有效反应势能同影响这些反应发生的某些变量联系起来。他认为支配反应发生的最重要的两个变量就是反应阈限和一些不相容反应。在其它条件相等的情况下，有效反应势能在阈限以上，反应就会发生。在同时存在着几个不相容的反应的情况下，那个反应势能最大的反应，就是应该发生的反应。

有效反应势能如何测量？赫尔主张以反应概率、潜伏期和实验消退的抗力作为测量的指标。显然，习惯强度愈强，反应概率就愈大；潜伏期愈短和消退抗力愈高，标志着有效反应势能的强度愈高，同时也反映出有效习惯强度（$_S\overline{H}_R$）的水平也愈高。潜伏期长和消退抗力低则标志着有效反应势能弱，同时有效习惯强度也低。

以上简述了赫尔 1943 年书中的要点。他的理论体系中的公设、定理、推论以及他用以测量行为反应的数量单位和常数等细节，就不预备详述了。后来赫尔在《一个行为系统》一书中又把这些理论扩展到诸如辨别学习、迷津学习和问题解决等复杂的学习情境中去，本章对他在这一领域里所作的尝试性结论也就置而不论了。

赫尔花费了巨大的努力，根据大量实验的研究资料制定了一个精确的学习理论系统、把学习定律加以数量化。这个理论体系对近代西方学习心理学确曾有过重大的影响。40年代以后的数十年间，赫尔体系一直是最占优势的学习理论之一。但是，赫尔体系中的参数大多得之于小量的动物行为的实验研究，而从这些实验推演出来的学习定理究竟有多少代表性，这是很成问题的。更成问题的是，赫尔援用的那些概念都是实际的行为反应。他企图把通常所说的心理过程归结为身体的过程；而且认为在神经生理学达到高度成熟时，这些过程就可归结为物理化学的因子。所以有人称赫尔是一个“尚未还原的还原主义者”，并不是没有道理的。

四、赫尔的继承者

赫尔在耶鲁大学培养出一批著名的继承者如米勒（N. E. Miller）和多拉德（T. Dollard）等。米勒和多拉德在40年代对赫尔的强化理论作了重要的修正。赫尔曾强调初级强化是习惯形成中的关键条件，把初级强化看作是需要的减弱。饥饿的动物走向食盆的正确通道，咬一口食物，它对食物的需要就稍稍减弱，因而它的有关的习惯强度，它从这条正确通道走向食盆的反应趋势就随之加强。但是，食物的强化必须在不到一分钟的时间内出现于正确行为之后才导致老鼠的学习，而在生理上，食物需要的真正减弱，却必须等到食物被消化并吸收到血液里去以后才能实现。因此，要使生理事实同行为事实发生联系，就得加快强化过程，这是赫尔的理论所不能说明的。在米勒和多拉德看来，促使动物行动的驱动力，不是需要，而是各种不同的需要所引起的刺激。食物的需要引起肠胃活动以及饥饿感的刺激，这个强烈的刺激迫使有机体去做出减弱这种驱动力的动作。所以强化不是需要的减弱，而是驱动刺激的减弱。对此，米勒曾做过不少严密的实验。有一个实验是用糖精注入老鼠的口里，大家知道，这种甜而无营养价值的东西，是起着有效强化物的作用的。可是把它直接注入老鼠的胃里，却不发生强化的效应。糖精起着减弱甜食感的作用是在口里，而不是在绕过口部的胃里。因此米勒认为，口头强化的效应证明了不是需要的减弱，而是驱动刺激的减弱。

60 年代以后，米勒就转到脑内中枢动机过程的研究，企图探索能否用操作条件反射法研究像心跳速率、肾脏排尿量、血管和肠的舒缩作用等自主反应。1968 年，米勒和迪卡拉（L. V. Dicara）应用微电极植入技术，电刺激动物中央前脑的“快感区”作为强化物，对 24 只白鼠的心跳反应进行实验研究。首先形成白鼠在作出压杆反应时给予轻微电击的操作条件反射，然后用箭毒药把所有白鼠的骨骼肌加以麻醉，以防影响心跳速率。接着把白鼠随机分为心跳快速强化和慢速强化两组，进行一个半小时的实验训练。结果 12 只快速强化组白鼠中的 11 只心跳速率显著减慢，证明了心跳速率这种不随意运动能受操作学习所制约。

同年，米勒和他的同事卡米亚（J. Kamiya）对脑电图（EEG）α 波能否用声、光等外界信号形成条件反射进行了实验研究。α 节律是发自大脑皮质枕骨区的一种 8—12 赫兹高伏波。在被试闭起眼休息时这种节律最为明显。在被试的 α 波或高或低地自发活动期间予以强化，使他学会增加或降低节律活动的频率，然后便可用某种外界的信号使他学会同他的 α 波活动相联系，以至最终可以无需任何信号自主地控制增加或降低这种节律活动。

这种由于接受外界信息而使有机体某种生理系统在机能上发生变化的生物反馈现象，在理论和实践上的意义虽然还不太清楚，但是米勒和他的同事们的研究，说明了自主反应是可以用操作条件反射法形成的。米勒他们的这些意外的发现，对身心医学将引起极大的推动作用。如果像心跳速率、肾脏排尿量、血管和肠的舒缩以及脑电波等这些自主过程，能够在自我强化的控制系统中进行，那么心身医学上的各种病患以及这些内脏器官疾病的治疗工作就将产生惊人的变化了。

第四节　斯金纳的行为主义

一、斯金纳略传

斯金纳（1904—　　）最初就读于汉密尔顿学院，主修英国文学。毕业后转入哈佛大学心理学系，1931 年获得哲学博士学位，以后五年内在该校研究院当研究员。1937—1945 年他执教于明尼苏达大学。1945—1947 年移任印第安那大学心理学系主任。1947 年他重返哈佛大学，被聘请担任该大学心理学系的终身教职。

斯金纳从小对动物和人类行为就已经感到兴趣了。尽管他早年攻读文学，渴望成为一个文艺作家，但他对文学描写的方法感到失望，因此，他宁愿转用科学的方法，从而走上了心理学的道路。斯金纳的研究兴趣很广。从 1930 年迄今，他写了很多论文（112 篇）和专著（12 本）。1938 年，斯金纳在他的《有机体的行为：一种实验的分析》一书中，首次表述了他的不同于托尔曼和赫尔的行为主义纲领。他在明尼苏达大学任教时，和凯勒（F. Keller）发起了几次有关行为的实验分析的年会，创刊了《行为的实验分析杂志》。1947 年他重返哈佛大学，建立了一个鸽子实验室，与弗斯特共事达五年之久，在这期间，他先后发表了《鸽子的“迷信”》（1948）、《学习的理论是必要的吗？》（1950）、《怎样训练动物呢？》（1951）、《行为的实验分析对作为整体研究的心理学的贡献》（1953）等论文以及大量的实验报告。1953 年，斯金纳又出版了他的重要著作《科学与人类行为》全面地阐发了他的操作行为主义的内容。他还把他的理论应用到人类生活的各个方面，特别是应用到教学实践中去。他于 1954

年和 1958 年先后发表了《学习的科学和教学的艺术》以及《教学机》两篇论文，大大促进了美国机器教学运动的发展，引起了世界上很多国家的广泛注意。《言语行为》是斯金纳的研究成果应用到人类领域里的另一本著名著作，这本书从他开始写作算起，经过了 23 年，直到 1957 年才问世。斯金纳开始接受行为主义时，就把行为主义看作是关于心理学内容和方法的一种科学哲学，1963 年，他在《五十年的行为主义》一文中总结了他的操作行为主义的理论观点。1974 年在《论行为主义》一书中又对自己的观点进行了辩解。斯金纳在 1948 年出版的《沃尔登第二》这本小说中，曾提出过他的操作行为主义的原理可用以建立理想的公社生活的设想，后来他就开始公开谈论控制人类行为的问题。他在 1953 年的书中对这个论题曾作过精心的论述。1955 年，他在《自由与人类的控制》一书中对关于自由与决定论的问题，采取了更加激进的立场。1971 年，他的专著《超越自由与尊严》一书出版，结束了这一尝试，也引起了国内外的争论。

二、斯金纳行为主义体系

斯金纳比托尔曼和赫尔要年轻得多，但在新行为主义的理论建设中，他却起着重要的积极作用。

斯金纳之所以成为一名新行为主义者，最初并不是受华生的影响，而是受实证主义哲学的影响。他在 1967 年的《自传》① 中，认为“行为主义是一种特殊科学的哲学，它首先是在马赫、彭加勒、布里奇曼的著作中形成的”。他在 1979 年纽约科学院记录的一篇《操作行为的实验分析》的报告中②，更公开宣称，他建议建立一门行为

---

① E.G. 波林等编：《自传式心理学史》第 5 卷，1967 年版。

② 斯金纳：“操作行为的实验分析”，《纽约科学院年刊》第 291 卷，1977 年。

科学，主要是由于受了罗素关于“心理学中的‘反射’像物理学中的‘力’一样处于同等地位”这一核心思想的启示，他也受了马赫的《力学的科学》，彭加勒论科学方法的研究和布里奇曼的《现代物理学的逻辑》著作中的思想的影响①。1931年，他在他的博士论文《行为描述中的反射概念》中，提出并论证了心理学应当把反射定义为刺激与反应间的一种可以观察到的相互关系这一观点。这个观点，用他自己的话说：“是对反射所作的一种操作分析”。②斯金纳正是站在这种操作主义的立场上，开始他的行为的科学研究的。

斯金纳强调行为的科学研究必须在自然科学的范围内进行，他用自然科学中的函数关系来表示这种观点，他的公式是：

$$R=f\ (S)$$

式中R表示行为反应，代表因变量；S表示情境刺激，代表自变量。有机体的行为反应就是自变量和情境刺激的函数(f)。在他看来，科学研究的任务就是建立实验者控制的刺激情境与继之而来的有机体反应之间的函数关系。

在进行行为实验时，斯金纳并不只是单纯地考虑到一个刺激与一个反应之间的关系，他也考虑到那些改变刺激与反应的关系的条件。他曾把这些条件称作“第三变量”，并用一简单方程式表示它们的关系：

$$R=f\ (S、A)$$

式中A代表影响反应强度的条件，如“过去形成的条件”。斯金纳的“第三变量”，吴伟士认为在实质上与托尔曼的“中介变量”互相类似，他们都主张这类变量除非一方面同实验变量，另一方面同行为

① 斯金纳：“操作行为的实验分析”，《纽约科学院年刊》第291卷，1977年。

② 同上。

变量紧密联系，否则就没有什么科学的价值。比如饥饿这种“内驱力”，就只能从上次食后的时间这个实验变量，和在找到食物时进食的速度这个反应变量中观察到。但斯金纳和托尔曼之间存在着重要的差异，斯金纳把“在条件作用和内驱力中可观察到的操作处于有机体的外部，而托尔曼则把它们放到有机体的内部”。[①] 斯金纳把有机体内部所发生的事件当作行为的本身的一部分。在他看来，外部的或内部的事件都不过是一组操作。它们具有同样的物理维度。因而行为科学无需假定那些内部事件具有任何特殊性质或者必须用任何特殊方式去认识。总之，在斯金纳的体系中，一切内部因素，包括人的意识、动机情感、态度等等，都是观察不到的“伪造的说明”。斯金纳的这种操作主义观点的根本错误，就在于混淆了事物和映象，混淆了行为与意识。他企图用行为来代替意识，用行为来吃掉意识。这种把意识混同于行为，把主客观等同起来的观点，无异取消了思维与存在关系这个哲学中的根本问题。斯金纳在1953年的书中用很多篇幅谈论行为的控制问题，但他有意避开内部因素不谈，一味强调外部控制，当然也就无法说明人的行为的根本动因了。

斯金纳最初从哲学上接受了行为主义，但他在行为的实验研究上又深受华生和巴甫洛夫的思想影响。他在《科学的个案法史》(1956）一文中曾详细地谈到这一经过。早在1931年，斯金纳在哈佛大学当研究生时，就认真研读了华生的《行为主义》和巴甫洛夫的《条件反射》等著作。他说：“在把有机体作为一个整体来探究其行为的规律中……我从巴甫洛夫那里得到了启示：控制你的条件，你就能发现规律。”[②] 斯金纳就此开始了他自己的实验研究工作。他着

---

① 斯金纳：“操作行为的实验分析”。

② 转引自R.S. 吴伟士和M.R. 石汉：《现代心理学派别》，英文第3版，第162页。

手研究老鼠的某些行为，自己设计了一些能控制行为的精巧仪器。在实验研究中，他懂得怎样排除外界刺激，怎样消除动物的多余行为，怎样使强化一致，怎样从间歇强化中取得结果，以及怎样在累积曲线上自动记下动物的反应数量，等等，逐渐形成了一种他自己所独有的实验体系。

斯金纳最初用大量老鼠进行实验，把所得资料进行统计处理，求其平均数。后来发现这种方法不恰当，因为用这种方法处理实验结果，就不免缺乏机动灵活性。当然，团体反应的平均数可以排除那种使人麻烦的易变性，但是只要适当控制好条件，即使用单个被试进行实验，也能得出像团体平均数所显示的那种平滑、匀称的曲线来。斯金纳在 1953 年的书中明确地指出，“从平均个体所得的预见，对研究一个特定个体很少价值或毫无价值……一门科学只有当它的规律是属于个体的时候，才有助于研究这一个体。一门只是关于团体行为的科学，对我们理解特定的个案大概是不会有帮助的。”[①] 所以斯金纳对行为的研究，只着重对单个被试进行严格控制条件下的实验研究。

由于斯金纳偏爱他自己的那种实验方式，因而他只是对控制所研究的对象应采用哪些措施感有兴趣。至于心理学的各种理论、合理的数学方程式、因素分析、数学模式、假设的演绎系统或其他种种其正确性还有待于证明的言语系统，全都不感兴趣。他在 1956 年的论文中写道：“我从不承认除了去探究不变的行为顺序问题以外还有什么其他的‘问题’，我从不靠建立什么‘假设’去处理问题，我不演绎什么‘定理’或用实验去验证这些‘定理’。就我所知，我没有预先设想一个行为的‘模式’——确实，我没有设想一种生理的

① 斯金纳：《科学与人类行为》。

或心理的'模式'，而且相信不会有一种概念的'模式'"。[①] 这种反对心理学中进行理论概括的态度，据斯金纳自己说是受培根思想的影响。他一直严格地遵循着培根说过的"我们研究的是自然而不是书本"的原则，只是向有机体求教而不向那些研究过有机体的人求教。其实，尽管斯金纳深信心理学家的任务只是描述有机体的行为，用不着去从事一种以解释为主要任务的理论体系，但他却仍然觉得需要有某种框架用以组织那些实验得来的行为资料。事实上，斯金纳所主张的操作条件作用，就是作为他的行为分析支柱的一种理论框架。可见斯金纳在这个问题上的观点并不是彻底的。

三、斯金纳对有机体的行为的分析

斯金纳对有机体的行为所作的分析是他的行为科学研究的重要部分，他的关于操作条件作用的原理就是他的行为分析的核心观点。

斯金纳把条件作用区分为"S"型与"R"型。S 型条件作用是指巴甫洛夫的古典式条件反射。在条件反射中，有机体的行为反应是被一个特殊的可以观察得到的刺激所引起的。在 R 型即操作条件作用中，有机体的行为作用于环境，而且是产生有效结果的手段或工具。斯金纳采用了这种分类，并进一步阐明了两种反应：S 型条件反应是一种与刺激相关的反应，他称之为应答性行为；R 型条件反应则是一种没有可觉察到的外来刺激的反应，他称之为操作性行为。他还认为，R 型条件反应比 S 型条件反应在学习过程中实际上更为重要。他又进一步阐明了这一观点，认为，早先的研究者对条件反射的原理研究得过多，而且对它作了过高的评价，似乎把有机体想象为一个复杂的会变一大套戏法的盒子老头，只要一按适当的键，就会变出一种戏法来。[②]但是这种想法并不是没有根据的。整个有机体

① 斯金纳：《科学的个案法史》，第 227 页。

② 匣盖一揭开老头就跳出来的一种玩具。——作者注

的大部分行为是不受这种原始刺激的控制的。斯金纳把几乎所有人类的条件作用看作是一种操作。他认为，即使把分解成为简单反射模式的全部行为聚集起来，也只能代表一个有机体行为总和的很少一部分。但是斯金纳又告诫我们不应忽视反射行为这一方面，认为完全不顾条件反射的原理，他是不能同意的。

斯金纳把操作性反应作为他的体系的基本行为资料，在巴甫洛夫实验室的条件下是不可能对那些影响操作反应的变量进行研究的。因此，斯金纳就设计了一种大家熟知的"斯金纳箱"作为研究老鼠操作行为的实验仪器。在斯金纳箱的实验中，饿鼠被关在箱子里，可以自由探索。它在探索中或迟或早地偶然压着箱内的一根杠杆，从而牵动了食物库，一颗食物小丸就落入装置在箱壁下部的小盘里，饿鼠就得到了食物。箱外有一种装置，把老鼠的动作记录在纸带上，实验者从纸带上的记录了解动物的动作。

读者当可回忆斯金纳的杠杆按压实验同桑代克的迷箱实验在模式上有相类似的地方。斯金纳在给桑代克的信中曾直言说："显而易见，我只是继承了你的迷箱实验罢了。但是我过去却忘记把这个事实向读者说明。"①

斯金纳用斯金纳箱这个强化的研究方法，对老鼠以外的动物和人作为被试进行了研究。例如，他曾用鸽子做实验，鸽子的操作行为就是在一定的高度上啄一个点，以食物作为强化物。以人作为被试的操作行为就是解答问题，用口头赞许或者使他知道正确的答案来强化。斯金纳就是从他的这个基本实验中总结出关于习得反应、条件强化、泛化作用与消退作用等学习规律的。

习得律：斯金纳认为，塑造动物行为的过程就是动物学习的过程。斯金纳把它的学习公式概括为："如果一个操作发生后，接着给

---

① 《斯金纳自传》，载于波林、林德赛编：《自传式心理学史》，1967 年版。

予一个强化刺激，那末其强度就增加。”① 不过，在操作条件作用中，被增加的并不是某个特定的反应，而是使反应发生的一般倾向。因为反应早在操作强化前发生，它不会改变，所改变的是那类反应在以后发生的概率。老鼠一按杠杆便得到食物，它就可能再一次地去按杠杆。强化使动物形成了一种反应的储备，因而当食物停止出现后，鸽子会继续地抬高它的头，老鼠能几次或多次地按压杠杆。

在斯金纳的体系中，反应的测量单位和资料的记录是很重要的。斯金纳的累积记录器上的资料曲线，是根据动物在单位时间内的反应次数记录下来的，从这个累积曲线中可以看出反应的速率来。斯金纳把反应的速率作为动物在学习上发生变化的唯一量度。因为动物“在学习时，速率就增高；在它不学习（如消退）时，速率就下降”。② 斯金纳认为，使条件作用的速率增加，练习固然是重要的，但关键的变量却是强化。练习本身不会使反应速率上升，只能为强化进一步的发生提供机会。

斯金纳认为，桑代克的“试误学习”的说法是多余的或不恰当的。据他对鸽子和其他动物的行为的观察，他认为把每一伸颈活动说成是“尝试”，而把那些不能获得特定结果的活动说成是“错误”，这是没有理由的。“说‘鸟’学会伸颈就能得到食物，那是对实际发生的情况的一种不准确的报告”。③ 在斯金纳看来，有效的训练，关键在分析强化的效应以及设计严密地操纵这一过程技术，从而使有机体的行为在严格的控制下进行。例如被试、动物或人，在实验的情境中，偶然做了某种动作，如果主试就给以强化，这个动作后来出现的概率便较大于其他动作；强化的次数加多，概率也随而加大，

---

① 斯金纳：《有机体的行为》，1938 年版，第 21 页。
② “学习的理论是必要的吗？”，《心理学评论》1950 年，第 57 卷。
③ 斯金纳：《科学与人类行为》，第 64 页。

这便导致了操作行为的建立。由于开始时主试所强化的是被试偶然发生的动作，所以斯金纳把操作的条件反射的形成归因于强化的偶然性或依随性（contingencies of reinforcement）。

斯金纳及其追随者相信，操作条件作用原理已能完全成功地塑造高度复杂的动作技能，比如，他们能使两只鸽子玩一种修订过的乒乓球游戏和尽力合作地协调它们的动作以至精确到与最纯熟的舞蹈家不相上下的那样富有戏剧性的行为来。要使动物完成复杂的行为，就必须运用斯金纳设计的渐进法，也就是建立一个朝着渐次接近所要求的最终复杂行为方向前进的巧妙程序，然后按这个连续程序来训练它们。

斯金纳还以同费斯特合作对各种强化时间安排的研究而著名。他在 1957 年的《强化的时间安排》一书中，揭示出动物的操作反应同学习的安排之间的许多规律性问题，即在动物的操作实验中，是连续强化有效，还是间歇强化有效呢？在间歇强化学习中，强化的间歇时间长些有效，还是短些有效呢？固定的、经常的强化有效，还是不固定的、偶然的强化有效呢？

斯金纳采用不同的间歇、不同的比例以及各种混合的时间安排，对动物进行实验。比如，他在一个实验中，把四只老鼠分成每隔 3、6、9、12 分钟强化一次的四种固定时间间隔的强化安排。结果表明，反应的速度相对不变地与强化的时间间隔成比例。就是说，间隔的时间愈短，反应的速度愈快；间隔的时间愈长，反应的速度就急速下降。在另一个实验中，他把四只老鼠每按 4 次、6 次、8 次、9 次压杠杆便加以强化的比例进行实验。累积曲线表明，4∶1 的反应速度最快，其次为 6∶1，8∶1，9∶1。斯金纳还指出，按比例安排较之间歇安排，其反应速度更高，这是因为按比例安排时的反应速度要比按间歇安排时的反应速度带来更大量的强化的缘故。

条件强化和泛化现象：斯金纳箱还可用来研究条件强化和泛化

现象。斯金纳在他的《怎样训练动物?》这一篇论文中详尽地介绍了这方面的研究。现举一个条件强化的例子：每当我们给饿鸽食物以强化我们正在训练它的一种动作时，我们就开灯，这个灯光最终就会成为一个条件强化物；它可像以前用的食物那样，用来去强化这个动作或其他一些操作。①

斯金纳在他的1953年的著作中，在讨论条件强化物时，提出了泛化强化物这一概念。他认为：一个条件强化物如果同许多初级强化物发生联系，那末，这个条件强化物就被泛化了，它就成为泛化了的强化物。比如，金钱就是“最好的泛化强化物”，② 因为它已与多种对个人具有重大意义的初级强化物如食物、衣着和居处等等联系起来，成为次级强化物。

斯金纳常用诱导这一概念来代替他通常所说的刺激或反应的泛化现象。诱导现象既发生于各种刺激，也发生于各种反应。比如在斯金纳箱中，鸽子已形成啄一红色斑点的条件反应，那末一个黄色斑点也会引起他的啄击反应，不过速度要慢得多。这就是刺激诱导。至于反应诱导，我们可用镜画实验来说明，一个人用右手在镜画中获得的技能，无需练习就能把大部分技能迁移给左手。斯金纳认为这类诱导现象之所以能发生，是因为在最初的和新的刺激情境双方存在着相同的因素的缘故；同样，在强化某一反应时，类似的带有相同元素的反应，也会受到加强。斯金纳的解释同桑代克关于学习迁移依赖于相同元素的原理颇相类似，只不过后者把刺激与反应看作是孤立的、不相联系的单位，而斯金纳则认为两者是具有某些共同东西的一类事件。他认为:“一个孤立的刺激同一个孤立的操作一

---

① 斯金纳:《累积的记录》,《怎样训练动物》,1961年版,第412—419页。
② 斯金纳:《科学与人类行为》,1953年版,第79页。

样是一种牵强武断的说法。”①

消退与遗忘：消退作用可以在斯金纳的累积反应曲线图上看出来：当曲线折向底线或横座标，最后平贴在底线上时，表示反应速率是零，消退业已发生。在累积曲线的记录中，斯金纳发现动物学习的消退曲线在学习期间使用间歇强化的情况下要比使用连续强化时降落得缓慢些。在一次实验中，有一只鸽子经过间歇强化程序训练后，曾做了一万次的消退反应。在斯金纳看来，这是因为在连续强化的情境下动物是从连续强化突然过渡到无强化，因而消退曲线就迅速下降。但在间歇强化的情况下，许多操作反应是没有被强化的，因此，动物的反应并不是在消退一开始就被一系列无强化程序所破坏。下面的例子可以说明这种情境。儿童多次在饼干箱找饼干后，母亲把饼干藏起来，儿童找饼干的消退反应就会迅速出现。但是如果儿童偶然在饼干箱里发现饼干不见了，他就会比第一个孩子更长久地连续去做找饼干的反应。

遗忘同消退反应不同。消退仅仅是由无强化所引起，而遗忘则是随时间消逝而逐渐衰退的。在有控制的实验室条件下，鸽子在条件作用训练后，尽管六年不给予任何强化仍可能表现出原先的操作反应来。

在学习研究领域里，斯金纳设计了一整套塑造行为和保持行为强度的新技术、新方法，从系统发生上对有机体的简单反应和复杂行为进行了广泛的实验，作出了一定的贡献，这是毋容置疑的。问题在于分析人类学习的资料时，斯金纳抹煞了人类学习与动物学习的本质区别，不承认人的学习行为有任何特殊的属性，认为“它们似乎能用并发反应的分化，对刺激的分辨，以及反应的各种序列的

---

① 斯金纳：《科学与人类行为》，第132页。

建立等进行系统的分析与阐明”①，这样就把人类的学习变成一个单纯的外部行为事实的陈述，这不是在解答问题，而是在回避问题。从辩证唯物主义的观点看来，把人类的学习行为的原因简单地归结为消极的、机械的操作强化过程，否定人在认识中的能动的飞跃过程，这是一个抹煞事实的非科学的态度。

四、斯金纳的操作强化原理在教学上的应用

斯金纳在他的《自传》中叙述了这样一段插曲："1953 年，我的小女孩在剑桥的一所私立小学四年级上学。那年 11 月 11 日，我以家长的身份，访问学校，坐在教室后面听算术课。我忽然发现：整个教学情境显得十分荒谬。那里坐着二十个十分可爱的有机体。但是那位教师却违反了我们所熟悉的关于学习过程的几乎所有的原理和做法，虽然这不能完全归咎于她本人。”② 于是斯金纳开始按照操作强化原理，制成了能够帮助教师为每个学生安排有效的程序学习的教学机器。

1954 年春，斯金纳在匹兹堡大学一次关于《心理学的当前动向》的会议上，做了用教学机器教拼写和算术的演示。同年又发表了《学习的科学和教学的艺术》一篇重要论文。在不到一年时间内，机器教学运动便很快发展起来，形成当时美国教育界的一股新的力量，波及了世界各国。

教学机器是一种台式机械装置，品类繁多，机器里装配着各种机械的和精密的电子仪器。放进机器的教学程序是印在纸带上的按一门学科内容分成一系列逻辑地联系着的知识项目，编制成一套几百乃至几千个严密地渐次加深的问题框面。学生正确地回答了前一

---

① “学习的理论是必要的吗?”，H. 高尔德斯坦编：《学习上论争的问题》，1965 年版。

② 《斯金纳自传》，波林、林德赛编：《自传式心理学史》第 5 卷，1967 年版。

框面的问题，就前进到一个新的框面。学完一个程序后，可再学习另一个新的程序。毫无疑义，机器教学贯穿着斯金纳派行为主义的观点：学习就是条件作用，学习就是行为，甚至思维也是一种能够被分解和编制成详细行为目录的行为。

斯金纳声称，“消极的”处分（打不及格，处罚）是传统教学的最坏的特征之一，由于机器教学保证在每一学习小步上都有强化，学生在学习进程中都能得到即时的反馈，因而程序学习总是起激励、积极的作用。① 而且，机器有“耐心”，它并不像教师那样会去羞辱或者侮蔑学生，相反，它能激发学生的活动，因而它能鼓舞学生的感情。最常讲的好处是教学机器能用作个别教学，每个学生都可按自己的程度自定学习进度。这与通常的班级教学形成鲜明的对比，因为在班级教学中，教师一般总是按学生的平均水平进行教学的。此外，由于学生学习的是反映全国最优秀教师教学法的程序，这可能比他们在自己学校里接受一般教师的教学要好得多。

机器教学虽具有以上的主要优点，但同时，在理论和实践上也有很多重大的缺点。教学机的设计反映着动物在斯金纳箱里的学习原理。斯金纳把动物的学习原理应用于人类学习时，作出了一个错误的类比。一个刺激（比如语词）对人的影响，并不像一粒谷子或一道闪光对实验箱里的动物的影响一样简单。即便词意定得十分明确，只能有一种解释，但在教学原理上，单一答案法并不是学习的好办法。

斯金纳有一个坚定的信念，认为外显反应和即时强化是在斯金纳箱里受训练的鸽子的行为特征。② 斯金纳把这些特征照搬到训练人的教学机器中去，这同学习任务的特殊性，同学习者的本性并不

① 斯金纳：《教学机器》，《科学》第128卷，1958年。
② 斯金纳：《鸽子的迷信》，《实验心理学杂志》第36卷，1948年。

一定是适合的。考克（J.O.Coke）在《斯金纳派的迷信》一文中，引证了几个典型实验，论证斯金纳派把斯金纳箱的一些不相干的特征，误用到教学机器中去的事实：

一个实验是让两组被试在完全相同的情况下学习同一种配对联想作业。一组要求外显反应，一组则不要求。实验结果证明，非外显反应组的成绩远远超过外显反应组的成绩。考克结论道：外显反应不是程序教学的一个本质特征，事实上，在某些情境中，它甚至还是一个有害的特征。

另一个实验是学习穿过打孔迷津通道的作业。实验仪器是一个纵横各有12排按钮，每一按钮上有一个灯光装置。被试分核对组和提示组两组。核对组被试在他做出每个正确反应后，就被告知是正确的，于是灯光在正确按钮上继续发亮。提示组在按压这一排正确按钮时，下一排的正确按钮上的灯光就亮起来。因此这一组的被试是在他做出反应之前被告知他的反应是正确的。从测验结果看，提示组成绩明显地较核对组高。考克认为，这一事实是直接反对斯金纳派所持的信念的，那就是，只有在成绩的引导下，否则学生就不会学习。但事实上他会学习，而且会学得更快。①

在实践上，程序学习也有一些比较显著的不利因素。程序学习需要费劲地、一小步一小步地去通过一门学科浩繁的内容。它较死板，缺乏灵活性，因为机器不便于学习者去鸟瞰全局，去挖出后面的章节来预先了解一下，也不便于回到前面的章节去核对早先回答过的论点以权衡和比较知识。它无论如何不能与一个机敏的教师相匹敌，他能够参考新近的研究、评论来自其他领域的有关知识以充实他的讲课。更糟糕的是，学生只能按程序教材上规定的正确答案回答，如果不同意机器呈现的见解，他也不能和机器争辩，向它提

---

① J.O. 考克：《斯金纳派的迷信》，《美国心理学家》第18卷，第8期。

问或要求它进一步加以阐明。他不得不接受机器规定好的答案，否则它就不会让你进行下面的课程。

机器教学只有短暂的历史。自然，它不是万应灵药，它甚至不是新的东西，它是每个教师一开始教学就努力在做的东西。尽管程序设计是一种花钱费时的工作，应用到学校情境中去有困难，但程序设计在原理上是有前途的。自从斯金纳的1954年和1958年的两篇论文发表以后，心理学家们对设计程序使用教学机器方面的有关变量，诸如中介过程、学习迁移、强化作用和动机作用等等，进行了大量的研究和探讨。尽管这些理论概念在教学技术中还没有产生直接的影响，然而，公众对机器教学的原理和方法的必要性，却已认识清楚了。70年代以来，由于计算机和有关信息加工技术的发展，原先应用在教学机器中的程序设计，已在计算机辅助教学（CAI）技术中被广泛地应用了。

第十三章　格式塔心理学

格式塔心理学或译为完形心理学，诞生于 1912 年，是现代西方心理学的主要流派之一。它强调经验和行为的整体性，反对美国构造主义心理学的元素主义，也反对行为主义的“刺激-反应”公式，认为整体不等于部分之和，意识经验不等于感觉和感情等元素的集合，行为也不等于反射弧的集合。它的代表人物有：惠太海默、苛勒、考夫卡等人。勒温则对格式塔心理学作了进一步的发展，自称为拓扑心理学。下面两章，将分别评介格式塔心理学和拓扑心理学。

第一节　格式塔心理学的历史背景

一、格式塔心理学的社会历史背景

格式塔心理学的这个整体观点是有其具体的社会历史条件的。20 世纪初叶，德国资本主义工业飞跃发展，为了加强资本输出和掠夺殖民地，德国以最新崛起的力量，参加瓜分世界的罪恶行动，并叫嚣普鲁士领导世界，妄图征服各国，称霸全球，使世界各国都臣服于德意志帝国的整体。正是由于这种社会历史条件，德国的政治、经济以及文化科学等等方面，都倾向于整体的研究，心理学也不例外。1894 年狄尔泰（1833—1911）在《叙述和分析心理学》的论著中，倡导了文化科学心理学的运动，从研究经验着的整体出发，以反抗艾宾浩斯的说明的分析心理学。1906 年斯特恩（1871—1938）在他的《人与物》的一书中，提倡人格心理学的研究，也强调人格的整体性来反对传统的元素主义心理学。格式塔心理学不过是在这种总的社会历史的思潮下，在心理学里产生的另一种表现形式。

格式塔心理学的产生也有其哲学思想的背景。康德认为，我们只能认识现象，但不能对“物自身”有所认识，而对现象的认识必须通过先验的范畴。这种思想对格式塔心理学具有深刻的影响。康德的此岸的现象，经过胡塞尔的阐发，建立了现象学，主张以自然的观察，去研究纯粹的意识。格式塔心理学就把现象学作为它的理论基础，并以现象学的实验来研究心理现象。格式塔心理学也接受马赫的中立要素的观点，认为现象的世界是直接感知的真实的世界，而物理的世界只是在感知的基础上间接推论出来的世界。苛勒更直言不讳地认为他的思想受到怀特海的新实在论观点和L. 摩尔根的突创进化论的影响。怀特海认为我们可有两个世界，并把我们用常识去观察的世界称为“呈现的即刻”的世界，而把物理学家所认识的世界称为“因果上有效能”的世界。在我们头脑中反映的“呈现的即刻”的世界与物理学的“因果上有效能”的世界并不是一回事。突创进化论认为在进化的各个阶梯上，可突创出全新的产物，这些产物是不能用个别成分的简单结合所能说明的。换句话说，进化的较高阶段所产生的是一个全新的整体的组合，而不是现有的各种成分的机械的凑合。这些思想和格式塔心理学都有共通的地方。

格式塔心理学也受当时自然科学重视整体研究的趋势的影响。物理学首先抛弃了机械的观点，而采取场的理论。然后这种思潮又引伸到生物学的领域，例如R·魏斯对细胞移植实验，表明了尚未分化的细胞，可随整个不同的细胞环境而得到不同的发展，从而认为几乎所有的发展现象都呈现出场的特点。物理学的场的理论，对格式塔心理学更有直接的影响。

在物理学上，牛顿假定可有无限分隔的物质分子，借助于引力和斥力，可以引起相互影响。我们只要充分了解物质分子的位置、体积和速度，就可预测它们交互作用所引起的结果。1875年马克斯韦尔对电磁力的研究，发现朝着某一方向移动的物质分子，并不能使另一物质分子朝着所应移动的方向移动。我们如不考虑到电磁力分布的整个的场，就不能确定某一物质分子的移动方向。而这个场不是个别物质分子引力和斥力的总和，而是一个全新的结构。于是他就提出了电磁场的理论，认为我们如果不参照整个的场力，我们就不能确定个别物质分子运动的结果。

苛勒在《静止和固定状态中的物理格式塔》(1920)的著作中，采取物理学的场论，认为脑也是具有场的特性的物理系统，从而论证知觉与人脑活动是同型的。他认为我们可假定感觉兴奋在脑中可产生一种场的过程。如果一些构成的力一开始就是平衡的，那么这种过程将保持为一种固定的过程，结果产生的知觉将恰好与感觉输入相符合。相反地，如果构成的力是不平衡的，这个过程就会发生变化，以便达到一种平衡的状态，而其发生的知觉就会和感觉输入不相一致，从而使所发生的知觉比最初的感觉感受过程更趋于完整或完形化。这样他就把物理的格式塔直接移用于生理和心理的格式塔。

二、格式塔心理学的前驱

马赫在1885年出版的《感觉的分析》一书中，把感觉当作一切科学研究的对象，并认为物理学所处理的声、光、温度的世界，也就是心理学所对待的声、光、温度的世界。但他也注意到一些关系的问题，如不同的线条的排列可产生方形、菱形等形状，不同的乐音的排列可产生不同的曲调。他把前者称为“空间形式的感觉”，后者则称为“时间形式的感觉”，似乎形式本身是可以离开内容而独立存在的经验。例如我们可以改变方形或菱形的大小，但它们的形式不变；我们可以把曲调的各个乐音都升降一音或数音，但曲调的形式不变。

几年以后，厄棱费尔提出了比马赫的构思更接近于心理学的理论。他在1890年发表了一篇论文，把这些不能用一般的感觉所能说明的经验性质，称之为形质。根据他的分析，形质不是感觉的简单的凑合，而是感觉成分之处属于另一种组织形式的新的性质。

厄棱费尔提出的“形质”的概念，从历史的渊源来说，可作为格式塔心理学的直接前驱。可是这个概念还不是彻底的，首先，厄棱费尔虽然认为“形质”是不存在于任何孤立的基件之内的独立的经验，是一种新的性质，可是他只是把它当作一种新的元素。他并没有动摇旧的元素主义心理学的根基，不过是企图增添一种新的元素，来弥补日益动摇的元素主义的不足。其次，厄棱费尔是通过两步来认识这种所谓“形质”的新性质的，即先通过作为基件的感觉，再认识到作为基件的“形质”，而不是通过自然而然的现象，一步就能直接观察到的。惠太海默的似动现象的实验，就彻底地否定了元素主义的解释。

第二节　惠太海默和格式塔心理学的建立

格式塔心理学的倡导者有惠太海默、苛勒和考夫卡等三人。

惠太海默（1880—1943）是格式塔心理学最初的倡导者，他先在布拉格大学学习心理学，1901年转赴柏林大学，受业于斯顿夫，后又转赴符兹堡大学，在屈尔佩的指导下，于1904年取得博士学位。随后任教于布拉格、维也纳、法兰克福和柏林等大学。

苛勒（1887—1967）曾在杜平根、波恩和柏林大学学习，后于1909年在柏林大学毕业，是斯顿夫的学生。后转赴法兰克福大学，与惠太海默共事。在第一次世界大战时，他在喀麦隆腾奈立夫岛对黑猩猩的智慧进行了实验研究。1921年任哥丁根大学教授。1922年继斯顿夫任柏林大学教授。

考夫卡（1886—1941）于1909年毕业于柏林大学，也是斯顿夫的学生。后来曾在法兰克福大学与惠太海默共事。自1921年到1927年任基森大学教授。

他们三人于1921年在德国创办《心理学研究》杂志，发表他们的研究成果。他们于1924年到1935年中间，先后到美国去讲学，历任美国各大学的教授。

20世纪初叶，心理学对视见运动的问题还没有得到很好的解决。其主要困难在于当时心理学家认为视见运动必带有一组感觉，但感觉的区别常以其属性为根据，而空间则不属于这些属性之列。惠太海默不同意采取感觉来作分析，认为运动是一种可以认识的现象，不能把它看作感觉的集合。

为了精心探索这个问题，1910年夏，惠太海默在从维也纳到莱茵兰的火车上，忽然发现研究视见运动的一种新方法。他在法兰克福下车，购得一个动景器，立即在客店里进行研究。后来在法兰克福大学进行了实验，苛勒和考夫卡都参与了这一实验，并作为实验中的被试。实验的结果表明，运动显然是一种现象，它成为一个整体或完形，而不是感觉的一束。因此他把这种现象给以一个特有的名词，称之为似动现象，或Φ（读如phi）现象。

一、似动现象的实验①

惠太海默以舒曼所制的速示器来做实验，这种速示器可控制不同的时间间隔。他把两条角度不同的光亮的直线，先后投射到黑色的背景上。他所设计的方式是多种多样的，现在举几个 简单的实验例子如下：先在黑色的背景上放映一条直线，接着在直线的左边或右边放映另一条直线，两线放映的间隔时间长至200σ（σ为千分之一秒），观察者可先见第一线，后见第二线，它们都静止不动，两线放映的间隔时间只有30σ，则同时看到二线，它们也静止不动。如果

① G. W. 哈特曼：《格式塔心理学》第1章，1935年英文版，第3—7页。

两线呈现的间隔时间介于上述两者之间而为 60σ，则可产生似动现象。先呈现 a 线，再呈现 b 线，则 a 线向 b 线移动；先呈现 b 线，再呈现 a 线，则 b 线向 a 线移动，它们都好像单线移位的运动，如图 13.1。

图 13.1

如果放映的两条直线一成水平（a），一成垂直或成 45°倾斜（b），同时，呈现时它们的顶点相连，组成一个直角或 45°的锐角，如图 13.2。它们呈现的间隔时间长至 200σ，或短至 30σ，两线都静止不动，但两线呈现的间隔时间若为 60σ，则同样可产生似动现象。两条本是静止不动的直线，为什么以适当的间隔时间先后呈现，会观察到运动的现象呢？以前的心理学家对于运动知觉曾提出过几种不同的解释。

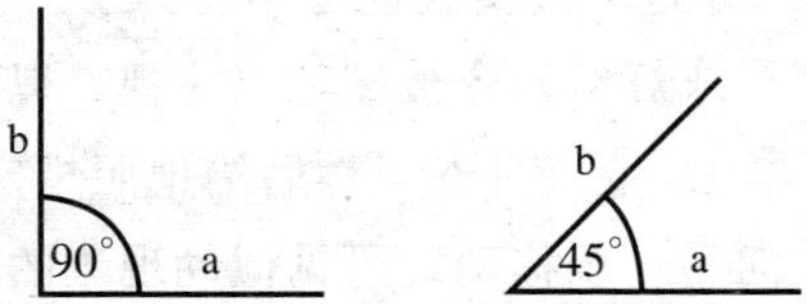

图 13.2

二、以前心理学家对运动知觉的解释

以前心理学家对于运动知觉的解释，或采用眼球运动说，如冯特，或采用后象混合说，如马尔比，或以为先有某些感觉元素，然后由于综合作用，而把这些元素综合而成运动知觉，如格拉茨学派（参看上文关于厄棱费尔对形质的研究）。惠太海默根据似动现象实验所得的结果，一一排斥了这些看法。

惠太海默认为眼球运动说决难成立。因为眼球运动所需的时间至少须在 130σ 以上，而 a、b 两线先后呈现的间隔时间只在 60σ 左右，即可产生似动现象，所以在 60σ 的间隔时间内，不可能引起眼球运动，因而似动现象就不能用眼球的运动来说明。同时在实验的过程中，被试在观察时眼球的位置已经固定，眼球没有产生运动的可能，因此更可见似动现象的发生和眼球运动并无联系。并且惠太海默以下面的实验，排斥了以眼球运动来解释似动现象的可能。他先在黑的背景上呈现 a_1、a_2 两线，在 60σ 的间隔时间后，再在它们左右呈现 b_1、b_2 两线，如图 13.3。在这种情况下，观察者可看到 a_1、a_2 两线同时各自向 b_1、b_2 两线移动，而眼球则不能同时作出两种不同方向的运动。

至于后象混合说，惠太海默也认为不足为据。因为即使假定先后呈现的二线，在网膜中都有后象遗留，但如上所述，在产生似动现象的时候，眼球既没有移动，后象便没有混合的可能。并且下列实验也可作证。试以光亮的十字形或灯丝，令被试加以注视，以便产生一个鲜明的后象，投射在屏幕上，保持不变，然后给他照规定程序呈示两条线，他仍能看见一线向另一线移动，可见似动现象的产生不是由于第一条线的后象所造成的。

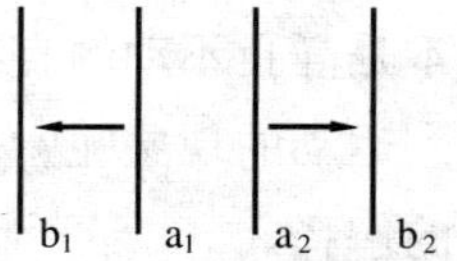

图 13.3

如果说，似动现象是在感觉的基础上通过某种综合作用的产物，惠太海默也给以否定的答复，认为这种解释与观察到的事实，并不符合。因为根据被试的报告，他们在观察的过程中，只看见好似单线移位的运动，而看不到孤立的 ab 二线，因此似动现象的产生，决不是先看到 a 线，再看到 b 线，在这二线的感觉的基础上，进一步通过综合作用，然后产生运动知觉。

因为传统心理学所提出的各种解释，都不能够说明似动现象，所以惠太海默就提出了他自己的新的解释。

三、惠太海默的新解释和格式塔心理学的建立

惠太海默认为在似动现象的实验中所用的刺激只有ab两线。这两线本是静止不动的，但是在一定的条件下，我们却可以观察到运动的现象，因此运动知觉在机能上是与静止的光亮知觉不同的，静止刺激的程序排列并不能给予我们以运动的经验，似动现象是一种新的现象，它是一个整体，不是以孤立的二线所可解释的。换句话说，它是一个格式塔。格式塔所具有的性质不存在于它的部分之中，而存在于整体之中。似动现象的关键即在于两个刺激在时间上发生了一种动的交互作用。

惠太海默也试图用某些中枢机制的机能来解释似动现象，因而提出了所谓大脑交互历程（cross processes）的看法，认为似动现象是由于视觉皮层的不同区域接受了不同位置上的光线刺激，因而在皮层的不同区域之间，产生了电流的动力的交互作用。

对似动现象的这种解释在实验上已有反面的证据。如罗克和埃本霍尔茨的实验证明其可能不确。他们使观察者用一只眼通过两个小孔轮番窥看两炷光线，一炷在左，一炷在右，轮流发光。观察者通过左孔窥视，看见左面的光条恰恰投射在网膜焦点上，为了看到右面的光条，观察者必须将眼睛移至右孔，那时光条也恰恰投射在网膜的焦点上。所以被试的眼睛左右移动，看见左右的光条，都投射在网膜的相同之点。主试使两炷轮流发光，并嘱观察者随光的明熄及时地转眼睛，那时受刺激的虽然是网膜（或皮层）的相同之点，但观察者却看见了似动现象。罗克和埃本霍尔茨的另一个实验使观察者观看一光条，使它放射在脑的不同部位，但不能看到似动现象。①

尽管对似动现象的解释尚有异议，但似动现象本身却是客观存

---

① 摩尔根和金合著：《心理学导论》，1975年英文版，第354页。

在的事实。似动现象决不是某些元素的总和，而是一个动的整体。从这种现象出发，惠太海默认为在一切心理现象中，整体是不可分析为元素的，整体不是元素的总合，它先于元素，并决定部分。格式塔心理学的整体说便以此为出发点。惠太海默《关于运动知觉的实验研究》这篇论文，发表于1912年，于是格式塔心理学的建立也始于这一年。

第三节　格式塔心理学的体系

格式塔心理学这个名称不像意动心理学、机能心理学或行为主义那样明确地表示出它的性质，格式塔（gestalt）意即形式或图形，广义地说，意即形态或要义，它是与冯特的内容心理学相对立的，斯皮尔曼称之为“形的心理学”，这个名称似有其片面性。格式塔又有“structur”的意义。但是考夫卡认为：“这个名词不得译为英文structure，因为构造主义和机能主义争论的结果，structure在英美心理学中已得到了很明确而很不同的含义了。”因此考夫卡采用了铁钦纳对structur的译文configuration，中文译为“完形”。①

苛勒认为格式塔一词具有两种涵义：一种是指事物所具有的一般属性，在这种涵义中，格式塔意即形式；另一种涵义是指具体的个别的特殊的实体，形式只是它的属性之一。依据这个传统，格式塔说便以格式塔为分离的整体②。考夫卡指出：假使有一种经验的现象，他的每一成分都牵连到其他成分；而且每一成分之所以有其特性，即因为它和其他部分具有关系，这种现象便称为格式塔。惠太

① 考夫卡：《儿童心理学新论》，人民教育出版社1957年版（下同），序言。

② 苛勒：《格式塔心理学》，1929年英文版（下同），第192页。

海默也曾指出，格式塔理论的基本公式可用如下的方式来表达：整体不决定于其个别的元素，而局部过程却决定于整体的内在特性。总之，格式塔不是指孤立不变的现象，而是指通体相关的完整的现象。完整的现象具有它本身的完整的特性，它既不能割裂成简单的元素，同时它的特性又不包含于任何元素之内。

我们掌握了格式塔或完形的一般的涵义，就可有助于我们对格式塔心理学体系的理解。现在试从格式塔心理学研究的对象及其研究的方法等方面，来作进一步的阐述。

一、格式塔心理学研究的对象

（一）苛勒的直接经验

格式塔心理学也以行为为心理学的对象，但在实质上并不否认意识。格式塔心理学家要用另一种词语代替意识。苛勒用“经验”为意识的同义词。他以为心理学曾有一个时期被假定为有关直接经验的科学。“心理学家通过直接经验的叙述，不仅希望对这种经验的一切变化作有条理的记载，而且对这些事件的函数关系也得到大量的知识。甚至他还有志于求得直接经验消长起伏的规律。”① 但是行为主义者则对这种旧心理学进行了批评，以为它在对象和目的上都迷失了方向。他以心理学和物理学相比，认为物理学观察客观的事物，心理学则通过内省法与直接经验打交道，所以不同的心理学家对于相同的“事实”得到不同的结果。苛勒虽然对行为主义者的意见表示同情，但对直接经验作出了不同的评价。

苛勒以为物理学家研究物理现象，心理学家研究心理现象，都离不开直接经验。他说：“对作为物理事件的物理事件，我永远不能作直接的叙述。因此，我对物理事实的观察在原则上与对一个视觉后象、边缘视觉所特有的模糊形象或我的健康之感的观察常常是属

① 苛勒：《格式塔心理学》，1929年英文版（下同），第8页。

于同一种类的观察。我对物理观察的精确性决非由于我在物理学中回避了直接经验的缘故。我不回避它，因为我不可能回避它。这样做是有实效的。对直接经验的某些观察乃是科学的适当的基础。”①（着重点是原有的。）

所以据苛勒看来，物理学和心理学的观察都须通过直接经验，在这一点上心理学和物理学是没有什么差异的。但是苛勒说：“现代物理学在物理研究的关键时刻对有决定性作用的经验进行审慎的选择从而获得实际的好处。当然，物理学家不理睬一切主观经验……心理学家在试图观察和描述直接经验时所遇到的一切困难，物理科学就完全可以避免了。”② 这是说，物理学以处理客观经验为限，心理学要兼行处理主观经验。因此，心理学和物理学还是有所不同的。所以物理学可以采用客观的研究法和量的测量，至于心理学则须满足于质的研究和推测。苛勒说：“在某种情境之下观察小狗时，常可引起这样一个重要的问题：这个动物的某种行为是否代表游戏的活动或对情境的‘认真的’反应。这种问题不意味着小狗的意识；它只涉及我们客观观察到的某些特有的差异。这个差异就是质的差异的一种。又如在稍微重要的情境中，观察一个人，看他对我们讲话时，是否声音‘如常’或‘颤抖’。在目前，这种观察只能是一种质的辨别；即使将来有一种方法测量声音的稳定性，但是这种方法也永远要有一个先决的条件，就是我们在直接观察中知道声音的不稳定性这个特点究竟意味着什么。”③ 所以研究行为要以客观经验和主观经验互相印证，而华生的行为主义则根本否定了意识或经验。

苛勒批评行为主义是言之成理，持之有故的。但是他是站在唯

---

① 苛勒：《格式塔心理学》，第 23 页。

② 同上，第 35 页。

③ 同上，第 39—40 页。

心主义立场对行为主义进行批评的。

苛勒说："在我面前而为我所看见和觉得的'物体'决不等同于相应的物理客体。这个客体影响了我的身体，在我的体内引起了某些变动，最后的结果就是显现在直接经验中的'物体'。这种'物体'是我所知道的第一项目。因此，我如果一旦感到需要，我就必须由此构成物理世界的一幅图景，这幅图景是从间接推论出来的东西。与此相反，显现在我面前的世界和物理学家构成的世界不同，这个世界叫做直接经验的世界"。[1] 他又指出："在这种情形之下，直接经验的世界是我所有的第一个世界，我所知道的关于物理世界的一切，既然是后来从经验着的世界推论出来的，那末，这个经验世界，对我说来，是我继续推测物理实在的唯一基础，我如何能否认它呢？当然，谁也不能阻止我，如果我高兴的话，去设想那物理世界究竟是较重要和较主要的世界。但是即在那时，我还得承认另一世界是首先而且永远为我而存在的，除非我去观察我的'客观经验'，作出关于物理世界的结论外，我就没有其他办法去发见物理实在界的性质"。[2] 当苛勒认为一个物理的客体影响了我们的身体而产生了物体的映象时，他是不错的，我们不必在这方面和他有所争论。当他认为直接经验的世界是我们所知道的第一个世界时，他也没有很大的原则性的错误，因为我们也认为意识是我们所首先接触到的现实。但是必须指出：我们认为意识经验是第二性的东西，是客观现实在我们头脑中的反映。至于苛勒，由直接经验中的"物体"是我们所知道的第一种东西出发，就断言客观现实仅仅是我们通过直接经验而构思出来的东西，因此，是第二性的东西。这样，他便犯了主观唯心主义的错误。

---

① 苛勒：《格式塔心理学》，第 23 页。

② 同上，第 25—26 页。

（二）考夫卡的行为环境

考夫卡也以行为为心理学的对象，他说："现在我们要明确心理学的任务是研究行为与心理物理场的因果关系"。可见心理学的对象除行为外，还有所谓心理物理场。这个心理物理场含有自我和环境的两极性，而这两极的每一部分都各有它自己的结构。所谓结构就是说环境不是各色各样感觉的镶嵌或乱七八糟的总合。自我也不是一点，一个总和或欲望本能的集合。他以为人格这个概念或可用以说明自我的意义。①他又把环境分为地理环境和行为环境。地理环境就是现实的环境，行为环境是意想中的环境。考夫卡认为行为产生于行为的环境，受行为环境的调节。他用一个生动的例子说明这个问题。一个冬天晚上，在暴风雪中，有一人骑马来到了一个旅店，深自庆幸经过几小时的奔驰，骑过冰天雪地的平原，居然能够找到了暂时安身的地方。旅店主人开门迎接，惊问客从何方来。客遥指他所由来的方向。旅店主人用惊奇的语调说："你知不知道你已骑过康士坦斯湖吗？"客听他一问，就惊毙在他的脚下了。②

试问客的行为发生于何种环境之内呢？考夫卡以为在他骑马过湖时，地理环境是大湖，行为环境则是冰天雪地的平原。由于他听了旅店主人的话就大惊毙命了，可以证明，客如果事先知道，前面是一大湖，他的行为就会有很大的变化了。因此，考夫卡以为行为受行为环境的调节。

但由我们看来，人的行为永远是在实际环境中发生的，它所反应的是实际的事物，只是由于年龄、性别或教育的不同，以致赋与有关环境或事物以不同的意义。如果像考夫卡所说，人的行为是针

① 考夫卡：《格式塔心理学原理》，1963年英文版，第67页。转引自R.I.华生《心理学史基本著作》，1980年英文版，第307—308页。

② 同上，第27—28页。

对意想中的环境，那么他如果遇虎而逃，难道他不是逃避实际的老虎而是逃避意想中的老虎吗？

二、格式塔心理学的同型论

格式塔心理学认为心理现象是完整的格式塔，是完形，不能被人为地区分为元素。

惠太海默认为观察窗外时所看见的是一幢房子，几株树木和天空，不是多少个光和色的元素。尽管我们在理论上可分析出比如 327 个元素，可是我们还是不能认出 327 个元素的本身，而只能看到天空、房屋和树木。如果用这一古怪的计算，碰巧得出房屋的元素是 120，树是 90，天空是 117，我们仍然只能看到自然的组合，而不说 127 个元素加 100，再加 100，或者说 150 个元素再加 177。① 惠太海默把这种人为的元素计数称之为毫无意义的相加而成的关系。因此，感觉元素不是自然而然观察到的现象，而是人为的抽象的产物。

照格式塔心理学家看来，自然而然经验到的现象都有一个基本特点，那就是它们都自成一个格式塔，格式塔是一个通体相关的有组织的整体，它不是部分之和，而部分也不含有整体的特性。

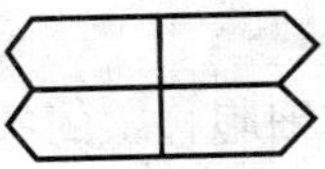

图 13.4

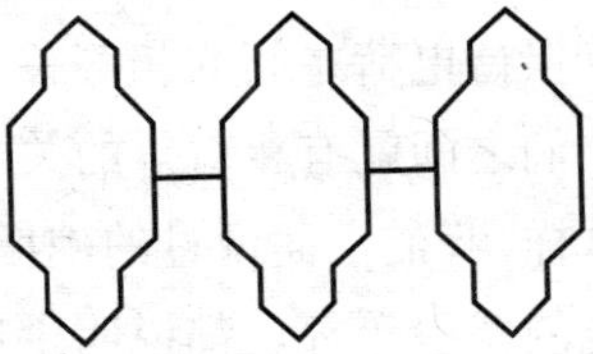

图 13.5

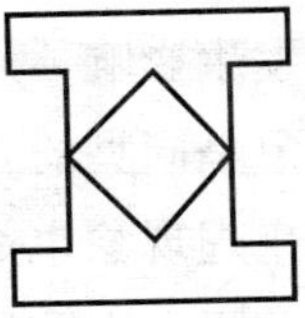

图 13.6

格式塔不仅是一个有组织的整体，并且本身含有一定的意义，可不受以前经验的影响，比如我们已熟悉 E、H、K 的英文字母，现在

① 惠太海默：《知觉的完形组织与格式塔心理学》，R.I. 华生《心理学史基本著作》，1980 年英文版，第 292 页。

下面三个图形含有这三个字母在内，可是我们初看一下，往往看不出图 13.4 含有E 的字母，图 13.5 含有 H 的字母，图 13.6 含有 K 的字母，我们就是看了很久，也不易看出它们。照格式塔心理学家看来，尽管我们对这些字母已很熟悉，可是不熟悉的图形如果有完整的组织，而将熟悉的字母的图形掩盖起来，我们就只能看到不熟悉的图形，而看不到熟悉的图形。①他们想以此来说明以前经验对有组织的格式塔是不起作用的，从而证明格式塔是先验的产物。但他们所设计的这些所谓不熟悉的图形，也未必能完全排除以前的经验的影响。

格式塔心理学家认为物理现象和生理现象都有同样格式塔的性质。因而它们都是同型的。

就物理现象来说，比如水是由二个氢原子与一个氧原子所组成，但水不是氢和氧之和，而是一个全新的结构。又如在一个盛水的容具里，水的各分子间具有一定的力的分配，如果再加一点水进去，立即可以改变原有的水的分配状态。在电的现象中更为明显，我们把两个电容器用电线连接起来，它们便成为一个动力系统，保持着相等的电荷。我们不论改变哪一个电容器的电荷，立即可使另一个电容器发生影响，用以保持电荷之间的相等关系。既然物理现象与心理现象是同型的，它们之间就有相对等的关系。

生理现象也是这样。我们上面说过的魏斯的细胞移植的实验，以及拉施里的大脑机能的实验等等，都说明生理现象也是一种通体相关的现象，具有格式塔的特点。由于生理现象也是和心理现象同型的，格式塔心理学家就认为不论我们的空间知觉还是时间知觉都是和大脑皮层内的同样过程相对等的。苛勒指出，如果一个人感知到灰色背景上的白色圆形，这就意味着他的脑内也存在着一个具有圆

① 苛勒：《格式塔心理学》，第 211 页。

形的有限区域，一些强有力的电荷沿着这个圆形的轮廓不断运动着，环绕着这个区域的是一个电荷较弱的场，它和灰色的背景相适应。

格式塔心理学家把他们解决心物和心身关系的这种理论称为同型论，这种理论否定了心理是客观现实的反映，心理是脑的机能，并且带有浓厚的思辨和推论的性质，它实际上不过是身心平行论的翻版。

三、格式塔心理学的研究方法

格式塔心理学家既以直接经验为研究的对象，而直接经验是自然而然观察到的完整的现象，因此他们主张采取自然的观察法，而这种观察是离不开直接经验的，因此他们并不否认内省法，只是反对人为的分析的内省法。苛勒认为若以内省法用作观察自然经验来说，原是无可厚非的，可是有些心理学家所采用的分析的内省法则可使心理学陷入歧途，即他们以“人为的方法破坏了自然的经验”。比如图 13.7，a，b 两线的长度本来是相等的，可是由我们看来，a 线好像比 b 线短，根据构造主义的内省的分析，这种感觉经验是不“真实”的，因为我们若排除它们和环境发生的任何关系，单把 ab 二线抽出来看，那么它们就不再有长短之分，而这才是“真实”的感觉经验。可是照格式塔心理学看来，这种所谓“真实”的感觉经验反而是不真实的，因为这是人为的方法破坏了自然经验的结果，ab 两线由于附加了两个不同方向的箭头，各自组成了一个格式塔，它们之间又有一定的关系，所以把它们看成一长一短，才是真实的自然经验。因此他们极力反对传统的内省法。苛勒指出：“如果内省主义者的这种态度还流行下去，那么心理学就永远不会严格地研究那些组成我们整个生活重心的经验了。相反地，它只观察和讨论那些罕见的不寻常经验的属性，而这些属性似乎经常隐埋着的，它

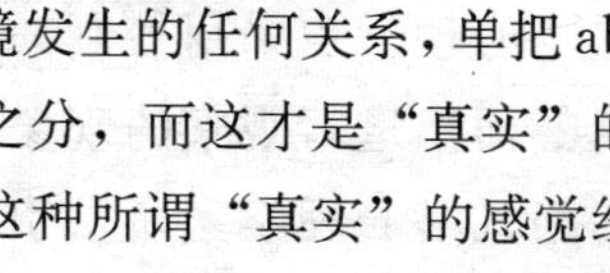

图 13.7

们的存在和我们的实际生活，并不发生什么关系。”①

格式塔心理学虽然反对不自然的人为的分析，但也不否认自然的机能的分析，所谓机能的分析就是根据完整的单位来分析。所以苛勒说：“我们甚至可以说，我们在格式塔的分析中找到了场内的‘真确’部分是分离的整体，而在这些整体和组合中，它们的真确部分又是附属的整体和成分，至于内省分析的所谓感觉则仅为设想和理论中的存在。”② 什么是真确的部分或单位和次单位呢？比如一棵树，一枝笔都是自然而然形成的真确的单位，将树分成树干、树叶，将笔分成笔头、笔套，这是自然而然的真确的次单位，至于把树和笔割裂为颜色、软硬、糙滑等等感觉，那只是人为的分析，有损于自然经验的完整了。

总之，破坏自然经验的分析的内省法是要抛弃的，但不破坏自然经验的内省法，还是有存在的价值，不能轻率地一概加以否定。有别于破坏自然经验的内省法，苛勒另称之为直接观察法。

为了更有成效地研究自然经验，格式塔心理学也采用控制一定条件而自然而然进行观察的现象论实验法，格式塔心理学家所常引用的鲁宾的两可图形（见图 13.8）的研究，就是现象论实验法的一个范例。图中的感觉元素始终是一样的，可是我们先后可有两种看法。若以白色为图形，黑色为背景，则看到的是一个杯子，若以黑色为图形，白色为背景，则看到的是两个对向的人

图 13.8

① 苛勒：《格式塔心理学》，第 86 页。
② 同上，第 183 页。

面。因此我们自然而然观察到的不是感觉元素，而是完整的整体。这不仅说明了整体不是部分的集合，并且也说明了在控制一定条件的实验中，我们必须采用自然而然的观察，惠太海默对于运动知觉的实验，苛勒对猩猩进行的实验，都是在设计一定的条件下，通过自然而然的观察，进行自然的机能分析，用以证明各种心理现象都是格式塔的现象。

从这种观点出发，他们认为经验是很难用数量来计算的，照他们看来，心理学不宜在年轻时期立即作量的研究，而只能对经验进行质的分析。从自然科学的发展来看，也往往先作质的观察，然后进一步再作量的研究。比如物理学在测量X光之前，也先经过质的研究。心理学即使要模仿物理学，也应模仿在年轻时期重质的物理学，而不宜模仿在成年时期重量的物理学。并且量的研究也需要直接经验的观察。苛勒指出："行为主义以为我们可研究被试者的情绪行为而不牵涉到他们的主观经验。的确，心理学家已经想把这种观察改变为更精确的记录和测量。他们正在应用呼吸描记器、体积描记器、皮肤电反射器等记录的方法，可是这些结果还不能使我们得到鼓舞，因为我们对这些仪器所记录的曲线的解释，尚须有赖于同时的直接观察，而不能单从这些曲线来得到正确的结论。目前这些方法似乎本身还有问题，还不是解决心理问题的工具。在大部分事例中，我们较易在被试的行为中看出他的'愤怒'，而不容易从血液中肾上腺素的测量看出愤怒。"①

当然，我们不能像行为主义那样，片面追求量的精确，而把生理变化与心理现象混为一谈，但是心理现象确是和某些生理变化密切联系着的，把这些变化当作心理现象的客观指标，根据质与量的辩证关系来进行研究是完全可取的。我们决不可以片面强调经验的

① 苛勒：《格式塔心理学》，第40页。

质的分析，而忽视精确的量的研究。

四、格式塔的组织原则

格式塔心理学认为我们自然而然地观察到的经验，都带有格式塔的特点，因此他们就把格式塔这一概念，广泛地运用于心理学的全野。由于格式塔心理学是从研究运动知觉开始的，并且自然而然的观察所直接碰到的往往是知觉的问题，因而他们早期进行的研究，主要是知觉方面的问题，他们根据大量的工作，提出了如下一些形成一个良好格式塔的组织原则或因素。

（一）格式塔的组织原则

1. 图形与背景　在具有一定配置的场内，我们对其中的对象并不是都很明显地感知到的，有些对象突现出来而形成图形，有些对象退居到衬托的地位而形成背景。一般说来，图形是具有一定界线的组织比较严密的对象，背景则是没有界线的同一性的空间或时间，图形是被包围的比较小的对象，背景则是包围着的比较大的对象。

图形与背景的区别愈大，图形愈可突出而为我们所感知。比如在静夜中我们愈能听到清脆的钟声，在绿色密布的丛叶中我们愈能看到鲜艳的红花。图形与背景的区别愈小，我们就不易把图形与背景分开。军事上的伪装就是要使图形与背景缩小区别。

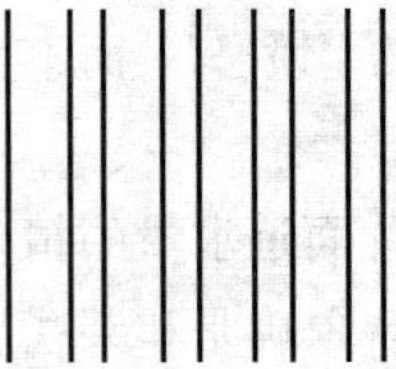

图 13.9

图 13.10

2. 最短距离的原则或邻近的因素　某些距离较短的或互相邻接的部分，容易组成整体。例如图 13.9，距离较近而相邻接的两线，自然而然地组合起来成为一个整体，图 13.10 距离较近而相邻接的三点，也自然地组合成为一个整体。

3. 类似原则　互相类似的部分容易组成整体，如果各部分的距离相等，但它们的颜色有异，那么颜色相同的部分就自然组合成为整体。例如图 13.11 以○代表白色，以●代表黑色，我们若用自然而然的态度去看，我们容易把它们看成直线的排列，而不会看成横线的排列。

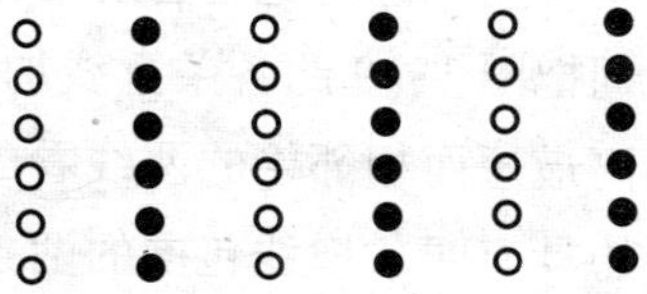

图 13.11

4. 共同命运原则　一个整体中的部分，如果作共同方向的移动，那末这些作共同方向移动的部分容易组成新的整体。例如图 13.12 的排列，可看到 abc、def、ghi、jkl 等组合。

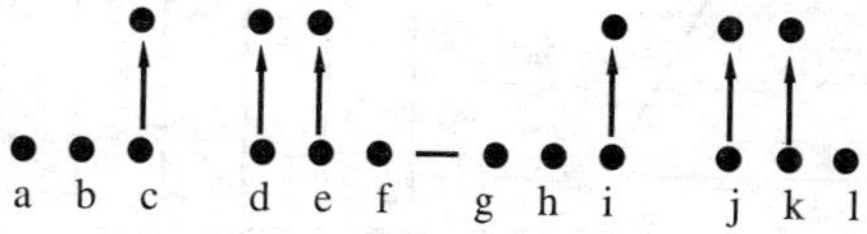

图 13.12

如果 cde 及 ijk 同时向上移动，那么这种共同的运动可组成新的整体，即我们看到的不是 abc/def/ghi 等等组合，而是看到 ab/cde/fgh/ijk 等组合。

5. 完形的倾向性或良好完形原则　彼此相属的部分，容易组合成整体，反之，彼此不相属的部分，则容易被隔离开来，例如图 13.13 把十二个圆圈排列一个椭圆形，而将其他一个圆圈靠近在任何十二个圆圈的旁边，尽管它与十二个圆圈的任何一个比较邻接，但我们任意张望一下，十二个圆圈

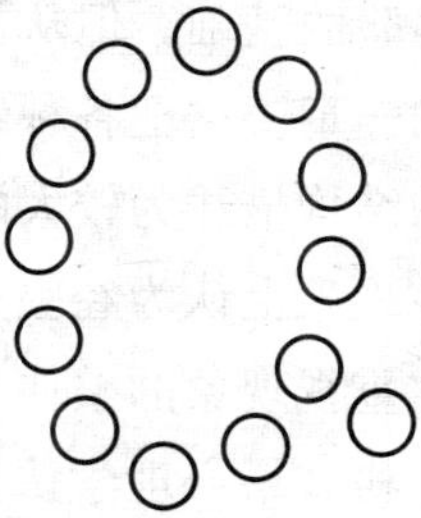

图 13.13

自成一良好的整体，而另一个圆圈则被隔离于这个良好的整体之外。

6. 闭合的原则　一个有倾向于完形而尚未闭合的图形，容易把它看作一个完整的图形。例如图 13.14，是一个开口的三角形，我们顷刻瞥见，总有把它合拢的倾向，而看成顶尖合拢的三角形。又如我们把图 13.9 的各条直线加上二条短线如图 13.15，我们就不会把距离最短而相邻接的两线看成一个整体，而是把距离较长而较不邻接的具有四条横线包围的两条直线看成一个整体，因为它们虽然还未闭合，但有完成长方形的倾向，因而就自然而然地引导我们朝着这一方向去观察。

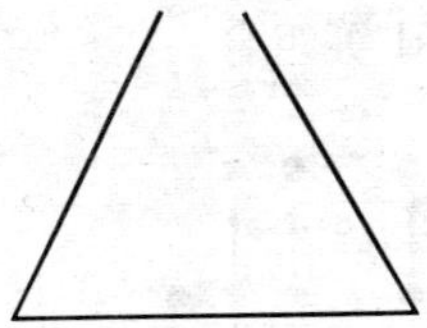

图 13.14

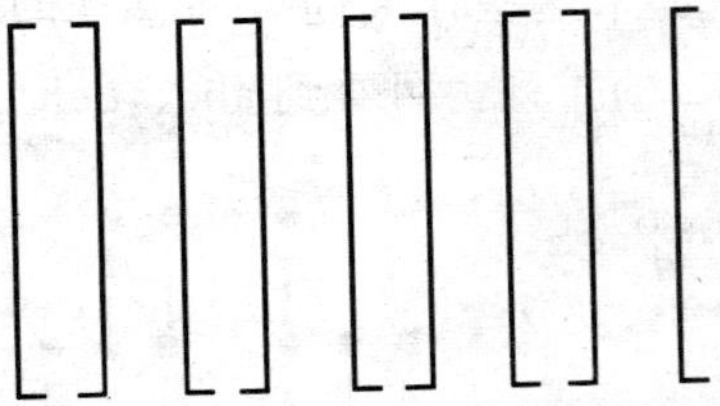

图 13.15

这些原则并非都是崭新的，有些原则是已经为人所周知的常识，有些原则则以过去实验所建立的事实为基础，或本身就已经成为过去实验的基础。但从格式塔的观点，把它们组织起来，却构成了全新的一章。它把各种经验的组织描述为可感知的物体，再把这些物体的结构描述为较大的系统，而不与感觉或其属性发生任何关系。从它在现象上认为经验先于物体来说，完全是一种先验论的看法，但就它重视现象的整体和关系来说，却带有辩证法的因素。

格式塔心理学认为这些原则不仅适用于空间，也可适用于时间，不仅适用于知觉，也可适用于其他心理现象。

五、对构造主义的一束说和恒定说的批评

格式塔心理学对直接经验应用自然的观察法，并且发现经验具有格式塔的特性。因此格式塔心理学反对构造主义的两种假设：即“一束说”和“恒定说”。

“一束说”就是把经验人为地分析为不真实的感觉等等元素，然后把这些支离破碎的元素勉强的捆绑在一起，粘合成不真实的混合物、镶嵌物或捆束物。格式塔心理学认为这种假设是完全错误的。首先，我们自然而然观察到的是有一定意义的整体的经验，而不是具有一定样式、性质和强度特性的简单的感觉经验，比如我们可直接看到一棵树、听到一首歌曲，而不是直接看到或听到某些孤立的色或声的感觉，这些孤立的简单的感觉经验，只是在人为的条件下取得的，它们不是真实的经验。我们既然没有孤立存在的感觉经验，那就不能把它当作在任何场合都可采用的简单的元素。其次，即使我们假定有这些简单的元素存在，我们也不能认为把它们勉强捆绑起来就成为整体的经验。比如正方形不是四条等边之和，歌曲也不是某些声音感觉的机械的集合。

格式塔心理学做了大量的研究工作，来证明我们经验到的不是整体中的孤立的部分，而是各部分之间密切联系的整体。比如在灰色的背景上放置一个红十字形，经20秒的注视后，我们可在红色的边缘，看到呈有相补的绿色，现在把红十字形横的一臂切去一点呈现出一个凹形的缺口，我们在注视之后，这凹形的缺口将呈现什么颜色？构造主义者认为应呈现出绿色，因为这缺口的灰色边缘必定会产生对比的补色，格式塔心理学则认为它应该呈现出红色，因为它受到整个红十字形的影响，而具有完成良好完形的倾向，观察的结果，证明格式塔心理学的看法是正确的。

苛勒也做过如下的实验：他用两只灰色的箱子，一为深灰色，一为淡灰色，深灰色的箱子里不放食物，而淡灰色的箱子里放了食物，两只箱子的位置常常改变，他训练猴子去反应淡灰色的箱子，学习成功后，再用一只灰色更淡的箱子去代替深灰色的箱子，而把食物放在灰色更淡的箱子里。如果猴子先前所反应的仅为孤立的特殊刺激，而不是两只箱子所组成的完形，那么它应当反应原来灰色较淡的箱子，可是实际上猴子反应的不是原来淡灰色的箱子，而是反应现在灰色更淡的箱子。后来苛勒用同样的实验来测验母鸡及三岁半的儿童，也得到同样的结果。这就证明了动物和儿童不是对全体中的部分刺激发生反应，而是对全体中所包含的关系，即部分所组成的格式塔发生反应。

“恒定说”就是指刺激和反应之间，具有固定的一对一的关系，格式塔心理学家认为若以刺激和反应之间一对一的关系来说明完整的知觉，未免失之于机械而难以自圆其说了。

格式塔心理学常以知觉的恒常性来批驳元素主义的恒定说。我们在日常生活中，在一定的限度内，刺激物投射到我们网膜上的现象虽已发生改变，可是我们对它的知觉，还是恒定不变。比如晚上雪景射到我们眼中的光线，也许比不上在亮光中一块煤反射到我们眼中的光线，可是我们总觉得雪是白的，煤是黑的，这叫做色的恒常性。又如一张方桌子，我们不论站在什么角度去看，尽管它在我们网膜上的投影已有改变，可是我们总觉得它是方的，桌子上放置的菜盘，也许放射到我们网膜中的投影已是椭圆形的了，可是我们看来还是圆的，这叫作形的恒常性。既然刺激已有改变，而我们的知觉保持不变，那就不能用刺激与反应之间固有的一对一的关系所能说明了。

元素主义为了解决其困难，常援引“意义说”（the meaning hypothesis）以济其穷，格式塔心理学则对此竭力加以驳斥，考夫卡认为援引过去经验以资说明的“意义说”，不仅解释得太过，并且也解释得不够；太过是夸大了经验的影响，不够是说缺乏经验却不一定缺乏恒常性。

简言之，我们即使有了经验，可不能保证促进知觉的恒常性。考夫卡举了如下一个例子来说明：在柏林的胜利纪念碑上，高高低低地放着许多大炮，他小时常和他的父亲在纪念碑经过，当他的父亲告诉他放在那里的都是些大炮时，他几乎不能置信，因为那些放得低一点的可以看成短的来福枪，放得高一点的看来又像小小的手枪，尽管知识经验不断增加，可是依旧不能改变知觉的这种印象。由此可知，经验对事物大小的知觉是没有多大影响的。

反之，我们即使排除了经验，但知觉的恒常性并不因此而有所减弱。根据戈策的研究，如果训练三个月的小鸡只啄两粒谷子中的较大的一粒，以后把两粒谷子放在不同的距离，而使大者在网膜上的投象小于小者，可是小鸡仍去啄大的谷粒。弗朗克夫人以大小不同的盒子用同样的方法试验七个月到七岁之间的儿童，结果也是一样。尽管这些被试很少经验或甚至没有经验，可是它们也产生体积的恒常性的现象。由此可见，这种现象也非经验所可解释。

尽管真正相信“一束说”和“恒定说”的人是极少数的，但格式塔心理学重视整体，重视部分之间动的交涉作用，这对克服元素主义的机械观点和忽视联系实际，是起着一定作用的。可是它片面强调格式塔的现象，排除经验的作用，那就不免陷入先验论的错误了。比如体积的知觉既有生理的因素，又有经验的因素，我们决不能把它们截然分割。三个月的小鸡和七个月到七岁之间的儿童，未必没有一些经验，成人知识经验的增加，未必能完全排除生理的因素。把它们截然分割开来，然后完全排除经验的作用，那便从一个极端走向另一极端了。

第四节　苛勒和考夫卡的学习理论

格式塔心理学家企图以格式塔的概念扩大应用到学习的问题

上，反对桑代克的学习理论。这方面的研究，当以苛勒对黑猩猩学习的实验为起点。

一、苛勒对黑猩猩学习的实验

从1913年到1917年，苛勒在喀麦隆腾奈列夫岛普鲁士科学院设立的动物园中，对黑猩猩的学习进行了一系列的观察和研究。为了探究人猿是否具有智慧的行为，他设计了迂回道路的实验。照他看来，“人或动物若借助其本身自然而然地采取径直无碍的道路，用以达到他们的目的，我们不能说这种行为是智慧的。当环境阻碍了直接的道路，而人或动物为了适应这种环境，另辟一条迂回的道路时，我们才能说它是智慧的。”① 因此他就依据这种设想，设计了许多实验，把直接达到目的物的道路给以阻碍，但另辟一条迂回的道路，把动物放置于这样的情境之中，尽可能使它们对这种情境一览无余，用以发现动物能否采取可能的迂回道路，以及它对这种情境的解决，可达到什么水平。

他所设计的实验，不仅使动物采取迂回的活动具有明确的意义，并且具有不同的难度。一般说来，这些实验可分为如下三种类型：(1) 以自己的身体来作迂回的实验。例如，把猩猩引入一间房屋，这间房屋前面有很高的百叶窗，旁边有一道门可通向窗外的场地，把香蕉从窗口抛掷到外边的场地，看它能否作180度的迂回，从门走向窗外的场地，去取得香蕉。这是最简单的迂回实验，在类似的实验中，狗甚至母鸡，在一定的条件下也可得到成功。(2) 利用工具来作迂回的实验。动物必须借助于工具，来克服它与其目的物之间的距离，从而取到目的物。例如，借助手杖来取得栅栏外不能以手取到的香蕉，或借助于箱子或“跳杖”来取得高挂在屋顶上的香蕉。设计得更复杂一些，也可利用中介的工具来取得最后的工具，然后

---

① 苛勒：《人猿的智慧》，1925年英文版，第3—4页。

利用最后的工具来取得目的物。又如，在栅栏内放着一根短手杖，但不能以它来取得香蕉，在栏外还放着一根长手杖，可用以取得香蕉，但它不能用手取到长手杖，只能用短手杖把它拉过来。也就是采用短的手杖——取得长的手杖——再取得香蕉的迂回，这种实验只有较聪明的猩猩才能做到。(3) 制造工具来作迂回的实验。它必须通过某些辅助动作，使工具得到一定程度的改进，然后用以取得目的物。例如，在一棵树中撕下了一条树枝，把它当作手杖来利用，这里已出现了制造工具的成分。苛勒主要设计了如下两种实验：一是把两只或三只、四只箱子堆叠起来，建筑成较高的建筑物，用以取得高挂着的目的物；一是把两根或三根口径不同的竹杆，把它们连接起来，形成一根较长的手杖，用以取得距离较远的目的物。关于这类实验，也只有智慧较高的猩猩，才能达到这样的成就。

苛勒的这些实验虽然只有质的分析，没有精确的量的记载，但是他的设计新颖，富有首创性，并且重视认识的因素，这不仅为动物心理学的研究开辟了新的道路，并且现代学习心理学中的认知学派一般都以此种实验为其开端。

二、顿悟和创造的思维

苛勒在对黑猩猩学习的实验中，发现了如下一些特点：(1) 在实验的过程中，猩猩常常出现很长的停顿，它们表现出迟疑不决，并环顾四周的情境；(2) 这种停顿表现为它们前后行动的转折点，停顿前的盲目行动，犹豫困惑，与停顿后的顺序前进，目的明确，造成强烈的对比；(3) 停顿或转折后出现了一个不间断的动作序列，形成了一个连续的完整体，正确地解决了问题，取得了目的物。这些特点充分表明了猩猩在行动之前，已领会到自己的动作为什么和怎样进行，领会到自己的动作和情境、特别是和目的物的关系。现试以智慧较高的猩猩苏丹所做的两个典型的实验来加以说明。在以中介的短手杖——取得最后的长手杖——再取得香蕉的迂回实验中，苏丹开始想用短手杖去拉取香蕉。由于没有得到成功，它就去拆取笼子网上的一段铁丝来代替手杖，但也没有得到成功，它就停顿下来，瞧瞧自己，环顾四周。它突然拾起短的手杖，一直向着外面放有长手杖的栅栏那边跑去，用中介的短手杖把长手杖拉过来，拿着长手杖，又把它带到靠近目的物的栅栏那边，用它取得了目的物。从它的眼光落到长手杖开始，他的行动就没有一点间断，形成了一个连续的完整体。在以连接手杖取得香蕉的迂回实验中，它开始交迭地用这根或那根手杖去拉取目的物，都得不到成功，它又做了许多毫无用处的尝试，后来又把一根手杖直对目的物推出去，再拿第二根手杖从第一根手杖靠近的一端推过去，使第一根手杖的前端触到了目的物，但这也没有实际的用处。最后它终于放弃了这些无效的尝试，停顿下来，无精打采地坐在箱子上，漫不经心地玩弄两根手杖，无意中发现两根手杖可连成一条直线，他就把较细的一根手杖插入较大的一根的空口里，套成了一根长的手杖，它跃身而起，一直走到外面放着香蕉的栅栏那边，用这根连接起来的手杖取得了食物。上面的两个实验，都说明了黑猩猩在停顿之后，产生了一个新的转折，表现它在行动之前，对为什么和怎样进行活动，以及活动的结果，都已有所领会了。

根据一系列迂回实验的结果，苛勒提出了顿悟的学习理论，认为学习不是由于盲目的尝试，而是由于对情境有所顿悟而获得成功的。所谓顿悟就是领会到自己的动作为什么和怎样进行，领会到自己的动作和情境、特别是和目的物的关系。这个顿悟的学习理论目前已成为西方心理学重要的学习理论之一了。

考夫卡认为学习的问题可分为记忆的问题与成就的问题。我们若已适应过一种新的情况，或解决过一个新的问题，第二次再遇到同样或相似的情境，同样或相似的问题，我们就可较为便利地对付或处理它们。这就是学习中的记忆问题。我们若第一次遇到一种新情况或新问题，我们就得首创地去解决它，这就是学习中的成就问题。学习的问题常被理解为记忆的问题，而成就的问题，就很少得到重视，考夫卡根据苛勒对黑猩猩的学习实验，认为对于新情境的适应和新问题的解决，在于能对旧的格式塔进行改造，而建立一个新的格式塔，要建立一个新的格式塔便有赖于智慧或顿悟。所以考夫卡说："我们以为黑猩猩并不是先有侥幸而成的解决，然后对于这种解决逐渐领会；我们以为他们先能领悟其情况，然后才有客观上的解决。所以我们可以称这种解决为原始的智慧的成就。"① 这也就是顿悟。

苛勒对黑猩猩进行实验的学习过程，实际上是一个解决问题的思维过程。动物所以能解决新的问题，就因为他们能在新情境中发现新的格式塔，这就触及到创造的思维的问题。因为创造的思维即在于通过顿悟来改造旧的格式塔，而建立新的格式塔。惠太海默在这方面进行了大量的工作，从儿童解决简单的几何问题的思维过程，到复杂的爱因斯坦创立相对论的思维过程，在各种解决问题的水平上都发现了创造的思维过程的例子，同时也发现了妨碍这些过程的因素，如盲目的习惯、学校的某些流于形式的训练、偏见和特殊兴趣等等。

现举惠太海默等人有关这方面的研究来加以说明。比如，要被试用六根火柴搭成四个等边三角形。很多被试对这个问题都感到困难，因为他们只从平面去考虑问题，打不破旧的格式塔。如提示一下要他们不要在平面上打圈子，而要打破平面这个旧的格式塔，那么问题就

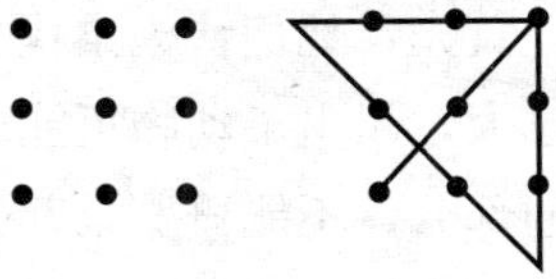

图 13.16

① 考夫卡：《儿童心理学新论》，第175页。

可得到比较顺利的解决。又如，由九个点排列成的方形，每边都是等距的三点（见图13.16），要被试不停笔地划连续而不重复的直线，把九个点都包括进去，很多被试对这个问题也感到非常困难，因为他们都只在方形里面打圈子，不能摆脱这个旧的格式塔。如果提示他们所划的直线可超出方形的范围外，那么被试就可比较顺利地解决这个问题。由此可知，创造的思维与对问题中某些格式塔的顿悟有关，打破旧的格式塔，而发现新的格式塔，这就是创造的思维。这些研究，不仅提供了探索创造思维的途径，并且对于教师教育学生打破框框，勇于创新，培养他们创造思维的能力，也有现实的指导意义。

三、格式塔心理学对尝试错误说的批评

桑代克的尝试错误说认为动物的学习过程不存在任何智慧的活动，而盲目的尝试和活动的效果对错误动作的消除，以及对正确动作的选择与巩固，则是学习的基本规律。顿悟说认为动物的学习过程是领会其情境的智慧活动，即动物在行动之前，对于其行动的结果已有一定程度的了解，发现了情境中的新的格式塔，使原来无关的物体和情境发生关系。显然，顿悟说是与尝试错误说截然对立的。

格式塔心理学家不仅提出了与尝试错误说相对立的顿悟说，并且对尝试错误说进行了批评。

首先，他们认为桑代克所设计的实验情境，对于动物来说，难度过大，超出了动物可能理解的范围，同时动物只能看到绳索或机括的部分，不能概览全部的情境。如果动物看不到实验装置的主要部分，怎能希望他们运用智慧来处理这种情境呢？他希望动物传奇式地出现一些惊人的奇迹，可是动物却处于极不利的条件，它们只能乱拉乱扯就近部位的机括，因而使人得到了动物极其愚蠢的印象。

其次，桑代克从这种错误的设计出发，认为学习带有盲目尝试的性质，学习的成功取决于多次重复和从学习过程中所带来的效果，

即所谓练习律和效果律，格式塔心理学则不同意这种论点。根据练习律，某一动作若其练习的次数愈多，则愈易保留下来，但考夫卡认为在尝试错误的学习中，当取得成功的动作之前，失败的动作已反复了许多次数。依练习律来说，多次反复的失败动作应该保留，而成功的动作应被淘汰，但事实上却适得其反，因此这个定律就难以成立。也许效果律可以弥补多次律的不足，因为根据效果律，成功的动作引起快感，不成功的动作引起烦恼，因而成功的动作得到保留，而失败的动作则被淘汰。但是考夫卡认为动物在学习中并不重演绝对相同的动作，只是重演大致相似的动作。比如，猫过去曾以脚拉扯绳索而得到解放，现在也许用齿来拉同一绳索。猫在笼内第二次成功的动作不会和第一次完全相同，因此，假定成功的动作的后效可决定其第二次产生完全相同的动作的看法，便不免违反事实了。①

其实，尝试错误和顿悟是相互补充的过程，而不是相互排斥的过程。一般的学习，包括人类的学习，都是含有尝试过程的。只有在罕见的情况下，才能不必尝试而得到成功。学习往往经过尝试错误的阶段，而得到顿悟。因此把尝试错误和顿悟割裂开来，认为学习不是尝试错误，便是顿悟，这种非此即彼的看法都是有其片面性的。

格式塔心理学排斥了经验的作用，并把物理世界看作只是现象性的客观存在，因而带有强烈的先验论和唯心主义的倾向。但它重视整体的观点，重视部分之间动的联系，却有辩证法的因素，这对克服元素主义的机械观点是有一定的贡献的。格式塔心理学对知觉的研究和学习的研究，冲破了元素主义的框框，进行了富有启发性的探索，并取得了很大的成果，目前仍不失为西方知觉心理学和学

---

① 考夫卡：《儿童心理学新论》，第139—141页。

习心理学的重要理论之一。但格式塔心理学的研究，主要局限于知觉的领域，格式塔的组织原则究竟是否能适用于心理学的全野，缺乏充足的根据。这个缺陷，由于勒温对需求和人格等等进行了一系列深入的研究，而得到一定的弥补。

第十四章　勒温的拓扑心理学

第一节　拓扑心理学的历史背景及其基本思想

拓扑心理学的创始人勒温（1890—1947）为德籍犹太人，1890年生于波森省的摩克尔诺，就读于夫赖堡、慕尼黑及柏林等大学，1914年在柏林大学得博士学位。服五年军役后，又回柏林大学和苛勒等一起工作，成为格式塔柏林学派的一个积极成员。他于1922年任柏林大学讲师，1927年任教授。他于1932年赴美国讲学，在斯坦福大学任教一年，又在康内尔大学任教二年。那时适逢希特勒排犹，他只得定居于美国。1935年，他转任依阿华大学教授共历十年，并主持儿童福利研究所的工作。1944年转赴麻省工业大学，主持集体动力研究所工作，研究社会气氛、社会组织及领袖训练等问题。1947年2月去世。

勒温和惠太海默、苛勒、考夫卡差不多是同时代的人，并且和他们一起工作，受了他们的熏陶，他的心理学与上章所说的格式塔心理学具有共同的历史背景。但是勒温是一个富有创新精神的人，他在《拓扑心理学原理》一书的序言中给苛勒的一封信，一方面感谢苛勒给他的影响，另一方面又指出他要破除格式塔心理学家之间没有歧异的神话。他致力于需求系统或心理动力方面的研究，另辟格式塔心理学新的园地。在实现他的这种雄心勃勃的计划中，他受到了拓扑学的影响。拓扑学是几何学的一个分支，它不问面积和距离的大小，而以严格的非数量的方式来表述空间的内在关系。他用拓扑学陈述心理事件在心理生活空间的移动，以及一切可能的目标及达到目标的途径。勒温也受到向量学（hodology）的影响。向量学是一门表述空间路线的定性的几何学，由于拓扑学还缺乏方向的概念，也就采用向量学的向量分析，来陈述心理事件的动力关系及其方向。勒温也多少受到操作主义的影响。他不把目标当作客观的物体，而是把它当作和人的动作联系着的现象。因此他认为一般把客观的物体当作目标，是错误的。他以为目标常是一种动作或状态，例如去吃一个苹果或占有某一物体。

勒温身受希特勒的迫害，他的母亲在第二次世界大战时又被纳粹分子所杀害，他对法西斯的统治深怀不满。赴美以后，向往美国资产阶级的民主，但仍感美国也有排犹的倾向，故颇有志于改造社会，因此致力于社会心理学的研究，借以提倡民主，克服偏见。

格式塔心理学自 1912 年建立以来，一向偏重知觉的研究，勒温为了另辟新径，就和他的弟子们从事于意志和需求的研究，填补了格式塔心理学的这个缺陷。勒温不仅从事实验的研究，并且从事理论的建设，另标拓扑心理学，成为格式塔心理学的一个支派。

勒温与其他格式塔心理学家一样，也把行为作为研究的对象，但是他所说的行为是和心理事件并提的，他的行为公式是 B=f（PE）。在这公式里 B 是指行为，f 是指函数，P 是指人，E 是指环境。用数学的术语来说，B 等于 PE 的函数。用通俗的话来说，就是行为随着人与环境这两个因素的变化而变化，即不同的人对同一环境可产生不同的行为，同一个人对不同的环境亦可产生不同的行为，甚至同一个人在不同的情况下，对同样的环境也可产生不同的行为。这样的描述，显然是比较符合行为的真实的关系的。

但必须指出，勒温所说的环境不是指客观的环境，也不同于考夫卡所说的行为环境。勒温认为考夫卡的行为环境，还不足以说明行为的全部事实。“比如一个小孩子知道他的母亲在家或不知道他的母亲在家，他在花园中的游戏的行为，便可随之而不同，我们可不能假定这个（母亲在家或否的）事实常存在于儿童的意识之内。”[1]勒温于是另提心理环境的概念。心理环境是指我们头脑里的环境，也就是对我们的心理事件实际发生影响的环境。它以“实在的是有影响的”这一原则为标准，不仅我们意识到的事件，并且没有意识到的事件，如果它们成为心理的实在，都可影响我们的行为。

根据“实在的是有影响的”这个标准，勒温把心理环境分为三类事实，即准物理的事实，准社会的事实和准概念的事实。[2] 比如，同一个物理环境，不仅在儿童和成人看来，可能是不同的，就是同一个人在不同的情况下，也可能看成是不同的。因此对个体当时实际发生影响的是准物理事实，而不是客观的物理事实。又如，母亲以警察来恐吓她的儿了，使他因害怕警察而好好听从，但对这个儿童实际发生影响的是在他头脑里的准社会的警察的权威，而不是警察对他所起的客观的法律或社会的权威。又如，一个正在解决数学问题的儿童，数学概念的客观系统和他在头脑里运用的数学概念系统也不是完全一致的，因此对他实际发生影响的是他的准概念的事实，而不是客观的概念的事实。当然，我们对客观现实的反映，不能无视主观因素的作用，勒温在这一方面是无可厚非的，可是他把反映本身和被反映的客观现实割裂开来，从而排除了客观现实的作用，片面强调主观因素的实在性及其影响，那就不免陷入主观唯心主义的错误了。

勒温和其他格式塔心理学家一样，也采用场的理论，认为场的某一部分的情况都依存于其他各个部分的情况，并以向量（vector）的概念来进行分析，提出了动力场说。据他看来，心理现象也同产生物理空间的物理现象相似，乃是一种空间的事件。心理事件表现

① 勒温：《拓扑心理学原理》，中译本译作《形势心理学原理》，1944 年版，第 17 页。

② 同上，第 21—24 页。

为在一定的心理生活空间中，随着目标而从这一区域向另一区域的移动。于是他就采用拓扑学的概念，用以陈述心理事件在心理生活空间的移动形式，从而建立了他的拓扑心理学。

勒温认为行为或心理事件是由当前的场的动力结构决定的，不受过去或未来事件的影响。他从“实在的是有影响的”这个标准出发，提出了现时原则，认为心理事件只受当前情境的影响，而不受过去或未来的事实的影响。过去的事实并不能说明当前的行为，只有当它成为当前的场的组成部分，才能发生影响。因此，他说：“历史的因果链的交织造成目前的情境，过去事件只能在这种因果链中占据一个位置。”① 至于未来的事件，比如我们所预期的目标，在心理上确是存在于现时的生活空间之内。但目标的内容则为未来的一个物理的或社会的事实，它也许是不能实现的，但期望的性质和所期望之事，既成为当时心理的情境，自然不依赖于这些事实是否实现而有所不同。因此，他不把心理事件的原因推诿于未来（如本能论者），也不把它的原因推诿于过去（如联想主义者），而把它的原因归结于当前场的结构。这样就不免只注意行为的横断面的分析，而忽略了行为的纵断面的溯本穷源了。这种看法，显然是有它的局限性的，因为对行为的追踪的研究，显然是了解行为发展的一种极其重要的方法。

由于勒温对心理现象采用向量的分析和拓扑学的陈述，他就不采用其他格式塔心理学家用以解决心物关系的同型论。他虽然常常运用力的概念，可是只是从现象出发，同心理动力场中的各种力和这些力的交涉和移动打交道，而这些所谓的力丝毫没有一点物理学和生理学的意义。这样，格式塔心理学还羞羞答答地不敢轻意抛弃的物理和生理的条件，却被勒温完全一笔勾销了。

① 勒温：《形势心理学原理》，第33页。

尽管勒温的心理学具有极其强烈的主观唯心主义的色彩，可是他对需求或行为的动力的研究，他对动力场的向量的分析，他对心理生活空间的拓扑的陈述，以及他对社会心理的新的探索，都有新的见地和成果，并对心理学产生了巨大的影响。

第二节　勒温的需求和紧张的心理系统说

勒温早期研究联想，发现联想的理论具有缺点。他认为联想只是联系的机构，而不是心理的动力。打个比喻来说，联想只是像火车车厢之间的挂钩一样，除了传递火车头所供给的动力之外，别无其他作用。照他看来，联想的第一项所以能引起第二项，并不是由于第一项的生动活跃，而是由于出现了一种需求。需求是联想的火车头，也是行为的动力。需求可引起活动，其目的即在于使需求得到满足。因为在需求的压力下，可引起一定的紧张的心理系统，需求得到满足，紧张的心理系统得到解除。于是他就致力于需求和紧张的心理系统的研究。

勒温认为，需求（need）可有两种：即需求与准需求。需求是指客观的生理需要，如饥者易为食，渴者易为饮。饮食对于饥渴的人具有巨大的吸引力，但醉饱之后，即使山珍海味、琼浆玉液，也会失去其固有的吸引力。准需求是指在心理环境中对心理事件起实际影响的需求，如写好了信要投邮筒，毕业期近要写论文，学业上求得成功，求取高分数等，属于准需求。勒温所说的需求一般是指对心理事件起实际影响的准需求。

如果我们对某一事物有所需求，便可产生一种紧张的心理系统，也就是产生了一种心理状态，这种状态可使人念念不忘、坐立不安。如果我们有所需求而得不到满足，则这个紧张系统促使我们力求满足，否则心神不安；得到了满足，则紧张消除。比如，我们要写论文，必待论文写就，而后紧张才能消除。勒温也借用物理学上平衡这一概念来说明这种情况，比如，我们一有紧张系统，心理就失去平衡，只有紧张消除，才能恢复平衡。

勒温在他整整30年的心理学研究工作中，可以说始终致力于需求和心理的紧张系统的研究。他不仅提出了理论，并且和他的弟子们精心设计了卓有成效的实验，把需求、欲求水准，由欲求受到挫折而产生的人格倒退等等复杂的心理现象，置之于实验的基础上。他指出："关于意志、需求和人格若尚未有一种健全的心理学，心理学的各分野便没有综合的希望。但是侥幸得很，我们对于心理学的这些中心区域的发展的可能，大可不必悲观。这些基本问题及弗洛伊德心理学的问题可否实验，虽为一般学者所置疑，但实验的解决已大有可能，近时有许多实验可资引证。"① 现将勒温及其弟子们的有关实验，择要叙述如下。

蔡格尼克的回忆实验(1927)。②蔡格尼克命被试去做20件指定的工作，半数工作允许完成，半数工作则中途加以阻止，不予完成。被试共32人。实验结果发现未完成工作的回忆要优于已完成的工作的回忆。如以Rc代表已完成工作的回忆所得的件数，Ru代表未完成工作所得的件数，P为两种回忆件数的比例，即Ru/Rc，用以在数量上表明哪一种工作易于回忆。若是P等于1，则两种工作的回忆量一样；若是P大于1，则未完成的工作易于回忆；若是P小于1，则已完成的工作易于回忆。实验的结果P从0.8至3.5不等，平均为1.9，即Ru的回忆量差不多等于Rc的两倍。

为什么未完成工作的回忆量优于已完成的工作？也许有人认为

---

① 勒温：《形势心理学原理》，第3页。

② 勒温：《人格的动的学说》，1935年英文版（下同），第243—247页。

这是由于未完成的工作引起情绪上的震动所致。但若把工作用三种方式处理：一种是允许完成，一种是中途加以阻止不予完成，一种是中途阻止后再给予完成。结果表明，中途阻止后再给予完成的工作的回忆量，几乎与允许完成的工作相等，而中途加以阻止不予完成的工作的回忆量却优于上述两者，这就不是中途阻止产生的情绪震动所可说明的了。因此，未完成工作的回忆量优于已完成的工作，只能用心理的紧张系统是否得到解除来加以说明。已完成工作的心理紧张系统已经解除，因而回忆量较少，而未完成的工作所引起的心理紧张系统还没有得到解除，因而回忆量较多。中途加以阻止的未完成的工作不仅易于回忆，并且在做了其他工作之后，还有重图再做的趋势。

奥芙散金娜的代替满足的实验（1928）。[①] 奥芙散金娜同样采用阻止实验的技术，或中途阻止被试去做某一指定的作业，或中途要被试去做另一种作业。经过若干时距后，给他以活动的自由而不加干涉，看他是否仍重图去做他的未完成的工作。结果表明，不论中途出其不意地加以阻止，或中途另做其他一件工作，由此而引起的心理紧张系统都可产生重图试作的趋势。但前者有百分之百重图试作的趋势，而后者则有百分之八十二重图试作的趋势。由于出其不意地加以阻止，要比另做其他工作的阻止产生的这种趋势更为强烈，这表明了另做其他工作，对原来的工作可有一定的代替满足的作用。

代替满足原是弗洛伊德的概念，比如一个想有一架钢琴的人，由于无力购买，就去搜集有关钢琴的目录。一个留在教养院的儿童渴望外出，由于不准他离开，就在他生日的时候，请求送给他一个旅行袋。这些都是代替满足的事例。在奥芙散金娜实验的基础上，勒温及其弟子们对弗洛伊德的这个概念作了进一步的实验。例如，利

① 勒温：《人格的动的学说》，第 242—243 页。

斯纳做了以代替满足来缓和需求的实验。他也采用阻止法，并设计了两类代替的工作，一类与原来的工作相似，一类则与原来的工作不同。这两种代替工作又分难易不同的两类。实验结果表明，代替的工作与原来的工作愈相似，则愈能取得代替满足。代替的工作的难度相等于或超过于原来的工作，也可取得代替满足。考普克并以同样的问题来对常态儿童和低能儿童进行比较研究，发现前者不易取得代替满足，后者有两极分化的趋势，要么完全可以代替，要么完全不能代替。① 根据勒温的人格说，低能儿的人格由于分化不够，代替的工作可以完全代替原来的工作，同时由于过度僵化，以致这一工作的完成完全不能代替另一工作。工作的难易不仅和代替的效果有关，且也与成败之感有关。

霍普等人的欲求水准的实验。② 同一种工作，甲成之以为荣，乙成之则并不产生成功之感；甲以不成为辱，乙则不以失败而产生失败之感。因此每一个人都有其成功与失败的界线或工作难度的界线，这个界线就称为欲求水准。一个人所欲完成的工作究竟有何种难度，这个难度是否因成功而提高，因失败而降低，这些就是欲求水准的实验所要研究的问题。霍普于 1930 年开始研究了这个问题。他使被试处于不同的工作情境中，以便决定他们在哪种条件之下感到成功，哪种条件之下感到失败。他发现成败的体验不是单单由于活动的结果，而是依存于欲求的水准。比如，有一个被试在打靶时，自信能打中第五环，可是只打中第四环，他就不免扫兴而感到失败。以后继续打靶，中的之处常徘徊于三环与二环之间，忽又击中了第四环，他就不免自庆成功了。同时成功的体验可使欲求水准提高，失败的体验可使欲求水准降低。比如被试最初期望能击中第五环，可是试

① 勒温：《人格的动的学说》，第 247—248 页。

② 高觉敷：《欲求水准》，载《东方杂志》第 40 卷，第 8 页。

打一次或几次，都不能命中，他就降低到第四环。如果以后忽又击中第七环，他的欲求水准就随而提高。霍普又发现欲求水准不是一切工作所共有，而为某种难度范围之内的工作所独有。这个范围他称之为“能力的疆界”(the borderzone of ability)。在这个范围之外，太容易的工作不能使人产生欲求，做到了也不会体验到成功。太难的工作也不能使人产生欲求，做不到也不会体验到失败。

霍普的研究几乎都用质的分析，而弗兰克（1935）和于克拿（1937）等人则进一步对欲求水准进行了量的研究。如于克拿采用十个纸笔迷津，依次增加其面积和复杂性，即由小而渐大，由易而渐难。被试在听到指导语后，知道当前的各种工作难度各不相同，他可在其中任选一项去做。他第一次所选取的迷津可作为他暂时的欲求水准。由于工作的成败，他以后选取的迷津就可有上落。根据这种上落，就可客观地测量他的欲求水准的升降及其范围。于克拿发现工作的成败，可引起欲求水准的升降，但欲求水准和工作成败之间的关系可因人而异。如有的被试开始选择最易的工作，成功后或依次提高，或甚至不惜保留较易的工作，以期每次都能取得成功。有的被试则开始选取最难的工作，失败后跳跃式地降低，甚至退落到最易的工作。有的被试做较易的工作不能成功，反而孤注一掷地选取最难的工作。这说明了欲求水准可有很大的个性差异。他又发现欲求水准还有赖于社会的自觉，比如被试自期选取某种难度的工作，并希望得到他所属的集体给以同样的期许。被试降低了欲求水准，或选取某种难度的工作遭到失败，也会感到自己在集体中降低了地位而有所忧虑。因此欲求水准也与人所处的社会关系有关。不仅工作的成败可影响欲求水准的升降，并且欲望受到挫折，还可引起心理上的倒退。

巴克、丹波和勒温对挫折与倒退的实验(1941)。[1]倒退(regression)原来也是弗洛伊德的概念，勒温及其弟子们对倒退现象也进行了实验研究。勒温认为，新生儿的心灵是一个未分化的整体，只须用一个圆形的轮廓即可表示。由于儿童日益认识四周的外物，便在圆形的轮廓中增加了感知的成分，同时动作的成分和习惯的行为也渐次出现。于是不断分化，逐渐发展成为一个有记忆、幻想、价值及目的的内心世界。在这个内心世界内，随后还会继续不断地进行分化。倒退就是已分化的区域的消失，而退回到婴儿时期的状态。根据这种理论，他们就设计了一个实验，把一群托儿所的幼儿，以特定的量表来评定他们玩弄一套玩具时所表现出来的社会性操作的水平。然后给他们观察一些特别新颖而有趣的玩具，准许他们玩弄若干分钟。随后又把他们领入置有老一套玩具的场所，并以铁丝网把儿童与新的玩具隔开，使他们对这些玩具可望而不可及。在以后的观察中，发现大多数儿童表现出倒退到他们更年幼时所有的未分化的反应。例如，儿童在实验前，原可把小电话机作为交谈的工具，当受到挫折后，则把它当作响铃来玩；而另一个会玩写信游戏的儿童当受到挫折后，则在纸上乱涂一通。这样勒温就以拓扑学的陈述，来说明儿童由于受到挫折而产生的倒退现象。

勒温所说的需求、欲求、欲望等等一般都是不受客观现实和生理条件的制约，而是从主观构想出来的东西，因此具有强烈的主观唯心主义的倾向。但是勒温把这些复杂的心理现象置于实验的基础上，这不仅弥补了格式塔心理学的不足，并且也为心理学的研究开辟了一条新的途径。不仅如此，这些研究能紧密联系实际生活，富有现实意义。同时它们的设计，从明确的目的出发，在探索中发现

---

① 巴克、柯宁和莱特：《儿童行为和发展》，1943年英文版，第27章，“幼儿在失败中的行为”，第429—457页。

了新的问题，再进一步构思新的设计，一环扣一环，步步深入，也有值得我们借鉴的地方。

第三节　勒温的动力场说

格式塔心理学早就采用场的概念，并以同型论的观点认为心理现象、生理现象和物理现象都是相对等的完整的动力结构。行为场是由两个系统组成，一个是自我，一个是环境，自我与环境的动的交涉就产生了变动不居的行为。勒温也把行为视为人与环境的函数，是一种场的现象。但是勒温不单单考虑到一般的动力交涉所产生的知觉的完整性问题，并且特别重视意志和需要等等动力的作用。他指出："要了解或预期心理行为（B），我们必须确定当时整个情境中的各种心理事件（动作、情绪、表现等等），即当时的完整结构和人（P）的状态以及心理环境（E）的状态。"① 勒温所说的环境是指心理环境，它包括准物理、准社会和准概念的事实。勒温所说的人是一个极其复杂的系统，它所具有的准需求等等完全是现象上构思的动力，因此他的场就具有复杂的非物理的力，以及它们之间错综复杂的变化。

勒温既不采用格式塔心理学通用的同型论的看法，而他所说的力又跳不出心理的领域而进入生理的或物理的领域，那么怎样去处理这些复杂多变的纯粹心理的力，从而决定和预测个体在当时具体情况中的行为呢？于是他就借助于向量的分析来说明力的动的交涉作用。他认为，这些力也像物理的力一样可有三种属性：一是方向，二是力量，三是作用点。第一种和第二种属性可用向量的概念来表示，而作用点则可用箭头来表示。由于他对力的动的交涉过程进行

① 勒温：《人格的动的学说》，1935 年版，第 79 页。

了向量的分析，于是就提出了比格式塔心理学更为明确的动力场说。

心理环境包括了准物理、准社会和准概念的事实，它们又和人的需求密切联系着，因此心理环境中的事实在被人感知时，就可产生一定的引拒值（valence）。引拒值有正的，也有负的。正的引拒值具有吸引力，凡能满足人的需求与愿望的，或活动被阻止而引起心理的紧张系统的，具有正的引拒值。负的引拒值具有排拒力，凡不符合我的需求与愿望的，或甚至对人有损害的，则具有负的引拒值。比如儿童看见糖果就想取来吃，看见蛇蝎就想逃避。糖果对儿童就有吸引力或正的引拒值，蛇蝎对儿童则有排拒力或负的引拒值。不论吸引力或排拒力都是有方向的，并且随着人的要求而具有不同的力量。吸引力使人趋向于某一事物，排拒力则使人背向于某一事物，因此这些力都是向量。它们彼此交涉而产生的动力结构便构成了动力场。在动力场中使人的活动有所趋就，或有所退避，并随着动力结构的千变万化，人的行为也就随而变化。

上面所说的这些力称为驱动力(driving force)，还有另一些力称为约束力（restaining force），它们是由阻碍（barrier）所引起的。阻碍本身没有引拒值。可是在动力场说中却是一个很重要的概念，因为它一旦发生作用，便可产生各种不同程度的阻力。比如，儿童要取得放在前面的食物，可是中间阻隔着一个箱子，儿童不能直接取得食物，只有绕过箱子，采取迂回的道路才能取得它，这时箱子便成为阻碍，并产生了一定的阻力。阻碍可有两种：一种是物理的阻碍，一种是社会的阻碍。比如，母亲要孩子好好在家温习功课，不准他出去玩，可以把他锁在屋子里，也可以用说理的方法规劝他，使他服从规劝，在家学习。把他锁在屋子里是一种物理的阻碍，规劝他使他服从，则是一种社会的阻碍。阻碍都有不同程度的阻力，因而由于阻碍的介入，动力场就增加了更多的复杂性，从而引起了更多的交互错综的变化。

勒温也用向量的分析来说明场的力量相对立的矛盾情境，他认为这种矛盾的情境可有下述三种基本类型。①

一、处于两种具有同等吸引力的事物之间，但两者不可得兼的情境。比如，儿童想去看电视，又想去参加同伴们的野餐，因而产生鱼和熊掌不可得兼的情境（如图 14.1）。这类矛盾的情境比较容易抉择。

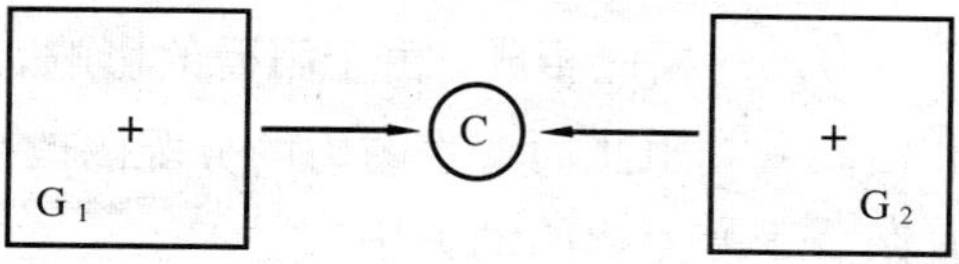

图 14.1

C 代表儿童，G_1 代表看电视，G_2 代表参加野餐

二、处于一引一拒、一正一负的矛盾情境。比如，儿童要吃糖果，妈妈不准他吃，吃了要受到惩罚，于是儿童看到糖果，要吃而又怕惩罚，因此产生了矛盾（如图 14.2）。

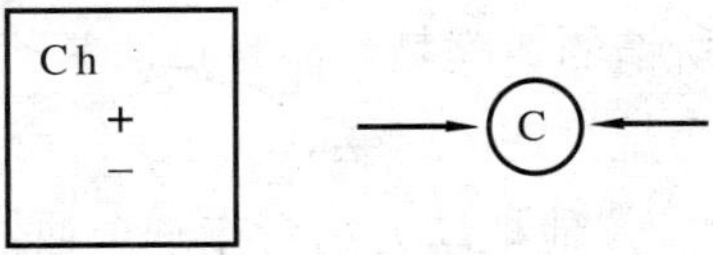

图 14.2

C 代表儿童，Ch^+代表糖果，Ch^-代表妈妈的惩罚

三、处于两种具有同等排拒力的事物之间，但两者不可兼避的情境。比如，儿童要去做他不愿意做的工作，妈妈一定要他去做，不做又怕受惩罚，因此产生了矛盾（如图 14.3）。

① 勒温：《人格的动的学说》，第 122—123 页。

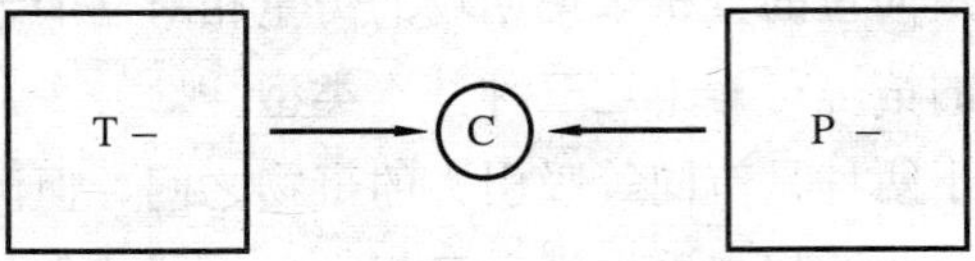

图 14.3

C 代表儿童，T 代表不愿做的工作，P 代表惩罚

在个体与心理环境动力的交涉中，由于一定方向和力量的引拒作用，由于几个力量的相尅相成，由于阻碍的影响，由于目的达到、欲求的满足和活动受到阻止而产生的力的分配的改变，于是就构成了一个错综复杂、千变万化的动力场。

综上所述，勒温的动力场中的力，一般是不受客观现实和生理条件制约的纯粹心理的力，因而就不能根据事物的本来面貌来描述它。他只能先假定一个框框，然后把这些力纳进去，进行所谓向量的分析，他的动力场说就不免陷入主观唯心主义的境地了。并且引拒值的这一概念，也有它的局限性。我们可以看到，并不是现实中的每一种事物和现象都可引起人对它的情绪态度，人对他所知觉到的许多事物大都是无所谓的。就是勒温自己所举的邮筒的例子，也只是在我们写好了信要想投寄的时候，才对我们产生吸引力；不然，它也是中性的。尽管如此，他把动力场看作一个通体相关的整体，他对动力的错综复杂的关系进行了多方面的细致的分析，此外他对由于场的力量交互作用而引起的矛盾情境的分析，都带有辩证的因素。他重视心理的动力的研究，并以动力场来说明，他的这种理论已成为西方动力心理学的一个重要派别。

但是在动力场中，我们怎样能说明心理事件在心理生活空间中移动变化呢？勒温就援引了拓扑学的某些概念。

第四节　勒温对心理生活空间进行拓扑学的陈述

勒温认为，场是包括人及其心理环境的生活空间，从而把空间的概念应用于心理事件。他指出："心理生活空间的一切陈述都以一特殊的人在一特殊的环境之内的基本概念为其基础。"① 比如，约翰在山中踏雪游行。约克正坐在牙医的椅子上，他闭了眼睛，想忘记站在背后的牙医正在装置注射用的针。小佐安站在篱边，梦想着世界上第一个人如何在一个小小的球内由天空降落地上。这些事例都有类似的空间关系，具有一定的心理生活空间。心理生活空间常具有一定的区域，并为易于通过或不易通过的疆界所分开，心理事件就是在心理生活空间中从这一区域向那一区域的移动，这是可以通过纯例（pure case）加以陈述的，因此勒温不满于心理学上常用的统计方法，而采用非数量关系的而具有内在空间形式的拓扑学的概念，以图式来陈述心理活动的变化。

勒温认为，心理生活空间的每一部分都可有一个区域。因此生活空间的一个对象，如人所存在之处，所运动之处，或移动所通过之处，同时可辨别出几个位置或部分的事物，或较大整体中的部分事物，甚至人的本身以及整个的生活空间，都可陈述为一个区域。区域没有数量大小的区别，但有质的规定。不仅某种颜色的视野、一片草地、一条通道、一个池塘可以陈述为一个区域，并且一种职业、一个社会团体、一个人的努力范围也可陈述为一个区域。

一个人所在的区域，对于他的行为可有很大的影响。在这个区域里产生这种行为，在那个区域里则可产生另一种行为。例如，母亲叫小孩吃药，小孩在未入真正吃的区域以前，什么都抗拒。但把

① 勒温：《形势心理学原理》，第 38 页。

药放进他的口内，进入了真正吃的区域之后，他就只好吞咽下去，因为吞咽下去后，便有自由，甚至可以吃到糖果了。图 14.4 即表示这种由抗拒而到接受的过程①。

在日常生活中具有很多例子可说明这种情况。如在政治斗争中，一个社会集团也许极力反抗其地位的改变，但是，如果另一集团能建立一个“已成之局”，那么这个集团也将听之任之，接受其新的地位而不再抗拒了。国际上的强权政治，就是妄图造成既成事实，实现它们的霸权主义。

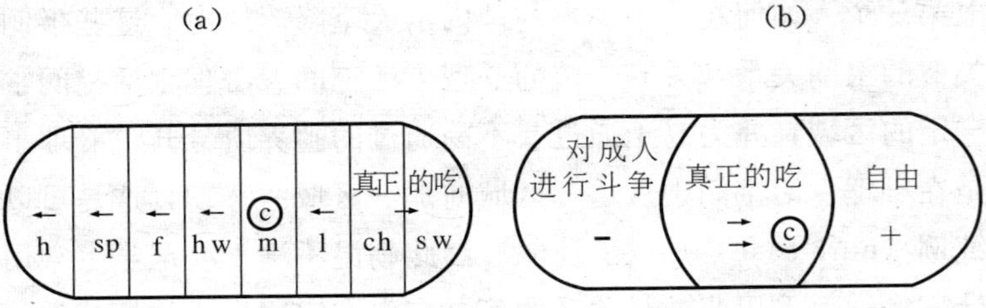

图 14.4　儿童处于吃药的情境

(a) 未入真正吃的区域之前，(b) 既入真正吃的区域之后。

c——儿童，h——置手于桌，sp——拿起匙羹，

f——置食物于匙羹，hw——送匙近口，m——送匙入口，

l——取食于口，ch——咀嚼，sw——吞咽，

+——正的引拒值，−——负的引拒值。

区域具有一定的疆界。疆界是多种多样的，空地上围着的篱笆是疆界，妈妈吩咐儿童不能离家外出，妈妈的吩咐也成了疆界；加入一个社会团体须有一定的条件，这种条件也是一种疆界。疆界有线的，也有平面的。比如，在牢房里，门是疆界，这是线的。如果

① 勒温：《形势心理学原理》，第 90—91 页。

门外还有守卫和机关枪阵地，这种疆界就是平面的。由一个区域进入另一个区域的过渡区域，则可有疆界地带的性质，如一个儿童正在吃饭，但在饭后游戏之前，必须复习他的功课，那么复习功课便成为疆界地带。对心理移动具有抗拒的疆界便是一种阻碍，如儿童在篱笆之内不能取得篱笆之外的食物，篱笆便成为一种阻碍。

从这一区域达到另一区域称为移动。移动也是多种多样的。比如，儿童爬上凳子，取得放在高处的食物，这是身体的移动。如果不能爬上凳子，就找妈妈帮助取得，这是社会的移动。如果这又不可能，还可以想象“越出场外”，从幻想中求取，这就是思想上的移动。例如，儿童渴望参加足球比赛，父母不准他去，他就从昼梦中“越出场外”，树立一个非现实的情境，从而在幻想中求得满足。

关于区域、疆界和移动的关系，在日常生活中可有不少例子。比如，一个青年（P），想以行医作为其职业的目标（见图 14.5）。为了达到这个目标（G），必须经过下列几个区域：（1）大学入学考试（Ce）；（2）进入大学（C）；（3）进入医学院（M）；（4）登记（I）；（5）行医（Pr）。

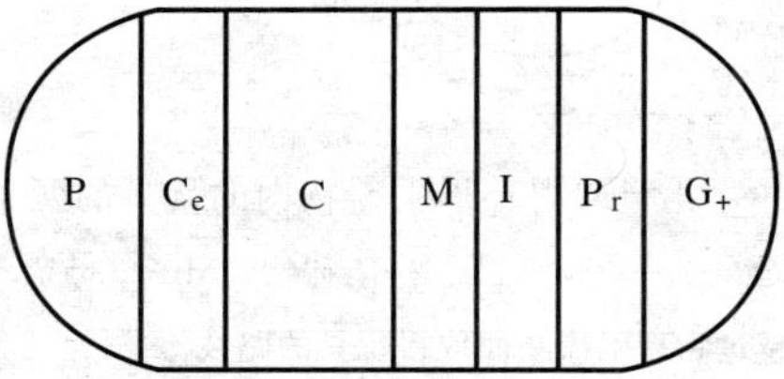

图 14.5

一个想做医生的青年所处的情境

P——人；G——目标；Ce——大学入学考试；

C——大学；M——医学院；I——登记；

Pr——行医。

这里有许多渐进的区域，各个区域都有其疆界。这个青年对于大学也许有一个明确的观念，医学院以后的各区域也许是一个未分化的区域，他还没有明确的观念。他通过大学的入学考试，就可对目标向前移动了一步。入学考试可视为两个区域之间的一个疆界地带，他若要由此一区域移动到另一区域，便须越过这个疆界地带。他的入学考试若不及格，他就不能向目标前进移动，这时入学考试就成为不可克服的阻碍。于是他的心理生活空间就会产生急剧的变动，他也许会回过头来，再去另找一个新的目标了。

移动在心理生活空间中要有相当的路线。比如，一个儿童要取得放在环形阻碍物内的玩具，他的母亲在旁边。他想爬过阻碍物，但屡试失败，后乃跑向母亲请求援助。在这种情况下就产生了两条路线：一条是爬过物理阻碍而取得玩具的路线；一条是向母亲求援而达到目的的路线。如图 14.6。

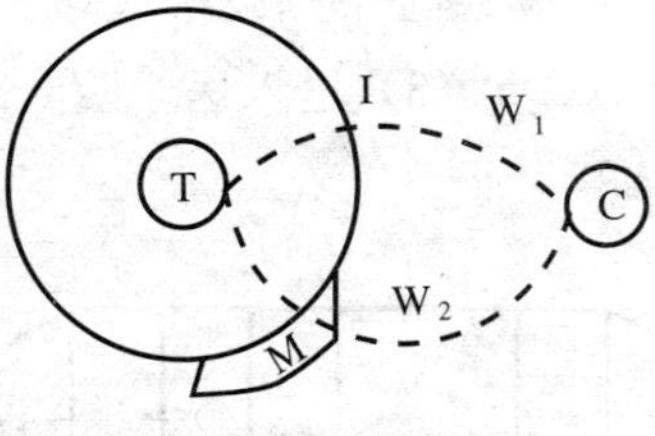

图 14.6　儿童取得环形阻碍物内的玩具的两条路线

C——儿童，T——玩具，I——阻碍物，M——母亲。

W_1——越过物理阻碍物而取得玩具的路线。

W_2——向母亲求援而达到目的的路线。

如果一个人在很大的范围中移动，这个范围就是他的自由运动空间。比如，两个六岁的儿童坐在同一个浴盆内，一个活泼好动，另一个拘谨安静，兴奋的儿童（A）到处跃动，致使另一儿童（B）感到限制。于是 B 在浴盆中央划线为界，告诉 A 不要超越自己的区域之外。开始盆内不划界限（图 14.7（a））A 的可能运动的区域是整个的，致使 B 的实际运动的自由大受限制。而现在 A 和 B 的自由运动的区域虽相邻接，但已严格分界了（图 14.7（b））。

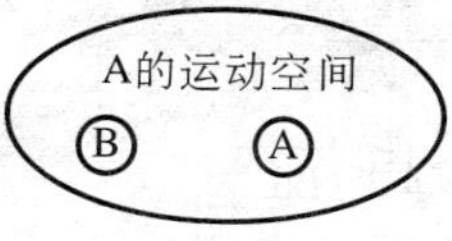

(a)

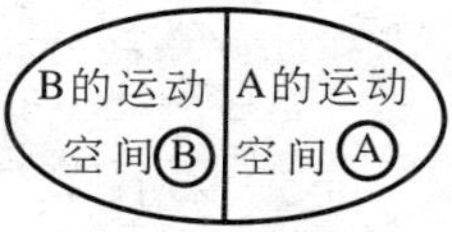

(b)

图 14.7

（a）A 和 B 的运动空间没有划分；

（b）A 和 B 的运动空间有分界线。

自由运动空间有大有小，可因人而异。权势、能力等可以影响自由运动空间。有了权势，可以左右逢源，无远勿届；有了能力，可以胜任更多工作。在家庭和学校，如果设置过多的阻碍，如果规定很多不必要的条条框框，就会限制儿童的自由运动空间，甚至使他们另找出路，“越出场外”，在幻想的世界中求取满足。这对于儿童的行为和个性的发展，都会产生消极的影响。

通过这些拓扑学概念的陈述，我们就可以体会心理事件在空间中的变化，看到心理事件在心理生活空间的一定区域渐次地朝着目标移动。

心理现象是否具有空间的属性，尚难定论，因此对勒温心理生活空间的概念，不无疑议。姑认这个概念可以成立，但勒温的心理生活空间只是一个便于陈述的作业假设，是一个主观的构想物。勒温的拓扑学的陈述也是初步的，并且心理现象和拓扑学的概念也没有内在的联系，只是为了便于陈述而外加上去的东西。以主观外加上去的东西来陈述主观的构想物，就不难看出他的主观唯心主义的观点了。但勒温对心理生活空间的拓扑学的陈述，考虑到诸种因素的关系，考虑到场的层次的变化，考虑到与实际生活的联系，也有独具匠心的地方。他的心理生活空间的概念，后为托尔曼所吸取，而另称为行为空间，行为空间只是经过行为主义观点改造过的心理生活空间而已。

第五节　勒温的社会心理学

勒温早期致力于儿童心理学的研究，着重研究需求和阻碍的性质，以及儿童心理环境的改变与他的需求和阻碍发生交互作用而引起的动力的变化。由于他采取格式塔心理学的共同原则，以整体的行为作为研究的对象，对这些问题的研究，已初步接触到对生活具有实际意义的社会因素。勒温所说的动力场包括人和环境两个部分，而他的行为公式是B=f(PE)。如果把它推演一下，把人的部分由一个人扩大为更多的人，而人与人之间也可发生集体的动力的交互作用；并把环境的部分指向着准社会的事实，那么就必然地进入了社会心理学的研究。

40年代后期，由于他切身遇到辛酸的经历，产生了提倡民主、消除独裁的愿望，他就组织了一群年轻的心理学家，进行了一系列有关实验儿童社会心理的研究工作。

1939年勒温和利比特及怀特等人共同研究了有关领袖的问题。① 他们以男孩为被试，分成三组，每组五人，并训练三个成人担任领袖，一个成为独裁类型的领袖，一个成为自由主义类型的领袖，一个则成为民主类型的领袖。他们分别领导各组儿童从事他们所爱好的工作。第一组儿童接受独裁的领导，他们常受长官式的命令或斥责，只许盲目服从，不许主动。第二组儿童接受自由主义的领袖

① B. 勒温和J. 鲁平：《社会心理学》，1976年英文版，第393—394页。

的领导，领导人对儿童友谊有余，指导缺乏，儿童的工作放任自流，毫无组织。第三组儿童在民主的领袖领导下进行工作，他们常有共同讨论、各抒己见的机会，并能根据他们的需求与愿望办事。因此，这三组儿童的社会气氛截然不同。结果表明在民主的领袖领导下的工作效果要比其他两组优越得多。

1940 年利比特进一步进行了关于民主和独裁气氛的效果的实验研究。①他采用了一种特殊的社会测量的技术，根据人缘分数选取儿童 10 名，分成两个等组，各以一个成人负责领导，并以不同的领导方法为实验变量，即一组采用民主的领导，另一组采用独裁的领导，被试的工作是制造演戏用的面具。结果表明，由于民主组具有自由讨论的机会，而独裁组则一味强求服从，因而民主组的统一性和稳定性明显地优于独裁组。同时民主组要比独裁组具有更多集体的精神，对两组被试会话的分析，也发现独裁组大部分出现“我”或“我的”自我中心的语言，而民主组则常常出现“我们”或“我们的”集体中心的语言。并且民主组的被试和领导人处于平等地位，因而被试和领导人关系融洽。而独裁组的领导居高临下，主观武断，被试对他常采取敌视或反抗的态度。实验的结果说明了团结的决定因素在于民主，有了民主，才可有和谐的统一。缺乏民主，虽可在领导人的高压下保持统一，但这种统一是表面的，不能持久的。当然，勒温所宣扬的是资产阶级民主，对集中的重要性是认识不够的。

第二次世界大战后，勒温及其弟子们继续进行了一系列社会心理学的研究，并触及到军事方面及工业方面的问题。比如，他们采取改变和调整集体结构的方法，用以增强战斗力，以及提高战士在作战中的士气。他们也把这种方法运用于工业生产方面，比如，巴夫拉斯布置了一种情境，调整集体的结构，使一组女工以小组讨论

① 参见高觉敷：《社会性的统一》，载《观察》第 1 卷，第 5 期。

的方式，进行讨论，各人提出自己的建议，由集体来决定新的生产指标，从而能较好地完成新的任务，并能继续保持和提高她们的工作效率。

由于勒温对这些问题的研究富有成效，他在1945年被邀请到麻省工业大学建立一个集体动力学研究所，并主持该所的工作。在勒温民主作风的带动下，它开始即有卓越的表现。勒温认为，社会心理学的研究应面向社会实际问题，并解决这些社会实际问题。他把这种解决社会实际问题的研究，称为行动研究（action research）。他和他的追随者对社会风气的改革、领袖的培养以及由于种族的、宗教的或其他社会隔阂所引起的紧张问题，如劳资争端、种族歧视、婚姻纠纷等等问题，都展开了广泛的研究，而他们的中心则着重于研究在工业生产方面的人事关系，以及如何培养领袖的问题。

在这些研究的基础上，勒温更明确地认为社会心理学的目的在于有计划地改造社会。他在临死的前一年还大声疾呼地要在集体动力学研究所之外，还要成立一个应用行为科学研究所，以便培养一些研究人员，使能把科学研究、实际行动和人才的训练三者结合起来。这些人员不仅以心理学家的身份出现，并且还要以社会改革家的身份出现。他们在研究中起着领导作用，并全面深入地展开教育、工业、政府、社会工作、宗教工作、劳动、志愿机关、社会生活等等各方面的研究。勒温的这个计划由于他在1947年的去世而未能亲自完成，但他的弟子和追随者仍继承了他的事业。他们利用社会为实验室，继续大规模地进行社会问题的研究。由于过去的社会心理学不是从社会学的角度来解释一些心理现象，便是从心理学的角度来解释某些社会现象，而勒温的社会心理学则在面向社会实际问题，并试图以心理学的知识来解决实际问题，因而他的社会心理学在西方引起了很大的反响，目前已形成西方社会心理学的一个重要派别。

勒温企图以社会心理学来解决社会问题的迫切心情，是可以理解的，可是社会问题产生的根本原因在于社会制度。不接触到社会制度这个根本问题，而企图以个人的良好心愿，用心理学的知识来解决社会问题，这不仅是徒劳无功的，并且足以暴露勒温那种心理主义的唯心史观。但是，勒温面向实际问题、解决实际问题的做法，却为社会心理学开辟了一条新的途径。同时，他对社会心理学研究的一些设计、方法和问题，也有值得我们借鉴的地方。

第十五章　精神分析

精神分析也译作心理分析，是现代西方心理学主要流派之一。但是它作为一个心理学流派与其他心理学流派不同，它不是在大学学术机关里成长起来的，它是在神经病治疗实践中产生出来的。它对传统心理学的课题，如意识、感知觉、注意等是不感兴趣的，它所注重的是神经病的分析和治疗，从而提出了人的心理和人格的新的解释。所以精神分析可有两种意义，一方面指神经病治疗的技术，另一方面指潜意识的心理学说，特别是后一方面给传统心理学带来了巨大的影响，成为心理学的一个重要流派。

这个学派是由弗洛伊德一手创立的。弗洛伊德代表着这个学派的正统，所以精神分析也被称为“弗洛伊德主义”。为了有别于后来在美国形成的新精神分析，弗洛伊德的精神分析便被称为古典的精神分析。下面两章，将分别介绍精神分析和新精神分析产生的历史背景、主要代表和基本理论。

第一节　精神分析的历史背景

一、精神分析的社会背景

精神分析产生于19世纪末叶，它开始形成时是关于探讨精神神经病的病因和治疗的一种方法和理论。到了本世纪20年代，这个理论扩展到社会科学的各个领域，逐渐变成了一种心理学的体系和无所不包的人生哲学。

19世纪末至20世纪初，资本主义开始进入帝国主义阶段，阶级矛盾日益尖锐。大资产阶级过着骄奢淫逸的生活，劳动大众则日益贫困，中小资产阶级也面临着破产的困境。这种不合理的社会制度自然要表现出各种病态的社会现象，使整个社会精神沮丧，惶惶不可终日，以致神经病和精神病发病率增高。弗洛伊德在探索神经病的病因和治疗神经病时不面对社会现实，而以生物学的观点，从患者的精神内部即所谓潜意识中寻找致病的原因，并特别强调性的因素，这当然可以起着掩护不合理的社会制度的作用，而投合了当时统治阶级的需要。

二、精神分析的思想背景

1. 布伦塔诺的影响

弗洛伊德的精神分析的一些基本概念是有着不同的思想根源的。首先是布伦塔诺的影响。弗洛伊德在年轻时，曾在维也纳大学听过布伦塔诺的课，熟悉了意动心理学。布伦塔诺宣讲亚里士多德的逻辑学和哲学，这可能使弗洛伊德认识到在精神结构的组织中，较高级的水平包括着较低级的水平，甚至也包括着有关死的本能的一些观念。① 同时布伦塔诺的意动心理学还可能使弗洛伊德的动力观点受到影响。

2. 莱布尼兹和赫尔巴特的影响

莱布尼兹主张单子论，认为一个单子的微觉合成许多单子的统觉。个别水滴的声音微不可闻，无数水滴造成的波浪澎湃的声音除耳聋者外都可以听到。前者名为微觉，后者名为统觉。莱布尼兹还提出了无意识和意识的等差观念，无疑地使弗洛伊德受到启发。

赫尔巴特发展了意识阈的概念。认为被排挤于阈限以下的观念是无意识的。弗洛伊德的潜意识显然来源于莱布尼兹和赫尔巴特的心理哲学。

---

① 弗洛希和罗斯编：《精神分析年鉴》第 7 卷，1956 年英文版，第 38 页。

3. 叔本华和尼采的影响

无意识的概念在叔本华哲学内也曾占有重要地位，这个概念通过尼采对弗洛伊德发生了相当的影响。弗洛伊德在谈到无意识过程的存在时说："精神分析并不是首先迈出这一步的。要指出我们的前辈，可以指出一些著名的哲学家，尤其要首推伟大的思想家叔本华，他的无意识'意志'相当于精神分析中的精神欲望。"①

同时，我们要注意，康德认为自在之物是不可能认识的，我们只能认识它的现象。叔本华以为"意志就是自在之物，就是世界的本质。"② 自在之物既然变成了精神的东西，它就可以随个人的意志而转移了。因此，叔本华的主观唯心主义就导致了他的唯意志论。尼采接受了叔本华的哲学，提倡"权力意志"和"超人"说，以为历史进程是由追求权力的个人意志所决定的。他的《查拉图斯特拉如是说》这篇著作就宣扬了他的"超人"哲学，说什么"我把'超人'的道理教给你们"。③ 很明显，叔本华和尼采都是反理性论者的典型代表。弗洛伊德的潜意识说和泛性论都强烈地表现出反理性的倾向，这与他所赞扬的叔本华和尼采的哲学显然是有联系的。

三、精神分析的医学背景

精神分析的治疗对象是神经病者或精神失常的患者。自古代起，这些患者或疯子、狂人都被视为妖魔附体，必须驱妖除魔，才可使他们恢复正常。所以欧洲自中世纪以后，他们备受残酷的非人道的虐待。教会中人以为通过这种虐待就可以把妖魔赶出去。直至18世纪末叶，由于科学和社会思想的进步，神经病者和精神病者才被社

---

① 弗洛伊德：《精神分析的方法和技术》，1923年俄文版，第198页。

② 叔本华：《意志和表象的世界》，参见《西方名著提要》，中国青年出版社1957年版，第319页。

③ 可参阅J.K. 布朗：《变态行为的精神动力学》，1940年英文版，第33、86页。

会收容并给予治疗，那时神经病的机体病因观取代了神经病的迷信观。德国精神病学家格里辛格尔于1845年出版一本教科书，第一次旗帜鲜明地代表机体病因说的观点。他要求精神病学必须从生理的临床的基础出发，并主张精神病理学必须归结为脑子病理学。克勒佩林是格里辛格尔的最重要的追随者，他最终确立了这个观点。但是近时的教科书很少坚持严格的体躯病因学的立场。精神病因学的观点可以归功于沙可、让内，特别是弗洛伊德的倡导。但是麦斯麦可以说是这个观点的先驱。

第二节　从麦斯麦术到精神分析

麦斯麦术又称通磁术，它的创始人是18和19世纪维也纳医生麦斯麦（1734—1815）。他认为人体内有一种动物磁液，可由人的意识来支配，即从人的身体的这一部分，转移到另一部分。人体内的磁液如失去平衡，可用通磁术，将这一部分过多的磁液，转移到另一部分去。各个部分的磁液恢复了平衡，病也就好了。麦斯麦在巴黎开设了一所通磁治疗院，求医的很多。他用一个橡树制成的木桶，患者围桶而坐。据说麦斯麦通磁于这个木桶，木桶通磁于患者。放置木桶的房间半明半暗，柔和的音乐时奏时止。麦斯麦绕桶一周，以手触人，给他通磁，从而使患者治愈。

麦斯麦的主要追随者是皮塞居。皮塞居有一次在给病人作通磁术时，在应出现“健康转机”的时候，病人却很安静地睡着了。无论怎样也不能使他醒来。约过一刻钟，自然地爬起来，走路、谈话、做事，比平时都要敏捷。但是，他却仍在熟睡的状态中。皮塞居把这种状态叫做“梦游”。病人在“梦游”的时候，对皮塞居所讲的话，无不听从。但在醒来后，却完全忘记了。只是他原来的病症却随而消失了。这个疗效可能是由于催眠和暗示，尽管当时还没有提出这两个名词。

到了 19 世纪中叶，英国外科医生布雷德（1795—1860）认为所谓昏睡状态，是由于大脑前额叶的疲劳产生的，叫做神经性睡眠，是一种生理上的原因。布雷德又认为催眠状态是一种心理作用，是注意高度集中的结果，叫做“单一观念状态”。布雷德在实行催眠术的时候，令受术者注视某一发光的物体。这说明了催眠术的要点在于注意的集中。

布雷德去世后，他的催眠术为李厄保（1823—1904）所继承。李厄保原是法国的乡村医生，他于 1860 年开始研究催眠术，并且是第一个正式应用催眠治病的人。1864 年，他定居于南锡，继续运用催眠术治疗神经病。李厄保对病人关怀备至，病人称他为“慈父李厄保”。他治疗一般疾病时收费，但对接受催眠治疗的病人一律免费。李厄保最著名的一件事，就是他于 1882 年促使伯恩海姆（1837—1919）信仰催眠术。伯恩海姆是南锡的一个开业医生。他曾经医治一个坐骨神经痛的病人没有效果，但被李厄保用催眠术治好了。因此，伯恩海姆转而信仰催眠术，成为南锡学派的领导人。南锡学派当时和巴黎学派，各树一帜，互相对立。

巴黎学派的领导人是沙可（1825—1893）。他于 1853 年在巴黎大学获医学博士学位。1860 年，在他的母校任精神病学和病理学教授。1862 年，沙可在巴黎萨尔拍屈里哀医院建立了精神病诊疗所。

巴黎学派的学者，大都是萨尔拍屈里哀医院的精神病医生。他们平时所催眠的，都是癔病患者，所以他们把催眠状态看作是一种神经病症，认为只有神经病患者才可以接受催眠。南锡学派则认为催眠和睡眠没有什么不同。他们发现被催眠的人有百分之九十以上都可以接受催眠，但他们并不一定是癔病患者。

巴黎学派把催眠状态看作病症，以为这种病症多由神经病所引起。南锡学派则极力反对这种说法，主张催眠完全是由于暗示的结果，与神经病毫无关系。南锡学派研究催眠，偏重在心理方面，不大注意催眠状态中的生理变化。巴黎学派则恰恰相反，专门注意催眠状态中的生理变化。巴黎学派和南锡学派互相争论不休，现代学者大多赞同南锡学派的意见。

沙可有两个非常著名的学生：一个是让内，一个是弗洛伊德。让内（1859—1947）是沙可的继承人。22 岁时，他正准备写一篇论错觉的论文送交巴黎大学，恰好有一位医生朋友，请他研究一个病例：一个叫列妮的女孩，表现有“千里眼”（clairvoyance）的特异能力，能在远距离外接受催眠。让内研究了这个病例以后，于 1882 年写出了一篇关于列妮的报告，因此结识了巴黎的一些心理学家，特别和沙可交往最密。1890 年，沙可邀请让内到萨尔拍屈里哀医院任心理实验室主任。让内在新的工作中，整理了大量有关癔病的临床病例，并使它和心理学中的一般概念联系起来。让内根据这些病例，写成一本专门著作，叫做《癔病的心理状态》，于 1892 年发表。沙可还特地为这本书写了一篇序言，称赞让内试图将临床心理学和学院心理学结合起来。1902 年，让内继承李播在法兰西学院的讲席，直到 1936 年退休为止。

让内继承了法国孔狄亚克和拉·美特利的传统，对于癔病的解释采取了唯理论和感觉论的心理学观点。他以为心理生活可被描绘为一群不断变化的感觉，互相结合，构成一个复杂的感觉流。就正常的人格而言，这些感觉得到了有机的综合。就癔病的患者而言，他的心理因素的综合体，四分五裂，丧失了它的统一性，产生了两种或者多种的感觉流。那种脱离主要人格而同时并存的观念，让内便称之为下意识。让内反对神经病的机体病因说，认为癔病是心理方面的毛病，是分裂作用的结果。他把分裂作用的起因归之于综合作用的无能；而综合作用的无能，则是由于心力的衰竭。他说：“我们必须有勇气谈及心力，注意它们的减弱、它们的衰竭或它们的生长，尽管我们还不知道它们的性质及其所依靠的器官。”①

据让内看来，癔病患者的心力衰竭好像经济上的破产。为了防止破产，必须劝人节约；为了医好癔病，就得使患者安心休养。让内在治疗方面认为精力的节约是重要的原则。他说：“我们知道节约的基本原则随处见效。用心的行为不单单是心灵的工作，它是整个有机体的活动，无疑地是要消耗大量精力的。动作的水平愈高，这个消耗就愈大。行为的失常多数是精力疲乏的结果。如果你们允许我打个比方，这些疾病在根本上不过是走向破产，陷入贫困的各种不同的道路。心理治疗法大多数虽在外表上有所不同，但都有一般的类似性。当我们面对一个行将破产的人，最紧急的措施莫大于节约开支，实行严格的节约。”②

但是让内的这个理论在治疗的实践上是有矛盾的，因为我们不能忽视刺激法的价值。对于这个矛盾，麦独孤以为让内是不无所知的。让内自己就曾说过：“各种心理治疗都在不同的程度上有意识地寻求如何利用刺激的种种形式。”而刺激则是消耗精力而不是节约精力的；可是使让内惊异的是这种刺激法的治疗居然也有疗效。因此，他写道：“这种治疗开头使我吃惊，因为它似乎同我们从前认为合理而有用的治疗方式，也就是休息和节约的治疗方式完全相反。治疗精力衰竭的个体叫他们工作，就等于为了避免破产，却规劝他们开辟新的支出，这似乎太奇怪了。”③ 让内的唯理论的心理学体系是无法理解这个矛盾的。

从让内的心理治疗到弗洛伊德的精神分析是从心理学的唯理论或感觉论到动力学的观点。让内说弗洛伊德曾于前世纪 90 年代访问过萨尔拍屈里哀医院，对让内的研究很感兴趣。他以为弗洛伊德也

---

① 转引自麦独孤：《变态心理学大纲》，1926 年英文版，第 11 页。
② 同上，第 15 页。
③ 同上，第 16 页。

发表了一些新的观察，改动了让内的用词，例如，心理分析改称精神分析，心理组织改称情结，意识缩小改称压抑，心理分裂改称精神宣泄。特别是临床观察和治疗改成“医药哲学的一个巨大的体系”。①

但是麦独孤以为“弗洛伊德不仅引进了新的术语，还正如让内最后一句话指出的，创立了一个新的具有最深远意义的心理学体系，它的价值让内永远不能欣赏，也不会表示理解和同情的。”② 那么弗洛伊德究竟创造出何种心理学体系呢？

第三节 弗洛伊德的精神分析体系

一、弗洛伊德传略

西格蒙德·弗洛伊德（1856—1939），是奥地利著名的精神病学家和精神分析学派的创始人。他出生在现属捷克斯洛伐克摩拉维亚的一个小镇夫来堡犹太籍商人的家庭里，四岁时随全家移居奥地利首都维也纳。1873 年弗洛伊德考入维也纳大学医学系学习，毕业前曾在著名的生理学家布吕克的生理研究室工作。布吕克主张人所具有的心理能力是一种物质能力，它产生于神经细胞。这个主张对弗洛伊德的影响很大。1881 年，弗洛伊德获医学博士学位，第二年和布洛伊尔（1842—1925）联合开业，从事神经病的治疗和研究工作。

当时，法国巴黎的沙可，是国际上治疗和研究神经病症的权威，弗洛伊德于 1885 年特地去巴黎跟沙可学习。沙可认为癔病属机能性的神经病，由于机能错乱即动力创伤所引起。弗洛伊德后来放弃对神经病的任何机体原因的解释，是受了沙可的影响的。另外，弗洛

---

① 转引自麦独孤：《变态心理学大纲》，第 16 页。

② 同上。

伊德也听到沙可在治疗神经病时，强调过性的因素的作用，使弗洛伊德后来考虑到性在神经病的病因中的重要性。

1889年，弗洛伊德又到法国南锡同伯恩海姆学习催眠术。他在南锡看到被催眠的人醒来以后，不能再回忆起他在催眠状态中所做的一切。但是经过伯恩海姆再三引导和鼓励以后，他也能逐渐回忆出来了。这对弗洛伊德后来发展他的精神分析法，有很大的启发作用。

弗洛伊德从南锡回来，仍然与布洛伊尔合作，他们发现在催眠期间，如果病人记起并说出某些过去发生的情况，发泄了情绪，症状就消失了，病也就好了。这种治疗方法，要求诊病医生多次和病人作比较长时间的谈话。因此，这种方法就叫做“谈疗法”或“宣泄法”。弗洛伊德把沙可的方法和布洛伊尔的方法结合应用，但是在治疗中也遇到一些困难。首先是催眠的疗效不稳定，往往这一症候消失了，又发生了其他症候，不能得到根本的治疗。其次是许多神经病患者，不能接受催眠，大约只有三分之一的患者能够接受。

弗洛伊德想起在南锡时，看到被催眠的人醒来后，在医生的暗示下，最终能回忆起过去那种情况，他就决定不用催眠法去挖掘患者忘记了的情绪，改使患者在觉醒状态下，身心放松地坐卧榻上，想到什么，就尽量把它说出来。弗洛伊德把这个方法，叫做“自由联想法”，成为精神分析的典型的方法。1895年，他和布洛伊尔合著的《癔病研究》一书出版，标志着精神分析学派的开始。

二、精神分析的理论

精神分析既是一种神经病的心理治疗的方法，又是在医疗实践中逐渐形成的一套心理学的理论。从弗洛伊德的主要著作中，可以看出他的理论的发展道路。一般心理学史家把他在1913年以前的系统观点称为他的早期理论。那时他的主要的代表著作有：《梦的解释》(1900)、《日常生活的心理病理学》(1904)、《性欲理论三讲》

(1905)、《精神分析引论》(1910)。最后二十年弗洛伊德在修订其早期理论的基础上，进一步形成了他的晚期理论。那时他的主要著作有:《超越唯乐原则》(1920)、《群众心理学和自我的分析》(1921)、《自我和伊底》(1923)、《文明及其不满》(1920)。社会科学的代表著作有:《图腾和禁忌》(1913)、《摩西和一神教》(1939)等。他的晚期的理论已形成了一个完整的体系，变成了一种人生哲学，企图解决生活和社会的一系列重要的问题。

现在我们可将弗洛伊德的早期理论和晚期理论分述如下。

(一) 弗洛伊德的早期理论

1. 意识和潜意识

弗洛伊德早期和布洛伊尔治疗癔病曾经发现患者不能意识到自己的一切情绪经验。患者在催眠状态里，如果能够回忆起自己的有关病症的经验并向医生和盘托出，心里就会感到舒畅，病也就好了。弗洛伊德认为这是患者经历过的情绪经验受到压抑，被排挤到意识之外，潜伏在无意识之中，因此产生了病症。从这一早期的设想开始，弗洛伊德逐渐形成了他的意识、无意识的概念。

意识的意义是大家熟悉的。弗洛伊德以为意识是与直接感知有关的心理部分，至于无意识则包括个人的原始冲动和各种本能，以及出生后和本能有关的欲望。这些冲动和欲望，不见容于风俗、习惯、道德、法律而被压抑或被排挤到意识阈之下，但是，它们并没有消灭，而是在不自觉地积极活动，追求满足。所以，无意识部分是人们过去经验的一个大仓库，它由许多原始冲动、各种本能以及被压抑的欲望所组成，而在弗洛伊德的体系中，被压抑的欲望尤以性欲为主。由于弗洛伊德的无意识具有这样的性质，我们认为把它称为“潜意识”比较妥当。

在意识和潜意识之间，弗洛伊德认为还有一种前意识，在弗洛伊德看来，所谓前意识，就是在无意识中可召回的部分，也就是可以回忆起来的经验，潜意识则是不可召回的。

潜意识概念是精神分析的核心部分，是弗洛伊德的理论基础，在后来修正古典的精神分析的所有人当中，不管修正的程度如何，都没有抛弃这一基本概念，否则就不是精神分析学家了。弗洛伊德在他的理论中把潜意识提到前所未有的高度，意识仅占一个次要地位。关于意识、前意识、潜意识之间的关系可如下图所示：

意识
前意识（可复现的记忆）
潜意识（被压抑的欲望）

在弗洛伊德看来，意识只是前意识的一部分，从前意识到意识或者从意识到前意识，都是转眼之间的事，二者虽有界限却没有不可逾越的鸿沟，所以可以用虚线表示。潜意识要回到意识里来，在弗洛伊德看来，是很困难的，因为意识和潜意识之间壁垒分明，似乎意识门口有着严密的防守，不准潜意识中的本能欲望随意侵入。弗洛伊德在早期把这种防守作用称之为检查作用或检查员（censorship）。他在后期把人格分成伊底、自我和超我。伊底代表潜意识欲望，超我就是检查员的代表了。

弗洛伊德提出潜意识概念，是对传统心理学重理轻欲，重视意识而轻视无意识的反抗。他强调对行为动机的探讨，重视情绪的动力学，他扩大了意识的范围，发现本能欲望被排挤到潜意识中的领域里去。他的这些设想在神经病患者所表现的症状中获得了证实，因而逐步构成了他的理论体系。

2. 压抑和抵抗

弗洛伊德和布洛伊尔治疗神经病患者时发现，很难使患者说出自己的情绪经验。当暗示患者努力回忆过去的情绪经验时，这些经验遇到很大的抵抗。上面所说的“检查作用”就是一种抵抗。弗洛伊德认为，现在抵抗某种经验回到意识中来的力量，就是当初把它压抑到潜意识中使之遗忘的力量。为了使患者从潜意识中挖掘出过去被压抑的情绪经验，从而使患者的疾病痊愈，精神分析者就得帮助患者进行自由联想以便克服抵抗。弗洛伊德以为治疗神经病患者时所遭遇的抵抗，这是精神分析者的一件最难于应付而又重要的工作。如果患者继续拒绝承认被压抑的经验的存在，分析治疗便无法进行，只有当患者不复抵抗而接受分析时，病况才能得到改善。

在进行精神分析治疗的过程中，常常出现一种“移情”现象，即患者对医生产生爱情或者憎恨。最著名的例子，就是弗洛伊德和布洛伊尔合作开业时，有一个青年女患者叫做安娜的对布洛伊尔产生了爱情，布洛伊尔害怕了，就携妻外出迴避。弗洛伊德则对此种现象加以严肃考虑，认为患者的里比多或性力本附着于某一对象以致造成她的神经病。现在通过治疗，她的里比多已转移于医生身上了，表现为对医生的爱情，而易于或乐于接受他的暗示。所以这是患者克服抵抗的一种迂迴方式。当然，精神分析者的义务是要迟早使患者摆脱这个里比多的新的不健康的“执著”，才可以使他终于获得痊愈。

3. 梦的解释

1897 年，弗洛伊德开始对自己进行自我分析，他发现梦是通向潜意识的一条迂迴道路 。通过梦境的解释，可以发现神经病患者的最终被压抑的欲望,因此梦的解释也可成为治疗神经病的一种方法。他于 1900 年发表的《梦的解释》一书，轰动一时。荣格就是读了这本书而信仰弗洛伊德的精神分析的。弗洛伊德是一个决定论者，虽然是唯心主义的决定论者。他以为人的心理活动具有严格的因果关系，没有一件事是偶然的。“心理界和物理界一样，无所谓机会”，所以梦也决不是偶然形成的联想。梦是欲望的满足。在睡眠的时候，由于检查作用的松懈，潜意识中的欲望，绕过抵抗，并以化装的方式，乘机闯入意识而成梦，所以就是梦的内容也还不是被压抑的欲望的本来面目，还得加以分析和解释，才能寻得真正的根源。弗洛伊德把梦境分为“显梦”和“隐义”。“显梦”类似于假面具，“隐义”是假面具所掩盖的欲望。作梦好比制造谜语。显梦是谜面，隐义是谜底。被压抑的欲望通过梦的工作骗过了检查员造成了梦。弗洛伊德以为梦的工作方式有四种：其一是凝缩，即几种隐义以一种象征出现；其二是换位，即被压抑的观念或情调换成一个不重要观念，但在梦中却占重要的位置；其三是戏剧化，即用具体的形象来表示抽象的欲望；其四是润饰，即醒后把梦中颠倒错乱的材料再加以条理化，使其更能掩饰真相。梦的解释就是要把这重重化装揭开，由显相寻求隐义。

弗洛伊德的梦的学说引起了学者很大的兴趣和大量的观察及实验研究。梦本来是很难理解的心理现象。巴甫洛夫以为大脑抑制的扩散产生了睡眠，但由于还有一小部分脑细胞仍在活动以致形成了梦。这是对梦的生理机能的解释。至于梦何以有种种奇特的内容呢？这是属于梦的心理解释的问题。可以说，弗洛伊德对于这种解释是有创造性的贡献的。通过他的研究，我们开始对梦有了新的心理学的解释。

这不是说，他的解释是十全十美的。弗洛伊德在《梦的解释》断言：“夜晚减弱的抵抗力……醒觉时又加强了，于是立即排除抵抗力减弱时所不能不允许偷进意识的某些东西”。这就是说，睡眠时有梦，醒后回忆不起是由于压抑的结果。但实验的研究证明压抑的强弱和回忆的难易没有必然的联系。①

---

① 科恩：《梦：表象性与适应性的实验研究》，参见斯瓦尔茨和夏皮罗《意识与自我调节》，英文版（下同），第314页。

其次，科恩以为梦的解释和梦的分析不同。通常的情况，梦的解释是指向隐藏的内容或隐义，梦的分析是指向明显的内容或显梦。举梦及各种动物为例。据卡斯尔的梦的分析的研究，较幼的儿童，非工业化的文化环境中的人民以及经期开始较晚的妇女，这些个体的梦中所有动物内容的百分比便较大。“卡斯尔以为动物的内容反映着行为或情绪的不成熟。”这种分析研究的优点是它的客观性，缺点是它的肤浅性。反之，梦的解释的优点在于承认人类经验中的象征的丰富，而它的最大的缺点在于无法证明其正确与否。①这对弗洛伊德的梦的解释的批评是公允的。至于他以性的各种象征来揣测梦的隐义就更令人感到遗憾了。

4. 泛性论

大家知道，弗洛伊德是一个泛性论者。要了解他的精神分析理论，必须了解他对性的理解。

一般认为，生物的需要主要有两种：就是保存个体的生命和延续种族的生命。人类最初也是这样。要保存个体，就要吸取营养；要保存种族，就要寻求配偶。所以弗洛伊德把性本能看成是完成这两项生命活动的自然倾向。

一般都把性和生殖看作同义词，弗洛伊德却认为，生殖的活动虽然是性的重要的表现，但是，除此之外，性还有其他的表现形式，如接吻、触摸。唇舌、皮肤都不是生殖器官，但也可以产生性的快感。弗洛伊德由此推论，一切快感，都直接或间接和性有关系。因此，他的所谓性的含义，是极为广泛的。他认为，性的后面有一种潜力，常驱使人去寻求快感。弗洛伊德把它叫做“里比多”(libido)。里比多在弗洛伊德的著作中常用以指心能，尤其是性本能的能。在正常的情况下，它可以在正当的性的活动中得到发泄，但在失常的

① 科恩：《梦：表象性与适应性的实验研究》，第329页。

时候，它会走向别的非正常的途径，附丽在别的活动上。所以，许多表面上看来似乎与性无关的活动，在费洛伊德看来，也都是性的表现。

弗洛伊德把里比多的发展分为四个时期，也就是性的发展的四个阶段。其中，口腔期、肛门期和阴茎期，这三个阶段在五岁以前，以后就是性的潜伏期了。弗洛伊德认为，这几个阶段对一个人的人格发展极为重要。儿童将来的心理生活是正常的或者是变态的，在五岁以前具有决定性的意义。从青春期起，性的发展进入生殖期，导致了正常成人所有的性的关系。如果停留在生殖期前的某一阶段，裹足不前，这便叫做执著。如果走回头路，倒退到较早的发展阶段，这便叫做倒退。无论执著或倒退都是神经病现象。前者由于性能的停滞，后者由于性能的倒流。

关于儿童的性，最引起人们的不满的就是弗洛伊德的恋母情结或伊谛普斯情结。弗洛伊德认为，婴儿最初的性爱对象是自己。稍后，才把里比多转移到别人身上。婴儿接触最多的并且对他最亲近的是他的母亲。他睡在母亲的怀抱里，吸乳时所得到的温柔的快感，弗洛伊德以为这都有性的意义。婴儿最初亲近母亲，主要是由于生理上需要，即要吃奶。后来情感渐渐发展，就把母亲当作他的性爱的对象了。他要独占母亲的爱，因此，对母亲所爱的人常怀嫉妒，特别是对自己的父亲。伊谛普斯情绪的学说是弗洛伊德体系的一个重要部分。弗洛伊德的信徒大多数人认为这个情结不仅在精神神经病和由于心理原因致病的精神病的产生中起着重要的作用，而且在个体的正常发展和社会风俗及制度，包括一切道德和一切宗教的形成上也有重要的关系。“他在后来的著作，特别是他的《图腾与禁忌》和《集体心理学》中，宣称他所视为道德和宗教的根源的罪恶感都是伊谛普斯情结的产物，是全人类或至少男性一半的先天的秉赋。”但麦独孤接着指出，弗洛伊德在晚近的一篇论文中郑重宣布取消他的初意。他在这篇论文里，认为这个情结在正常或理想发展的过程中，在儿童期早年里就根本消除了。但是麦独孤说弗洛伊德理论上仍有困难，因为弗洛伊德在新的理论中，以为伊谛普斯情结，只是婴儿才有，在成年期仍旧留存的只有神经病者。所以除非弗洛伊德在伊谛普斯情结之上建立起来的所有社会结构完全被剥夺了它的基础，否则我们就得假定道德和宗教都仅依靠婴儿和神经病者的努力才得以构成而保持下来了。①

其次，依照弗洛伊德的新理论，伊谛普斯情结不是先天的而是习得的。男孩的这个情结可以说得自吃母亲的奶而有了快感，女孩的恋父情结或爱列屈拉情结又如何习得呢？

5. 快乐原则与现实原则

弗洛伊德以为人的行为受本能的支配，又受现实的限制。因此，他提出了两个原则：快乐原则和现实原则。似乎婴儿的生活原则是快乐原则，从而构成了他的初级心理系统，稍后，现实原则在他的生活中起着作用了，从而导致了他的次级心理系统。

婴儿的初级心理系统有一个特点就是顺从他的心理冲动，追求快乐。但是这个冲动往往退回到心理弧的感觉的一端，而只能提供虚幻的满足，不符合现实的要求。因此次级心理系统就开始活动了。这个系统把冲动导向心理弧的运动的一端，针对外在的世界，引起必要的变化，实现真实的知觉和真实的满足而不是一种想象的满足。这个次级心理体系是受弗洛伊德所称的现实原则的指导的。②

同时，人是在社会中生活的，更不能完全按照快乐原则行事。社会道德、法律规定都是限制个人只顾自己的快乐而不顾别人的幸福。所以，随着幼儿年龄的增长，教育和习惯的影响，人逐渐认识到要

---

① 麦独孤：《变态心理学大纲》，第418—419页。

② 这是麦独孤采用了米切尔的解释，参考麦独孤《变态心理学大纲》，第160页。——编注

克制自己的本能冲动以适应现实生活，否则不但不能得到快乐，反而得到痛苦的结果。这就是现实原则的意义。

（二）弗洛伊德的后期理论

弗洛伊德的理论到了后期发生了一些变化，其变化的原因是多方面的。他的早期的追随者阿德勒、荣格都与他分道扬镳了，他表面上虽拒绝别人的批评，实际上却不得不考虑自己的理论有没有不妥的地方。另外，精神分析对神经病患者的治疗，效果也并不十分显著。更主要的是他想把他的理论更加系统化，借以解释第一次世界大战以后的社会变化，因此，从1920年以后，弗洛伊德的理论，开始进行一些较大的修订。

1. 生的本能和死的本能

弗洛伊德的后期理论是从他提出“自恋”这一概念开始的。古希腊神话中传说，有一个美少年叫纳西司，他不为美丽的姑娘爱科的钟情所动，却常常欣赏自己反映在水里的影子，弗洛伊德把这种自我欣赏叫做“自恋”。似乎自我以其本身为对象，同自己发生恋爱。他认为，“自恋”一定先于恋他人。因为婴儿最初没有对象的知觉，只有对自己的一种模糊的自觉。换句话说，儿童的与生俱来的里比多，在有机体内部需要找到一个出口，由于最初找不到这个出口，以致被迫停滞在内部，形成了“自恋”。自恋的冲动往往是成双而相反的，成人的“露体癖”和“窥体癖”，以及“施虐癖”和“受虐癖”，即由此发展而来。现在的问题是，如何来解释它作为神经病根源的动机的冲突呢？“自恋”和他恋造成了两极，但是，在更为根本的本能方面，还缺乏某种更尖锐、更猛烈的动机冲突。弗洛伊德经过多年的思索，终于找到了答案。

在弗洛伊德的早期理论里，他根据生物学的观点，把本能分为自我本能和性本能两种。后来，弗洛伊德在第一次世界大战期间看到了恐怖的屠杀和疯狂的破坏，使他感到人的个性中可能存在某种侵略本能或自我毁灭的本能，也就是“死的本能”。弗洛伊德根据这种看法，修正他以前的本能学说。他认为，自我本能和性本能，虽然各有其不同的直接目的，但最后都同样指向生命的生长和增进，所以可以合成一个生的本能。为了同生的本能对立，乃又假设了一个“死的本能”，这样一来，就有了两极性。生的本能代表着爱和建设的力量，而死的本能则体现着恨和破坏的力量。

弗洛伊德认为，里比多是在有机体内部发生的，但是，它能联结于外在的对象。生的本能是如此，死的本能也是如此。不过死的本能不是表现为一种求死的欲望，而是表现为求杀的欲望。当它向外表现的时候，它成为破坏、损害、征服的动力。它是仇恨的动机，表现为侵犯的倾向。当对外界有所破坏的时候，它没有必要来毁伤自我。但是，当向外侵犯受到挫折的时候，它往往退回到自我内部，成为一种自杀倾向。它的活动范围很广泛，不限于杀人和自杀，也包括了自我谴责、自我惩罚、敌手之间的嫉妒，以及对权威的反抗等。

由上文看来，弗洛伊德完全否认了人的本质的社会性。他把人的行为的基本动力完全归之于本能或里比多，把人的全部行为局限于满足有机体自身的需要。他还企图用生的本能来说明人的整个创造活动，而用死的本能来为人的破坏和侵略行为进行辩护。我们如果把这些论点加以引申，那么所谓革命和起义都不过是侵略本能的体现了。他用生物学观点解释一切社会现象，就不免犯了心理学化的唯心主义错误，在客观上，为帝国主义侵略者提供反动的理论根据。

2. 伊底、自我和超我

弗洛伊德晚期，除了提出生的本能和死的本能这一新概念之外，还在潜意识概念的基础上提出了他的人格说。他认为，人的人格是由伊底、自我和超我三部分构成的。

弗洛伊德认为，伊底是最原始的、与生俱来的、无意识的结构部分。它由先天的本能、基本欲望所组成，是同肉体联系着的，肉体是它的能量的源泉。伊底是贮存心理能量的地方，混沌弥漫，仿佛像一口本能和欲望沸腾的大锅。① 这些本能和欲望强烈地冲动着，希望能够很快地得到满足。伊底同外部世界不能够直接接触。因此，它总是急切地在寻找出路。弗洛伊德认为，唯一的出路就是通过自我。

弗洛伊德认为，自我是意识的结构部分。它处在伊底和外部世界之间，根据外部世界的需要而活动。它的心理能量大部分消耗在对伊底的控制和压抑上。

自我的力量好像还不足以控制伊底，于是在幼儿期，又出现了人格结构中“超我”这个第三部分，这样就使问题更复杂化了。幼儿在和父母以及其他成人相比的时候，感到自己软弱无能，他于是就以这些“大人”为榜样，通过“模拟作用”，建立了自己所仰望的一种理想的自我。但是，这些大人不仅是可羡慕的，同时也是可怕的。他们惩罚他，说他不听话，指出他的言语行动哪些是好的，哪些是不好的，必须遵守一定的规则。儿童最后接受了这些外来的要求，并把它们变成自己行为的内部规则，自觉地遵守，这就是一般的所谓“良心”，也就是“超我”产生的来源。自我就这样分为两部分：一是执行的自我，就是自我本身；二是监督的自我，就是超我。

弗洛伊德认为，在正常的情况下，这三者是处于相对的平衡状态中的。这种平衡关系遭到破坏时，就会产生神经病。

弗洛伊德关于意识和潜意识的学说，原是一种纯思辨的图画，是一个主观臆想的公式。到了后期，虽然改头换面，但本质未变。所不同的，只是逐渐强调自我和超我的重要性，用以控制和调整伊底

---

① 弗洛伊德：《精神分析引论新编》，1933 年英译本，第 104 页。

的力量。“哪里有伊底，哪里就有自我。”但这人格结构的三部分之间的斗争，不过是笛卡儿的“灵魂”一变为三的不断斗争罢了。弗洛伊德自称是决定论者，继承了布吕克的思想，其实他已将布吕克的唯物的物理主义变成了唯心的人格理论。难怪就连波林也说，假使布吕克泉下有知，看到每个人的头脑中有三个作战的幽灵，也必将大吃一惊了。

以上是对弗洛伊德的整个理论和主要概念的简述。我们看到弗洛伊德的精神分析理论的形成过程以及某些为传统心理学所未具备的特色。这种理论强调人类的行为动机，重视情绪的发展，注意心理冲突的动力过程，并在治疗神经病患者方面收到了一定疗效。

但是对于弗洛伊德的整个理论体系来说，鲁利亚在费尔斯特的《神经症患者——他的内外世界》一书的序言中，对弗洛伊德有一段评价，我们认为是恰当的。鲁利亚说：“弗洛伊德学说在不同阶段有不同的形式。最初，就像唯心主义体系常常发生的一样，弗洛伊德学说发现了一系列的具体事实，描述了情绪的冲突、向无意识的排挤等现象以后，获得了某些重要的心理病理的规律。但是不久弗洛伊德理论立场的错误就导致他到这种地步，就是发现的事实被他有意地或任意地和不科学地加以收集和解释，于是心理分析学变成了一个完整的形而上学的体系。在这个体系里起主要作用的首先是作为性本能形式出现的、假设的‘生存本能’和‘死亡本能’。他用‘死亡本能’来解释所有在自然界和社会里的毁灭性倾向。弗洛伊德学说的全部发展过程中不管有什么改变，它的基本体系永远是错误的和彻头彻尾唯心主义的。”①

---

① J.B. 费尔斯特：《神经症患者：他的内外世界》，“鲁利亚教授序言”，科学出版社 1959 年版，第 7—8 页。

第四节　精神分析学派的分裂

弗洛伊德有两个最得意的学生，一个是阿德勒，一个是荣格，但是，由于观点的分歧，他们于 1911 年和 1914 年先后离开了弗洛伊德，另立门户。

一、阿德勒的个体心理学

(一) 阿德勒传略

阿德勒（1870—1937），是奥地利的精神病学家和个体心理学的创始者。他出身于维也纳郊区一个富裕家庭，幼时身体孱弱，四岁才会走路，五岁患肺炎，长大后决定学医。1895 年在维也纳大学获得医学博士学位，成为维也纳一个眼科和内科医生。1902 年他开始参加弗洛伊德的每周讨论会，是弗洛伊德学派的核心人物之一。后来，由于阿德勒轻视性的因素而过度强调社会的因素，为弗洛伊德所不满，只好与弗洛伊德分道扬镳了。由于精神分析已为弗洛伊德所占用，阿德勒乃特称他自己的体系为“个体心理学”。第一次世界大战后，他在维也纳成立儿童指导诊疗所。1927 年，他在美国哥伦比亚大学讲学。1932 年与长岛大学发生联系，担任美国医学心理学第一个讲座。1937 年赴亚伯丁作演讲旅行，死于苏格兰。

(二) 阿德勒的个体心理学体系

1. “在上意志”或“权力意志”

阿德勒接受了弗洛伊德的决定论，也承认精神分析的技术，至少是它的改造过的形式。但是他不同意弗洛伊德的压抑和抵抗的机制、婴儿的性的性质和潜意识的重要性，他尤其反对弗洛伊德过度强调性和伊谛普斯情结在人生中的作用。

叔本华和尼采的哲学对阿德勒有特大的影响。阿德勒接受了尼采的“超人哲学”，认为人类的一切行为都是受“向上意志”的支配，实际上也就是受所谓“权力意志”的支配。在他看来，一个人生来就有一种内驱力，将人格各方面汇合成一个总目标。这个总目标就是优越性，就是要求高人一等。同时由于自我本身的内在需要，对他人的估价，也常在无意中比“上下”，比“胜负”，比“优劣”，或者是比“强弱”。换句话说，人们的一切动机，不论好歹，都是向着一个方向，追求征服，追求优越，“从下到上，从负到正”，继续奋斗，永不停留。一切哲学家和心理学家所梦想的自我保存、快乐原则、均衡现象，都是表明向上的内驱力。阿德勒说，这是我们生命的基本事实。

所以弗洛伊德心理学的重心在于潜意识欲望，特别是性的欲望的满足，阿德勒心理学的重心在于权力意志的实现。

2. 器官的缺陷与自卑感

阿德勒以为所有的人或至少多数人都可能在生理器官上比不过别人。“这些缺陷的器官可包括感觉器、消化器、呼吸道、生殖便尿器、循环器官及神经系统。”[①] 这是他在1907年的《器官缺陷学说及其在哲学和心理学上的重要性》中说的。三年后，1910年，他在《傲慢与服从》中说：“有着器官缺陷、体弱、多病、笨手笨脚、生长落后、丑恶畸形或仍留有幼稚行为方式的儿童就很可能在对环境的关系中，获得了一种自卑感。”[②] 这种自卑感在性格上表现出的特点是“怯懦、优柔寡断、不安全感、怕羞，特别需要扶助，听话服从……以及幻想、平等的意愿、自觉藐小或受虐的倾向，这些特点都相当于自卑感。在这种人格特征之上还出现自卫和补偿的意向、鲁莽无礼、胆大妄为、反抗背叛、固执不化，并带有想当英雄、战士、强盗，一句话，称霸的观念和施虐的冲动。”[③]

---

① 转引自R.I.华生：《心理学史基本著作》，1979年英文版（下同），第342页。

② 同上，第343页。

③ 同上，第243页。

很明显，据上面这段引语看来，自卑感在性格上的表现是有两面性的，一方面愧不如人，一方面为了掩饰自己的缺陷又力图装腔作势，高出于人。因为在阿德勒看来，人们的“自我”都抱有一种“两极”情感。一个人越感到自卑，自我意识也越强烈。自我意识越强烈，就越不容易屈服于自卑感。自视很高的人，常常把自己遭受到的一件小事看成是莫大的屈辱。一个人如果自觉有某种缺陷，他的“向上意志”就暗地里驱使他提出“男性的抗议”，要做一个完善的人，也就是意味着设法补偿自己的缺陷。

3. 补偿

阿德勒认为自卑感是人的行为的决定因素。他最初只把这种自卑感限于身体的缺陷。有生理缺陷的人，力求补偿，结果反而使缺陷器官的机能胜过了完好的器官。德谟司尼斯小时候患口吃，因为要补偿这个缺陷，他面对大海，口含石子，勤学苦练，终于成为希腊的一位大演说家。又如有身体缺陷的人，也可因顽强的锻炼而成为出色的运动员。这都证明补偿的积极作用。阿德勒后来把补偿这个概念，从生理学的领域扩展到心理学的领域，他认为，儿童的心理差不多完全受补偿作用的支配。儿童的器官发育还不完全，一切都依赖成人的帮助。他看到环境不容易应付，又看到成人事事都能做，处处比自己优越，于是一方面感到自卑，另一方面，便力图克服缺陷以求达到优越的目标，这种一推一拉的过程，继续终生而不停止，从而迫使个人达到更大的成就。但是补偿也可有消极作用，造成了神经病，下文再行补述。

4. 生活风格

在阿德勒的个体心理学中，生活风格是一个重要的概念。在人的一生中，追求优越是总的目标。幼儿由于体小力弱，依赖家庭，总有一种自卑感。每个儿童在家庭中所处的情况不同，家庭的经济情况、社会地位、父母的性格、兄弟姊妹的多寡，以至邻居的关系和亲友的交往等等，处处都对他产生影响。儿童在不同的情境中，总是想方设法去寻求行之有效的补偿方法，克服自己的自卑感，以求适应环境和生活。

每一个儿童用以对付困境的方法和策略，在生活中不断加以总结、归纳和概括，逐渐固定下来，形成一套特殊的行为方式，用以补偿他的真正的和想象的自卑感。例如弱小的儿童就能利用训练、运动方法来增加体力。这种方式一经形成就很难改变，以后掌握经验和对付环境即以此为基础了。这种逐渐固定下来的行为方式，阿德勒称之为“生活风格”。他认为儿童到了四五岁时，“生活风格”已作为一种原型而固定下来了。

与“生活风格”有关的，阿德勒还提出了一个“创造性自我”的概念。这个概念是指一个人按照自己的“生活风格”以决定自己的人格的能力。人从遗传和环境所获得的某些原初经验和能力，是一些“砖块”，人要把它们加以“创造”，形成对生活的态度，而正是这种态度，决定着他和外界的关系。

由此可见，阿德勒与弗洛伊德不同，他强调社会环境特别是家庭，决定着一个人在童年就已形成了的人格。一个人在童年所形成的个人风格及其创造性自我，表明一个人不是被动者，他在形成自己的人格时，能发挥自己的主动力量，而不像弗洛伊德那样，认为一个人的人格和命运完全是由过去经验决定的。阿德勒以为推动人的行为的与其说是过去的经验，不如说是未来的期望。①

5. 出生次序

阿德勒指出儿童在家庭中出生的次序及所处的地位对于人格形成的影响是颇有意义的。他认为儿童的“向上意志”很强烈，他和兄弟姐妹相处，一切都想争夺优越地位，特别是想独占父母的爱。年

① R.I. 华生：《心理学史基本著作》，第344页。

龄较大的，常常以哥哥、姐姐自居，向弱小的弟弟、妹妹“发号施令”，甚至仗势欺人。弱小弟妹自知年幼体弱，只能以柔取胜。他（她）对父母特别恭顺，非常听话，以博得父母的欢心。总之，儿童都是以“争取优胜”为目的，不过达到目的的方式方法各不相同，因此，儿童的出生次序也影响着他（她）们的“生活风格”的形成。阿德勒根据自己的观察，得出结论说：在一个家庭环境中，第一个儿子往往感到不安全而且敌视别人。因此，犯罪者、神经病患者、酗酒者，大都是第一胎儿童。第二个子女常有野心，表现为反抗、嫉妒，总是企图压制兄姊。但阿德勒又认为，第二个子女往往比兄姊和弟妹善于适应环境。而最小的一般总是受纵容，不论是在儿童期或长大成人，行为上常常发生问题。阿德勒注意到环境因素对人格的影响是对的，但是单纯用出生次序来解释人格的发展是不正确的。

6. 社会兴趣

在第一次世界大战以后，在阿德勒的理论中，增加了社会兴趣这一部分的内容。它的主要意思，即人是人们中的一员，是社会的一部分，对社会和世界的事业负有责任。社会兴趣发展的程度，可用以衡量一个人心理健康的情况。阿德勒建立的儿童指导中心的工作，就是鼓励和发展儿童对他人的信任和合作，使他们增加社会兴趣。同时，也对儿童的父母进行工作，共同促进儿童社会兴趣的发展。

阿德勒被称为现代自我心理学之父。他扩充了弗洛伊德的自我学说，反对弗洛伊德学说中里比多概念中泛性论的内涵。

7. 神经病理论

阿德勒认为，神经病是潜意识中的一种补偿方法，也可以说是一种“逃避”作用。“向上意志”的目标本来志在争胜，但因外界抵抗力过大，自己无法克服，于是只有逃避竞争。发生神经病就是逃避的方法之一。弗洛伊德认为神经病是潜意识的产品，阿德勒则认为神经病为潜意识提供借口。假如，病人原先把自己和人生的价值估计错误了，预先定了一个事实上达不到的“虚构的目标”，因为目标达不到而发生了神经病。生病就是为的制造借口。仿佛说：“我不幸生了病，假如我不生病，我一定能够成就伟大的事业，但是生病，自然不是我的过错了。”

弗洛伊德认为一切神经病的根源在于性欲受到压抑。阿德勒则认为神经病的病源在于“自卑感”和“向上意志”的冲突。阿德勒曾举过一个有名的例子。一位品学兼优的青年，曾经爱上了一个性格很好的少女。二人订婚以后，这个青年就监督未婚妻的一切，要求很严。女方无法忍受，只得提出解除婚约。青年大受刺激，于是得了神经病。阿德勒认为，这个青年在订婚之前，他的潜意识中早就存有独身的念头了。他在潜意识中早就伏有解除婚约的动机，所以对女方要求很苛刻。解除婚约后，他在潜意识中有了永不结婚的意愿，所以发生了神经病。阿德勒解释说，原来这个青年是一个寡妇的儿子，幼时常和母亲吵闹，于是不知不觉地产生了自己不能驾驭妇女的想法，这是他的自卑感。但他要胜过妇女，这又是他的思想上的目的。而逃避结婚，则是他达到目的的手段。人们不禁要问，他既要逃避结婚，为什么又要和那位少女恋爱和订婚呢？阿德勒认为，这也是由于他的“向上意志”。因为他自己觉得不能驾驭妇女，而“男性的抗议”又提醒他不能这样无能。所以，他的恋爱和订婚都是一种假面具，其用意在于选择一个可以征服的女性，用以表示他并非低人一等。

阿德勒重视一个人在童年时的“生活风格”的形成对人格的影响。“生活风格”的适应不良往往导致神经病的产生，所以他在治疗神经病患者时，总试图发现患者在儿童期形成而仍在起作用的“生活风格”和特定的争取优越的目标。阿德勒也承认弗洛伊德的梦是化装的理论，但不承认梦是性的欲望的满足，而认为通过梦可以揭示患者对现实问题所持的情绪态度。他主张治疗采取直接谈话，以不受拘束的方式，与患者密切合作，在亲切的诱导下多加鼓励，启发患者谈出自卑感，树立信心。但必须指出，阿德勒说人人具有先天的自卑感是唯心主义的，虽然他的方法在帮助儿童克服不良顺应方面还是有一定效果的。

阿德勒的个体心理学不像弗洛伊德的精神分析那样神秘莫测，他重视社会因素，注意家庭教育的影响，表示人能够指导自己发展的乐观主义的态度，都有一定的积极意义。他的影响比人们所预料的要大，对文化派霍妮、弗洛姆等人均有不少影响。当然，他所说的社会环境，主要是指家庭环境，根本没有接触到社会的本质。而且就人格的形成来说，儿童在幼年所形成个人的“生活风格”终生不变，以后进入社会也不受影响。这一点，在本质上与弗洛伊德的学说又没有什么重大的区别。

二、荣格的分析心理学

(一) 荣格传略

荣格（1875—1961）是瑞士著名的心理学家和分析心理学的创始者。他生于康斯坦斯湖畔一个乡村的自由主义的新教牧师的家庭，1900年在巴塞耳大学获取医学博士学位。后在著名精神病学家欧根·布留伊勒指导下在苏黎世大学的精神病学研究所任职，他曾于1905年任精神病学讲师，后来退职，自己开业。他根据冯特关系联想的研究，应用单词自由联想的测验，侦察神经病患者隐蔽的“情结”。

弗洛伊德的《梦的解释》一书于1900年出版后，荣格读了很感兴趣，1906年二人开始通信，1907年荣格去维也纳会晤弗洛伊德，积极参加了弗洛伊德的精神分析运动。弗洛伊德对荣格特别重视，想把他作为自己事业的继承人。1911年，他们共同创立了一个国际精神分析学会，荣格被推为第一任主席。1912年荣格发表了《无意识心理学》一书，与弗洛伊德产生了分歧，1913年在国际精神分析会议中，荣格和弗洛伊德意见分歧进一步加剧，弗洛伊德宣称荣格不再是精神分析学者。1914年荣格离开了弗洛伊德，创立了分析心理学。此后他们从未见面，但荣格对弗洛伊德还是很景仰的。

荣格因为要研究种族潜意识的性质和现象，在20年代后，赴非洲、亚利桑耶、新墨西哥等地对原始人民的心理进行考察。1932年在苏黎世的联邦综合技术大学任教授，1942年因体力衰退辞职。1944年他又回他的母校巴塞耳大学任医学心理学教授。他的著作很多，哈佛大学、牛津大学等都曾授予他荣誉博士学位。他于1961年去世。

荣格的分析心理学虽然并没有背离精神分析的根本原则，但在一些主要概念上进行了修正和补充，形成了荣格的理论体系。他的著作已编成《全集》，共十七卷。没有编入的还有《分析心理学的理论和实践》（1958）、《追求灵魂的现代人》（1955）、《人及其象征》（1954）、《记忆、梦、反省》（1961）等。

（二）荣格的分析心理学体系

1. 里比多

荣格和弗洛伊德的主要分歧在于对里比多的解释。弗洛伊德以为里比多完全是性的潜力，荣格不完全同意弗洛伊德的这个观点。他在比弗洛伊德更广泛的意义上使用里比多这个概念，认为它是一种普遍的生命力，表现于生长和生殖，也表现于其他活动。可以说，荣格的里比多，实际上包括弗洛伊德的里比多和阿德勒的“向上意志”，也就是包括所有动机。荣格说：“里比多，较粗略地说是生命力，类似于柏格森的活力。”①

荣格认为里比多是先天的一种生命力，在身体一切活动中需要

① 转引自麦独孤：《变态心理学大纲》，第191—192页。

寻找出路。它在婴儿生活上的第一个出路是营养和生长。它是儿童的快乐的源泉。儿童的这种快乐并不出于性的欲望，而是出于依赖母亲喂奶的营养需要。但是，荣格并没有完全摈弃弗洛伊德的性的因素，而是把性作为里比多的整个内驱力作用之一。所以麦独孤说："荣格区分出两大类的基本里比多，即性的和营养的。"[1]荣格也不否认"伊谛普斯情结"的存在。他以为这种情结存在于"集体潜意识"之中，是原始部族所遗传下来的"原始意象"。换句话说，杀父娶母，是野蛮时代的普遍经验，是一种久远的种族记忆。再从荣格和弗洛伊德对神经病起源于还原作用或倒退作用来看，弗洛伊德认为还原是性的还原，是里比多倒流到婴儿期，把婴儿期的性的反常和幻想重新唤起。荣格的还原则是"生命力"的还原，不仅倒流至婴儿期，而且有时倒退至人类的野蛮时代的原始经验。

2. 个体的结构

荣格以心灵代表整个人格，包括着意识、个人潜意识和集体潜意识的三个部分。意识的核心是自我。

荣格和弗洛伊德一样，偏重潜意识，但他认为弗洛伊德把潜意识看得太狭窄了。他认为人类自远古到现在，已有亿万年的历史，每个人都是人类历史的继承者。在这悠久的历史长河中，人类所受的环境的影响，所获得的经验和印象，所形成的习惯和需要，依照拉马克的习得性遗传的原则遗传下来，储存在个人心灵的深处，从而构成了很大的潜意识部分。所以荣格把潜意识分为两种：一是"个人潜意识"；一是"集体潜意识"。

他说："集体潜意识是心灵的一部分，它有别于个人潜意识，就是由于它的存在不像后者那样来自个人的经验，因此不是个人习得的东西。个人潜意识主要是这样一些内容，它们曾经一度是意识的，

---

① 麦独孤：《变态心理学大纲》，第189页。

但因被遗忘或压抑，从意识中消逝了，至于集体潜意识的内容从来没有在意识里出现过，因而不是由个体习得的，是完全通过遗传而存在的。个体潜意识的内容大部分是情结，集体潜意识的内容则主要是原型。”①（重点是原有的。）所以原型是遗传的先天倾向，不需要经验的帮助，即可使一个人的行动在类似情况下，与他的祖先的行动相似。例如知道“A 大于 B，B 大于 C，则 A 也大于 C”。“凡事都有原因。”“A 不能同时是非 A”等等。这类知识在哲学上叫做“先验知识”，是“原始意象”的一种。荣格认为科学家的发明、艺术家的创作，固然和他们个人的努力分不开，但是，最后他们都得凭借“原始意象”。通常科学家的创造发明、艺术家的创作“如有神助”，都是原始意象在起着一部分的作用。

荣格曾对不同民族和种族的文化作品做过详细的研究，发现不同民族和种族之间的文化虽无接触，但有一些共同的象征。他在神经病患者的梦中也发现神话意象的痕迹，他认为这都是原始意象中的原型的表露。

荣格以为原型多种多样，有四种最为突出，可以分别代表各别的人格系统。它们是人格面具（persona）、阿妮玛（anima）、阿妮姆斯（animus）、暗影（shaduw）。

人格面具是人格的最外层，是个体在环境的影响之下造成的与别人接触时的假象，它掩饰着真正的我，与真正的人格不符。他的行为在于投合别人对他的期望。阿妮玛和阿妮姆斯的意思是灵气，分别代表男人和女人身上所表现的双性特征。阿妮玛指男人身上的女性特征；阿妮姆斯指女人身上的男性特征。与其它的原型一样，得之于远祖遗传的“原始意象”，是自己觉察不到、别人也看不见的性

---

① 荣格：《集体潜意识概念》，参见 R.I. 华生《心理学史基本著作》，第 355 页。

格。暗影又称黑暗自我，处于人格的最内层，是具有兽性的低级的种族遗传，包括一切激情和不道德的欲望及行为，类似于弗洛伊德所称的伊底。

除此而外，在荣格的体系中，还有一个自我（self）的概念。自我是最重要的原型，包括了潜意识的一切方面，起着将整个人格结构加以整合并使之稳定的作用。另一个概念叫曼达拉，是在不同文化中反复出现的一种象征，表现为一切人们奋力以求的整体的统一。

荣格认为，个人人格总是不断向前发展的。他不反对过去经验对人格的影响，并认为个人的、民族的、种族的历史对人格的形成都起着作用。但更重要的是，一个人总是为着未来的目标而奋斗不息，以求达到人格各方面的和谐完善，荣格称之为自我实现（self-actualization）。

荣格的人格的结构说与弗洛伊德并没有本质的区别。他把潜意识概念扩大到不可思议的程度，充满了神秘的色彩。

3. 性格类型说

荣格对心理学和精神病学还有一很重要的贡献，就是他提出了“性格类型”说。荣格将人格分为外倾型和内倾型，这是根据他的里比多学说而来的。在他看来，里比多是一种生命力，决定着个人的一切活动的方向。外倾和内倾是根据里比多的趋向而定的，决定着个人对特定环境反应的两种不同的态度型式。他说：“内倾型的特征是他的里比多在一定程度上倾注于他自己的人格上——感觉到自身有绝对的价值。外倾型的里比多在一定程度上倾注于外，感觉到身外有绝对的价值。内倾的人看待一切事物都以自己的观点为准则，外倾的人则依据客观的估价。”①

---

① 荣格：《分析心理学》，第48页，转引自麦独孤《变态心理学大纲》，第438—439页。

荣格观察过许多人，以为内倾的人喜孤寂，较沉静，好疑虑，多畏缩。总之，对外人是有戒心的。反之，外倾的人善交际，好活动，易受情感支配，乐观开朗。

实际上，绝对外倾或绝对内倾的人是很少的，大多数人是含有外倾和内倾因素不同的中间型，往往表现在某时某地以某一种态度占优势。

例如，一个正常的内倾者，在一个自己感到特别有兴趣的情境中，也可以变得活跃起来。根据荣格的意见，人们虽有内外倾之分，但因心理活动的机能不同，也可表现为个别差异，这些机能包括感觉、思维、情感和直觉四种。荣格说："感觉的主要机能是确定某一事物的存在，思维是将它的意义告诉我们，情感是以它的价值告诉我们，直觉是揣测它从哪里来，又往哪里去。感觉和直觉我将称之为非理性的机能，因为它们只关心什么东西的出现和当前及可能的现实。思维和情感由于它们是辨别的机能，所以是属于理性的。"①这四种机能，在实践上都常与内倾型或外倾型相结合，从而形成许多可能的人格类型。

荣格的分析心理学已超出心理学和精神病学的范围，对宗教、历史、文学、艺术都进行了分析。虽然他的理论具有神秘主义的色彩，但是，荣格的分析心理学也有积极的因素。他的性格类型说对教育和医疗工作是有参考价值的。德国精神病学家克雷希麦的《体格与性格》(1925) 肯定了荣格的内倾和外倾的区分的价值。

---

① 转引自 R.I. 华生：《心理学史基本著作》，第 360 页。

第十六章　新精神分析

第一节　从古典的精神分析到新精神分析

20世纪30年代以后，德国建立了法西斯政权，一些德国精神病学者移居美国，在新的土壤上形成了新的精神分析学派，其代表人物有沙利文、霍妮、弗洛姆、卡丁纳、艾里克森等。他们的共同特点是强调精神病病因学的社会因素，重视文化因素对人格形成和发展的影响。但这些代表人物不仅在理论侧重点上各有所不同，而且他们也不是十分团结的。霍妮的儿子埃卡尔特曾经写过一篇《有关美国精神分析的组织分裂》的文章报道四次分裂。他说："组织分裂是全世界的精神分析的特点。它们是精神分析这门学科本身的遗传因素的症候。关于德意志、奥地利、法兰西、瑞典、挪威等国的欧洲分裂，我是略有所知的，同这里的情况基本相似，虽也存在着地区的差异。"①

为什么说这种分裂是遗传的呢？因为追本穷源就要上溯至弗洛伊德。弗洛伊德可以说有两种身份。他作为科学家，便不怕修改自己的概念。这些概念虽然用定义固定下来，"但是"，他说："科学的发展甚至要求这些定义有一定的弹性。物理学提供了一个好例，可用以说明甚至以定义的形式确定的那些基本概念也常常改变它们的内容。"②

---

① 奎恩与卡尔森主编：《美国的精神分析》，1978年英文版（下同），第141—142页。

② 弗洛伊德：《本能及其变化》，1915年版，参见奎恩和卡尔森主编《美国的精神分析》，第142页。

但是弗洛伊德作为一个专权的领导人便不允许他的信徒对他的学说有提出异议的权利。前章论述阿德勒和荣格的分裂可为铁证。

埃卡尔特所说的四次分裂，我们可不必逐一详述。我们所要注意的是霍妮和弗洛姆的对峙。“霍妮是一位聪明杰出的妇女。弗洛姆和沙利文的影响同她自己的临床经验结合起来，使她加入精神分析学家的这样一个派系，这个派系感觉到弗洛伊德在精神失常的病原学和一般人的发展方面低估了社会和文化的因素的影响。”① 但是她是不甘居人下的。她和弗洛姆分成两个小集团，她的集团却更有力量。她于 1939 年写了一本《精神分析的新道路》，据马莫尔的回忆，这本书引起了保守派的精神分析者的不快。马莫尔以为霍妮似乎没有什么特别新颖的创见，但是“她写来好像弗洛伊德和她自己是精神分析运动中唯一的两位重要人物，而不努力把她的观点放在历史背景上，对先前所有为她的见解准备土壤的著作予以适当的荣誉，例如弗洛伊德的《焦虑问题》，安娜·弗洛伊德的《自我与防御机制》，赖歇的《性格分析》，更不必说沙利文、卡丁纳、弗洛姆等人的贡献了。”② 马莫尔还认为霍妮似乎怨恨弗洛姆的日益加大的名望，企图借故把他从原有的位置拉下去。③

总之，霍妮作为一位领导人，她的性格特征是令人感到遗憾的。她的儿子埃卡尔特说：“我的母亲 K. 霍妮似乎先发出了革命的火花，后却成为表演一个可怕的人物的角色。”④ 新精神分析的分裂有一部分是应归罪于她的。

1952 年奈特在美国精神分析协会的主席致词中说：“全国医生和科学家协会在训练标准和实践上彼此抱怨……自称是正统派，别

---

① 《美国的精神分析》，第 147 页。
② 同上。
③ 同上，第 149 页。
④ 同上，第 159 页。

人是异端……这个景况至少是不能吸引人的。这种术语仅适合于宗教的或狂热的政治运动，而不适合于科学和医学。原因也许是我们仍旧站在巨人弗洛伊德的影子当中，以致不许把精神分析看成心灵的科学而看成它的创始人的教义。”① 基于这种情况，所以奈特认为精神分析也许可被视为一个超龄的青年，他希望十年以后看到更成熟的时期。

到了 1966 年米勒特由于遭遇同样的困难而悲哀，再一次提及这个学科的青年期行为。② 奈特说话后，四分之一的世纪过去了，但是老毛病的改变还得寄希望于未来。

在这样的情况之下，如果要为新精神分析概述其所有的共同之点，似乎只能说新精神分析学家否定里比多或性的重要性而代以社会环境和文化的因素，所以新精神分析常被称为文化学派。其次，他们重视发生法，研究发展心理学。第三，弗洛伊德主张性恶论，他的所谓潜意识或伊底满装着不可告人的罪恶欲望。新精神分析者相反，似乎倾向于性善论。例如由弗洛姆看来，人在本质上是善的，是理性的，恶的轨迹在于社会；真正的问题不是人的先天的破坏性，而在于社会的改造，使它适合于正常的人性。③

从古典的精神分析到新精神分析也是有它的历史背景的。波林曾经说过，如果弗洛伊德幼时在摇篮中夭折，也一定会有另一个弗洛伊德出来，这说明弗洛伊德是时代的产儿。

弗洛伊德在 1914 年 1 月曾谈到欧洲人对精神分析的“反抗”，似乎他有“孤立”之感。他同他的门徒琼斯不断地强调了三种情况用以解释欧洲人对精神分析的不友好的反应。第一种情况是维多利亚时代的性道德；第二种情况是反犹运动，因为弗洛伊德是犹太籍；第

---

① 《美国的精神分析》，第 158 页。

② 同上。

③ 《精神分析年鉴》第 7 卷，1963 年版，第 20 页。

三种情况是批评家反对弗洛伊德探索人的心灵深处的疗法。德克尔在《精神分析与欧洲人》一文中① 肯定了下述三种情况是不利于精神分析的流传的。第一，欧洲中产阶级经过训练，认为公开揭露或承认性的欲望是可耻的；第二，维也纳在1873年后，欧洲其他地区在1890年后，反犹情绪滋长，对一些犹太人的精神分析事业确实起了阻碍的作用；第三，批评家也确实忧虑精神分析的那种“诛心”的分析。

但是这三种情况总起来说，也只能说是支流。就主流说，“精神分析对75年前的欧洲精神不是敌对的。心灵的‘下意识’或‘无意识’成分的认识已经构成柏格森等人哲学的主要部分。”“而且在本世纪的开始，也不是单是精神分析从事性知识的探究。”因此，“很明显，就广泛的文化意义来说，弗洛伊德没有陷入“光辉的孤立”。

根据上文，可证精神分析的主题，也许如德克尔所说的，“曾经是欧洲的时代精神的一部分”。那么为什么古典的精神分析又转化为新精神分析呢？

必须指出，从1885至1894年是弗洛伊德和布洛伊尔合作的时期。从1894至1900年是弗洛伊德最富于创造性的时期。他提出了性的病原学的主张和潜意识说及里比多说。从1900至1910年，他放弃了先前所规定的神经病产生于性的创伤的观点，因为这是弗洛伊德思想中最受不起科学攻击的弱点。但是他仍旧强调本能内驱力而忽视环境的影响。他在第一次世界大战1914至1918年间的经验使他感觉到侵略性是一种重要的被压抑的冲动，从而提出了死的本能和自我、超我、伊底的新的学说，可以说，精神分析到了1920年左右作为一种治疗方法却已降落到最低潮了。

---

① 参见《美国的精神分析》，第3—19页。下文引语都参见于这一章（第1章），不一一加注。

30年代中期，精神分析者日益认识到自己与病者的交互影响的重要性，从而开始研究人与人之间的关系以及人与社会的关系。他们以为为了分析和治疗神经病，应着重注意这些关系。霍妮、弗洛姆和沙利文都对这方面作出了贡献。霍妮根据社会科学的发展和她自己对病人的经验，对神经病提出了广泛的文化的解释。弗洛姆以为人在出生时，与其他动物相比有更少的先天决定的行为。他对环境的适应的方法都得来自学习和文化训练。其所以产生神经病的困难是由于他的文化导致新的需要的结果。因此，他否定了里比多和本能欲望的病因论。沙利文也认为人格是由于社会势力作用于人而形成的。人所关心的主要是满足生物的需要，但这种需要的满足在幼年时有赖于成人特别是母亲的照顾。成人的赞扬使他高兴，感觉到为社会所接受，成为社会的一个成员，从而产生了安全感，否则，成人的责备就会导致他的焦虑。这些人的学说下文当分节论述，现在我们只须知道精神分析到了他们手里已由里比多说而演进为文化说了。

同时，这个从古典的精神分析到新精神分析的转化还有一个重要的原因，就是第二次世界大战后的社会历史条件的变化。30年代，经济危机席卷资本主义所有国家，加上后来第二次世界大战的爆发，神经病发病率大大增高，患者的病因反映了当时社会上的各种复杂的因素，其中以经济因素尤为突出，从而，进一步冲淡了弗洛伊德所强调的性的因素或本能的因素。

第二节　沙　利　文

沙利文（1892—1949），祖籍爱尔兰，后移居美国。1913年进芝加哥大学学医，获医学博士学位。他曾在华盛顿伊利莎白医院、马利兰医科大学等处工作。他曾到巴黎、伦敦、日内瓦、阿姆斯特丹等地参加国际卫生、医药、精神病学会议。1949年，在归国途中，病逝于巴黎。

沙利文在医科大学毕业前，曾钻研过精神分析理论和技术，是第一个文化派精神分析理论家。早在本世纪20年代和30年代，他就形成了他的精神分析的基本观点。他非常强调人与人之间的关系的影响。所以，他的精神分析理论，又叫做人间关系理论。关于人格学说，沙利文在生前只出版了一本著作：《现代精神病概念》。他在死后才成为有影响的人物。根据他的笔记和演讲记录，辑成五本著作，先后于1953、1954、1956、1962、1964年出版。

一、人格学说

沙利文是著名的精神病学家，但是他的主要贡献之一是他的人格学说。他认为人格就是那些经常发生于人与人之间关系的相对持久的行为模型，它们能表明人的生活特性。换句话说，人格成了一个中间变量，从一个人与其他的人和物有关的行为中推论而得。一个人出生以后，就处于一种复杂的、变动的人与人之间的关系当中；一个人的人格，只有在人与人之间的关系中才能存在。只研究个人本身而不研究人与人间的相互关系，也就谈不上研究人格了。但是，沙利文认为，在个人与之发生关系的对象中，可以是真正的人，也可以是一个意象、一个梦境、一个虚构的角色。由此可见，他所说的人与人间的这种社会关系，是包括心理关系在内的。

沙利文认为一个人从婴儿期到成年，一共经过六个发展阶段。每一阶段的年龄大约与某一成熟程度相当，成熟之所以重要，是因为成熟能使个人觉察到人与人之间的关系的各个方面并能予以应付。这六个阶段是：1. 婴儿期——从出生到言语行为能力的成熟；2. 儿童期——到与同伴相处生活能力的成熟；3. 少年期——爱情能力的成熟，“内部的”批评已发展成为自我系统的一部分，自我采取了一种更加社会化的人格形式，表现对名誉的重视；4. 前青年期——儿童的内心需要以生殖需要的精神推动力形式表露出来；5. 成人早期——性欲行为的成型；6. 成人后期——身心全部成熟。沙利文认为，在人格发展的各个阶段中，生理成熟与社会认可之间往往产生矛盾和冲突，可以引起焦虑、倒退和自我中心的人格。因此，个人必须注意自己的发展各阶段之间的协调，才能获得完满发展的人格。①

沙利文以为人格发展已证实有三种过程。第一种叫做动能(dynamism)。动能在沙利文的体系内是有它的重要性的。沙利文所强调的主要是有机体与环境的交互作用。过去的所谓心理冲动、内驱力、目标等概念适用于有机体本身，不能表示“人与人环境中的有机体”。因此，沙利文采用一个新名词叫做动能。这个动能代表一种相对持久的模型，这些模型是有机体在体验自己生存时出现的，可用以了解人对人的行为的有意义的方面。这种动能最初所追求的，是体内的由于化学不均衡或平滑肌活动所引起的紧张的解除。其最终的状态是没有紧张的幸福感，例如熟睡最近似于这个状态。动能还可以集合起来表现为对安全的追求。这种追求是受文化制约的，与求得赞许和特权的需要有关。周围的成人在受到烦扰而怀有敌意时，儿童心领神会就直接经验到紧张和不安。从此，他便开始控制他的行为，借以降低紧张的程度。沙利文以为怕谴责的经验是焦虑的开端。② 沙利文又提出自我动能(selfdynamism)这一概念。它是由儿童周围有影响的成人对他的称赞发展而来的，是个人通过社会的相互作用而感知的自我意象，而这个意象则与弗洛伊德的超我有密切的联系，是一切人类行为的首要因素，把个人追求生理需要和安全的满足都包括在内了。

第二种过程叫做人格化(personification)。它是个人保持着的关

① 《精神分析年鉴》第6卷，1955年版，第543页。
② 同上，第540页。

于别人和自己的意象，这些意象往往在婴儿期就产生了，如果它们保持原样不动，就能影响他后来对于别人的态度，这就是他所称之为“遗觉人格化”（eidetic personification）的态度，这种遗觉人格化的产生往往溯于幼年对有权威的父亲的态度，它影响着一个人对其他权威人物的未来反应。由一群人所保持着的任何人格化则是一种定型，这与荣格的原型有相似之处。

第三种过程是认知过程。主要是指儿童应付不同种类符号化（symbolization）的真实能力，以及儿童对环境作出反应的这些能力之间的关系。它可分为三种经验模式：未分化模式（prototaxic mode）、不完善反应模式（parataxic mode）和综合模式（syntaxic mode）。未分化模式是婴儿所特有的心理状态，在个人的自我和世界之间还缺乏界限，只是直接体验着一些原始感觉，不附有任何意义，同时缺乏时间的组织。随之而来的不完善反应模式，乃是儿童在自己和外界之间开始觉察出了主要区别。他有了语言经验，有了一种共同有效的符号可以参照了，但是由于受到经验和能力的限制，这种符号还没有受到现实的检验，因此，经验之间缺乏逻辑的联系，还是一种偶然的结合。至于综合模式，由于利用共同有效的符号以及其他一些有效性而形成了逻辑联系，这种符号是集团公认的，最普通的就是语词，它们的主要作用就是思想交流。

二、沙利文的神经病理论

沙利文有关神经病的产生原因和治疗的理论与他的人格学说自然是分不开的。他认为，一个人在他的发展过程中，如果他的正常的、满意的人与人之间的关系遭到破坏，那么，这就可能导致神经病。沙利文还认为，神经病的产生，也就是一个人对他所面临的生活情境的一种反应方式。他指出，有神经病的人，同大多数正常的人，实际上并没有什么大的区别。区别仅在于有的人是以他自己从童年期的固定下来的原始的反应方式去应付新的情境。

沙利文指出，性的问题也是神经病患者的一个重要问题，但是，它不是神经病患者的关键性问题。他非常强调，不论是医治癔病、强迫性神经病、精神分裂病、躁狂抑郁症、性格障碍或其他精神障碍，关键的问题是了解患者的自我系统的局限和歪曲，因为这是导致神经病产生的主要原因。

个人对自己人格的看法，总是和他对别人人格的看法相联系的。对别人人格看法上的局限和歪曲，在很大程度上，他是由于对自己的人格有不正确的看法和歪曲。

沙利文认为，由于过去不幸的经验，人很容易对自己产生偏离正常的观点、态度和信念，这些歪曲了的观点、态度和信念，总是纠缠着他，使他陷入一种不适当的自相矛盾的情境中，于是人就受到焦虑的干扰。这种焦虑，妨碍他清醒的思考、正确的认识和适当的行为。严重的焦虑，甚至可以导致精神分裂。

由于自我系统的失调，不少人在青年或成年期，表现出不可理解的对自我看法上的错误。但是，他自己还认识不到对自己的形象或人格上的歪曲。沙利文指出，这就需要精神分析工作者很好地帮助他。这需要经过一个较长时间和耐心的教育过程，做好这一工作。精神分析工作者可以通过和病人的谈话、观察，推导出患者目前所存在的问题。

沙利文也指出，要把患者看成是一个人，而不要仅仅看到他的病。要重视患者脆弱的自尊心，精神分析工作者的治疗目的，就在于重新发展患者的自尊心，实现患者的人与人之间关系的安全保证。

关于如何处理病人的焦虑问题，在沙利文看来，主要的是培养患者对未来的正确的看法，给患者指出未来广阔的前景，引导他认识消除焦虑的意义和应注意的事项，引导他重视自己过去生活中有利的因素，从而建立起改变现状的信心。随着这些方面的不断努力，患者的自我系统，是可以逐渐改变的。

沙利文的理论，没有受到多少批评，可能有两方面的原因：一方面是他的学说中有合理的因素，如把病人当成人，注意启发自尊心，消除焦虑，指出前景等，显然，这些是有助于治好神经病的，另一方面他一开始就比较注意吸取对立面的意见。不过，他的影响并不太大，也没有几个忠实的追随者。

沙利文的理论，只是在弗洛伊德生物学的基本理论上，增添了一点社会因素。就是说，沙利文把弗洛伊德的理论和带有社会倾向的精神分析学家的理论揉和在一起。这可能是沙利文在精神分析学派中一个不同于他人的地方。

第三节　霍　　妮

霍妮（1885—1952）出生在德国的汉堡。1913 年获柏林大学医学博士学位。1914—1918 年在柏林精神分析研究所学习和工作。1919 年私人开业。1932 年移居美国，任芝加哥精神分析研究所副所长。1934 年她私人开业并在纽约精神分析研究所任教。后来因与正统的弗洛伊德学说决裂，她建立了美国精神分析研究所，并任主任直到去世。

1937 年，霍妮出版了《神经病的人格》一书。这本书的出版，标志着精神分析的一个新的转变。也就是从弗洛伊德的本能论的生理学方向，转到强调文化和社会条件对人的行为的影响的方向。

霍妮说，她对弗洛伊德的理论的修正，主要是由于两个原因引起的。一个是她在欧洲和美国从事精神分析时所接触到的病人，他们之间，并不完全一样。她到美国，正是经济萧条时期，她发现美国的神经病患者不符合弗洛伊德的模式，经济因素在病因中往往超过性的因素。她认为这种差别，主要是由于欧洲和美国文化差别的结果。这就促使她重视文化因素的影响，放弃弗洛伊德的本能论。另一个是，霍妮从一开始，就不同意弗洛伊德对妇女心理的理论。弗洛伊德认为，妇女由于先天的生理解剖上的特点，生来就具有一种自卑感，同时也缺乏一种正义感。[①] 霍妮认为，男女之间的心理上的差别，不是什么先天生理解剖上的原因，而是由于文化因素决定的。

一、霍妮与弗洛伊德的观点的分歧

格罗茨基评述霍妮的《精神分析的新道路》时，问“霍妮的书提供了什么呢?”他说：“霍妮主要是弗洛伊德精神分析的一位批评家。她认为弗洛伊德的若干概念和规定是错误的和应该抛弃的。例如本能动力、婴儿的性、伊谛普斯情结、里比多说、早期儿童的经验的作用、心理发展的分期等等都被否定了。”[②]

霍妮不同意弗洛伊德提出的“伊谛普斯”情结说，认为它没有什么科学根据。霍妮也认为弗洛伊德的里比多的说法，完全歪曲了自我和环境的关系，忽视了文化因素对人的影响。霍妮也反对弗洛伊德的所谓童年经验的决定作用。

但是，霍妮对弗洛伊德的其他一些基本概念，还是赞同的，如潜意识、压抑、抵抗、精神决定论等。只是她给这些概念以一种新的解释。她还继承了弗洛伊德精神分析的一些技术，如自由联想、释梦，对移情的分析等。霍妮虽然同意弗洛伊德的潜意识的冲动决定人的行为和性格的理论，但她认为，潜意识的冲动，不是像弗洛伊德所说的那样是性本能和死的本能的冲动，而是要求安全和满足的冲动。

或者像格罗茨基所指出的：“从霍妮的观点看来，个体的行为仅仅是对他的产生恐惧的环境的一种反应，他的性格的形成是以环境因素为基础的。”格罗茨基又说：“霍妮认为弗洛伊德的本能动力倾

---

① 弗洛伊德：《精神分析引论新编》，1933 年英译本，第 5 章。

② 《精神分析年鉴》第 7 卷，1965 年版，第 71 页。

向是精神分析的‘最大的障碍之一’，她更认为超我、自我和伊底之间的动力的交互作用都是在自我的水平上进行的。”①

格罗茨基的最后一点是非常重要的。这就是说，弗洛伊德学说是深度心理学，用伊底与超我的矛盾解释神经病的形成，自我就是这两种势力的战场，所以是“垂直的”。霍妮取消了伊底和超我，矛盾产生于自我，是在“水平线上进行的。”所以格罗茨基接着认为霍妮化‘垂直的’为‘水平的’，把‘深度’（弗洛伊德的伊底）提升到表层。霍妮说：“人是受安全和满足统治的，不是受快乐原则统治的，似乎安全不是快乐原则的目标之一。”② 可以说，这是霍妮学说的基本观点。

二、基本的焦虑

霍妮强调了一个基本原则，那就是安全的需要，不安全的恐惧导致了焦虑。霍妮不承认生和死的本能是人格发展的动力，她认为，儿童由于弱小无能而在敌对的社会环境中寻求安全的需要，才是人格发展的主要动力。一个人生来的主要动机乃是寻求安全和平安，避免威胁和恐怖。霍妮的这个论点，一开始就假定人生下来就处于一个看不见的充满敌意的世界中，这正是对资本主义社会的一个真实写照。

霍妮所强调的社会环境，主要的是指家庭环境。她认为儿童的基本焦虑来源于家庭中父母对待儿童的态度和行为。任何事情，只要扰乱了儿童和父母之间的安全关系，就可以引起儿童的焦虑。霍妮只是根据这一点才强调儿童的早期经验和亲子关系的重要。霍妮以为家庭的基本灾害是温暖和情爱的缺乏，这几乎常是父母的神经质倾向的结果。儿童生长于这种家庭之内，就可能发生各种不现实

---

① 《精神分析年鉴》第7卷，第72页。

② 同上，第73页。

的顾虑。后来他如果没有从这种顾虑中解放出来，他就可能感觉到社会中人都对他怀有敌意，从而发展成神经性的焦虑。反之，儿童在家庭中感到友爱、被人接受、受到欣赏，他就能感到安全，而忍受现实的艰苦。总之，霍妮认为亲子关系在幼儿期极关重要，可以使儿童的安全和平安得到保障，也可以使儿童受到挫折。家庭环境给儿童提供发展的条件，养成儿童对社会的反应方式。儿童的人格结构，就是在这个基础上培养起来的。

由上述可见，霍妮重视家庭教育是有一定道理的。但是，霍妮强调的社会环境，只局限于家庭环境，既没有触及社会的实质，更没有看到不同的社会制度对家庭结构和关系的不同影响。这样就不能不使她把资本主义社会给人们造成的焦虑、苦难和恐怖归结为个人家庭关系和教育不良的结果。实质上，这是以家庭关系掩盖了资本主义社会的基本矛盾。

三、神经病学说

霍妮关于神经病学说与她的基本焦虑说是不可分割的。霍妮认为，当儿童在家庭中因为环境的影响而在心中产生焦虑时，就不得不采取一些行为策略来帮助自己克服孤独和不安全之感。上面已经提到，儿童的人格就是在他对于特殊的环境要求做出的反复反应中形成的。如果他所采取的一种策略，因经常使用而变成了他的人格的一个固定部分时，这种策略就变成了对焦虑的一种防御形式，霍妮把它称之为神经病需要。霍妮曾列举出十种神经病需要，并把它们概括为三种指向性活动。这些活动是个人为了获得安全所使用的行为模型，它们出于不同的需要，从而形成了不同的人格。第一种是趋向人们的活动，出于求爱的需要，形成了依从性的人格。第二种是避开人们的活动，出于独立的需要，形成了分离的人格。第三种是反对人们的活动，出于权力的需要，形成了攻击性的人格。霍妮认为所有这三种活动或行为模型都不是对付焦虑的最适当的现实手段，因为这些活动本身都可以引起不可调和的冲突。一个人只要牢固地建立起一种对付焦虑的行为模型，就失去了灵活性，从而加重了个人的困难，结果又会引起更多的焦虑，如此循环往复，导致神经病的更加严重。

霍妮还提出了“理想化的自我意象”（idealized self image）这个概念。这是一个人在神经病的冲突面前力求整合而产生的一种假象。神经病患者总是把这种意象信以为真，相信自己是理想的人物，借以掩饰真正的自我。“理想化的自我意象”虽然可以暂时解除患者的内心焦虑，但终于不可避免地要与现象的自我发生冲突，于是受到新的挫折，引起新的焦虑。在霍妮看来，“理想化的自我意象”与真正的自我之间的矛盾是神经病中的一个主要的冲突。应当指出，霍妮的真正的自我，既无坚实的社会基础，也无任何的科学根据，在霍妮的著作中，神秘主义的色彩也是很浓厚的。霍妮认为，神经病的起因，是由于潜意识的冲突。它的症状，是患者采取一些极端的保护手段。精神分析工作者的任务，就在于揭露这种内部冲突，把它引导到意识中来。为了克服抵抗，达到引导的目的，霍妮仍旧采用了精神分析的技术，如对梦的解释，了解患者的潜意识过程，运用自由联想，使潜意识的过程进入意识，分析移情，了解病人和其他人的关系等等。

值得注意的是，从治疗神经病的态度来看，弗洛伊德是悲观主义者，因为他深信人格的发展决定于先天的遗传因素，是预先决定而难以改变的。霍妮则持相反的观点，认为神经病患者的基本冲突并不是先天的，乃是由于儿童期的不适当的家庭环境所引起，因此是可以事先防止的。如果一个家庭充满慈爱和温暖，儿童生活在这样的环境中自然可以防止神经病人格结构的产生和发展，这显然是一种乐观主义的态度。她对神经病患者的这种态度是受人欢迎的。

总之，霍妮摒弃了弗洛伊德的生物学观点和深度心理学及悲观主义的态度，强调家庭教育的重要性，重视文化和社会因素在人格形成中的作用，坚持治疗神经病患者的乐观主义的态度，显然这些对于弗洛伊德来说是一个进步。

但是，作为霍妮学说的核心的“基本焦虑”，则是资本主义社会无法解决的矛盾在神经病者身上的反映。由于霍妮不了解在阶级社会中家庭关系实质上是由经济的、阶级的或社会的关系所决定的，因而尽管她对神经病的治疗抱着积极乐观的态度，而最终也只能是一付抚慰人心的安慰剂而已。

第四节 弗 罗 姆

弗罗姆（1900—1980）出生在德国的法兰克福，1922 年在海德尔堡大学获得哲学博士学位。在慕尼黑和柏林精神分析研究所受过精神分析训练。1933 年迁居美国，在各大学讲学和私人开业。1980 年在瑞士洛迦去世。

他和阿德勒、荣格、霍妮不同，在接受精神分析训练和成为一个精神分析理论家以前，他攻读过社会学和心理学。所以，有人认为，弗罗姆的理论与其说是心理学的，倒不如说是社会哲学的。

弗罗姆和霍妮一样，也反对弗洛伊德的本能论，强调文化因素。不过，弗罗姆不是空谈文化，而是把文化与政治、经济、社会和思想等各个方面联系在一起的。

弗罗姆的兴趣极为广泛，著作很多，对社会许多现象都作了剖析，但这种剖析往往带有浓厚的宗教神秘主义色彩。他在新精神分析中独树一帜，影响很大。在西方资本主义国家中，他以调和马克思主义和弗洛伊德学说而著称。他早年崇拜弗洛伊德，认为弗洛伊德站在人道主义立场捍卫了人的自然权力和需要。他认为弗洛伊德对潜意识过程的发现是对于人的科学的卓越贡献。但是，他又认为，弗洛伊德片面强调了潜意识在人的生活中的作用，没有考虑到社会经济因素对人格发展的影响。

弗罗姆在去世前不久，在一次谈话中说："大约在 1932 年或 1933 年，我当时在非常正式的柏林心理学学院获得了学位。在此五至六年的时间内，我对这门学说作了严格的分析……我终于发现，所有的东西都不出我的意料，没有什么新东西，都是同样的常用概念，如恋母情结和害怕被阉割生殖器官的恐惧心理，凡此种种。……我与弗洛伊德的性欲论分手了。这种理论局限性太大。我想要认识完整的人、具体的人的结构。不仅仅以家庭，而且是以社会中的人为认识的对象。弗洛伊德学说的基础是家庭。"①

其实，不仅弗洛伊德学说的基础是家庭，就连阿德勒、沙利文、霍妮等人强调文化和社会因素，最后仍然归结于家庭环境。弗罗姆与他们有所不同，他的主要兴趣在于社会对个人产生影响的大的切面。他从经济、政治、文化、社会等各方面来考察人格的形成和发展。《逃出自由》（1941）、《人为了自己》（1947）、《罪恶的社会》（1955）三部书是弗罗姆对人格学说的主要著作。

一、心理因素和社会因素的相互作用

弗罗姆认为，人是社会的动物，与其他动物有别。关于人的一些问题都是从生物需要终止时开始的，因为人类有其本身特殊的需要。动物在有机界的发展中，经历着特殊化即个性化的过程，这个过程不断加强，在人的发展中达到了顶峰；人的个性化过程是在社会环境的各种复杂关系中实现的。

弗罗姆认为，人的个性化的心理后果，就是使人产生一种孤独之感和卑不足道之感。弗罗姆就把人的这种个性化所产生的心理上

---

① 《弗罗姆的最后谈话》一文，载《国外社会科学动态》，北京社会科学出版社，1980 年第 12 期，第 13 页。

的孤独和不安全之感，作为他的人格学说的一个中心论题。他就中世纪直到现在社会的发展过程，从心理因素和社会因素的互相作用的观点来说明这种情感的来源。也就是说，弗罗姆试图从文化的和社会的发展的观点来考察人性。

弗罗姆认为，人的性格特点，决定于人们所处的历史时代。譬如，中世纪时代的人的性格和今天垄断资本主义时代的人的性格就不相同。不同的原因，首先在于社会历史条件。他说：中世纪的工业和通讯工具还不发达，阶级界限也是僵化的。当时，人借以同外界发生联系的，还是各种原始关系。这个时期，人的个性化过程还没有完成。个人在这些条件下是不自由的，但也不感到寂寞和孤单。

到了中世纪末期，各种社会条件发生了剧烈的变化，人的心理也随之产生了剧烈的变化，人的个性化也不断得到加强。这时一个人的自由扩大了，但疏远和孤独之感也同时加强了。资本主义生产力和生产关系的发生和发展，出现了自由人。这个时候，人的自由虽然扩大了，但同时也丧失了在社会经济中的一定的地位。资本和市场开始对他产生威胁，每一个人对他都变成了潜在的竞争者，因而他同别人的关系，就变成冷酷无情和敌对的了。这种新的自由，同一种犹豫、软弱、孤寂和恐怖的深刻的情绪联系了起来。弗罗姆对从资本主义进入垄断资本阶段的人的心理加以分析后指出："软弱和绝望之感代替了个人主动性中的坚定信心和勇敢行为。"[①] 弗罗姆的逃出自由说，就是建立在这样一种心理因素和社会因素的相互关系的基础之上的。

二、逃出自由说

弗罗姆的人格理论中的一个基本前提，就是人的主要动机是逃避日益增多的自由而企求回复到较安全的存在。在当前的资本主义

---

① E. 弗罗姆：《逃出自由》，1941 年英文版，第 123 页。

社会中，政治组织已不如以前那些小的政治单位提供坚定的指导和安全的背景，所以人们总是感到孤寂和不安，于是总想逃出这个社会中的自由。这个论点在他的《逃出自由》一书中引起人们的普遍注意。

弗罗姆认为自由之感是人格中的根本东西。这种自由之感可以分为两种：一种是“消极的自由”，即指一个人早在原始社会和前资本主义社会中，那种从直接的自然联系和社会联系的原始联系中获得的解放；另一种是“积极的自由”，则指由于对现实的控制和改造而产生的对自然力的支配。这两种自由的关系因时代而不同。在前垄断资本主义阶段，还勉强维持着平衡，但是到了垄断资本主义阶段，两者的冲突已发展到严重的地步。

弗罗姆同意弗洛伊德所提出的潜意识的、非理性的、强迫性的冲动支配着人的论点。不过，他和弗洛伊德不同的地方是，没有把它们看作是本能的，特别是性本能的。弗罗姆认为，这些冲动，是资本主义尤其是垄断资本主义社会造成的心理后果，即逃出自由以求得安全的存在。

因为弗罗姆接受了弗洛伊德所提出的潜意识冲动支配着人的这个观点，他也就接受了与之有关的一些概念，如压抑、防御机制、迂回路径、抵抗和全部精神分析技术。

在弗罗姆看来，消极自由产生的后果非常强烈，使人们难以忍受，于是人们竭力压抑它们，不去意识它们。但是，它们并没有消失，它们依然存在。于是人们就寻找各种逃避消极自由的方法。按照弗罗姆的看法，逃避消极自由可以有两条途径：一条是从消极的自由提升到积极的自由，也就是逃脱资本主义社会中由于生活安排的不当而产生的孤独、寂寞。另一条是一般的逃避任何自由。在现代的条件下，第一条途径，是很少有成功希望的。第二条途径，则差不多是一种逃避无法忍受的孤独、寂寞的通用的方法。

弗罗姆认为，逃出消极的自由，是一种无意识的、不由自主的、强迫性的活动。精神分析的方法，可以并且应该揭示逃避消极自由的机制。

弗罗姆认为，人们能够获得安全的制度只有两种：一种是权威主义（authoritarianism）。这个制度把一套僵硬的人为原则从外部强加之于社会，包括极权主义、专横独裁、个人崇拜，这种制度束缚了一个人的潜能的发挥，最后要么是个人受到压制，遭到挫折，要么就是导致对制度的反抗，因此不是有效的办法。另一种是人本主义（humanism），弗罗姆认为这是一种较好的解决途径。他认为，在这种社会中，人们可以互助互爱，共同协作，因此他设想了一个理想的社会，把它称之为人本主义共有制的社会主义（Humanistic Communitarian Society）。他以为如果创立了这样一个理想的社会，人们生活其中，自然就不再会有孤独和恐惧之感了。弗罗姆也看出了资本主义社会的一些矛盾的严重性，例如，他说："今天有许多人都在寻找一条道路，一条真正使人得到满足，使人得到尊重的道路。他们认识到，为了成功、金钱、竞争、剥削而生活是不幸的根源。"①但他所企望的不是革命，而是一种乌托邦。

弗罗姆在他的《人为了自己》（1947）和《人心》（1964）两本著作中，提到了他认为在现代社会中可以对付孤独和微不足道之感的几种心理机制。他称之为性格的动力倾向性（dynamic orientation of character），即接纳倾向性、剥削倾向性、贮藏倾向性、市场倾向性和生产倾向性。这些倾向性往往在一个人身上兼而有之，但以其中的一种占据优势。

接纳倾向性产生于剥削社会之中。一个人为取得自己物质上和精神上所需要的一切，他变得屈从和依赖别人。他对集体和领袖设

① "弗罗姆的最后谈话"，载《国外社会科学动态》，1980 年第 12 期，第 14 页。

法保持模拟作用(identification)。当处于逆境而未能达到目的时，就像一个被宠坏了的儿童那样，表现出反抗和攻击。他唯一的目的是“被爱”。

剥削倾向性，则表现为对别人的攻击性，用狡计或强力夺取别人或剥削别人。凡是别人高度评价的事物，他总想去达到或获得，否则就会后悔。他的人生哲学是：“强权就是真理”。

贮藏倾向性主要表现是节俭，锱铢必较，以致极端吝啬，这种人在物质上和情感上都极少支出。他的哲学是：“资产和财富就是安全。”

市场倾向性是资本主义社会特别是美国社会的典型反映。一个人的成功以他能适合别人的利用和雇用为标准。他把自己当作了商品。他的价值在于市场上取得的成功，而不依赖他个人的品质。他的口号就是：“我愿为您效劳。”因此，这种人很难获得安全之感。

以上四种倾向性，弗罗姆以为都是病态的，真正健康的倾向性是生产倾向性。在这种倾向性中，一个人才能发挥他的充分的潜力，而不是以欺骗和损人达到自己的目的。这种倾向性有利于家庭、职业和社会，可做出创造性的贡献。

弗罗姆后来又加上了两种倾向性：一是恋生狂(biophilious)倾向性，即表现为渴望生命，另一是恋尸狂(necrophilious)倾向性，即生命如受到挫折而走向死亡。显然这是受了弗洛伊德的生的本能和死的本能的影响。

按照弗罗姆的看法，人们都要受到上面所讲的那些心理机制的影响。因此，他得出一个错误的结论：纵然不是所有的人，但是，至少是大多数的人，在某种程度上，都是变态心理的人。而社会又是人的集合体。如果个人有病，社会也就不免要陷入病态。不过，他比较正确地指出了现在的资本主义社会，就是一个病态的社会。

如何来医治这个病态的社会呢？弗罗姆异想天开地提出，要改变这种病态社会，首先要改变人的心理。只有这样，才能把社会从一个非理性的社会，变成一个理性的社会。弗罗姆在他的《健全的社会》这本书里，也谈到社会主义是唯一建设性的社会。① 但是，他同时又强调，这种社会改革的基础，不是解决有关所有制的问题，而是解决有关人们的劳动组织和社会的相互关系的问题。

按照弗罗姆的说法，从心理上医治资本主义这个病态社会，要把资本主义这个病态社会变成“社会主义”社会，就得医治生活在这个病态社会中的个人。这样，精神分析理论、精神分析学家，就被提到了一个极端重要的地位了。弗尔斯特公正地指出：“在本质上弗罗姆重复了同样的弗洛伊德所发端的重复论——就是文化影响心理，可是心理是文化的原因。虽然弗罗姆作过许多模棱的述说，并且别人很可以摘出孤立的辞句，在这些辞句里他似乎采用了一个公正的观点，我相信这是对他的基本步骤的一个确切的陈述。”②

第五节　卡丁纳与艾里克森

一、卡丁纳

卡丁纳于 1919 年曾从美国赴维也纳接受弗洛伊德的分析，并向他请教。他写了一篇文章：“我所认识的科学家及其影响”，发表于纳尔逊主编的《弗洛伊德与二十世纪》，热烈歌颂弗洛伊德的伟大和仁爱。卡丁纳回到美国后，在纽约和其他精神分析学家共同成为宣传精神分析的热诚教师的核心，为精神分析的训练计划准备基础。1931 年 9 月 24 日，纽约精神分析学院成立，在卡丁纳等人的教导之

---

① 弗罗姆：《健全的社会》，1955 年英文版，第 277 页。

② 弗尔斯特：《神经症患者——他的内外世界》，徐飞锡译，中文版，第 4 页。

下，完成了课程的设计。

但是卡丁纳也反对弗洛伊德的本能论，尤其是他的伊谛普斯情结说。他采取了文化人类学的观点，与人类学家合作，到文化落后地区进行调查研究。南太平洋马贵斯群岛民族的婚姻制度是一妻多夫制。据卡丁纳的调查，母亲周旋于多夫之间，尽管对孩子给予性的刺激，但在孩子需要喂奶时，就抛弃他们了。卡丁纳感觉到马贵斯群岛的人民没有所谓伊谛普斯情结。①

卡丁纳根据人类学的考察，强调了文化因素对人的心理发展的影响。他认为文化与社会的变化为检验和发展人格理论提供了最良好的自然主义背景。他认为只要有可靠的人类文化学的考察材料作为根据，个人人格模式和集体人格模式都是可以探讨的。

（一）心理社会说

卡丁纳早期著作的特点之一，是依据他的下述观察：如果在一种有规则的独特的文化模式下照料和抚育儿童，他们大多数都会发展成为一种类似的“基本人格”。在一个社会中，各种制度都能给儿童以情绪上的保证，因而使受同样文化影响的人具有相同的心理倾向性。卡丁纳在他的第一部著作《个人及其社会》中，把社会制度分为两类。一类是主要的制度，这一类制度主要在于满足人的根本需要，如家庭组织、“自己人”集团（ingroup）的形成，基本纪律，对儿童的照料和训练，性的禁忌，谋生技术等等。另一类则是次要的制度，如禁忌系统，宗教仪式，民俗学，思想方式等。他认为次要的制度是由主要的制度派生的，其中除谋生方法外都较易发生变化，至于谋生技术则被认为是基本的，容易受变化了的外界条件的影响。但是，这两种制度的界限在实践当中容易混淆不清，于是卡丁纳在其第二本著作《社会的心理疆界》中试图加以分析，克服这

① 《精神分析年鉴》第1卷，1952年版，第299—300页。

种困难。①

他于是提出一种系统的分类，这种分类贯穿于各个制度，扩大了通常精神分析所作的分类，包括了超出里比多发展所决定的各个生长方面。第一个方面叫作投射系统。这个系统来源于成熟有机体的内心经验的最深处，包括个人的惧怕和渴望，天良和理想，以及（无意识的）安全方式等。这一系统等级还有一些习得的系统：文化和禁忌系统（这些系统可视为“现实”而显然与基本人格无关），可以演示的纯经验的现实系统，以及价值系统和（贯穿以上各系统的）意识形态。卡丁纳虽然不把社会比作活的有机体，但是他发现社会的内部平衡这个概念是一个有用的概念。一切社会制度必须考虑到制定制度的人的心理意义，而且必须考虑到制度的变化如何影响人的感情和习惯，否则就不能有制度的科学了。如果不周密地考虑到个体与其集体的特殊制度之间的关系，心理科学也就无从应用于社会问题了。②

卡丁纳为了验证他的理论，曾经对荷属东印度群岛一个叫阿洛尔小岛上的土著民族的儿童进行了专门的研究，对阿洛尔的文化进行了分析并试图予以解释。在阿洛尔土著民族的社会组织中，妇女担负着一家内外非常繁重的工作。因此，母亲无法顾及儿童，无法对儿童进行较多的培养教育。在形成儿童的世界观以及对外界和人们的观点的这个关键时期，主要的照护人——母亲，却顾不了他。在这种情况下，儿童没有机会形成一个养育者母亲的意象，因此也就失去了对母亲的依恋之感。儿童在这样一种环境中长大成人，他的性格在童年已预先被决定了。他缺乏与别人相爱和合作的能力，缺乏与别人的同一感，缺乏创造力、想象力和抽象思维力，性格中表

---

① 《精神分析年鉴》第6卷，1961年版，第525页。

② 同上，第524、525页。

现出孤独、猜疑和互相敌视的现象。

卡丁纳研究了马克萨斯岛土著的文化。他发现当地居民由于经常缺乏食物，因此演化而为一种制度系统，使他们生存在一种彼此敌视的环境中，仍能保持着一定程度的满足之感。卡丁纳因此认为，社会环境对个体发展因素显然发生很大的作用，形成了当地居民的“性格结构”。

卡丁纳强调基本的“性格结构”取决于母子之间的交互作用的文化方式，因此，卡丁纳认为儿童早期的母子之间的交互作用，对于一个人的世界观的形成具有启导作用。随着母子关系的演变可以导致思想模式的演进，其中包括宗教与哲学观点，基本的思维形式，这是幼儿经验的一种“投射”，也就是上面所说的投射系统所造成的。

（二）人格的发展

卡丁纳强调文化对人格的形成和发展的影响，因此他不同意弗洛伊德的人格发展说，特别是反对他的里比多说。

卡丁纳写了一本书，叫作《里比多说与文化》。在这本书里，他并不否认性是引起神经病的病因之一，里比多可以解决神经病的特殊问题，但不能用以研究个人的适应问题和人格的发展问题。弗洛伊德认为儿童期的心理性欲发展阶段如口腔期、肛门期、阳具期对一个人的未来人格有着决定性的影响。卡丁纳则不以为然。他强调父母养育儿童的方式在人格发展中的重大作用。他认为一个人的依赖态度或自负态度是在儿童对待他的环境中形成的，而不是什么吃喝和排泄的结果。从这样的观点出发，卡丁纳认为，里比多说的失败，在于不能用性欲发展阶段来解释一种文化，而且也无从知道这些发展阶段是如何在起作用的。卡丁纳在讨论人格发展时也涉及到青年期和老年期发展的一些问题，例如，他认为在青年期以前社会对于性的方面有约束的必要。他认为一切文化中都有性的禁忌，说明在“自己人”集团内部，性的活动可以引起败坏作用。

卡丁纳在精神分析理论和实践中所注意的是各种文化的影响。他企图把他的研究同社会科学联系起来，把精神分析用来作为研究人类学和人种学的工具。在他看来，社会科学应当是一种心理学理论。心理学对研究各种社会制度对人的影响是有帮助的。这一点无疑是正确的。但是卡丁纳和他的学派所宣扬的一种文化观点对个人发展的性质的解释是非常狭隘的。他们把儿童的发展的主要动力，只限于对儿童的护理组织，只限于父母（特别是母亲）对待儿童以及儿童对待父母的态度的性质。卡丁纳不去分析他所研究的那些民族生活的社会历史条件，这样，就不可能提出任何改变个人的不良心理特征的有效方法。而这些方法必定是要接触到那些根本的社会变革问题的。这是所有新精神分析学派的代表人物都竭力回避的问题。

二、艾里克森

艾里克森（1902—　）是美国著名的治疗神经病的医生。他也与卡丁纳一样，采用文化人类学的观点，考察原始民族的文化对心理发展的影响。他对苏城和右洛克的印第安人的文化和儿童训练，进行了比较研究。苏族是美国爱阿华州西北部的印第安族，这个部族的妇女给小孩断奶的时期较迟，而且不问是自己的小孩或别人的小孩都给他积极哺乳。艾里克森认为她们的道德规范是慷慨。儿童受了这种哺育的影响，以为成人的世界都会迎合他的需要，从而养成了慷慨的特性。艾里克森并述及苏族曾被抢走一大群水牛，但也坦然处之，似乎他们认为慷慨忍耐的价值高出于水牛群的价值之上了！

右洛克族是美国太平洋沿岸的印第安的渔夫和橡子的采集者的部族。这个部族训练儿童断乳较早，鼓励他们爬行站立，如果是男孩子，便令他们参加成人的俱乐部，越早越好。据说右洛克人在向上帝祈祷赐食时哭泣。艾里克森以为这种哭泣与早期断奶有关。①但是这个推测是很难有说服力的。

艾里克森是弗洛伊德的追随者，但不是正统的精神分析派。杨克洛维和巴雷特认为艾里克森不理睬弗洛伊德的“超心理学”(metapsychology）的五分之四的部分，并从自己的怪癖出发，利用“超心理学”的其余部分。② 他的主要著作可举出三种如下。

他于1950年刊行了他的《儿童期与社会》，1959年发表了《自我同一性问题》，1972年出版了他的《游戏与真实》，对新精神分析和发展心理学都有很大的贡献。

艾里克森首先根据他自己的临床的跨文化的观察，将人的发展从弗洛伊德的分期增加为八期，即婴儿期，从新生至二岁；儿童早期，2—4岁；学龄早期，5—7岁；学龄中期，8—12岁；青年前期，13—17岁；青年后期，18—22岁；成年前期，23—30岁；成年中期，31—50岁；成年后期，51岁以后。

艾里克森在叙述划分发展的分期时提出了自我同一性说。所谓自我同一性意指个人的发展尽管从这一时期发展到另一时期，他的心理特性、知识和技能等都有变化，但“万变不离其宗”，千变万化总有一个不变的核心，从少年到老年，甲还是甲，乙还是乙。这就叫做同一性。杨克洛维和巴雷特评论艾里克森的同一性时，说道：“一个人在自我同一性的构成中，不因为模仿一个榜样而变甲为乙，而因为遇到某一活生生的人物时，就会用他为一种催化剂来促使他改造自己，塑造他的自我。”③

这个同一性概念是艾里克森对一个人从青年到成人的过渡时期的研究的基础。他以为从这一个阶段到另一个阶段的过渡就是从一

---

① 《精神分析年鉴》第1卷，1952年版，第419—431页。

② 奎恩和卡尔森：《美国的精神分析》，1978年英文版，第174页。

③ 同上。

种矛盾发展到另一种矛盾。这在青年时期尤为突出。摆在青年人面前的有各种不同的职业和各种不同的可供模仿的人物，如医生、工程师、英雄或学者。在这个选择中，思想的混乱导致了同一性的混乱。所以艾里克森认为这个时期是同一性和同一性混乱的矛盾，也是同一性危机的时期。青年人如果不善于处理这个时期的矛盾，他也许不能为自己选择适当的职业，也许想入非非，自比为著名人物，仅凭妄想，毫无实际的成就。所以在这个时期为了解决矛盾确立他的同一性，要经过一番努力。

弗洛伊德的发展分期是心理的性的更替，艾里克森的分期不以性为标准而以心理的社会性质为标准。婴儿期的特点是信任与不信任的矛盾。由于婴儿是由母亲抚育的，他发展了对母亲的信任，而这个信任也就是将来信任他人的原始基础。

第二个阶段，他就要自己管理自己，这就叫做自治，首先要学会控制自己的大小便，否则就会产生羞愧之情。这是自治与羞愧的矛盾。

第三个阶段学龄前儿童所经验到的矛盾是争取母亲的注意。艾里克森根据肖伯纳所自述的二十岁时的经验，更具体地提出任何人在确立同一性时所须有的心理形态，如无矛盾地运用一种主导能力，在他所选定的职业中，充分发挥他的智能，树立正确的人生观、信仰和意识形态。①

但据 B. 兰克的研究，青年和成人的自我同一性的混乱或分散还可起源于较小的时期。某些儿童在 4 至 7 岁时，发生了多种同一性的缺陷。有一小女孩患有好几个自我，都各用不同的语调说话。这种儿童就不知道自己究竟是什么人。因此，兰克以为艾里克森偏重青年期的心理社会的因素，似不免缩小了心理社会发展在成熟发展

---

① 参阅《精神分析年鉴》第 5 卷，1959 年版，第 269—271 页。

心理学中的作用。①

上面，简单地谈了新精神分析学派的几个主要代表人物和他们的主要观点。他们的观点，虽然表面上看起来和弗洛伊德稍有不同，但是，他们不去分析社会的本质，不去从社会的生产关系分析人与人之间的关系，而且往往把社会关系局限于儿童幼年的家庭环境。他们抽象地谈论文化对人格的影响，抽象地谈论社会影响人的心理，心理又反过来影响社会，形成了一种循环论。霍妮、弗罗姆，以至卡丁纳、艾里克森，他们所描写的，并不是具有社会性的人们，他们所描写的，乃是在一个人自己的生物性的、内在紧张下行动着的个人。结果，他们的基本思想、观点和弗洛伊德没有什么根本的、本质上的区别，并未摆脱掉生物学的观点。

---

① 《精神分析年鉴》第5卷，1959年版，第273、274页。

第十七章　日内瓦学派

让·皮亚杰（1896—1980）是瑞士心理学家，1921年应克拉巴莱德的邀请任日内瓦大学心理学教授兼卢梭学院研究主任。克拉巴莱德（1873—1940）是欧洲的一位机能主义者。他在1940年逝世后，皮亚杰继任院长。皮亚杰早年受业于克拉巴莱德，深受其师的生物学和机能主义观点的影响。他始终坚持心理的机能是适应，智慧是对环境的适应。他的所谓同化和顺应都渊源于生物学，作为有机体适应环境的两种机能。他在所著《儿童的语言和思维》（法文原本1923，英文译本1926）中说过："我们在本书里所要解答的问题可以简述如下：一个儿童在讲话时，他所要满足的是什么呢？严格地说，这个问题不属于语言，也不属于逻辑；它是属于机能心理学的，但是它应作为研究任何儿童逻辑的起点。"① 由此可见，他继承了他的老师的观点，成为欧洲的一位杰出的机能主义者。②他以数十年的实验研究，对生物学、逻辑学、心理学、哲学、认识论、科学史等方面都有较深造诣，特别在认识发展和儿童思维心理学的研究上吸取各派心理学的特点，综合成比较完整的体系，被称为日内瓦学派或皮亚杰学派，在国际心理学界享有声誉，有着较广泛的影响。英海尔德是皮亚杰的杰出弟子，日内瓦学派的代表人物之一，其学术地位仅次于皮亚杰。皮亚杰晚年因年迈不便远行，她经常代表皮亚杰出席有关儿童心理发展的各种国际性学术会议，皮亚杰去世后，她

① 皮亚杰：《儿童的语言和思维》，1926年英文版，第1页。
② 吴伟士：《西方现代心理学派别》，1964年英文版，第40页。

已成为日内瓦学派的主要代表。

第一节　日内瓦学派的历史背景

一、让·皮亚杰的略传

让·皮亚杰（1896—1980），生于瑞士纳沙特尔，从小喜爱软体动物。1918 年在纳沙特尔大学获得自然科学博士学位。此后，他的研究方向从生物学转向心理学，在儿童智慧的研究中采用生物学的概念，诸如同化、顺应和适应等，40 年代从逻辑学引进"运算"和"数理逻辑"等概念。1924—1954 年任日内瓦大学教授。自 1940 年起任日内瓦大学卢梭学院院长兼实验心理学讲座和心理实验室主任。他曾连任瑞士心理学会主席三年。1954 年任第十四届国际心理学会主席，此后又任联合国教科文组织领导下的国际教育局局长。为了致力于研究发生认识论，他于 1955 年起创建国际发生认识论中心，任该中心主任。集合各国著名哲学家、心理学家、教育家、逻辑学家、数学家、语言学家和控制论学者研究发生认识论，对于儿童各类概念以及知识形成的过程和发展进行多学科的剖析研究，已出版专辑三十余种。1971 年退休，辞去卢梭学院院长职务，但仍保留国际发生认识论中心主任，足见他对这个研究机构的重视。

他早期研究儿童语言和思维等认识的发展，晚年对结构主义很感兴趣，发表了这方面的著作，并创立了发生认识论学说。早期在 20 年代的代表作有五本：《儿童的语言和思维》（1923），《儿童的判断和推理》（1924），《儿童关于世界的概念》（1926），《儿童的物理因果概念》（1927）和《儿童的道德判断》（1932）。30 年代到 40 年代的代表作有三本：《儿童智慧的起源》（1936），《儿童现实概念的构成》和《儿童符号的形成》（1945）。40 年代初到 50 年代先后去法国和英国著名大学讲学，写成《智慧心理学》（1947）和《逻辑学与心理学》(1953)。在这段时间内的代表作还有《从儿童到青年逻辑思维的发展》(1955) 和《儿童逻辑的早期形成》(1959) 两书。晚年又出版了《发生认识论》(1970) 和《结构主义》(1971) 二书，他的《发生认识论原理》法文版于1970年发表，英译本于1972年问世。这几本名著标志着他的理论逐渐综合成比较完整的体系。此后又发表了四本著作：《生命适应与智慧心理学》(1974)、《意识的掌握：幼儿的动作与观念》(1974)、《成功与理解》(1974)、《行为，发展的动力》(1976)。

他于1968年获美国心理学会的心理学卓越贡献奖状，1977年又获该会桑代克奖，以表扬他对教育心理学的贡献。1972年获荷兰"伊拉斯姆士"(Erasmus) 奖金。① 他先后去美、英、比、荷、瑞典、加拿大、巴西、苏联等国著名大学讲学，得名誉博士、名誉教授或名誉院士等称号。英海尔德为了纪念皮亚杰对儿童心理学、思维心理学和发生认识论等方面的贡献，在日内瓦建立了"皮亚杰著作档案馆"，蒐集从1917年到最近的专著、论文、报告、实验研究等文献。皮亚杰于1980年9月去世，终年84岁。

二、历史背景

欧洲和美国的机能心理学都具有明显的生物学倾向，重视个人如何适应环境。欧洲机能主义者以瑞士皮亚杰为首的日内瓦学派与美国机能主义者的研究课题尽管各异其趣,但总的倾向则是一致的。芝加哥学派的机能心理学重视意识在个体生活和对环境适应中所起的作用。哥伦比亚的机能心理学注重个别差异的研究，重视心理现象在人对环境适应过程中的作用。日内瓦学派主要研究儿童的认知活动、探索智慧的性质及其结构和机能。认为智力就是个体适应变化着的环境的能力。因此，殊途同归，为了如何适应环境，也就是

① 该奖金的荣誉地位相当于诺贝尔奖金。

如何更好地适应当时的社会需要，这就是日内瓦学派产生的社会背景。

在皮亚杰的理论中，关于发展的连续性和阶段性的理论以及“平衡——不平衡——平衡”的发展观点具有不少辩证因素，是值得我们肯定的。在哲学思想上，他早年对哲学家柏格森、康德和涂尔干的著作颇感兴趣，他的哲学思想主要受康德主义的影响。他的理论的基本观点是唯心主义的，是违反马克思主义反映论的。他在所著《智慧的起源》一书中曾经说过，“只有当客体和主体发生关系时，主体才认识客体的存在。”“客体不是一个已知数，而是一种构成的结果。”这是与客观事物不依赖于我们的认识而独立存在的唯物主义原理背道而驰的。皮亚杰在《结构主义》一书中，企图把马克思主义从属于结构主义，并用现代结构主义的术语来修正马克思主义，这是错误的。他的“图式”概念，渊源于康德的“先验图式”。皮亚杰认为，最早图式是“遗传性图式”，即婴儿的吸吮反射和抓握反射等。但是，在日后生活中，经过同化、顺应和平衡，逐渐构成新的更复杂的图式。因此，他的哲学思想虽受到康德“先验论”的影响，但他不是先验论者，也不是遗传论或成熟论者，而是构成论（constructivism）者。他的这种思想发端于30年代，到了70年代初渐趋完整。他常说：“我把康德范畴的全部问题重新审查了一番，从而形成了一门新学科，即发生认识论。”①

结构主义思潮对皮亚杰的影响也很深。主要是受到索绪尔、布龙菲尔德的结构主义语言学、乔姆斯基的转换生成语言学、勃尔巴基结构主义数学学派等的影响。他把分析心理的研究方法自称为结构发生法。他在“认识结构”方面的研究上，著有《结构主义》一书。他在《发生认识论原理》一书中曾明确提出：要把结构主义和

---

① 《哲学百科全书》，1972年英文版。

构造主义结合起来。

操作主义对皮亚杰也有一定的影响。他在《智慧心理学》(1950年英文版)一书中通过英译者注，说明他使用“operation”(译为运算或操作)一词与布里杰曼的操作主义毫无共同之处。可是在皮亚杰日后所著《结构主义》(1971)一书中却说：“要用结构主义来补充布里杰曼的操作主义。”从思想发展来看，他并不坚持反对操作主义，只是感到操作主义有缺陷，企图给以补充而已。

从自然科学的背景来看，他在早年受生物学的影响很深，同化和顺应概念便是来源于生物学。他认为这两者是个体适应环境的机能，生物的发展是个体组织自己与适应环境这两种活动的相互作用。他应用这个原则于人类的心理发展，把儿童认识的发展看做个体对环境适应的逐步完善和日益“智慧化”。他提出的“结构”概念不是生理或感官的物质结构，而是一种机能上的结构。因此，他作为欧洲的一位机能主义者，是有其一定的思想依据的。

但是也应指出，他是一个新型的机能主义者。第一，他接受了新生物学家沃丁顿的观点。沃丁顿研究胚胎中一种“诱导质”的影响，“证明了诱导质改变胚胎的结构，不是在所有发展的阶段中都发生相同的作用。如果诱导质存在于胚胎具有反应它的能力之前，诱导质就不能产生任何影响，因而不能改变胚胎的结构”。① 皮亚杰就用这个反应力(competence)的概念批评刺激－反应公式，并为同化图式提供科学的依据。

第二，皮亚杰认为“每种心理学的解释都迟早要依赖生物学和逻辑学”。② 他大约自1939年开始，就在日内瓦采用符号逻辑来研究儿童的智慧活动，企图掌握某些要领，借以明了儿童的逻辑的、数

---

① 皮亚杰：《平衡论》，载阿佩尔和戈德堡《认识发展问题》第1卷，1977年英文版(下同)，第5页。

② 皮亚杰：《智慧心理学》，1976年英文版(下同)，第1页。

学的、物理的概念的由来。他从逻辑学中引进了“运算”的概念和“数理逻辑运算”这个术语，作为衡量思维水平的标志。数理逻辑也称符号逻辑，渊源于布尔代数。布尔是19世纪中叶英国著名数学家，以代数形式研究思维规律，称为布尔代数。他根据他的理论，认为形式运算阶段的思维过程和特点可用符号逻辑作为工具加以描述。皮亚杰认为心理学家有了符号逻辑的工具，就像有了统计学一样有用。

第三，现代科学技术的发展对日内瓦学派关于儿童心理学和思维心理学的研究起着促进作用，特别是控制论。正如加拉格尔所指出的，“控制论也许是对各学科的思想的一门最有影响的学问。这门学问给皮亚杰提供一种工具，可用以阐明整体如何通过一系列的有调节的变化而得以保存下来。”[①] 皮亚杰以为控制论的模型对于认识机制的了解有重要的帮助，因为它是可以与他的同化和顺应的平衡说互相印证的。

皮亚杰与心理学的其他流派都有一定的联系。他反对联想主义和行为主义把刺激与反应之间的关系看做单向关系，即简单的刺激-反应公式。他提出双向关系，即 S⇌R。[②] 为了用同化和顺应说明 S 与 R 之间的关系，他提出下列公式：T＋I→AT＋E，式中 T 指结构，I 指刺激，AT 指 I 同化于 T 的结果，也就是对刺激的反应，至于 E 则是刺激中被排除于结构之外的东西。因此，S⇌R 变成了 S→AT→R，就是说，刺激加之于同化的结构而引起反应。他赞同格式塔学派关于部分与整体关系的理论。他在《结构主义》一书中提出结构的三个特点：整体性、转换性和自我调节，其中整体性这个特点是受

① 阿佩尔和戈德堡主编：《认识发展问题》第1卷，第28—29页。

② 《皮亚杰的学说》，参见马森主编《卡迈克尔儿童心理学手册》，1970年英文第3版（下同），第707页。

到格式塔学派的影响的。他在《自传》[1]中曾写道：如果我在1913—1915年间早就接触到韦太海默和苛勒的著作，我就可能成为一个格式塔心理学者了。”但是，他的运算概念与格式塔学派的知觉结构不同。他说：“运算在本质上是可逆性的：$+n$能被$-n$消去。知觉结构则包含一个‘非相加’的组成，格式塔主义者正是根据这种特牲来说明‘格式塔’的主要含义。至于运算，则是严格地‘相加’的，因为2+2恰恰等于4（不多，也不少），而不像知觉结构中可多一些或少一些。”[2] 他也受到精神分析学派的影响，早年在精神病诊所学习精神分析学说，听过荣格的课，读过弗洛伊德的书。皮亚杰的“自我中心倾向”、“自恋”概念都来自精神分析学派。他在《儿童的游戏、梦与模仿》一书中曾谈到他的理论与弗洛伊德理论的关系。

由上所述，可以窥见日内瓦学派的产生是有它的时代背景以及哲学、自然科学和现代科学技术等方面的背景的。日内瓦学派与其他各派心理学理论也有一定的联系。但是，他以自己的观点为主，加以取舍和发展，综合成为以欧洲机能主义为主线的一套独特的理论体系。

第二节　皮亚杰心理学的基本理论

皮亚杰的理论主要是认知发展的理论。他早年对生物学发生兴趣，企图从生物学出发，通过心理学和符号逻辑，通向认识论的研究。他的毕生治学思想是从儿童心理（智慧、思维）的发生发展的研究，进而探索认识和运算的心理起源，也就是他晚年提出的“发生认识论”学说。他的理论极为丰富，融合了生物学、心理学、逻

---

① 波林主编：《自传式心理学史》第4卷，第242页。

② 皮亚杰和英海尔德著：《儿童心理学》，商务印书馆1980年版（下同），第40页。

辑学和认识论等方面的知识。这里扼要介绍他的心理学的基本理论。

一、智慧的本质就是适应，而适应是有机体与环境之间的一种平衡状态

皮亚杰认为，“智慧就是适应”，①而适应依赖于有机体的同化与顺应两种机能的协调，使有机体与环境取得平衡。适应这个概念，他是从生物学引进来的。他还从沃丁顿的新生物学那里取得了自我调节的观念。沃丁顿把生理水平上的自我调节机制叫做“稳定器”(homeostais)。皮亚杰以为“在人类动作的水平上，甚至在逻辑运算思维的水平上，都有类似的自我调节机制。”他又以为这个调节可以导致有机体和环境的平衡。例如同化和顺应的平衡。“当一个主体认识一个客体，同它发生关系时，就会有一对历程在进行着。这可不单单是联想。它是有两极性的，在对立中，主体把客体同化于他的图式之内，同时又要使自己的图式顺应客体的特性。就在这个两极性和交互过程中，就已经有同化和顺应之间的平衡了。”②

照皮亚杰的看法，智慧的适应既是有机体与环境之间相互作用的一种平衡；那么，智慧的这种适应是怎样形成的呢？他评述了六种有关智慧的不同学说，而以承认进化论和否认进化论为标准区分为两大类，而这两大类又各分为三种。他说：“依从生物学的观点，个体与环境的关系有六种可能的解释，分类如下…… (I) 抛弃进化观念，(II) 承认进化的存在。然后 (I) 和 (II) 又各分为三种，第 (1) 种把适应归因于有机体的外在因素，第 (2) 种把适应归因于内在的因素，第 (3) 种把适应归因于二者的交互影响。”进一步的说明认为 (I_1) 把适应归因于有机体与环境性质之间的预先造成的和

---

① 皮亚杰著：《智慧心理学》，第 7 页。

② 皮亚杰：《平衡论》，参见阿佩尔和戈德堡主编《认识发展问题》第 1 卷，第 3—4 页。

谐；(I_2) 归因于预成论，使有机体实现它的潜在的结构以便反应各种情境；(I_3) 归因于完善结构的出现，而这种结构则不能还原于元素，而同时决定于内因和外因。”

皮亚杰以为从进化论出发，也有上列的三种观点：“(II_1) 用环境的压力解释适应的变化（拉马克说）；(II_2) 用内部产生的突变以及随之而来的选择（突变说）加以解释；(II_3) 用内外因素之间的不断的交互作用加以解释。”①

皮亚杰把格式塔说列入 (I_3)，认为根据知觉实验的研究，一个整体不能归结为整体所由组成的元素，因为它是受组织或平衡的特殊法则所统治的。这个原则现已被应用于智慧，包括它的逻辑思维和感觉运动的形式。韦特海默研究三段论法和苛勒研究黑猩猩的智慧，认为良好组织的结构的趋善（prägnanz）律可用以解释顿悟，这些结构不产生于内部，也不产生于外部，而包括整个场中的主体和客体。

皮亚杰对于（I）类的三种主要学说的批评认为第一种把认识的适应还原于单纯的顺应，第二种还原于单纯的同化，第三种把同化和顺应结合为一。皮亚杰虽然赞同同化与顺应相结合的观点，但是对于格式塔说也还是有异议的，因为在这个学说里，既没有主体的活动，也没有客体的孤立的存在。② 皮亚杰还说：“格式塔的特征是将机能和结构合成一个整体，而名之为组织，认为结构的法则是不变的。因此，格式塔心理学家竭力用大量材料证明幼儿和成人的知觉结构是相同的，在事实上，各种类型的脊椎动物的知觉结构也是相同的。”③ 在皮亚杰看来，个体的知觉结构是随同化和顺应的进展

① 皮亚杰著：《智慧心理学》，第 12 页。
② 同上，第 15 页。
③ 同上，第 58 页。

而不断变化的。

所以，在智慧心理学中，皮亚杰反对只讲外因或只讲内因的发展说。他的理论认为儿童心理是在内因与外因相互作用中不断产生量和质的变化的。他认为智慧是一种适应，而适应的形成在生物学上是同化与顺应的平衡，在心理学上就是主体（内因）与客体（外因）相互作用的一种平衡状态。他以为主客体的关系不是静止的，而是机动的。他说："主体只是作用于客体的多种动作的集合，这些动作依照客体的性质进行改造，也改造了主体。如果不依赖主体的动作而单从客体出发，那就是经验主义或实证主义的观点，忘记了客体只是通过逐步接近现实的方法才可被掌握。科学的全部历史证明了客观性或对象性不是出发点，而是由于持续的辛勤努力而获得的。"①

这就导致了他的主客体不可分的认识论。他说："因此，主体和客体是不可分的。也就是由于这个不可分的交互作用 $S \longleftrightarrow O$ 成了作为知识源泉的动作产生的原因。"②

二、关于认识结构的几个基本概念

皮亚杰认为，每一个认识活动都含有一定的认识结构。认识结构指的是什么呢？认识结构涉及图式、同化、顺应和平衡四个基本概念。

在皮亚杰理论中，"图式是指动作的结构或组织，这些动作在相同或类似环境中由于不断重复而得到迁移或概括"。③ 个体所以能对刺激作出这样或那样的反应，是由于个体具有能够同化这种刺激的某种图式，因而作出相应的反应。儿童最初的图式是"遗传性的图

---

① 皮亚杰：《动作在思维发展中的作用》，参见奥弗敦和格拉格尔《知识与发展》第1卷，1977年英文版第30—31页。

② 同上，第30页。

③ 皮亚杰和英海尔德著：《儿童心理学》，第5页，注2。

式”。一经和外界接触，在适应环境的过程中图式就不断变化，丰富和发展起来。皮亚杰认为，在心理发展的水平上，适应也可概括为同化和顺应两种机能。在认识过程中，同化是环境因素纳入机体已有的图式或结构之中，以加强和丰富机体的动作，引起图式的量的变化。顺应则是机体的图式不能同化客体，必须建立新图式或调整原有图式，引起图式的质的变化，使机体适应环境。以婴儿吮乳动作为例，初生儿的吮乳是“遗传性的图式”，在没有新异因素参加时，这个动作不断重复，日益熟练；这就是说，通过同化作用，使吮乳动作得到丰富和加强。后来由吃奶改为吃饭，这是改变原有图式，建立新的图式。也就是说，通过顺应作用，采取新的动作，以适应新的环境。皮亚杰对同化和顺应所下的定义是：“刺激输入的过滤或改变叫做同化；内部图式的改变，以适应现实，叫做顺应。”① 但是，如果在心理发展中只有同化而无顺应，那么儿童的认识结构就不会有所变化，不会获得新的内容，也就不会进一步发展。因此，顺应便是同化的对立面，认识结构由于所同化的刺激的影响而发生的任何改变，称为顺应。

平衡是同化与顺应两种机能之间的平衡。人们的认识发展从出生到成年的每一发展阶段都依循着下述进程：儿童每遇到新事物，在认识中试用原有图式去同化，如获成功，便得到暂时的认识上的平衡。反之，便作出顺应，调整原有图式或创立新图式去同化新事物，达到认识上的新的平衡。皮亚杰曾作过这样的描述：“智慧行为是依赖于同化与顺应两种机能从最初不稳定的平衡过渡到逐渐稳定的平衡”。② 在心理发展过程中，平衡是一个重要环节，没有平衡就没有发展。平衡不是静态的而是动态的。平衡是不断发展的，一个较低

---

① 皮亚杰和英海尔德著：《儿童心理学》，第 7 页。

② 《英国百科全书》，1974 年英文版。

水平的平衡，通过主体与客体的相互作用，过渡到较高水平的平衡。也就是说，某一水平的平衡成为另一较高水平的平衡运动的开始。这样不断的发展的平衡——不平衡——平衡的过程，就是适应的过程，也就是皮亚杰所谓认识结构的形成和发展的基本过程。

三、儿童心理发展的因素与阶段论

在皮亚杰的著作中，如《儿童逻辑的早期形成》和《儿童心理学》等，对制约发展的各种因素都进行了分析。他认为，心理发展的基本因素有四：

（一）成熟　指机体的成长，特别是神经系统和内分泌系统的成熟。儿童某些行为模式的出现有赖于一定的躯体结构或神经通路所发生的机能。比如，约四个半月婴儿的视觉和抓握反射的协调便是成熟的结果。成熟是发展的必要条件，但不是一个充足条件，必须通过机能的练习和习得的经验，才能增强成熟的作用，而且，儿童年龄渐长，自然及社会环境的影响将随之增加。

（二）物理环境　包括物理经验和逻辑数理经验。物理经验指个体作用于物体，抽象出物体的特性，如物体的大小和轻重。逻辑数理经验则指个体作用于物体，从而理解动作间的协调结果。例如，六、七岁儿童玩几颗卵石，从经验中发现卵石的总和与它们空间排列的位置、距离或计数的先后次序都无关系。因此，皮亚杰认为“知识来源于动作，而非来源于物体。”这里所指的知识不是物理知识，而是逻辑数理知识，或称逻辑数理经验，这种知识不存在于物体本身（石子）之中，而由主体作用于客体的动作所引起。

（三）社会环境　包括社会生活、社会传递、文化教育、语言等。这同样是一些必要条件，但不是唯一的因素。他认为，环境和教育对儿童心理发展并不起决定作用。儿童在学校环境中，如果缺乏主动的同化作用，学校教育仍将无效。他说，儿童主动的同化作用是以儿童是否建立适当的认识结构为前提。可见，他特别强调个体的认识结构，他认为环境和教育只能促进或延缓儿童心理的发展，当然，重视儿童的认识结构，可有利于接受新知识，这是合理的，必要的。但是，不应忽视儿童的社会生活条件和实践活动。在心理发展的因素中，皮亚杰如果把社会环境和教育文化条件放在应有的重要地位，他的贡献将会更大些。

(四)平衡过程　他认为，平衡过程是心理发展中的最重要因素，也就是决定的因素，他指出平衡过程就是不断成熟的内部组织和外部环境的相互作用。它不同于机械学上力的简单平衡，也不同于热力学上熵的增加，而是具有自我调节的作用，这种作用实现儿童认识结构的不断变化和发展。

在这里，我们可以看到皮亚杰在阐述心理发展的四个因素时特别强调具有自我调节作用的平衡过程。他从这个观点进一步论证人类认识和道德情感的获得也都是在主客体相互作用中通过自我调节而不断地构成的。因此，他指出，行为是一个整体，认识活动属于行为的结构方面，而情感活动（包括道德情感）则属于行为的动力状态。情感与认识在整个行为中既不能分割，也不能易位。他认为，上述四种基本因素既能解释认识的发展，也能解释情感和动机的发展。

皮亚杰关于发展阶段的理论是长期实验研究的总结，可概括为下列几个要点。

(1) 在发展进程中可区分为几个不同水平的连续阶段。每一阶段都是一个统一的整体，而不是一些孤立的行为模式的总和。每一阶段有它主要的行为模式，标志这一阶段的行为特征。阶段与阶段之间不是量的差异，而是质的差异。

(2) 前一阶段的行为模式总是整合（或称融合）到下一阶段，而且不能前后互换。每一行为模式渊源于前阶段的结构，由前阶段的结构引出后阶段的结构。前者是后者的准备，并为后者所取代。

(3) 发展的阶段性不是阶梯式，而是具有一定程度的交叉重叠的。

(4) 各阶段出现的年龄因各人智慧程度和社会环境教育影响而有差异，可提前或推迟，但阶段的先后次序则保持不变。

四、儿童心理发展的四个阶段

皮亚杰以数十年的精力，通过大量观察和实验，确定儿童心理发展的阶段。他按照心理发展水平，划分为具有质的差异的四大阶段：(一) 感知运动智慧阶段 (出生～2 岁)，相当于婴儿期；(二) 前运算阶段 (2～6、7 岁)，相当于学前期；(三) 具体运算阶段 (6、7～11、12 岁)，相当于小学阶段；(四) 形式运算阶段 (11、12～14、15 岁)，相当于初中阶段，包括整个少年期，或称前青年期。

(一) 感知运动智慧阶段

婴儿能区分自已和物体，逐渐知道动作与效果间的关系 (因果性的萌芽)，开始认识客体的永存性、主体与客体间的相互关系、客体间的相互关系、动作与动作之间开始逐渐协调。这个阶段只有动作活动，并开始协调感觉、知觉和动作间的活动，但还没有表象、思维和语言。

皮亚杰根据这个阶段的不同发展水平，把它划分为六个阶层。(1) 出生～1 个月，是本能阶段，如婴儿的吮乳动作，这时婴儿行为的表现以遗传性反射的图式为特征。(2) 1～4 个半月，是最初习惯形成阶段，如刺激引起听觉的反应可以转变为视觉或抓握的反应等。(3) 4 个半月～8、9 个月是运动习惯和知觉之间的协调。如婴儿卧在摇篮里，学会拉动一根下垂的线，使悬在线上的响铃发出声音。往后，由于铃声引起了惊奇，就重复拉动这线。(4) 9～11、12 个月，是手段与目的之间的协调。如婴儿能学会抓住成人的手，取得伸手拿不到的物体，这表明婴儿已处在智慧萌芽状态。(5) 11、12～18 个月，出现了物体的永存性，即当物体不在视野内的时候，儿童知道去找，还学会了通过新的手段，去取得物体，开始知道物体运动间的关系。例如，某一物体放在毯子上的某处，婴儿的手直接拿不到，他会抓住毯子的一角，观察到毯子的运动同物体的运动之间的关系，从而拖动毯子取得物体。(6) 18 个月～2 岁，儿童能利用推想，有效地掌握某些联合动作。在这个阶段中，感知运动图式开始内化，向表象过渡。例如，某一物体放在幕布下面，把另一块幕布覆盖在这块幕布上，当儿童移开上面的幕布看不到物体时，会立即移开下面的幕布，从而取得物体。

这个阶段的儿童的智慧称为“感知运动的智慧”，是儿童思维的萌芽。但是还没有过渡到“运算”的性质，因为儿童的动作尚未内化为表象的形式。

（二）前运算阶段

在前阶段发展的基础上，各种感知运动图式开始内化，成为表象或形象图式。这个阶段出现了语言，标志着婴儿期的结束。儿童开始用表象和语言描述外部世界和不在当前的事物，并用语言开始与人交际。两岁儿童出现了双词句（电报式语言），这个阶段的思维可有两个特点：一是思维的表象性，或称表象思维。儿童凭借这种表象思维进行延迟性模仿（模仿自己过去曾看见或听到过的事物或活动），象征性活动或游戏（如用小卵石来玩办酒席的游戏，或用木块当做汽车行驶）以及绘画活动等。另一特点是思维的直觉性或称直觉思维。4～7 岁儿童开始从表象思维向运算思维逐渐过渡，但是知觉活动的迹象依然存在，表现在思维的直觉性。皮亚杰曾对 4、5 岁儿童做过实验。在被试面前放着大小和形状相同的两个小杯子、由被试用两手分别投入同等数量的小珠，儿童知道两个杯子中的小珠是相等的。接着，主试把一个杯子中的珠子倒入另一个细而长的杯子中，要求被试判断哪个杯子里的珠子较多。被试的回答只注意到杯子的高度或广度，往往做出错误的判断。因为他们的思维具有直觉性，以知觉到的形象为依据，只知道一维空间，因而不能作出正确判断。这个年龄阶段的儿童虽是对个别对象有了守恒，但对许多对象的集体的守恒和类概念还没有形成。比如，此时儿童知道鸟，但只限于个别的鸟，没有形成鸟的类概念，因为儿童还不能进行逻辑运算。因此，皮亚杰把这个时期称为前运算阶段。这个阶段的“自我中心思想”比较突出，叫做“自我中心思想”阶段。他们以自我为中心，不考虑别人的观点，也不会协调自己和别人的观点。只能辨别自己的左右手，但不能正确辨别对面人的左右手。他们认为外部世界以他为中心，环绕着他转动，例如他认为月亮跟着他走。又如他知道有个哥哥，但不知道他自己就是他的哥哥的弟弟。①

正是由于表象和语言的出现以及行走能力的发展，这就大大扩展了儿童的空间和时间的范围，在广度或速度上，儿童的智慧活动也就不断扩大和提高了。但是，这个时期儿童的表象活动还处于萌芽阶段。两岁多儿童能从这边走到那边（相隔一定距离），倘是要他在思想上描述从这边到那边的途径（通过心理表象），要到这个阶段后期才会出现。

可见，这个阶段的主要特征是语言的出现，思维的表象性和直觉性，自我中心思想比较突出，还不能进行可逆性运算，因而不能形成守恒概念。对量的判断缺乏系统的传递性。比如，儿童可理解A＝B，B＝C，但不能作出A＝C的判断。

（三）具体运算阶段

“运算”这词，是皮亚杰从逻辑学中引进来的。这是逻辑思维（或称运算思维）的核心概念。他是应用运算概念作为区分思维水平的标志的首创者，也是他对思维心理学的一项重要贡献。运算是指什么呢？它是指动作的内化，因为动作是在实物上进行，比如推动

① 皮亚杰和英海尔德：《儿童心理学》，第97页。

或分开物体，又如用物体比较大小或长短等。运算则在思维上进行，但不失去动作原有的特征。运算不仅是内化的动作，而且是可逆性的，以区别那些不可逆的动作。当动作上升为运算时，人的思维水平就逐步深化了。

具体运算是把前一阶段的很多表象图式加以融化和协调而发展形成的，主要特征有以下几种。

1. 守恒性　运算的基本特点是守恒性。所谓守恒，就是内化的和可逆的动作。在前运算阶段，儿童的感知运动图式内化为表象图式，但还没有达到守恒。因为这个时期儿童的动作虽内化为表象，但因直观思维具有局限性，表现在思维集中于一定的形象上，因而没有可逆性，不能保证整体的守恒。只有当儿童的动作既是内化的，又是可逆性的时候，才算是达到了守恒。

守恒是通过两种可逆性实现的：(1) 逆向性（或称否定性），例如＋A 是－A 的逆向或否定；(2) 互反性（或称互换性），例如 A＞B 的互反便是 A＜B。儿童自身的左右和对面人的左右就是一个互反关系。

守恒概念的获得也是递进的。先是数量守恒、长度守恒、物体守恒，然后是重量守恒，再后是体积守恒。比如，先把两个大小、形状、重量都相同的泥球给前运算阶段儿童看，然后把其中一个泥球搓成薄饼形、香肠形或团子形。接着问儿童："它们的大小是否相等？""重量是否相等？""体积是否相等？"前运算阶段儿童还没有物体守恒，只注意到一维空间（例如长度），可能会告诉你："香肠比泥球含有的泥土多些，因为香肠变长了。"具体运算阶段儿童则能理解二维空间及它们之间的补偿关系，即是：香肠变长了，但却变细了。物体的形式起了变化，但物体的量没有改变，这就是物体的守恒。又如，把 A、B 两个大小和形状相同的玻璃杯盛着等量的水给儿童看，再把 B 杯中的水倾入另外一个低而宽的 C 杯或高而狭的 D 杯中。问儿童："前后两杯中的水是否相等?"前运算阶段儿童由于缺乏液体守恒概念，会说："C 杯中的液体少了。"或"D 杯中的液体多了。"他们只能根据一个维度来衡量。具体运算阶段的儿童则能理解可逆性的补偿关系，即：高×狭＝低×宽。根据二维来衡量，懂得了液体守恒。

2. 群集运算　从上面介绍的实验中，可以发现这一阶段的思维包含可逆性和补偿关系的组合等特性，而且这些特性又是相互依存着，因为它们都结合成一个有组织的整体。皮亚杰对感知运动的智慧的思维及前运算的思维都用自动调节（即自我调节）加以说明，而具体运算阶段则用群集（grouping）这一概念加以说明。[①] 皮亚杰认为在具体运算阶段的儿童智慧能够达到灵活的平衡，是由于发生了以下这些群集的变化而实现的。

（1）两次先后的动作可以联合为一个新的动作（补偿，传递）；（2）在直觉思维中起作用的动作图式可以递转；（3）可以经由两种不同的道路达到同一点（迂回）；（4）能回到原出发点而发现原出发点不变（同一）；（5）重复同样的动作时，它不会增加任何东西；也就是不会由于累加结果而产生出新的动作（多余）。如果用数理逻辑的群来表达这些群集特征的话，那就可以引入下面这些公式。

（1）组合性（两个集可组合为一个新的集）：

$A+A'=B$（鸟＋鸟以外的动物＝动物）

$B+B'=C$（动物＋植物＝生物）

（2）逆向性或否定性：$B-A'=A$（动物－鸟以外的动物＝鸟）

（3）结合性：$(A+A')+B=A+(A'+B)$

（4）同一性：$+A-A=0$（鸟除去鸟＝零）

（5）重复性或多余性：$A+A=A$（鸟＋鸟＝鸟）

---

① 皮亚杰和英海尔德：《儿童心理学》，第 75 页。

B+B=B（动物+动物=动物）①

具体运算阶段的儿童开始对这些群集运算结构进行分析综合，从而正确地掌握逻辑概念。皮亚杰认为，具体运算阶段儿童的思维能够不胶着在客体的特殊状态上，通过群集的各种变化能在头脑中进行迂回，使同化和顺应达到灵活的平衡，这是运算思维中最基本的东西。

具体运算阶段的儿童，通过群集运算，出现了分类、序列、关系、传递、数量、空间、时间和速度等一系列逻辑概念。以传递为例，他们能作出如下的演绎：已知 A=B，B=C，能推演出 A=C。又如 A>B，B>C，他们能推演出 A>C。以分类为例，把弹珠 20 颗分为红色 16 颗和白色 4 颗。问前运算阶段儿童："红色弹珠（A）多，还是白色弹珠（A′）多？"他们能正确回答。如果问："红色弹珠（A）多，还是弹珠（B）多？"他们往往回答："红色弹珠（A）多。"（A>B）。皮亚杰认为，这是因为这个阶段儿童的思维在同一时间内只能集中于部分，或集中于整体，不能同时既集中于整体又集中于部分。一旦要注意到 A（部分）时，则 B（整体）就会被破坏。因而只能用 A 与 A′（部分与部分）进行比较，而不能运用部分（A 或 A′）与整体（B）进行比较，因而得出了上述错误的回答。但是，到了具体运算阶段，儿童认识到白色弹珠（A′）包含于更大的类（B）中，B=A+A′，因而作出正确回答（B>A）。再以序列为例。把长度差别很小的木棒 10 根，要求按长短次序排列。这个阶段儿童能按如下次序排列：先找最短一根，再从余下的木棒中找出最短的一根，依此类推。至于其他各种概念的形成，可参阅皮亚杰所著《儿童心理学》一书中的有关部分。②

---

① 参阅皮亚杰：《智慧心理学》，第 40—42 页。

② 皮亚杰和英海尔德：《儿童心理学》，第 75—82 页。

这个阶段之所以称为具体运算阶段，是因为：(1) 这种运算思维还离不开具体事物的支持，只能把逻辑运算应用到具体的或观察所及的事物。有些问题在具体事物帮助下可顺利解决，但在纯粹口头叙述的情况下，就感到困难。例如，“小明比小红高，小明比小芳矮，问谁最高？”对这类传递关系问题，这个阶段早期的儿童往往会感到不易正确回答。因此，这个阶段的思维局限于初步的逻辑思维。(2) 这些运算是零散的，孤立的，还不能把逻辑运算结合为各种可能的变换形式，成为一个完整的组合系统。这只有发展到形式运算阶段，才能做到。

(四) 形式运算阶段

在具体运算结构的基础上，经过不断同化、顺应、平衡，就逐步出现新的运算结构，这就是与成人思维接近的、达到形式运算思维阶段，或命题运算思维阶段。所谓形式运算，即是“使形式从内容解放出来”。因为这个阶段的思维能够超出事物的具体内容或感知的事实，朝着非直接感知或未来的事物的方向发展，从理论出发，不必从具体到理论。具体运算阶段的判断和论证的逻辑构成是同它的内容不可分的，至于形式运算阶段则不受具体事物内容的束缚，而是通过假设推理解答问题，或从前提出发，作出应有的结论。它的思维特点是把逻辑运算组合成各种系统，并根据可能的转换形式去解决脱离了当前具体事物的观察所提出的有关命题；或是根据掌握的资料，作因素分析，进行科学实验，从而发现规律。总之，这个阶段儿童可以有科学创见和理论创新的能力。

从四个阶段的比较来看，感知运动智慧阶段是儿童思维的萌芽，前运算阶段出现表象和直观形象思维，具体运算阶段出现初步的逻辑思维，到了形式运算阶段才出现抽象的逻辑思维。

关于形式运算图式，皮亚杰用 12 岁至 15 岁的儿童解决问题的方法为例。譬如他要理解两种现象的关系，他可以不必用尝试错误，而用命题运算加以推论。假使这两种现象之一是某一物体的运动和停止，另一种现象是电灯的开亮和熄灭。皮亚杰用数理逻辑的符号 $p \supset q$ 表示“蕴涵”，即灯亮（p）包含运动停止（q），灯亮是运动停止的原因，这是这个儿童的假设。为了证明这个假设，其唯一途径就是观察灯亮时，有没有运动不停止的情况，用符号表示就是 $p \cdot \bar{q}$，灯亮时，运动不停止，所以 $p \cdot \bar{q}$ 是 $p \supset q$ 的逆向或否定。

但是这个儿童也可能怀疑运动停止是灯亮的原因，用符号表示便为 $q \supset p$，于是 $q \supset p$ 便为 $p \supset q$ 的互反。为了证明 $q \supset p$，就要观察运动停止时，灯泡有没有不发亮的情况，用符号表示就是 $q \cdot \bar{p}$，$q \cdot \bar{p}$ 是 $q \supset p$ 的逆向或否定，同时也是 $p \supset q$ 的对应或对射。同样，如果 $q \supset p$ 是 $p \supset q$ 的互反，$\bar{p} \cdot q$ $p \cdot q$ 也是 $p \cdot \bar{q}$ 的互反。

很明显，皮亚杰以为形式运算阶段的思维采用一种逻辑结构的系统，叫做“四群运算”或“四转换群”。就 $p \supset q$ 的情况而言，可以有下列四种转换：$I = p \supset q$，这是正面或肯定。$N = p \cdot \bar{q}$，这是逆向或否定。$R = q \supset p$，这是互反。$C = \bar{p} \cdot q$，这是对应或对射。总之，据皮亚杰的学说，12 岁至 15 岁的儿童就通过这种逻辑结构的蕴涵推理解决了他的问题。①

这个阶段的主要运算模式，除蕴涵运算外，还有比例运算（例如，天平两端重量与臂之长度的关系）、组合排列运算（例如，把各盛有无色液体的 A、B、C、D、E 五只瓶出示给 15 岁儿童，每次取三瓶，要求通过可能的组合，使产生褐色液体）、因素分析（如钟摆实验），要求儿童通过可能的组合，使产生概率运算（从随机取样中估计某种特定事物出现的可能性）等。总之，形式运算阶段的逻辑运算是通过各种组合的可能性进行抽象的逻辑思维，从而解决现实中提出的新问题。

---

① 皮亚杰和英海尔德：《儿童心理学》，第 104—105 页。

皮亚杰对于这个阶段的儿童的思维的分析当然受到了科学界的重视，但也引起了一些心理学家的怀疑。柏林尼说："英海尔德和皮亚杰在试图解释这个阶段开始出现的推理的性质时，大量引证'四群'或'四转换群'，每群各有两种对立，即'逆向'和'互反'。他们还特别强调逻辑结合的关系系统，类似于皮亚杰所发见的数量的比例关系。评论家（例如帕森斯，1960；柏林尼，1965）虽也承认代数逻辑群以及数学和科学思维的重要作用，但对青年在实际上能否运用这些逻辑比例，或'四群'是否具有皮亚杰所主张的重要性是不无疑问的。"① 我们也认为皮亚杰对形式运算阶段的思维的分析是富有启发性的，但是他以科学家的逻辑思维，揣测 12 至 15 岁儿童分析问题解决问题的方法是不易令人信服的。

五、发生认识论是研究知识的心理起源的学说

皮亚杰在 60 年代提出了《发生认识论》。他给发生认识论下了定义说："发生认识论就是企图根据认识的历史，它的社会根源以及认识所依据的概念与运算的心理起源，借以解释知识，尤其是科学知识。"② 概括言之，它主要研究知识的发生、发展的过程以及结构和它的心理的起源。他说，主体和客体的不可分的交互作用产生了作为知识源泉的动作，"所以这个知识的出发点不是 S，也不是 O，而是动作本身特有的交互作用。"③ 他又说："我们学说的要点认为知识是主客体交互作用的产物，这个产物比客体本身所提供的东西更加丰富。"④

---

① 柏林尼："儿童的推理与思维"，载卡迈克尔《儿童心理学手册》，第 957—958 页。

② 皮亚杰：《发生认识论》，1970 年英文版，第 1 页。

③ 皮亚杰：《动作在思维发展中的作用》，载奥弗顿和格拉格尔《知识与发展》第 1 卷，第 31 页。

④ "皮亚杰学说"，载卡迈克尔《儿童心理学手册》，第 703 页。

因此，皮亚杰的发生认识论既反对先天论，也反对学习被动论。

他认为认知的构成，或更一般地说，认识论的关系的构成，既不是外在客体的简单的复本，也不仅仅是主体的内部预先形成的结构的呈现，而是主体与外部世界的不断交涉而逐步构成的一套结构。①

我们必须记得，皮亚杰在批判刺激反应的公式时，曾经认为有机体必须具备适当的结构，也就是说，必须具备某种能力或反应力才能反应某种刺激。皮亚杰是否因此主张先天论呢？不是的，因为他认为结构不是一成不变的，而是通过机体的反应或通过同化和顺应的平衡而产生和构成的。因此，他否定了先天论和预成论（preformationalism），而主张新生论或渐成论（epigenesis）。同时，皮亚杰又从沃丁顿的新生物学那里吸取了反应力的概念，反对行为主义心理学的机体纯受刺激控制的被动论。

所以亨脱指出，皮亚杰的"心理发展过程的交互作用说既大异于格式塔心理学的先天论和格塞尔的预先决定论或预定论(1954)。②但也避免了极端的可塑性的理论，按照这个理论似乎有大量的反射可以用无数的方法把它们导引出来加以结合——这是洛克的白板说的现代化的说明。"③

皮亚杰对先天论和被动论的批评是正确的，但是他自己的发生认识论是否符合于辩证唯物主义的观点呢？

对这个问题是不容易轻下结论的。他使用过"反映的抽象"④一词。他说："因此我们有与固有的抽象相反的一种新型的抽象叫做反

---

① "皮亚杰学说"，载卡迈克尔《儿童心理学手册》，第703页。

② 关于格塞尔的预定论，见他的《婴儿行为的个体发育史》，同上，1954年第2版。

③ 亨脱：《幼年心理发展的程序和可塑性》，载阿佩尔和戈德堡《认识发展问题》第1卷，第34页。

④ "皮亚杰学说"，载卡迈克尔《儿童心理学手册》，第728页。

映的抽象”，似乎他也是主张反映论的。其实，他不重视反映，而重视抽象，抽象则是指主体的活动。譬如儿童在数卵石时，将卵石排成一行，自左数到右，又自右数到左，后来排成一个圆周再数，他发现卵石的数目不随排列的次序而有所增减。皮亚杰以为这是逻辑数学的实验，不是物理的实验，因为无论数目或次序在儿童将它们排列起来，合成一个整体之前，都是不存在于卵石之内的。他发见了排列动作和结合动作（也就是两种未来的运算）之间的关系，而这个关系对他来说则是新的东西，“不是或不仅是卵石所有的性质”。①

因此，皮亚杰把抽象分属于两个平面。他说：“为了把一种性质从一种动作或运算中抽象出来，单单将它与所不必理会的东西割断联系（例如所要保留的‘形式’和不要理会的‘内容’的分离）是不够的。其所保留的性质或形式必须转移到动作或运算的较高级的平面之上。“但是假使在第二平面上，必须有一种新的认识加工，才可将由第一平面抽象出来的性质或形式加以同化，那就是说第二平面上的新的动作或运算将要加在第一平面上的那些动作和运算之上，而所需要的信息就是从这些动作或运算抽象出来的。因此，反映的抽象不能不是构成的，而且用新的成分丰富了来自第一平面的结构，这就是说，它构成了新的结构。”②

现在要问这些由反映的抽象而构成的新的结构是不是现实的反映呢？我们很难说“是的”。毛泽东同志说：“要完全地反映整个的事物，反映事物的本质，反映事物的内部规律性，就必须经过思考作用，将丰富的感觉材料加以去粗取精、去伪存真、由此及彼、由表及里的改造制作工夫，造成概念与理论系统，就必须从感性认识

---

① “皮亚杰学说”，载卡迈克尔《儿童心理学手册》，第721页。

② 同上，第728页。

跃进到理性认识。这种改造过的认识，不是更空虚了更不可靠了的东西，相反，只要是在认识过程中根据于实践基础而科学地改造过的东西，正如列宁所说乃是更深刻、更正确、更完全地反映客观事物的东西。”[①] 皮亚杰认为“人类的思维改造现实和超越现实”，其所构成的假设“在物理现实上是没有副本的”，[②] 因此，他的发生认识论与辩证唯物主义反映论是有距离的。

① 毛泽东：《实践论》。
② 《皮亚杰学说》，载卡迈克尔《儿童心理学手册》，第714页。

总结与展望

关于西方近代心理学的发展史，上面十七章已作了概括的论述，现在我们想把西方心理学的现状总结一下，并展望它的未来的趋势。

西方心理学思想始于古代希腊，但心理学作为一门科学则是近代的产儿，是欧洲十八九世纪的产儿。冯特继承了近代哲学思想和十八九世纪欧洲生理心理学的研究成果，写出了心理学的重要著作，建立了世界第一所心理学实验室，培养出世界著名的心理学家，领导学生进行了大量的实验研究，创办了远较培因早五年创刊的《心理》杂志更为重要的心理学刊物《哲学研究》，因而心理学史家公认冯特为科学心理学的始祖。

但应当指出，尽管冯特以毕生的精力，建立他的心理学体系，但是他只能使心理学独立起来，却没有使心理学统一于他的旗帜之下。就在 1874 年，他的《生理心理学原理》刊行的那一年，布伦塔诺就发表了他的《从经验的观点看心理学》。冯特的心理学重视内容，布伦塔诺的心理学重视意动，重点不同，观点各异，以致各自形成了对立的学派。其后随着时代的进展，学派林立，争论不止，到了 30 年代，虽然开始了互相学习、互相吸收的局面，如在绪论中所指出的，不过对这个新的局面，绪论却没有加以分析和解释。可以说，矫枉过正，人之常情，心理科学也不例外。往往某一前辈心理学家所提出的理论突出了某一方面，而忽视了另一方面。后人为了矫正前人的缺失，便特别强调前人所忽视的一面，而或多或少地抹煞了前人所曾突出的一面。过了相当的时期，由于时代条件的变化，也许有另一后人出来补偏救弊，对被抹煞了的一面又予以适当的注意。可是这不是复旧，而是像辩证法所说的否定的否定，使心理学的理论的质量得到了新的发展，这在心理学史中是常见的。例如华生否定了意识的研究，托尔曼用中介变量的形式在实质上复活了意识的作用。又如美国1919年爆发的反本能运动否定了麦独孤和桑代克的本能概念，① 但是动力心理学又在一定的程度上肯定了本能的动力学的意义。再如格式塔心理学批判了构造主义的分析，但是它又用真实部分的分析恢复了分析在心理学研究中的地位。

依照这个发展的规律，西方心理学理论经过几次否定的否定就应当有了几次螺旋式的上升，半个多世纪以来的进展是否逐步使观点趋于一致，造成一种统一的科学心理学呢？但正如绪论所指出的，派别的兴趣仍旧存在。须知心理学是一门年轻的科学，而且它所研究的对象又是物质的最高级的运动，观点分歧是不足为奇的，相反，这正是心理学进展的正常现象。我们从第五章至第十七章不是分述了近代心理学中所有不同学派在心理学的基本理论上的不同观点吗？甚至在同一学派之中也存在着意见的分歧。无论新行为主义或新精神分析，都是这样。

如此说来，近、现代各个学派难道就没有共同的倾向吗？那也不符合于实际。查普林和克劳威克说："在强调各个学派、各个小型体系和理论的差异时，可能带来一种危险，使读者产生这样一个印象，以为现代心理学由于学理上的争论是无法协调的。实际上并不是这样。"② 因此，尽管各个学派没有取得完全一致的意见，但也有一些倾向是多多少少的为心理学家所一致赞许的，当然，还是同中有异的，不然就可有统一的心理学了。

---

① 本书因受篇幅限制，没有述及反本能运动，读者可参考墨菲《近代心理学历史导引》，商务印书馆1980年版，第608—612页。

② 查普林和克劳威克：《心理学的体系与理论》，1968年英文版（下同），第605页。

首先是机能主义的倾向。查普林和克劳威克在上述引语中的末句说："检查了最有代表性的心理学杂志，据最后的分析，我们可以大概地说，美国心理学是机能主义的行为主义。"他们为什么说现代美国心理学是机能主义的行为主义呢？因为他们认为目前美国心理学不是华生的行为主义。他们说："如果我们的分析是正确的，那么美国心理学家已经认识到科学处理客观的事件，但是那些事件本身是没有什么兴趣的，只当它们被看作个体内部的机能历程的表现时，才有意义。"① 于是所谓中介变量，动机作用，实际应用都被包括在机能主义的行为主义之内。用他们的话来说："心理学的定义已日益成为行为主义的，但是它的精神则仍旧是机能主义的。"② 我们采用了他们的意见，但要将机能主义的倾向和行为主义的倾向分开。

我们的所谓机能主义倾向，第一是指行为的适应性。机能心理学研究有机体和环境的关系，认为有机体的构造和机能都有助于适应环境。美国的机能主义者安吉尔说："我们将采取生物学的观点……我们将把意识的一切操作过程——我们的一切感觉、一切情绪、一切意志活动——都视为对环境的有机适应的种种表现。"所以，"较简单形式的意识是在反射不能适应有机体的需要时发生的；较高级的心理过程是当有机体有必要更广泛、更灵活地控制环境时发生的"。③

美国机能主义的这个观点也为欧洲机能主义者所赞同。克拉巴莱德对于提问进行分析时曾经说过："研究这些问题的生物学起源是更加引人入胜的。一个个体怎样会问及原因、目的或地点呢？……我们有很好的理由相信只是当他不能适应这些问题所涉及的任何一

① 查普林和克劳威克：《心理学的体系与理论》，第 605 页。
② 同上。
③ 吴伟士：《西方现代心理学派别》，第 26 页。

个范畴时，他才对它感到了兴趣。需要产生了意识，只是感到有与原因（目的或地点）相适应的需要时，才会在心内产生原因（目的或地点）的意识。”①

皮亚杰也始终坚持适应的观点。他的同化和顺应的平衡说可以说是适应心理学的继续和发展。

精神分析者也注意适应的问题。由于希特勒排犹而赴美国避难的哈特曼也曾以适应为他的研究工作的中心原则，著有《自我心理学与适应的问题》(1939 年英译本)。阿德勒以为每一个人都要设法解决人生的三个问题，即社会的适应、工作的适应和对恋爱及婚姻的适应。②

所以适应性是多数学派或多数心理学家的一个共同倾向。

其次是动力的观点。冯特受了十八、九世纪的生理心理学偏重感知觉研究的影响，对心理学的动力方面是重视不够的。麦独孤为了使心理学对社会科学作出贡献，便强调了本能的动力。吴伟士继承了詹姆士和杜威的遗教，出版了他的《动力心理学》(1918)，对行为的驱动力感到特殊的兴趣。这个动力观点和动机研究也是现代心理学的一个共同的倾向。

波林的《实验心理学史》为动力心理学辟一专章（第二十六章），以为动力心理学不是一个学派，它包括了许多学派。他列举了弗洛伊德、荣格、阿德勒的精神分析学派，麦独孤的目的心理学或策动心理学，霍尔特的所谓弗洛伊德的欲望，托尔曼的目的行为主义。此外，他还举出了默里和耶鲁学派，包括赫尔及其弟子。

波林说：“我们如果讨论动力心理学的主要体系，我们就没有权力忽略默里的观点。”默里与勒温相似，从需要出发。需要是有方向

① 皮亚杰：《儿童的语言和思想》，1926 年英译本，第 228 页。

② 奎恩和卡尔森编著：《美国的精神分析》，1978 年英文版，第 166 页。

性的（像勒温的向量），有目标的。达到了目标，就结束了需要和相应的动作。①

赫尔的体系详见第十二章，这里就不必赘述了。对于波林所举出的动力心理学的先行者，因与现代无关也一概从略。总之，动力观点、动机心理学是现代心理学的又一个共同倾向。

第三，结合生活实践或应用是机能主义的特点，也是行为主义的特点。心理学的原则在生活的各个方面的应用也是现代心理学，特别是现代的美国心理学的共同倾向。铁钦纳的构造心理学是与这个倾向相反的。构造主义者以为心理学应当用内省法将它所研究的意识分析为元素，否则就被剥夺心理学的称号。所以詹姆士的《心理学原理》是知识论，不是心理学。机能主义者驳斥了心理学的这个定义。构造主义者志在研究纯理心理学，反对应用。但在机能主义者看来，纯理的学院派心理学乃是存在于“象牙之塔”里面的心理学。他们以为不问纯理心理学或应用心理学都要用严格的科学方法。不管在工厂内或在大学实验室内都可以完成同等有效地进行研究工作。②

华生的行为主义更认为心理学就是要结合实际，不许可把实验教育学、医药心理学、广告心理学、法律心理学、测验心理学、心理病理学误称为应用心理学。华生说：“将来也许建立起职业局真正地运用心理学。现在这些领域是道地的科学的，寻求概括，借以导致对人类行为的控制。”③

由于机能主义者和行为主义者的倡导，心理学已深入生活的各个方面。舒尔茨说：“正如我们所已经知道的，心理学开始时几乎是一门局限于学院之内的学科。除了精神分析以外，实际上所有心理

---

① 波林：《实验心理学史》，1950年英文版，第728—729页。

② 舒尔茨：《现代心理学史》，1975年英文版，第172页。

③ 同上，第203页。

学家都任职于大专学校，这个情况迟至1930年仍无变化。”他又说，现在“只有百分之四十的心理学家任职于大学。他们大多数人任职于各级政府机关、工商界、诊疗所和医院、公立学校和部队。”所以西方（特别是美国）心理学应用于生活各方面的倾向是很显著的。

现在我们可以离开机能主义和行为主义去考察其他心理学派有没有提出一些为多数心理学家所赞同的原则，可以作为西方现代心理学的共同倾向。我们认为还是有的，现在可继续举出几条如下。

第四，整体性的原则。这也是与机能主义及行为主义有关的。杜威于1896年发表《心理学内的反射弧概念》，批评了刺激反应的元素主义，认为行为是有机体对环境的反应，如果被分析为孤立的刺激和孤立的反应就失去行为的意义了。

新行为主义者托尔曼的大件行为也是符合于整体性的原则的。

这个原则尤其是格式塔心理学的主导思想。依据格式塔心理学的公式，不论经验或行为都是一个整体。知觉不能归结为感觉元素的集合，行为也不能归结为反射元素的集合。所以格式塔说是与铁钦纳的构造主义对立的。构造主义者用内省的分析将完整的意识破成没有意义的感觉、感情的元素，他们的研究愈深入，离开人生的实际也愈远。因此，格式塔心理学的整体说赢得了多数心理学家的同情。托尔曼的大件行为就是受了格式塔心理学家的影响而提出的。

格式塔说必然地导致结构主义，所以为结构主义者皮亚杰所赞许。皮亚杰说：“格式塔心理学家们描述了格式塔，认为是知觉的较普遍的结构。他们无疑地是正确的。”① 他在批评格式塔心理学时又说：“我们不得不承认格式塔心理学的描述是很有根据的。心理结构（知觉的和智慧的）的基本的整体性，‘良好格式塔’的存在及其规律、以及结构变化之可归结为平衡的形式，等等，为那么多的实验

① 皮亚杰：《动作在心理发展中的作用》第1卷，第23页。

研究所证明，所以这些概念有传遍整个现代心理学的权利。”[1] 由此说来，注重整体或结构无疑地也是现代西方心理学的一个普遍的倾向了。

但是皮亚杰对格式塔或结构，则提供不同的解释。皮亚杰对苛勒和韦特海默的格式塔曾经不止一次地进行过批评。第一，皮亚杰以为格式塔是由部分加起来的总体，2＋2 恰恰等于 4，既不多，也不少；所以 4 等于 2＋2，整体不能多于部分之和。二者之间是反之亦然，是可逆的。第二，格式塔说以为整体的形成决定于客观的组织，皮亚杰的结构是由主体的同化和顺应的平衡活动而逐步形成而发展的。因此皮亚杰采取历史的观点。他说：“在婴孩的感觉和运动的智慧中，确实有复杂的结构或完形，但它们远不是静止的和非历史的，它们所构成的图式通过连续的分化和整合而彼此相生的，并且在把情境同化于自己的同时，通过尝试、错误及更正不断地顺应情境。”[2] 在这一方面，皮亚杰对整体的理论似更符合于辩证法的观点。整体不是现成的僵化的，而是随同化和顺应的平衡而逐步发展的。尽管这样，但整体性的原则则是为皮亚杰所接受的。因此，我们可以肯定这个原则也是多数心理学家的一个共同的倾向。

第五，文化观点在心理学内也日益引人注意了。德国早就有自然科学心理学和文化科学心理学的对立了。[3] 19 世纪 90 年代，自然科学心理学的代表艾宾浩斯和文化科学心理学的代表迪尔泰展开了争论。前一种心理学叫做“说明”心理学，后一种心理学叫做“叙述”或“理解”心理学。迪尔泰认为说明心理学把心理现象归结为心灵的元素的混合，不能用以研究具体的心理学的现实，如艺术家

① 皮亚杰：《智慧心理学》，第 60 页。
② 同上，第 66 页。
③ 参见墨菲著：《近代心理学历史导引》，附录一，商务印书馆 1980 年版。

的创造想象、价值感、义务感、自我牺牲、宗教热诚等等。艾宾浩斯认为迪尔泰曲解了说明心理学，因为说明心理学也认识到“真实的心理现象，如统觉、目的和自我”。① 其实，这两种科学的心理学是很难协调的，它们之间的矛盾也引起考夫卡的注意。

考夫卡说：“实验心理学家曾与思辩心理学家及哲学家展开争论，后者不无理由地贬低了前者的成就，宣称真正的精神状态永远不是科学或自然科学的方法所能研究的。他们的论点认为科学心理学的绝大部分是由感觉和联想的规律组成的，这些规律如何能说明艺术品的创造或享受、真理的发见或类似于宗教改革的一种伟大的文化运动呢？对科学心理学提出这些抗议的人所指出的事实与实验心理学家所研究的事实确实是相距很远，似乎是隶属于两个宇宙……”②

历史学家认为感觉、联想或感情——如愉快和不愉快——的规律没有一条能够解释像凯撒跨过卢比孔河的决定及其严重的后果，或一般地说用今天流行的心理学具体表现文化资料，这就一定会破坏文化的真正意义的。考夫卡肯定了历史学家的这个论断是正确的。他们也许还会说，文化不仅有它的存在，而且有它的意义和价值。心理学不能处理意义和价值，就不是十全十美的心理学，充其量也不过是以人的动物性的研究来作人的文化性研究的上层建筑的基础罢了。

但是考夫卡不赞同文化科学的所谓“理解的”心理学。他以为思辩的哲学家和“理解的”历史学家对于人们的较高级的活动尽管说得很深刻，但无法验证，也不能产生科学的体系。至于实验心理

① 高觉敷：“有关心理学史的几个问题”，载《外国心理学》1981年第1期，第14页。

② 考夫卡：《格式塔心理学原理》，1935年英文版（下同），第19页。

学目前不能包括文化的方面，那是因为它还太年轻。而且盖房子总是从底层盖起而不是从上层盖起的，所以“理解”心理学就等于不求其本而求其末了。

这样说来，有什么办法解决这个矛盾呢？考夫卡说：“社会的体制对自我的发展有无比的重要性。当我们讲到人格时，我们通常是指文化气氛内的自我，这个自我是由它的社会的体制所决定的。几百年来，用教育发展人格主要是使年轻人熟悉古代的杰作，大中小学校的课程如果不是全部分，也是大部分是以经典著作和数学为基础的，因而把学生介入文化的体制之内。”

但是为了进一步解决这个矛盾，考夫卡强调了格式塔心理学原理在处理人格问题上的优越性。因为据他看来，如果我们把人格当作一种格式塔，“说明”心理学的困难就可以克服了。他说：“如果心理学揭露出组织成各种性质的内在的联系；而且如果这个情况适用于人格和我们所曾研究的其他领域，那末心理学就会用它的一般方法揭露人格的丰富的和重大的意义了。”①

考夫卡对此似乎不免太乐观了。他在这部书的开始时，不是曾说过实验心理学还太年轻，不能研究文化科学家或历史学家所提出的问题吗？但同时我们也要注意格式塔心理学的后继者勒温的有关欲求水准的实验可能有助于了解历史人物或政治野心家的心理。

现在我们要研究西方心理学的未来趋势或展望。为了讨论这个问题，我们可以从达尔文的进化论说起。达尔文的进化论推翻了特创论，以为人是从动物进化来的，人与动物之间有连续性。这是对《圣经》的反抗，是科学上一个划时代的进步。

但是对于这个连续性的解释却可有两种偏向，一种是把动物提高到人的水平，例如罗曼尼斯用人的心理解释动物行为，造成了拟

① 考夫卡：《格式塔心理学原理》，第676—677页。

人论的错误。为了纠正这个错误，摩尔根提出了吝啬律，认为科学家对于自然现象要采取最简单的解释，凡是可以用较低级的心理活动解释的行为，就不要假定它是由较高级的心理活动所导致的。桑代克和华生都严格遵守摩尔根的这个规定，因而走上了另一偏向，把人贬低为动物。从此还原主义、客观原则成为心理学的信条，人类心理学便不敢涉及主观意识了。

恩格斯说过："一切运动都包含有物质的较大或较小部分的机械运动，即位置移动，而认识这些机械运动，是科学的第一个任务，然而也只是它的第一个任务。但是这个机械运动并没有把所有的运动包括无遗。"[①]所以他又说："终有一天我们一定可以用实验的方法把思维'归结'为脑子中的分子的和化学的运动；但是难道这样一来就把思维的本质包括无遗了吗？"[②]华生的行为主义就病在把一切运动归结为机械运动，使人等同于动物。

人本主义心理学是与行为主义心理学对立的。舒尔茨说："说明人本主义心理学家所反对的是什么，比叙述他所拥护的是什么以及如何实现他们的目标要较为容易些。部分的原因是这个运动还年轻，而又缺乏一个领导人敢于声明（或传授）它的立场——像华生或弗洛伊德所做的那样"。[③]

但是同时舒尔茨认为某些人本主义心理学家像布勒夫人与阿伦的《人本主义心理学引论》和布金塔尔《人本主义心理学的挑战》也提出过大致相同的主张。详述他们的原话是不必要的。[④]为了说明人本主义心理学的要义，我们可以先说它所反对的东西，然后试述它所拥护的东西。

---

① 恩格斯：《自然辩证法》，1957 年版，第 230 页。
② 同上，第 226 页。
③ 舒尔茨：《现代心理学史》，1975 年英文版，第 372 页。
④ 同上。

首先它反对人的兽化和计算机化，以为人不是“较大的白鼠”或“较缓慢的计算机”。

因此，第二，它反对操作主义。操作主义化主观为客观，化意识为操作，是新行为主义的基本原则。邦纳在《科学假定与人的价值》一文中说：“随着人们日益认识到人的知识的主观性……操作主义作为科学的理想，虽然是永远不被抛弃的，但是它在自然科学中已不再占据重要的地位了。这个事实为更有创造性的方法和为人性更加人化的观点打开了大门。”① 这就是说，人本主义转变了一个方向，由于对人的主观性的注意，而降低了操作主义的重要性。

第三，它反对吝啬律。邦纳说：“科学思想长期存在着一种错觉，以为经验主义的研究家必须严格遵循吝啬的原则。谁都知道这个原则指导科学家避免对自然现象进行复杂的解释，把解释的概念的数目减少到必要的几个。”邦纳虽然肯定了这个原则在科学上的作用，但是他说：“在它应用于人格的复杂问题，如价值和理想在性格形成中的地位，人的创造性及其他许多问题时，它或者歪曲了人性，或者在方法论上完全站不住脚。”

因此，他以为描述人的现象要运用另一原则叫做丰富原则，“给人的主观生活和无法测量、但所有个人经验都信以为真的内在势力以适当的地位。”②

第四，它反对还原主义。邦纳说：“在行为科学的许多错误的假定之中，还有还原说。这是吝啬原则的另一表现，因为简单化还有一个方法就是把一切现象还原为最小的单元。例如思维还原为感觉历程，人格还原为学习历程，道德或宗教价值仅仅还原为婴儿在母亲怀抱时所受到的奖惩。这个还原的简单化使我们看不到生长发展

① 坎宁主编：《对立时期中的价值》，1970年英文版（下同），第47页。
② 同上，第48页。

和新异的事实，并错误地宣扬人格只不过是个别心理形态的总和。这个偏向的祸害就是它企图把每一个人归结为他的起源，荒谬地以为凡是起源的就是基本的，最早的就是更重要的。”①

说明了人本主义心理学所反对的原则以后，现在可试述它的正面的主张了。

首先它提倡人化的心理学，把人当作人来研究。人各有其个性和特点，人本主义心理学要研究特殊的人，它对于一般的人是没有兴趣的。

其次，要了解一个人，就要研究他对价值的态度。人本主义心理学认为价值是人类动机的主要方面。斯托龙克在他的《个人价值与自我学说》中说：“在行为主义盛行时，价值作为一个中介变量的概念几乎从心理学中消失了。现在——特别是从第二次世界大战结束以来，由于存在主义心理学方式日益为人所接受，甚至更近时期的人本主义心理学的突起，价值已变成心理学研究和实验的一个合法的概念了。”② 因此，价值的概念随人本主义心理学的兴起而成为研究的对象。

所谓价值就是人们所最关心而最有兴趣的东西。因此，邦纳以为任何客体或条件只要对某一个体具有兴趣或意义时就是一种价值。他说：“这些态度和价值往往合成一组相对一贯的动作，现实的或潜在的，我把这个组织名为态度价值结合体。这个结合体可用作一个参照点使个体的动作和知觉构成一个相当一贯的有意义的经验。因此，我们在知道一个人的价值态度结合体时，我们就知道他了。”③

---

① 坎宁主编：《对立时期中的价值》，第48页。
② 同上，第68页。
③ 同上，第52页。

人本主义心理学家以为价值是人类动机的重要方面。真善美的价值可给人提供有力的动机，促进他作出自我牺牲的动作，甚至献出生命。所以邦纳说："在事实上，任何公正的观察家都可以看到，人往往做出一些基本上不舒适的、甚至痛苦的动作。因此，多数学院派心理学家竟不理睬这个简单的事实，自然是令人惊异的。"①

第三，人本主义心理学家并没有忽视较低级的动机。马斯罗把人的动机分为七级。第一级为生理的需要如饥渴，第二级为安全的需要，第三级为友爱的需要，第四级为自尊的需要，第五级为求知的需要，第六级为美的需要，第七级为自我实现的需要。② 当然较低级的需要比高级需要更加强大而有力。在困难的环境中，可能低级需要控制了人的行为，例如食物、安全和友爱的需要难于满足时，一个人也许以全部时间追求这些需要的满足，高级需要对他就没有意义和价值了。只是低级需要不成问题时，人才会从事于满足爱美和求知及自我实现的需要。所以马斯罗以为任何一种价值都不能离开其他价值而加以讨论。③

目前这个人本主义心理学的运动引起了美国心理学家的同情。舒尔茨在他的《现代心理学史》的结束语中，提出了"美国未来的心理学是人本主义心理学吗？"④ 的问题，也反映了舒尔茨在系统心理学上的思想倾向。同时，我们也同意舒尔茨的意见，认为这门学问现在还太新颖，内容还太贫乏，不能看成心理学史中的一个重要部分，但是它的生长的力量，我们是不能忽视的。

但也必须指出，人本主义心理学在反对人化为兽或计算机的同时，也要防止神化。福斯特（A. L. Foster）宣扬了神学家的价值观，

---

① 坎宁：《对立时期中的价值》，第 58 页。
② 马斯罗：《动机与人格》，1954 年英文版；《心理学》，第 461 页。
③ 坎宁：《对立时期的价值》，第 90 页。
④ 舒尔茨：《现代心理学史》，1975 年英文版，第 370 页。

以为“人的最终极的样板是上帝，人是按照上帝的形象创造的，任何抹煞、否定或忽视神学价值的观点，在我们看来，似乎是曲解人性的。”[①] 福斯特不懂得不是上帝造人而是人造上帝，人是按照自己的形象创造上帝的。人本主义心理学决不应采取神学的价值观而变科学为宗教的奴仆。

同时人本主义心理学也不应以存在主义为基础，而应以马克思主义为基础。马克思在他的《1844年经济学——哲学手稿》中提出了人的异化问题。[②] 什么是异化呢？王若水说：“异化就是异已化，本来是属于自己的东西，脱离了自己，变成了异己的、敌对的东西，这就是异化。”[③] 譬如劳动是工人自己的东西，在资本主义社会中，工人以自己的劳动为资本家生产物品，他的劳动异化为资本家的物品和资本，使资本家凭增加的资本进一步剥削工人。于是工人生产的物品愈多，他的生活便愈贫困。结果正如马斯罗对人的需要的分析，工人只能求饥渴的满足。马克思说：“我们达到了这样的结果，人(工人)感觉到自己只是在他的动物功能——吃喝和生孩子或充其量在他的房子和衣着中自由活动，——而在他的人类功能中则被贬低为动物。动物变成了人，人变成了动物。”[④] 所以，人的非人化或反人化是资本主义所有制的产物。人本主义心理学在反对行为主义时似乎还要作进一步的唯物主义的分析。

尽管如此，在华生行为主义成为强弩之末时，西方心理学的人化运动还是值得我们注意的一种新的趋势。

---

① 福斯特：《人的样板》，坎宁《对立时期中的价值》，第120页。

② 艾夫里尔：《心理学思想典范》，1976年英文版，有马克思《自我异化；劳动异化》一文，第544—561页。

③ 王若水：《文艺与人的异化问题》，《人民日报》1980年9月5日。

④ 艾夫里尔：《心理学思想典范》，第540页。

编 后 记

一、本书是供高等学校的心理学专业、教育学专业和哲学专业使用的教材，是我国解放以来自编的第一本西方近代心理学史。

二、本书编写协作单位共有二十所高等学校和研究机构。主编高觉敷（南京师范学院教授），副主编张述祖（河北大学教授），车文博（吉林大学副教授），彭祖智（湖南师范学院副教授），沈德灿（北京大学副教授）。

三、本书各章执笔者名单如下：

绪论		高觉敷
第一章	十七世纪至十九世纪英国和法国的哲学心理学思想	郭士豪、李屏西、车文博
第二章	十七世纪至十九世纪德国哲学心理学思想	车文博
第三章	十九世纪的生理心理学	孙名之
第四章	实验心理学的诞生和冯特的贡献	沈德灿
第五章	与冯特同时代的德国心理学家	刘恩久
第六章	意动心理学	刘恩久
第七章	进化论及其对心理学的影响	马文驹
第八章	构造主义和机能主义	陈泽川
第九章	哥伦比亚的机能心理学	李汉松、陈汝懋
第十章	麦独孤的策动心理学	高觉敷
第十一章	行为主义	张述祖
第十二章	新行为主义	第一、三、四节 李伯黍；第二节 吴福元

第十三章　格式塔心理学　陈汝懋
第十四章　勒温的拓扑心理学　陈汝懋
第十五章　精神分析　彭祖智
第十六章　新精神分析　彭祖智
第十七章　日内瓦学派　胡士襄、吴福元
总结与展望　高觉敷

四、本书从编写大纲到定稿工作共举行过下列会议：

（一）南京会议，1979 年 4 月讨论大纲；

（二）长沙会议，1980 年 6 月讨论绪论和各章的初稿；

（三）南京会议，1980 年 11 月至 1981 年 1 月，继长沙会议讨论绪论和各章的修改稿。由主编高觉敷教授邀请下列人员参加：

河北大学张述祖教授、湖南师范学院彭祖智副教授、华南师范学院陈汝懋副教授、吉林大学车文博副教授、四平师范学院刘恩久副教授、河北师范大学陈泽川副教授、北京大学沈德灿副教授、上海师范学院李伯黍副教授、吴福元副教授、湖南师范学院孙名之同志和上海华东师范大学马文驹同志。

上列各同志对修改稿作了进一步的修改，由车文博副教授进行整理。

五、1981 年 2 月至 6 月由主编高觉敷教授定稿，具体工作由刘恩久副教授协助。

六、本书在编写过程中得到了中央教育部高教司何平同志，人民教育出版社教育编辑室的同志，南京师范学院院系领导同志，湖南师范学院院系领导同志以及四平师范学院院系领导同志的大力支持，谨此致谢。中国科学院心理研究所所长潘菽教授于 1980 年 12 月到宁亲临指导，对此尤深感谢。

两年来，哈诵梅同志为编写组做了许多工作；沈德灿、李汉松、史志英、宋月丽、马文驹等五位同志，担任编写组的联络与秘书工作，使编写工作得以顺利进行；《人名索引》由周令本同志编制，均在此致谢。

七、由于参加本书编写的同志掌握材料不够，理论水平有限，错误和缺点在所难免，谨望国内专家和广大读者批评指正，以便再版时作必要的修改。

《西方近代心理学史》编写组

1981 年 6 月 26 日

【说明】本书正式出版于 1995 年 7 月 1 日以前，在使用量、单位、标点符号、数字等的书写规则时，是按当时的标准执行的。本书再版时将按新标准的规定进行修订。

人名索引

A

B

F

G

H

I

J

K

Y

Z